应用型本科规划教材

网络经济学基础

（第2版）

麻元元　秦成德　刘扬林　编著

清华大学出版社
北京交通大学出版社
·北京·

内 容 简 介

网络经济是指在国民经济信息化基础之上，各类企业利用信息和网络技术整合各式各样的信息资源，并依托企业内部和外部的信息网络进行动态的商务活动、研发、制造、销售和管理活动所产生的经济。本书从全新的视角，本着理论和实际密切结合的原则，阐述了网络经济学的各种基本问题，如网络经济学概述、网络经济学理论基础、网络经济中的需求与供给、网络经济下生产与组织的变革、网络经济下的市场结构、网络企业经营策略、网络经济下的产业分析、网络经济与电子商务、互联网金融的崛起与发展、网络经济与风险资本市场、网络企业并购及网络经济下的政府政策，使读者对网络经济的前景有清晰的印象。

本书理论深入、内容充实、材料新颖、范围广泛、叙述简洁、条理清晰，适合作为高等院校电子商务、国际贸易、经济管理、信息技术、移动通信等专业的教材，也可供从事网络经济实务或有关科学研究工作的人员如移动运营商、移动商务业务开发及推广人员、移动通信工作者、电子商务从业人员参考，以及一切对这个新领域有兴趣的人阅读。

本书封面贴有清华大学出版社防伪标签，无标签者不得销售。
版权所有，侵权必究。侵权举报电话：010-62782989　13501256678　13801310933

图书在版编目（CIP）数据

网络经济学基础 / 麻元元，秦成德，刘扬林编著. —2 版. —北京：北京交通大学出版社：清华大学出版社，2020.11（2022.8 重印）

ISBN 978-7-5121-4338-8

Ⅰ. ① 网… Ⅱ. ① 麻… ② 秦… ③ 刘… Ⅲ. ① 网络经济 Ⅳ. ① F49

中国版本图书馆 CIP 数据核字（2020）第 187069 号

网络经济学基础
WANGLUO JINGJIXUE JICHU

责任编辑：郭东青
出版发行：清 华 大 学 出 版 社　邮编：100084　电话：010-62776969　http://www.tup.com.cn
　　　　　北京交通大学出版社　邮编：100044　电话：010-51686414　http://www.bjtup.com.cn
印 刷 者：北京时代华都印刷有限公司
经　　销：全国新华书店
开　　本：185 mm×260 mm　印张：15.25　字数：400 千字
版 印 次：2008 年 9 月第 1 版　2020 年 11 月第 2 版　2022 年 8 月第 2 次印刷
印　　数：2 001～3 000 册　定价：46.00 元

本书如有质量问题，请向北京交通大学出版社质监组反映。对您的意见和批评，我们表示欢迎和感谢。
投诉电话：010-51686043，51686008；传真：010-62225406；E-mail：press@bjtu.edu.cn。

第 2 版前言

网络经济，是一种在传统经济基础上产生的、经过以计算机为核心的现代信息技术提升的高级经济发展形态。网络经济已经成为规模经济或范围经济，其经济运作往往涉及一个国家的范围，甚至跨越国界，把几个国家或一个巨大的区域联结在一起，网络经济已成为全球经济新一轮的发展方向。

网络经济学是20世纪90年代中后期伴随着网络技术的进步和信息产业的发展而产生的，它是专门研究各种网络经济运行方式的科学。

本书是《网络经济学基础》的第 2 版。近几年来，由于网络经济的迅猛发展，互联网产业已日新月异。为了适应新形势的发展，我们在第 1 版的基础上重新撰写了《网络经济学基础》这本教材，就是要为社会提供一本内容完整、层次清晰、技术翔实、数据准确、通俗易懂的网络经济学教材，以推动我国信息技术应用与国家信息化建设在更高层面、向更广领域纵深发展。

第 1 章网络经济学概述，介绍了网络的产生与发展、网络经济的形成与发展、网络经济的内涵与特征。

第 2 章网络经济学理论基础，主要包括梅特卡夫法则与网络外部性、网络经济学的其他定律和网络经济学与传统经济学的比较。

第 3 章网络经济中的需求与供给。首先阐述了网络经济中的需求分析、供给分析，并以数字产品为例介绍了网络产品的定价机制。

第 4 章网络经济下生产与组织的变革。阐述了网络技术对企业生产的影响，介绍了网络经济下新的生产体系，企业组织形式的变革及虚拟企业。

第 5 章网络经济下的市场结构，介绍了网络经济下的竞争和垄断，以及网络经济下市场结构呈现的新特点。

第 6 章网络企业经营策略，首先是对网络经济下互联网企业竞争的外部环境进行分析，然后阐述主流化战略和锁定战略，也介绍了标准竞争与战略联盟。

第 7 章网络经济下的产业分析，论述了网络产业的界定与运行规律，网络经济对传统产业的影响，以及网络经济对传统产业结构转型的意义。

第 8 章网络经济与电子商务，首先介绍电子商务的起源与内涵，然后回顾了电子商务的发展过程，最后论述分析了电子商务发展目标。

第 9 章互联网金融的崛起与发展，首先阐述互联网金融的内涵及特点，介绍我国和国外互联网金融发展趋势，最后分析我国互联网金融的发展策略。

第 10 章网络经济与风险资本市场。首先介绍风险资本市场形成的背景，然后阐述网络经济的融资要求和风险资本市场，论述了风险投资及其运作过程，并对我国风险资本市场做了简介。

第 11 章网络企业并购；介绍了网络企业并购的内涵与分类，网络企业并购的动因及其效应和风险。

第 12 章网络经济下的政府政策。阐述 Internet 基础设施产业的公共政策，如反垄断政策，最后论述了网络经济时代的金融监管政策。

本书编写工作主要由西安邮电大学麻元元老师完成，本书第 3、4、5、6、7、10、11、12 章由麻元元撰写，第 8、9 章由秦成德撰写，原来由刘扬林撰写第 1 版的第 1、2 章仍保留原主要内容，王群、侯光文、王晶、刘晶芳、刘廷民、朱亚鹏、郭姗姗、周黎、郭鹏、秦立崴、王建花、李栋、石明卫、任少军等也参加了部分内容的编写。最后由麻元元、秦成德完成统稿。

在本书写作的过程中，得到了原国家信息办专家咨询委员会专家的支持和指导，教育部电子商务专业教育指导委员会各位教授、中国电子商务协会各位领导给予了热情的关怀和指导，中国信息经济学会各位同仁也为本书提供了许多有益的指导和建议，北京交通大学出版社郭东青编辑为本书的出版做出了贡献，本书的完成不但依靠全体撰稿人的共同努力，同时也参考了许多中外有关研究者的文献和著作，在此一并致谢！

网络经济是一个日新月异的领域，许多问题尚在发展和探讨之中，观点的不同，体系的差异，在所难免，本书不当之处，恳请专家及读者批评指正。

本书配套有教学课件，需要教学课件的老师可到北京交通大学出版社网站查看，也可致函郭东青编辑，QQ：764070006。

编　者

2020 年 9 月

第1版前言

20 世纪 90 年代以来，基于计算机技术发展起来的国际互联网，经过若干年技术创新积累之后在全球迅猛展开，信息技术的飞速发展及随之而来的网上经济活动的扩展引领了一个新经济时代的到来。网络技术的发展极大地改变了人们的生活和工作方式，互联网给人们带来了无尽的便捷。互联网正在以令人意想不到的方式进入人们的生活，由此带来的社会、政治、经济、组织机构、生活和技术等方面的重大变化已经成为人们注目和讨论的焦点。

"互联网"、"网络"概念是 21 世纪的第一关键词。迄今为止，互联网的普及率，是以往任何一种事件无法比拟的，它是空间拓展远远超越时间的一个典范。

全世界亿万个终端同在一个互联网上传递、交流信息，运作种种事务，网络企业、电子商务、网上销售、网络教育、电子货币、网上资讯等核爆炸式地在冲击并占领社会经济生活的方方面面，这便是史无前例的网络经济现象。

网络如此快捷地结缘经济，新的网络经济现象如此快捷地在全球开展，新的理念、新的商务模式、新的经济机制如此快捷地被创造出来。在 15 世纪，全球人均收入年增长仅 0.1%，在此后 5 个世纪中人均收入小有上升，在 20 世纪下半叶接近 3%，而美国在 2000 年一年就上升了 22%。这就是网络经济时代的辉煌，就是计算机网络时代的辉煌！

网络经济，现已成为一个经济范畴，一个十分重要的经济范畴。它的内涵几乎包含了自 20 世纪最后 20 年来以计算机通信技术引发的产业革命带来的经济领域的各种新嬗变；它的外延，现今可以说在一切产业中都获得了自己的地盘。最新的技术发展甚至展示人作为有生命的肉体本身，也正在被置入储存特定信息与设计程序的芯片。作为一个范畴，它的重要性表现在它表达了新产业经济的本质，表达了新产业经济发展的内在趋势，表达了劳动者乃至整个人类在经济活动中面临的新命运。网络经济不是一般意义上科技进步带来的变革，它在经济社会中引起的变革具有深刻、深远的意义。

在本书中，我们努力实现的是：运用经济学的基本工具，在现有的网络经济研究的基础上，按照理论"必需"、"够用"的原则，阐述了网络经济的基本原理和基本概念，以帮助学生更加深入地了解网络经济的经济学本质，为在知识经济时代作出正确的战略决策奠定坚实的经济学基础。本书内容翔实，通俗易懂，既注重理论联系实际，又尽量反映国内外最新成果和应用方法。

希望通过本课程的学习，同学们能比较全面系统地掌握网络经济学的基本理论、基本知识和基本方法。在学习中，除了学习基础理论之外，还要求参与课堂讨论案例分析、模拟运作等多种形式的实践性学习环节，以适应通信技术、网络技术的发展。

本书由刘扬林担任主编，刘淑云和何耀明担任副主编。全书共分 10 章，第 1 章、第 2 章、第 8 章由刘扬林执笔，第 3 章、第 6 章、第 7 章由刘淑云执笔，第 4 章由温毅娴执笔，第 5 章由谭劲芳执笔，第 9 章由何耀明执笔，第 10 章由彭铁光执笔，全书由刘扬林统稿。本书可作为高职高专院校电子商务专业及相关专业的教材或参考书，也可以作为从事电子商务工作的管理人员和计算机应用科技人员的培训教材。

在本书的编写过程中得到了长沙环境保护职业技术学院李倦生院长和孙蕾副院长的大力支持，谌桂君老师承担了大量的外文资料的翻译工作，徐华亮、黄跃斌两同志参与了部分章节的编写，在此一并表示感谢。

最后需要说明的是，网络经济呈现出的新态势、新现象，有许多未知领域亟待探索，本书只能撷其一二，略加论述和介绍，希望能够引起大家对网络经济及其相关问题的重视，并深入探讨。

尽管在编写教材时，我们对编写体系和内容进行了反复推敲，但由于编者水平有限，加之时间仓促，书中问题与不足在所难免，希望专家与读者不吝赐教。

编　者

2008 年 7 月

目　录

第1章　网络经济学概述

学习目标

1. 了解网络经济的产生与发展历程。
2. 理解促进网络经济发展的各种推动因素。
3. 掌握网络经济的内涵与特征。

网络经济是继农业经济和工业经济之后出现的一种新的经济形态，以现代信息网络的广泛运用为标志，以信息作为核心资源，以知识资产作为生产的关键要素之一，反映了整个社会的网络化所带来的社会经济运行方式甚至某些运行规律的改变。本章介绍了网络技术产生与发展的历程，概括了网络经济的内涵与特征。通过本章的学习，将会对网络经济的定义与内涵有一个清晰的认识。

1.1　网络的产生与发展

1.1.1　信息技术的产生与发展

人们从没停止过对美好生活的执着追求，通过辛勤、智慧的劳动不断创造物质和精神财富。在人类的经济发展中信息始终占有非常重要的地位，人类信息能力提高的历史过程是人类发展历史的一个侧面写照。长期以来，人们在记录、传递、辨析、处理信息方面的能力的局限，一直制约着生产力的发展，是人们需要克服的难题，人类在漫长的历史进程中一步步地破解着这个难题。

人类社会的早期，人们只能利用自身的器官及其功能来进行信息的简单处理。眼、耳、鼻、舌和身体是接收信息的窗口；神经系统是人体的信息传递渠道；大脑则是记忆和处理信息的中枢。以后，经过人类漫长演进，语言出现了。语言是人类独有的交流信息的最初步骤，也是人类社会得以形成的基本条件。结绳记事、用筹码计算等方式也是原始的人类处理信息的方式，他们开始超出大自然所赋予自身的器官与功能，借助于自身的声音和外物来提高自己的信息能力，因此，应当说，信息技术的萌芽在这时候已经开始了。信息处理手段的第一次飞跃应当说是文字的产生与使用，包括随后纸张的产生与印刷术的进步。文字的出现使人们在信息的存储方面有了重大的突破，人类有了独立存在于个别人的头脑之外的、稳定可靠的、不受空间与时间限制的、共同的、可以交流的信息存储形式，用现代信息处理的专用术语来说，就是有了永久的外存储器。纸张与印刷术是中华民族对人类做出的伟大贡献，同样，从古代的筹算到流传至今的算盘，都是我国人民早期信息处理技术的典型例子。遍布全国的烽火台系统和驿道系统同样表现出我们的祖先为加快信息传递速度而做出的巨大努力；我国古代发明的指南针则是原始的感测技术和显示技术。进入工业时代，在信息处理方面又有了新的突破。例如，帕斯卡发明的机械计算机，它可以在一定程度上帮助人们从事大量数据的加、减、乘、除等运算。以其为原形发展起来的手摇计算机直到 20 世纪 60 年代初还在世界上的一些地方使用。在信息的加工与传递上，由于电的使用，人类又发明了一系列新的技术和设备，如电报和电话（包括有线的与无线的）。这些技术与设备使人类在信息处理方面有了进一步的提高。20 世纪中叶，以电子计算机和现代通信技术为核心的现代信息、技术飞速发展，作为信息处理的设备——电子计算机，无论在信息的存储量方面，还是在信息、处理加工速度方面都有长足的发展，而电子计算机的价格大幅度下降，性能大幅度提高，这些都为电子计算机广泛应用于信息处理提供了可能。现代通信技术主要包括数字通信、卫星通信、微波通信、光纤通信等方面。通信技术的普及应用，是现代社会的一个显著标志。通信技术的迅速发展大大加快了信息传递的速度，使地球上任何地点之间的信息传递速度缩短到几分钟之内甚至更短，价格大幅度下降，在 20 世纪末期，互联网技术的出现更是让人类社会进入了一个崭新的信息时代。信息技术的历史与现状如表 1–1 所示。

表 1–1　信息技术的历史与现状

时间	主要技术	信息载体	信息处理方式			
			信息收集	信息传递	信息存储	信息发布
史前	语言	声音	观察	直接传递	人的记忆	口头
古代	文字	纸张	手工	驿道、烽火台等	图书等	印刷
近代	机械技术、电气技术	机电信号	机械式仪表	电报电话	图书等	印刷 广播
现代（20 世纪 90 年代前）	计算机技术、现代通信技术	电磁信号	自动化仪表、遥感技术等	微波、卫星、光纤	计算机	电视、多媒体及其他显示技术
现代（20 世纪 90 年代至今）	计算机和网络技术	信息网络	信息网络	信息网络	计算机及各种移动终端	信息网络为主

1.1.2　网络的定义与分类

网络（network）一词有多种意义，从不同学科出发有不同的定义和范围。本书的网络是指计算机网络，它是信息时代的产物。而以因特网为代表的网络热潮，自 1995 年以来在全球掀起了一股强大的冲击波，一个以网络为中心的计算机新时代，成为信息社会来临的显著标志。狭义的网络概念仅指因特网。而计算机网络，简单地说，就是将各自独立的计算机处理节点通过线路连接成为计算机系统，确定节点之间可以通信和交流信息的协议，通过网络级网络协议联结分散于各处的信息系统，使所有的资源（包括人、计算机、信息）能够共享，使它们得以跨越时空和地域的局限协同工作。

计算机网络的定义中包含了四个要点。

（1）计算机网络包含两台以上地理位置不同具有自主功能的计算机。

（2）网络中各节点的连接需要一条通道，即由传输介质实现物理互联。

（3）网络中各节点之间互相通信或交换信息，需要有某些约定和规则，这些约定和规则的集合就是协议，其功能是实现各节点的逻辑互联。

（4）计算机网络是以实现数据通信和网络资源（包括硬件资源和软件资源）共享为目的的。

计算机网络的应用主要表现在数据通信、资源共享、分布式处理及提高系统的可靠性、安全性等方面。数据通信是计算机网络的最基本功能，用于传递计算机与终端、计算机与计算机之间的各种信息，包括文字信件、新闻消息、咨询信息、图片资料、报纸版面等。资源共享是计算机网络的一项重要功能。通过资源共享，避免了软硬件的重复购置，提高了硬件设备与软件资源的利用率。此外，通过网络的资源共享，实现了分布式计算，从而大大提高了工作效率。分布式处理即在网络系统中若干台在结构上独立的计算机可以互相协作完成同一个任务的处理。在处理过程中，每台计算机独立承担各自的任务。在实施分布式处理过程中，当某台计算机负担过重时，或该计算机正在处理某项工作时，网络可将新任务转交给空闲的计算机来完成，这样处理能均衡各计算机的负载，提高处理问题的实时性；对大型综合性问题，可将问题各部分交给不同的计算机分头处理，充分利用网络资源，扩大计算机的处理能力，增强实用性。当计算机连成网络后，各计算机可以通过网络互为后备，当某一处计算机发生故障时，可由别处的计算机代为处理，还可以在网络的一些节点上设置一定的备用设备，起到全网络公用后备的作用，这种计算机网络能起到提高可靠性及可用性的作用。特别是在地理分布很广并且实时性管理和不间断运行的系统中，建立计算机网络便可保证更高的可靠性和可用性。

根据不同的分类标准，网络可以划分成不同的类型。

1. 按地理范围分类

（1）局域网。局域网（LAN）地理范围一般几百米到 10 千米之内，属于小范围内的联网。如一个建筑物内、一所学校内、一个工厂的厂区内等。

（2）城域网。城域网（MAN）地理范围从几十千米到上百千米，属于中等范围的网络。如一个城市或地区等。

（3）广域网。广域网（WAN）地理范围一般在几千千米左右，属于大范围联网。如几个城市，一个或几个国家，是网络系统中最大型的网络，如国际性的因特网。

2. 按传输速率分类

网络的传输速率有快有慢，速率快的称为高速网，速率慢的称为低速网。

3. 按传输介质分类

传输介质是指数据传输系统中发送和接收装置间的物理媒体，按其物理形态可以划分为有线和无线两大类。

（1）有线网。采用有线介质连接的网络称为有线网。常用的有双绞线、同轴电缆和光导纤维。

（2）无线网。采用无线介质连接的网络称为无线网。目前无线网主要采用三种技术：微波通信、红外线通信和激光通信。

4. 按拓扑结构分类

计算机网络的物理连接形式叫作网络的物理拓扑结构。计算机网络中常用的拓扑结构有总线拓扑、星状拓扑、环状拓扑等。

1.1.3 网络的主要形成阶段

国际互联网的发展与信息技术发展息息相关，技术标准的制定及技术上的创新是决定国际互联网得以顺利发展的重要因素。网络的主要功能是交换信息，而采取什么样的信息交换方式则是网络早期研究人员面临的首要问题。了解国际互联网，不可避免地要提及互联网发展过程中出现的几个重要事件。

20 世纪 60 年代中期之前的第一代计算机网络是以单个计算机为中心的远程联机系统。典型应用是由一台计算机和全美范围内两千多个终端组成的飞机订票系统。终端是一台计算机的外部设备，包括显示器和键盘，无 CPU 和内存。随着远程终端的增多，在主机前增加了前端机（FEP）。当时，人们把计算机网络定义为“以传输信息为目的而连接起来，实现远程信息处理或进一步达到资源共享的系统”，但这样的通信系统已具备了网络的雏形。

阿帕网是计算机网络发展的一个里程碑，它标志着以资源共享为目的的计算机网络的诞生，是第二代计算机网络的一个典型范例，它为网络技术的发展做出了突出贡献。1963 年，在美国国防部高级研究计划署工作的拉里·罗伯茨提出“分组交换”技术的设想，解决了抗摧毁性网络的难题。1969 年，美国国防部资助了一个有关广域网络的项目，开发出一个运用包交换（packet switch）技术的网络，称作 ARPANET（阿帕网）。当年 11 月 21 日，运用这项技术把加州大学、犹他大学和斯坦福研究院的四台电子计算机顺利连通。这个美国国防部高级研究计划署的实验性网络，由四个节点构成的“天下第一网”的诞生，宣告网络时代的到来。到 1972 年，ARPANET 已连接了 40 多个节点的计算机。

第三代计算机网络的发展解决了计算机联网互联标准化的问题，此阶段网络应用已经发展到为企业提供信息共享服务的信息服务时代。1973 年，英国、挪威的计算机接入 ARPANET。1976 年，ARPANET 上的计算机节点已发展到 57 个，连接各种不同的计算机 100 多台，网络用户 2 000 多人。为了解决网络与网络、计算机与计算机间由于软硬件和型号不同造成的不兼容问题，使阿帕网真正成为“资源共享的计算机网络”，1974 年，温顿·瑟夫博士研究成功 TCP/IP（传输控制协议/网际协议）。1981 年，首次在美国计算机网络上的消息栏使用。1982 年，美国国防部宣布将 TCP/IP 协议作为标准，要求所有接入 APANET 的计算机网络必须采用这一协议。1983 年，TCP/IP 被许多计算机网络所接受，成为国际互联网络上的标准通信协议。这是全球互联网络正式诞生的标志。同年，ARPANET 分成两个网，与军事有关的部分称为 MILNET，其余部分仍然叫作 ARPANET，用于做进一步研究。它们之间仍然保持着互联状态，能进行通信和资源共享。这种国际互联的网络最初被称为 DARPA Internet，但不久就改称 Internet。

在早期，在网络上传输信息或者查询资料需要在计算机上进行许多复杂的指令操作，这些操作只有那些对计算机非常了解的技术人员才能做到熟练运用。特别是当时软件技术还并不发达，软件操作界面过于单调，计算机对于多数人只是一种高深莫测的神秘之物，因而当时“上网”只是局限在高级技术研究人员这一狭小的范围之内。WWW 技术是由瑞士高能物理研究实验室（CERN）的程序设计员蒂姆·伯纳斯·李最先开发的，它的主要功能是采用一种超文本格式（hypertext）把分布在网上的文件链接在一起。这样，用户可以很方便地在大量排列无序的文件中调用自己所需的文件。1993 年，位于美国伊利诺伊大学的国家超级应用软件研究中心（NCSA）设计出一个采用 WWW 技术的应用软件 Mosaic，这也是国际互联网历史上第一个网页浏览器。该软件除了具有方便人们在网上查询资料的功能，还有一个重要功能，即支持呈现图像，从而使得网页的浏览更具直观性和人性化。可以说，如果网页的浏览没有图像这一功能，国际互联网是不可能在短短的时间内获得如此巨大的进展的，更不用说发展什么电子商务了。特别是，随着技术的发展，网页的浏览还具有支持动态的图像传输、声音传输等多媒体功能，这就为网络电话、网络电视、网络会议等提供一种新型、便捷、费用低廉的通信传输基础工具创造了有利条件，从而适应未来经济活动的发展。

20 世纪 90 年代末至今的第四代计算机网络时代，由于局域网技术发展成熟，出现光纤及高速网络技术，多媒体网络，智能网络，整个网络就像一个对用户透明的大的计算机系统，发展为以因特网为代表的互联网。

1.1.4 网络的发展方向

1. 更加开放和更大容量

开放性是任何系统保持旺盛生命力和能够持续发展的重要特性，因此也是计算机网络系统发展的一个重要方向。基于统一网络通信协议标准的互联网结构，正是计算机网络系统开放性的体现。互联网结构实现了不同通信子网互联的结构，可以把高速局域通信网、广域公众通信网、光纤通信、卫星通信及无线移动通信等各种不同通信技术和通信系统有机地连入到计算机网络这个大系统中，构成覆盖全球、支持数亿人灵活、方便通信的大通信平台。近几年来，各种互联设备和互联技术的蓬勃发展，也体现了网络开放性的发展趋势。

2. 一体化和方便使用

“一体化结构”就是一种系统优化的结构。计算机网络发展初期，网络是由计算机之间通过通信系统简单互联而实现的，随着计算机网络应用范围的不断扩大，人们对网络系统功能、性能要求的不断提高，网络中的许多成分必将根据系统整体优化的要求重新分工、组合、甚至产生新的成分。另外，网络中通信功能从计算机节点中分离出来形成各种专用的网络互联通信设备，如路由器、桥接器、交换机、集线器等。未来的计算机网络将是网络内部进一步优化分工，而网络外部用户可以更方便、更透明地使用网络。

3. 多媒体网络

高度综合现代一切先进信息技术的计算机网络应用已越来越广泛地深入到社会生活的各个方面。人类自然信息器官对文字、图形、图像和声音等多种信息形式的需求，实现了各种信息技术与多媒体技术的结合，特别是计算机网络这一综合信息技术与多媒体技术的结合，既是多媒体技术发展的必然趋势，也是计算机网络技术发展的必然趋势。未来的计算机网络必定是融合电信、电视等更广泛功能，并且渗入千家万户的多媒体计算机网络。

计算机网络经过几十年时间，实现了从无到有、从简单到复杂的飞速发展，在政治、经济、科技和文化等诸方面均产生了巨大的影响，关于下一代计算机网络（next generation network，NGN）的研究与应用已全面展开。随着计算机网络技术的不断进步，它必将在社会中发挥更加重要的作用。

1.2 网络经济的形成与发展

网络经济最初是随着美国新经济的产生而产生和发展的。从 1991 年起，美国经济开始出现持续高增长、高就业和低通胀的发展态势，其经济运行和经济发展的新特点区别于传统经济，引起了全世界的关注。

按照英国学者的分析，网络经济的产生需要三个条件：一是数字化革命，即完全以重新安排 0 和 1 这两个数字组合为基础，开启一个新的经济时代，从根本上改变了信息存在的基本方式；二是全球电话网主干线开始使用光导纤维，使信息传输容量和信息传输速度发生革命性的变化；三是计算机成本的大幅下降，使网络终端迅速普及到一般消费者。英国学者的分析只指出了网络经济产生的可能性，并没有说明网络经济兴起的必然性。使网络经济兴起的因素至少包括以下内容。

1.2.1 信息技术的蜂聚式创新是网络经济产生的根本原因

熊彼特认为，创新活动总是集聚在一定的时期里出现，他称之为创新的“蜂聚”。近三十年来，科学技术的发展正是表现出这样一种创新“蜂聚”，人类所取得的科技成果比过去两千年的总和还要多，呈现出知识爆炸的现象，科技创新的速度日益加快，同时科技成果商品化的周期大大缩短。在 19 世纪，从电的发明到应用时隔 282 年，电磁波通信从发明到应用时隔 26 年。而到 20 世纪，集成电路从发明到应用仅仅用了 7 年时间，而激光器只用了 1 年。

在近年的科技创新中，产生于 20 世纪 80 年代和 90 年代的信息技术和网络技术的蜂聚式创新是最为突出的。信息技术的蜂聚式创新为美国带来了计算机的普及，因而 20 世纪 80 年代在美国被称为“PC 时代”；而网络技术的蜂聚式创新则为美国乃至全球带来了互联网的广泛应用，因此从 20 世纪 90 年代开始的“互联网时代”引发了全球化的网络经济浪潮。创新形成的网络技术在国民经济发展中具有如下作用。

（1）先导作用，通过网络技术的广泛应用可以实现对整个国民经济技术基础的改造，带动国民经济结构的高度化发展。

（2）置换作用，网络信息资源能实现对传统物质资源的替代和置换，从而改变传统的经济增长方式。

（3）软化作用，即随着网络信息技术的普及，智力、人力、管理、信息等软投入增加，产业结构不断软化。

（4）优化作用，网络信息技术将优化资源的配置，提高经济效率。

（5）增值作用，即网络技术对国民经济的增长将产生巨大的促进作用，是经济增长的“倍增器”。

1.2.2 全球经济一体化是网络经济产生的客观需要

全球经济一体化实际上是一场以发达国家为主导，以跨国公司为主要动力的世界范围内的产业结构调整。根据联合国数据统计，1997 年全世界约有 44 000 个跨国母公司和 28 万个在国外的子公司和附属企业。这些跨国公司控制了全世界 1/3 的生产，掌握了全世界 70%以上的专利和其他技术转让，世界贸易额的 1/3 源于跨国公司，其余的 2/3 也是直接或间接与跨国公司相关。而到 2017 年，全世界跨国公司的数量已经到达 100 000 家左右，几乎控制了近一半的全球产出、主导了全球产业链的布局与演变。跨国公司的发展迫切需要在扩大企业规模的同时降低沟通和协调成本，以使企业的运营效率进一步得到提高。同时，在迅速发展的国际化生产、国际化经营及国际贸易、国际投资和国际金融的推动下，资源配置的全球化趋势越来越明显，这客观上要求企业与分布在全球的各国合作伙伴或者是分支机构之间实现紧密的联系和实时的互动。而互联网作为信息媒介正好消除了时间和空间所形成的距离和隔阂，使无障碍沟通和及时响应成为可能，通过信息的分享和集成提高了跨地域的组织间的协作水平，扩大了市场的范围，提高了资源配置的效率。因此，互联网被跨国公司广泛应用于生产经营中，网络经济也由此得到了发展。

1.2.3　电子商务的交易优势是网络经济产生的效率因素

经合组织（OECD）同时给电子商务界定了广义和狭义的定义。广义的定义包括电子基金转移和信用卡业务、支持电子商务的基础设施和企业对企业的电子商务（B2B）。而狭义的定义是指企业与顾客之间通过电子支付的商务（B2C）。电子商务最早在 20 世纪 60 年代以 EDI（电子数据交换）的形式出现在美国，20 世纪 70 年代的电子商务主要是将电子基金转移的电信技术用于金融领域，直到 20 世纪 90 年代因特网的出现，才有了更完整意义上的电子商务。

基于互联网的电子商务是网络经济中的重要组成部分，从 B2C 到 B2B、C2C，电子商务的模式不断发展和变化，它所带来的成本节约和高效率成为企业选择电子商务的主要原因。以文件传输为例，40 页的文件在两国间转移，邮寄至少需要 5 天和 7. 5 美元，而电子邮件只需要 2 分钟和 20 美分。网上的电子商务同样也显示出比传统电子商务更高的优势，西尔斯公司的 EDI 系统每小时的费用是 150 美元，而以互联网为基础的新网络的成本每小时只有 1 美元。如此巨大的成本差距形成了巨大的利润缺口，这必然吸引企业应用电子商务、发展网络经济以提高企业运营效率。当然，除了降低交易成本和提高交易效率这两个交易优势以外，电子商务还能缩短生产周期、减少中间环节、减少库存、增加商机，等等。总之，电子商务所存在的交易优势，是网络经济产生效率的因素。

1.2.4　风险投资为网络经济的产生提供了资本动力

风险投资（venture capital）是由职业金融家投入到新兴的、迅速发展的、有巨大竞争潜力的企业中的一种权益资本。网络经济的产生离不开风险投资，因为网络经济产生于网络信息技术的蜂聚式创新，而技术创新成果的转化需要风险资本的大力支持。所以，风险投资是网络经济发展所必须的资本动力。具体而言，风险投资促进网络经济产生和发展是通过一个有效的动力机制来完成的，这一动力机制包括以下内容。

1. 技术选择机制

网络技术创新往往面临巨大的风险，可能招致完全的失败。而风险投资通过评估，风险投资家剔除了不良的项目，降低了技术转化失败的风险。

2. 利润发现机制

成功的风险投资项目的回报率常常是整个社会平均投资回报率的 10 倍以上。这样一来，风险投资通过技术（项目）选择往往能发现传统投资方式下可能发现不了的产业利润。

3. 创新激励机制

风险资本通过独特的组织形式和分配方式，能形成对技术创新的有效激励。

4. 风险回避机制

风险资本基金能通过很大的公司投资组合来控制风险。可以说，通过风险资本在不同产业间的投资组合，实质上是降低了网络经济内在的系统风险。

5. 管理监督机制

风险投资除了对新创企业的帮助提供资金以外，风险投资家将以主动参与经营的方式，用经验、知识、信息和人际关系网络帮助企业提高管理水平和开拓市场，能在很大程度上帮助企业成长。

1.2.5 网络产业的形成是网络经济产生的重要基础

近代以来，人类社会已产生过三次大的科技革命，每一次新的科技革命都会有尖端技术和先导技术，并产生完全新型的系列产业。第一次科技革命于 17 世纪产生于英国，在 18 世纪形成现实的生产力；第二次科技革命产生于原子能和电子的发现，形成了电力、航空、钢铁等超级产业；第三次科技革命从第二次世界大战以后开始，围绕计算机的应用形成新的产业群。而正在发生的第四次科技革命则是源于计算机和互联网的结合，网络产业形成、网络经济萌芽，揭开了 21 世纪“信息和智能社会”的序幕。作为网络经济产生和发展的重要基础，网络产业主要由以下新兴的企业所构成。

（1）IEP（Internet equipment provider），即互联网设备供应商，主要提供互联网的设备如路由器、服务器等，包括作为上网设备的个人计算机，如思科、英特尔。

（2）IAP（Internet access provider），是互联网接入供应商，也称为 ISP，是用自己的服务器、交换器和软件提供个人用户与互联网连接服务的企业，如美国在线、中国电信等。

（3）ITP（Internet technology provider）即互联网技术服务商和 ASP（application solution provider）应用解决方案供应商，它们是向接入互联网的用户提供硬件技术、软件技术及服务技术的企业，包括提供操作平台的微软和提供网络翻译软件的金山公司等。

（4）ICP（Internet content provider）即互联网内容提供商，是网上信息和内容的集成者和提供者，如新浪、雅虎等门户网站和搜索引擎。

（5）EC（electronic commerce）即电子商务企业，是运用互联网进行经营的企业，它们之中的佼佼者有网上书店亚马逊、拍卖网站 eBay 等。由此可见，大量新兴的企业形成了一个新的网络产业，而这一新的网络产业又构成了网络经济兴起和发展的重要经济基础。

总体上看，全球网络经济的形成与发展大约可分为以下五个阶段。

第一阶段：普通大众转变为网民。包括网络接入的便利化、上网软件的易用性、网络服务的吸引力、消费习惯的改变等因素。

第二阶段：网民增长迅速，但总体数量依然较少。网络服务主要集中在网络门户、内容和电子邮件的交互式交往方面，广告商和交易商开始加入，此阶段网络服务的特点是高度的免费性。

第三阶段：随着社会信息化程度的加快，网络传输层次逐渐高速宽带化。接入设备的进一步廉价和易用，信息家电崛起，网民数量与消费初具规模。专项电子商务（网络股票交易、网络直销、网络拍卖）开始发展，传统产业与信息技术快速结合，与传统产业相关的信息服务加快发展。这主要表现在原有的产业界限被打破，电信业、网络业、硬件与软件业、出版业、有线电视业，甚至娱乐业等都构成新的融合，旧有的产业运作模式被摧毁，互联网由于有效地降低资产的成本，提高运作效率和管理速度，与客户建立更紧密关系而成为新商业模式的核心，企业管理业务流程重组和企业重组中以信息流替代物流和资金流，通过信息流更有效地配置资源，减少中间环节，达到企业与用户之间直接快速的融合。

第四阶段：网民已经成为网络社会的主人。电子服务普遍化，传统产业的价值迅速向网络服务集中，网络服务从专项服务走向全面性的服务，开始取代传统的管理、销售和制造等模式，网络经济高速成长。

第五阶段：逐步实现了统一网络，并迅速进行全球化服务拓展。著名的网络公司将全球资源通过全球化的网络吸收到自己的手里。而在网络通路方面基本上是按需分配了，网络经济将成为社会产业结构中的主流。

1.3　网络经济的内涵与特征

1.3.1　网络经济的概念

一般认为，约翰·弗劳尔（John Flower）最先提出“网络经济”（Internet economic）一词（准确地说，它应译为“互联网经济”）。但人们对于网络经济的含义并没有取得一致看法，因此关于网络经济的概念可谓众说纷纭。有学者将网络经济等同于信息经济、知识经济、新经济甚至注意力经济和眼球经济；有学者认为网络经济是计算机网络和信息技术相结合的经济；有学者将网络经济定义为由信息产业和服务业主导的经济；有学者把网络经济看作是以人力资本为主要推动要素的经济等。在我国学者所定义的网络经济概念中，比较有代表性的是乌家培的阐释：“对网络经济的理解，有狭义与广义之分。狭义的网络经济是指基于因特网（即网际网）的经济活动，如网络企业、电子商务（不包括基于电子数据交换即 EDI 的电子商务），以及网络投资、网络消费等其他网上经济活动。这是从 1993 年开始因特网应用于商务活动后蓬勃发展起来的。广义的网络经济是指以信息网络（主要是因特网，但不限于因特网，如内联网、外联网等）为基础或平台的、信息技术与信息资源的应用为特征的、信息与知识起重大作用的经济活动。因此，它还包括非因特网的网络经济活动。特别是因受信息革命影响而正在变化中的传统经济活动，如‘e’（即电子化）转型中的传统企业的经济活动。按照这一界定，狭义的网络经济是指产业层面上的网络经济，而广义的网络经济则是指整个社会层面上的网络经济。归纳起来，到目前为止提出的网络经济概念大约可分为以下四大类。

1. 网络产业经济

最早的网络经济的概念是指网络产业经济（network industries economy），包括电信、电力、交通（公路、铁路、航空）等基础设施行业。之所以被称为“网络经济”，是因为这些行业共同具有“网络”式的结构特征和由此引发的经济特征。

2. 信息产业经济

把依托网络技术而发展起来的信息技术产业、基础设施产业及服务产业群等与网络结构相关的部分统称为网络经济（部门）。相应的网络经济研究实际上是一种产业部类经济研究，它只是对网络产业和服务市场提供经济学解释和相关政策建议。其中具有代表性的就是美国得克萨斯大学电子商务中心的网络经济定义。它们把网络经济分为四个层面。

（1）网络设备与设施，主要指制造并提供构成信息网络的各类硬件设备与设施。

（2）网络应用，主要包括各种网络软件和网络咨询、网络培训等服务。

（3）网络中介，指网上广告经纪商、网上信息提供商等自身不出售任何商品，而是为买卖双方提供交易平台的活动。

（4）网络商务，即电子商务，指通过信息传输网络直接向顾客销售产品及提供服务的经济活动。

3. 社会网络的经济学研究

20 世纪 50 年代，随着“嵌入性”概念的提出，社会学和心理学领域的社会网络研究进入了经济学的范畴。“嵌入性”理论认为，与主流经济理论所描述的交易模式不同，经济个体往往更愿意选择那些与自己有友谊或血缘关系的个体作为交易对象。也就是说，经济个体在制定经济决策时，不仅要权衡经济活动自身的成本与收益，还要考虑所处的社会网络环境及自身在社会网络中的位置。因此，在经济学领域内有关社会网络的研究，主要集中在经济个体如何选择建立社会网络及社会网络结构对经济个体行为的影响这两个方面。

4. 新型经济形态

这一类定义最为五花八门，尚未能形成严密的体系。相关学者不再把网络经济仅看作一种独立的技术或产业经济，而是基本上都认为网络经济所产生影响甚为重大。在网络经济的定义中描述了网络的主要特征或主要表象，通过对网络经济的特征和表象的总结来描述网络经济。但是问题在于相关学者所定义的网络经济的范围各不相同，有的相差甚远。

本书中的网络概念是指以因特网（Internet）为代表的，包括局域网和广域网、有线网络和无线网络及未来可能出现的新的通信技术形式在内的现代信息网络。从技术上讲，所谓现代信息网络就是众多计算机以通信技术为纽带的结合，在地理上分散分布的计算机之间迅速而可靠地传送信息，使得这些计算机的使用者能够共享信息。从本质上讲，现代信息网络就是一种新的信息传输和处理方式。这种方式极大地提高了信息传输的效率和准确性，扩大了信息传递和处理的时空范围，提供了强大的信息存储和处理能力，并将信息传递与处理的经济成本降低到近乎可以忽略不计的程度。现代信息网络渗透到社会经济的各个方面，改变了人类的行为方式特别是经济活动的方式，也改变了整个社会的生产方式。因此，本书认为，网络经济是继农业经济和工业经济之后出现的一种新的经济形态，以现代信息网络的广泛运用为标志，以信息而不是以能量为基础，以知识资产作为生产的关键要素之一，反映了整个社会的网络化所带来的社会经济运行方式甚至某些运行规律的改变。需要说明的是：尽管信息和知识在网络经济中起着举足轻重的作用，但这并不意味着在网络经济中不再需要物质资源或者一切经济活动皆可通过网络以虚拟的方式进行。在任何社会经济形态下，物质的生产与消费都是基础，是必不可少的，因此网络经济时代人类的生产和消费不可能离开各种实物要素。反之，在传统的农业经济和工业经济时代，信息和知识同样是生产要素之一，只是重要性没有那么突出因而不是关键要素。

1.3.2　对网络经济内涵的理解

美国得克萨斯大学电子商务中心把网络经济分为以下四个层面。

（1）网络设备与设施，主要指制造并提供构成信息网络的各类硬件设备与设施。

（2）网络应用，主要包括各种网络软件和网络咨询、网络培训等服务。

（3）网络中介，指网上广告经纪商、网上信息提供商等自身不出售任何商品，而是为买卖双方提供交易平台的活动。

（4）网络商务，即电子商务，指通过信息传输网络直接向顾客销售产品及提供服务的经济活动。

总之，网络经济既包括与网络相关联的软、硬件生产，也包括网络信息服务活动，又包括通过网络进行的各种商业贸易活动。

我国公认的网络经济是以信息网络为基础或平台、以信息技术与信息资源的应用为特征的、信息与知识起重大作用的经济活动。网络经济不仅包含以网络为平台的经济活动，还包括了生产、制造和运营网络设施的经济活动。前者构成网络经济的运行方式——电子商务，后者构成网络经济的产业基础——信息技术产业，即 IT 产业。信息技术产业是直接进行信息生产、加工与分配，并以信息产品与服务作为其产出的产业，包括信息设备制造业、信息生产加工业、信息服务业、信息流通业。

网络经济与传统经济的根本区别在于；网络信息成为经济活动的第一资源，网络成为推动经济运行的主导工具。网络经济不仅是以互联网为平台的经济，而且是网络信息技术和网络信息资源渗透于社会各行各业并发挥核心作用的宏观经济活动或宏观经济运行方式。网络经济基础主要包括：经济基础——国民经济信息化；产业基础——IT 产业的蓬勃发展；社会基础——经济贸易的全球化；环境基础——社会管理机制。它们是网络经济形成与发展的前提条件。

网络经济脱胎于传统产业，网络经济的核心内容是信息网络技术与传统产业的融合，即传统产业的信息网络化。尽管网络经济给传统经济带来了巨大的冲击，但是，传统经济始终是哺育网络经济的母体，从宏观的经济因素看，网络经济的发展既离不开信息产业和信息网络技术的支撑，又依赖于包括传统产业在内的整个经济系统的支持与需求的拉动。传统经济的信息化改造，不仅为网络经济的发展拓展了空间，也为自身不断发展提供动力。换句话说，信息技术及其产业的发展离不开传统产业的物质技术基础和广阔的市场，而传统产业的优化升级又需要靠信息技术来改造和带动。正是从这种战略层面考虑，我国及时做出以信息化带动工业化、城镇化的重大决策。

理解网络经济，可以从三个层面来把握这一概念：一是从技术层面看，网络经济是信息技术，网络的发展导致社会变革、新网络经济的产生；二是从宏观经济运行状态、特征看，网络经济是宏观经济快速发展、新网格经济运行出现新特征的概括；三是从技术创新及引发的第三次经济范式转变过程看，网络经济是人类历史上又一次社会生产方式的革命，是一次影响深远的经济范式转型，即从工业经济社会向信息数字和知识经济社会转型。网络经济是加速这种转变的助推器。本书的研究框架如图 1–1 所示。

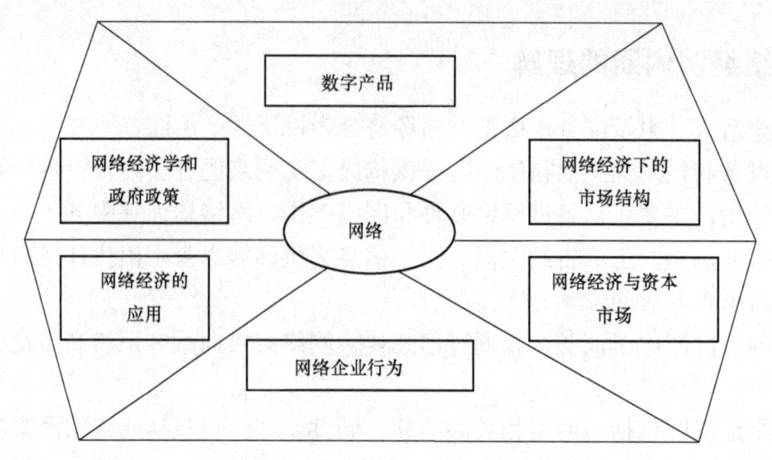

图 1–1　网络经济学研究框架

1.3.3　网络经济与相关概念的比较

与网络经济相关的还有一些其他概念，诸如信息经济、知识经济、数字经济、新经济、注意力经济等。在学术文献中这些概念的使用与网络经济概念发生一定程度的混淆，容易让人产生无所适从的感觉。这些概念的提出角度不同，着重点也不同，主要区别如下。

1. 信息经济

信息经济是以现代信息技术等高科技为基础，信息产业起主导作用，基于信息、知识、智力的一种新型经济形式。信息经济以信息技术为物质基础，以信息产业为部门构成，以信息活动作用的强化为主要特征，经济活动依赖于信息活动。信息经济是相对于物质、能量型经济而言的一种后工业化经济，是经济信息化的产物。

2. 知识经济

知识经济最早是经济合作与发展组织提出的。1996 年，经济合作与发展组织（OECD）在国际组织文件中首次正式使用了“以知识为基础的经济”这个概念，其内涵为：知识经济是以现代科学技术为基础，建立在知识和信息的生产、分配和使用上的经济。

3. 数字经济

美国的商务部在 1999 年出版的《数字经济报告》中，明确地将数字经济定义为“信息技术与电子商务的结合”。

4. 新经济

新经济通常指始于 20 世纪 90 年代中期，由新技术革命引起的经济增长方式、经济结构以及经济运行规则的变化。通常呈现出高就业率、持久发展、非通货膨胀的经济特征。

5. 注意力经济

最早正式提出“注意力经济”概念的是美国的迈克尔·戈德海伯（Michael H. Goldhaber）。他在 1997 年发表的《注意力购买者》一文中指出，目前有关信息经济的提法是不妥当的，因为按照经济学的理论，其研究的主要课题应该是如何利用稀缺资源。但他认为，当今社会是一个信息极大丰富甚至泛滥的社会，特别是互联网的出现加快了这一进程，因此信息非但不是稀缺资源，相反是过剩的。相对于过剩的信息，只有一种资源是稀缺的，那就是人们的注意力。

从上述定义可以看出，这些相关概念是着眼于经济发展中不同的要素和层面所得出的："网络经济"是从经济活动的媒介或载体出发，突出了以互联网为代表的现代信息网络的关键作用和地位，突出了经济中网络结构的特点，强调了经济主体之间的联系，是与分散、孤立的经济形态相对应的概念；"信息经济"强调了信息在经济活动中的突出地位和作用，是从要素的重要性角度出发得出的概念，是与物质经济（包括农业和工业经济）相对应的概念；"数字经济"是从信息的存在形式的角度来描述经济形态，强调以数字编码形式存在和传播的信息，是与信息以文字、图形等形式在纸张或者其他载体、媒介上存在的经济形态相对应的概念；"知识经济"强调知识在经济活动中的应用所带来的生产效率的提高，是与低知识经济或非知识经济相对应的概念；"新经济"是指由于现代的信息技术手段渗透到经济当中而引起的一种高增长、低通胀的经济发展状况（1991 年 4 月起美国经济开始高增长是新经济的起点），是与以前的经济发展状况相对应的概念；"注意力经济"强调了注意力的稀缺性，是与认为信息稀缺的观点相对应的概念。

这些概念互相有所区别但也有所重叠，因此它们之间不是依次更替、相互排斥的关系，而是互相缠绕的，具有相当强的共生性。"网络经济"具有"信息经济""数字经济"、"知识经济"的特点，而且只有在现代信息网络的基础上才有可能真正体现这三者的特征。"新经济"随着美国金融危机的爆发已宣告终结，因此不能作为现代信息技术的必然结果。"注意力经济"强调了人的注意力或者称为人的信息处理能力的稀缺性，这一点很有价值，但把注意力当作唯一稀缺资源则有失偏颇。

1.3.4　网络经济的特点

网络经济作为建立在互联网络基础上的一种新型经济，它在经济运行上、经济增长和经济效率上均有别于传统经济，但总的说来，可以用以下特点来进一步描述网络经济。

1. 网络经济是创新推动型经济

由于信息技术和网络技术的蜂聚式创新，使个人计算机得以在 20 世纪 80 年代普及美国、互联网得以在 20 世纪 90 年代得到广泛的应用，并由此引发了全球化的网络经济浪潮。然而，网络经济还不仅是由技术创新所推动，为适应技术创新所带来的生产力发展，社会经济方方面面都出现了创新。在技术创新组织方面，信息技术实现了企业再造，展开了供应链管理、企业资源计划等企业经营创新；在技术创新转化方面，出现了促进技术创新转化为生产力的风险投资制度和二板市场；此外，在技术创新激励方面，管理者期权、员工持股计划等分配制度的创新也极大程度上促进了创新活动的展开。因此可以说，网络经济是由技术创新、组织创新、市场创新、制度创新等共同推进的创新型经济。

2. 网络经济是直接交互经济

互联网的最大特点之一是它的"交互性"，即互联网是一种具有交互性的媒介技术。它除了能提供和传统媒介一样的群体到群体、群体到个体、个体到群体之间的联系，更重要的是实现了个体之间点对点的联系，而与传统媒介不同的是这种联系是一种低成本的、便捷的和实时的双向互动型联系。正是这种交互特性使互联网成为一种直接性的媒介，通过互联网络，消费者和企业能够直接对话，实现"产销见面"，从而使企业能够向单个消费者提供定制的产品。

3. 网络经济是一种高效率的经济

一方面，互联网 24 小时不间断运行，改变了地域间的隔阂，因此在网络平台上进行的经济活动几乎不会受时间和空间的限制，这从一定程度上节省了交易费用，提高了企业的经营效率。另一方面，互联网的交互性和直接性使网络经济成为一种直接交互经济。因此与传统经济相比，网络经济能提供更广范围和更深层次的高效率的双向沟通，使大规模产品定制成为可能，从而在一定程度上缓解了供需矛盾，提高了市场效率。同时，网络经济的出现改变了传统中间商在产品价值链上的地位，传统的中间商不但没有像人们以前预想的那样消失，反而正在成为新的后勤保障、财务及信息服务的提供者，顺利实现了市场角色的转变，这也进一步提高了网上市场交易的效率。

4. 网络经济是无摩擦经济

新制度经济学派的奠基人科斯认为，交易成本是市场机制运行中存在摩擦的结果，它至少包括获取准确的市场信息的成本及谈判与监督履约的成本。随着信息技术和互联网的发展，信息更趋于对称，企业或个人获取信息的能力得到提高。通过互联网获得的这些信息将大大增进企业与消费者之间，企业与企业之间的沟通，减少了企业的交易成本。因此，从这个意义上讲，网络经济本身是无摩擦经济，或者更准确地说它是低摩擦经济。同时，网络经济的“低摩擦”特点除了显著表现为市场经济主体对外交易成本的减少以外，还显著表现在对内协同成本的减少上。企业内部局域网的建立和电子邮件在企业内沟通中的广泛运用，使企业成员间能互相共享信息。而这种信息共享使企业的信息流量增加，从而可以减少组织成员间的摩擦，增进成员间的理解，降低了企业内部生产经营的协同费用。尤其在个性充分得到张扬的信息时代，增进沟通无疑能增加制度性。

5. 网络经济是虚拟经济

虚拟经济是与物质经济相对应的一种经济形态，经济虚拟化的实现来自人们在观念上对现实经济指标的认可程度。传统经济中的虚拟经济通常指由证券、期货、期权等虚拟资本的交易活动所形成的经济。而网络经济的虚拟性则源于网络的虚拟性，经济活动在由信息网络所构筑的虚拟空间中进行就构成了虚拟化的网络经济。由于网络空间的虚拟化，所有在网络平台上进行的经济活动都是虚拟经济。网络虚拟经济与传统现实经济相并存、相促进，它是传统现实经济的分工，网络虚拟经济处理信息流，而传统现实经济处理物质流。另一方面，传统虚拟经济还进一步放大了网络虚拟经济，虚拟资本对网络经济的超常市值放大功能，导致网络虚拟经济的泡沫性增强。

6. 网络经济是敏捷化经济

网络经济是一种敏捷化经济，具体表现如下。

（1）市场的超细分化。由于互联网实现了个体之间的交互，因此在网络经济时代个性得到了极大的张扬。消费者希望获得与众不同的产品和服务，消费需求日益向个性化方向发展。相应地，市场出现超细分，企业的目标市场从群体逐渐细分到个体。

（2）产品的定制化。凯恩·拜罗认为：“提供定制产品和服务的观念是交互革命的基本原则。”因而为适应消费需求的个性化，产品定制模式便应运而生。著名的Levis公司就向它的用户推出了个人定制的牛仔裤，当消费者通过互联网或免费电话与公司联系时，基于互联网的地理信息系统技术就会将他引到最近的店铺提供牛仔裤的个人定制服务。

（3）生产的柔性化。产品定制必须由现代化的柔性生产方式来支撑。这种柔性生产方式是指通过企业内部网控制的数控机床、加工中心等自动化设备，根据网络传输的消费者数据库信息，运用准时生产技术（JIT）进行制造，并以整体优化的观点，消除生产过程中一切不产生附加价值的劳动和资源，实现生产的精益化。同时，柔性化生产方式还包括企业之间的网间互联制造，制造商之间通过互联网相互合作，以虚拟组织、业务外包、动态联盟等形式共同形成制造社区。因此，网络经济实现了在价值创造过程、价值交付过程和价值满足过程中对客户的快速灵活响应，是一种敏捷化经济。

7. 网络经济是竞争协同型经济

互联网的出现延伸了市场的边界，全球统一市场的形成使企业面临的市场竞争空前的激烈。同时，互联网技术也拓展了企业的边界，使企业组织边界逐渐模糊化，企业间的合作通过互联网得到前所未有的发展。因此，网络经济时代更强调企业间的竞争和协作，使经济以既竞争又协作的方式运行。在网络经济中，主导企业间竞争的关键是技术和标准，掌握标准的企业在竞争中具有强大的优势，可以通过对标准的控制实现对现实和潜在的竞争者、供应商、甚至消费者进行控制。然而，标准也不是一成不变的，技术创新，尤其是关键技术的突破将有可能改变标准。可见，网络经济时代，由于技术创新周期缩短、信息更加充分和对称，竞争将更为激烈，其竞争的过程近乎完全竞争，虽然也有可能导致垄断的市场格局。在竞争的同时，由于互联网平台的建立，企业间的协同程度大大地提高。

本章小结

本章介绍了互联网发展的主要阶段和网络经济产生的相应背景，指出促进网络经济发展的各种相关因素，为学生了解网络经济构建了一个基本的雏形框架。通过本章的学习，要求学生掌握网络经济的概念与内涵，理解网络经济、数字经济、知识经济、信息经济等相关定义的区别，能够结合现实阐述网络经济的特征。

复习思考题

1. 简述网络经济的概念与特征。
2. 试分析互联网技术的最新发展方向。
3. 试结合纳斯达克市场的兴衰思考网络经济的生命力。
4. 试评价我国网络经济的代表性行业。

案例分析

物联网的特点及其成功的十个案例

（资料来源：大数据动态，2018-5-14）

如果我们想象互联网作为光的连线，世界将被来自一侧的射线照亮，并在另一侧达到顶点。

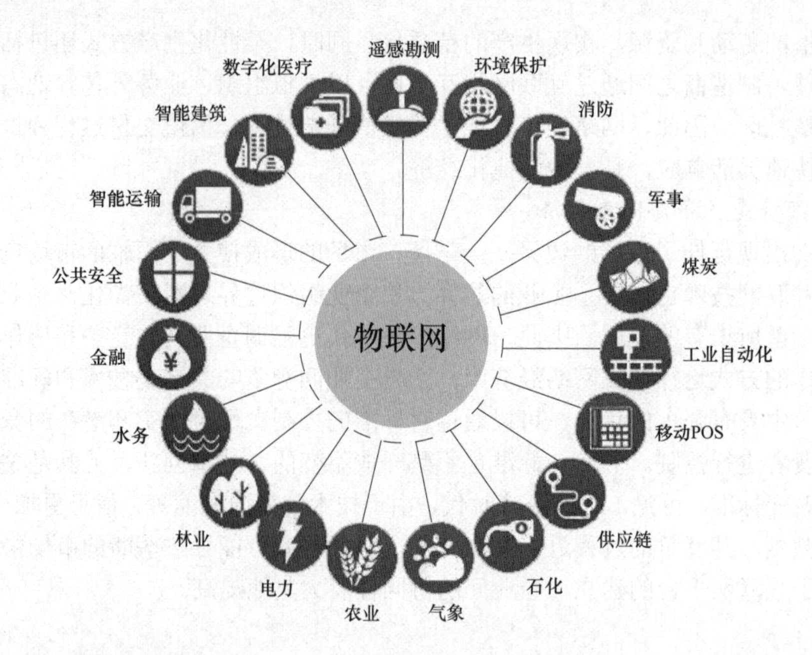

“物联网”是一个越来越成为人类生活的一部分的技术短语。它最基本的功能是将设备与一个开关连接起来，开关通过互联网或其他设备将其接通和关断。从智能手机到复杂的机器，它们都加入了物联网。未来几年，互联设备的数量将会继续激增。

有许多事物在物联网控制之下。它不仅有利于大产业，也有助于企业管理、医生以及所有的个人用户。使用智能技术的连通性是物联网概念的内在部分。智能城市和智能家居、智能手表都是这个概念的应用。

下面列举一些物联网的例子。

（1）飞利浦推出的智能灯泡是利用物联网概念来制造的。智能手机可以用来打开和关闭它们，它们可以根据给出的命令改变颜色。灯泡可以设置为点亮，并按照规定的时间表关闭，无须人工干预。

（2）智能锁是一个非常有趣的创造，其中智能手机与家庭门上的传感器连接，这样门在你到达你家时会自动解锁。钥匙也可以被分配给客人，这样他们就可以在一定的时间内获得访问权限。门也可以使用智能手机解锁。

（3）一些智能设备可以用来实现家庭自动化。Smart Stand 使用物联网的方法自动照亮家庭，通过智能恒温器设定温度，保护家庭的安全等。

（4）Kolibree（智能电动牙刷品牌）公司发明了一种牙刷，能很好地检查使用者的刷牙习惯。刷牙变成了健康的、有趣的活动，因为牙刷的传感器，通过智能手机传输数据到牙科医生，可以随时掌控你的牙齿和口腔健康状况。

（5）动物也从物联网中受益。有一个智慧的应用程序可以计算你的宠物应该吃的食物的数量，包括它的喂食时间和在家里提供的动物食物的剩余量。它被称为 Petnet Smart Feeder（智能宠物喂食器）。

（6）“HealthPo 补丁”是一种物联网医疗设备，它使医生能够远程测量诸如心率、温度、心电图等。

（7）一个适配器放置在车里，使“自动应用程序”能够跟踪汽车。它能记录汽车的行驶里程、燃料消耗等。

（8）DHL 也开始使用物联网技术来帮助客户实时追踪包裹。

（9）传感器也可以放在病人周围，一个名为“个人紧急响应系统”的应用程序可以跟踪病人的活动，并随时提醒陪护人员病人有什么样的需求等。

（10）休斯敦已经在该城市的水量检测系统安装了传感器，目的是追踪城市里被浪费的水量，这个智慧的解决方案帮助管理该城市的供水问题。

案例讨论：结合该案例讨论互联网影响并改变了我们生活的哪些方面？

第 2 章　网络经济学理论基础

学习目标

1. 掌握梅特卡夫定律的定义及其意义。
2. 理解网络外部性在网络经济中的应用。
3. 掌握网络经济学与传统经济学的区别与联系。

梅特卡夫定律作为网络经济学的核心定律，对我们研究网络企业的行为具有至关重要的指导作用。作为梅特卡夫定律经济意义的延伸，网络外部性贯穿网络经济学全书学习内容的始终，是研究网络经济中资源配置的一个重要理论基础。本章主要介绍了网络经济中的若干重要定律，从技术与经济两个层面体现网络经济的自我膨胀性，并对网络经济与传统经济进行了多角度的对比，深入探讨了两者的区别与联系。

2.1　梅特卡夫定律与网络外部性

2.1.1　网络经济的基础规律

下面从组成网络经济的基础规律入手，分析网络经济的发展规律。网络经济的基础规律是由网络经济基本特征衍生而来，是网络经济发展的基础底层规律。

1. 信息不灭定理与主观稀缺性理论

传统经济的基础资源是能源，表现为资源的稀缺性与可占有性。网络经济的基础资源是信息，表现为资源过剩和可共享性。信息是事物运动的状态与方式，是事物内部结构与外部联系运动的状态与方式。运动是指事物的一切变化，运动状态是指事物运动在空间上所展示的形状和态势。运动方式是指事物运动在时间上呈现的过程和规律。信息能够消除信息接收者对事物的不确定性。信息具有知识性、可传递性、共享性、无限性与动态性。信息不灭定理是指一条有用的信息，一人消费以后，成千上万的人可以消费，仍然对其他人有用，其复制成本几乎为零。稀缺性是一种在现有资源不足以满足人们所有需要时出现的状况。只要人们对某种物品的需求大于该物品的实际数量，就会产生稀缺问题。主观稀缺性理论指出，信息与资本、土地一样是一种需要进行经济核算的生产要素，而信息又与资本、土地的有限性不同，是无限的。但是，信息的无限性相对于人的认识、消费信息的能力来说，后者又是有限性，表现为主观的稀缺性。所以，网络经济面临信息供给的无限性与人们消费信息的能力的有限性之间的矛盾。

2. 价值构成理论

与传统经济一样，价值规律仍然是网络经济的基本规律。而商品的价值是凝结在商品中的一般人类劳动或抽象劳动。商品的价值是由社会必要劳动时间决定的，价格围绕价值上下波动。网络信息商品与服务与其他信息商品一样，不同于其他商品，其价值构成具有特殊性。这类商品是在继承前人或他人的成果基础上，经过创造者脑力劳动产生的。首先，由于其继承性和独创性，价值体现在既有对前人研究成果的继承，又有生产者付出的脑力劳动成果；其次，这类商品与服务经过交易以后，由于使用者的差别，造成使用效益不同，有的使用者会对其进行价值附加或创造，使价值增加。因此大部分网络商品与服务的价值构成等于前人创造的价值、生产者创造的价值、使用者创造的价值之和。由于网络商品与服务的价值构成的特殊性，使其价值量很难计算。

首先，运用前人或他人的成果中包含的社会必要劳动时间难以精确计算；其次，这类商品生产具有唯一性和不重复性，所以往往个别劳动时间相当于社会必要劳动时间，个别劳动时间难以计算；第三，使用者创造的价值具有不同性和不确定性。商品效益更加难以计算。因此，网络商品与服务的价格较大幅度地偏离其表面价值。网络商品与服务价值构成的特殊性决定了网络商品与服务不能采用物质商品以生产者为导向和以费用为基础的成本定价模式，而适宜采用以消费者为导向、以价值为基础的差别定价模式。

3. 信息生产力要素理论

网络经济的发展对生产力要素理论产生了全面的影响，劳动力中信息劳动者比重加大，劳动者更加侧重依赖信息能力；劳动工具网络化、智能化，蕴涵在劳动工具中的信息和知识的比重急剧增加，信息网络成为公用的或专用的劳动工具；劳动对象范围扩大，数据、信息、知识等都成为新的劳动对象，劳动对象得到了充分的利用。借助网络科学技术特别是信息科技对社会、经济的作用增强，教育更加信息化、社会化和全球化，管理对生产力发展的决定作用增强，信息管理、知识管理日益成为管理的重要组成部分和新的经济增长点。信息和知识作为生产力软要素对生产力其他要素发挥重大影响。

上述规律是网络经济的基础资源、生产力要素、价值构成的微观基础规律，是网络经济发展的基础底层规律。

2.1.2　梅特卡夫定律

1 .梅特卡夫定律的定义

梅特卡夫定律（Metcalfe's law）是一种网络技术发展规律，是由 3Com 公司的创始人、计算机网络先驱罗伯特·梅特卡夫提出的。梅特卡夫定律是指网络价值以用户数量的二次方的速度增长。如果只有一部电话，那么这部电话实际上就没有任何经济价值，如果有两部电话，根据梅特卡夫定律，电话网络的经济价值等于电话数量的二次方，也就是从 0 上升到 2 的二次方，即等于 4。如果再增加一部电话，那么，这个电话网络的经济价值就上升到 3 的二次方，即等于 9。也就是说，一个网络的经济价值是按照指数级上升的，而不是按照算术级上升的。这个定律告诉我们：如果一个网络中有 n 个人，那么网络对于每个人的价值与网络中其他人的数量成正比，这样网络对于所有人的总价值与 $n\times(n-1)=n^2-n$ 成正比。如果一个网络对网络中每个人价值是 1 元，那么规模为 10 倍的网络的总价值等于 100 元；规模为 100 倍的网络的总价值就等于 10 000 元。网络规模增长 10 倍，其价值就增长 100 倍。梅特卡夫定律不仅适用于电话、传真等传统的通信网络，也同样适用于具有双向传输特点的像因特网这样的虚拟网络世界。网络的用户越多，信息资源就可以在更大范围的用户之间进行交流和共享。这不仅可以增加信息本身的价值，而且提高了所有网络用户的效用。另外，由于网络经济条件下信息技术和信息系统的不完全可兼容性及由此带来的操作、使用知识的重新培训等造成的转移成本，用户往往被锁定在一个既定的用户网络内，从而保证了这一网络的一定规模。网络内的用户则由于信息产品的相互兼容性彼此之间的文件交换和信息共享就成为可能。而网络用户数量的增加就使得用户之间信息的传递和共享更为便捷，网络的总效用增加且同样以用户平方数量的速度增长，这恰恰符合了梅特卡夫定律。总而言之，梅特卡夫定律概括的就是一个人连接到一个网络获取的价值取决于已经连接到该网络的其他人的数量这一基本的价值定理，这即经济学中所称的“网络效应”或“网络外部性”。

2. 梅特卡夫定律的意义

梅特卡夫定律决定了新科技推广的速度。梅特卡夫定律常常与摩尔定律相提并论。这是一条关于网上资源的定律。梅特卡夫定律提出，网络的价值与联网的用户数的平方成正比。所以网络上联网的计算机越多，每台计算机的价值就越大。新技术只有在有许多人使用它时才会变得有价值。使用网络的人越多，这些产品才变得越有价值，因而越能吸引更多的人来使用，最终提高整个网络的总价值。当一项技术已建立必要的用户规模，它的价值将会呈爆炸性增长。一项技术多快才能达到必要的用户规模，这取决于用户进入网络的代价，代价越低，达到必要用户规模的速度也越快。有趣的是，一旦形成必要用户规模，新技术开发者在理论上可以提高对用户的价格，因为这项技术的应用价值比以前增加了，进而衍生为某项商业产品的价值随使用人数而增加的定律。

信息资源的奇特性不仅在于它是可以被无损耗地消费的（如一部古书从古到今都在“被消费”，但不可能“被消费掉”），而且信息的消费过程可能同时就是信息的生产过程，它所包含的知识或感受在消费者那里催生出更多的知识和感受，消费它的人越多，它所包含的资源总量就越大。互联网的威力不仅在于它能使信息的消费者数量增加到最大限度（全人类），更在于它是一种传播与反馈同时进行的交互性媒介（这是它与报纸、收音机和电视最不一样的地方）。所以梅特卡夫断定，随着上网人数的增长，网上资源将呈几何级数增长。

梅特卡夫定律是基于每一个新上网的用户都因为其他人的联网而获得了更多的信息交流机会，指出网络具有极强的外部性和正反馈性：联网的用户越多，网络的价值越大，联网的需求也就越大。这样，我们可以看出梅特卡夫定律指出了从总体上看消费方面存在效用递增，即需求创造了新的需求。值得注意的是，这里“网络”的概念并不仅限于计算机网络和通信网络，可以把它推广到经济网络、社会网络来看它的普遍意义。

一个新的产品，新的服务，只有少数人在使用时，这种产品和服务产生的价值不会爆炸性地增长。人与人的交际圈也有这样的特性，交往越广泛，交际圈越大，交际圈越密切，该交际圈带来的价值就越大。以现代移动终端应用为例，移动营销的一种主要方式就是在强大的数据库支持下，利用手机通过无线广告把个性化即时信息精确有效地传递给消费者个人，达到“一对一”的互动营销目的，当移动服务的用户数达到一定量时，其价值就会跳跃式提升，即显示出其价值呈指数级增长的特性。

2.1.3　网络外部性

1. 外部性简述

所谓外部性按美国经济学家萨缪尔森的定义为在生产和消费过程中给他人带来非自愿的成本或收益，即成本或收益被强加于他人身上而这种成本或收益并未由引起成本或接受收益的人加以偿付。更为确切地说，外部性是一个经济主体的行为对另一经济主体的福利产生影响，而这种影响并没有从货币上或市场交易中反映出来。从定义上可以看出，外部性有积极和消极之分。前者称之为外部经济性或外部正效应，后者称之为外部非经济性或外部负效应。譬如，某人从个人利益出发建造灯塔，此时其他经过灯塔的人同样也受到灯塔的指引，而这些人并未对此付出成本。那么可以说，某人建造灯塔这一行为就产生了外部经济性。又如，厂商在生产时产生的噪声、废气、废水等直接影响到周围居民的生活环境，但厂商并未对此进行任何补偿，这便是一种外部非经济性。

外部性是市场失灵的一种表现，其产生的根源在于产权界定不清。而产权模糊不清的公共产品可以说是外部经济性的典型例子。所谓公共产品如国防、广播电视、灯塔、道路、桥梁等，它们都具有两个特性：非竞争性和非排他性。如果一个产品在给定的生产水平下向一个额外消费者进行提供，每增加一单位产品的生产所增加的产品的边际成本为零，则该商品是非竞争的。如灯塔一旦造好并起作用，额外船只对它的使用不会增加它的任何运作成本。公共电视也一样，多一个观众的新增成本为零。竞争性商品必须在个人之间配置，非竞争性商品则是每个人都能够得到而不影响任何个人消费它们的可能性。如果人们不能被排除在消费一种商品之外，这种商品就是非排他性的。其结果是很难或不可能对人们使用非排他性商品收费——这些商品能够在不直接付钱的情况下被享用。比如一个国家的国防，所有公民都能享受到它的好处。非竞争性和非排它性的公共产品以零边际成本向人们提供收益而且没有人会被排除在享用它们之外。公共产品的这两个特性引发了生活中极为普遍的现象：人们对公共产品不愿付费、只顾免费享用的“搭便车”问题。在这种情况下，由于私人投资公共产品难以获得回报，这意味着市场价格机制丧失了激励私人提供这类产品的可能性，从而使得公共产品只能由政府来提供。

2. 网络外部性的定义

网络外部性可以从不同的角度来理解。主流的观点倾向于从市场主体中的消费者层面来认识。这种观点给出了一个明确的定义：当一种产品对用户的价值随着采用相同产品或可兼容产品的用户增加而增大时，就说这种产品具有网络外部性。也就是说，由于用户数量的增加，在网络外部性的作用下，原有的用户免费得到了产品中所蕴含的新增价值而无须为这一部分的价值提供相应的补偿。网络外部性广泛存在于电信、航空等领域，是传统经济学中的外部性在网络系统中的表现。

以购买办公软件为例，随着使用办公软件的用户增多，该产品对原有用户的价值也随之增大，因为你可以与更多的用户交流。办公软件产品的用户实现信息兼容与共享，从而增大办事效率。诸如此类的现象在我们现实的经济生活中并不少见，只是在不同的领域中体现的规模和重要性有所不同。我们可以发现在它们之间存在着某些共同之处：无论是客户形成的销售网络还是通信网络，网络的价值都随着网络用户数的增加而增大，规模大的网络价值相对较大；同时，网络用户所能得到的价值分为两个不同的部分：一个部分叫作“自有价值”，是指在没有别的使用者的情况下，产品本身所具有的那部分价值，有时这部分“自有价值”为零（设想一下如果世界上只有一个人使用 E-mail 的情况，这时 E-mail 不具有任何价值）；另一部分叫作“协同价值”，就是当新的用户加入网络时，老用户从中获得的额外价值（因为他们通过网络可以到达的节点增多了）。这部分“协同价值”就是我们所讨论的网络外部性的经济本质。

显然，网络外部性也是一种外部正效应。网络之所以具有外部正效应是由于它类似于公共产品同样具有一定的非竞争性和非排他性。因为网络的主要特征就在于它的系统性和交互性。组成网络的各个节点是一个不可分割的完整体系，网络中的任何一个节点都不可能排斥其他节点与之相连。网络的价值也就在于网络的任意两个节点之间能进行信息流的交互传递而不是单向的信息传递。同时任意两个节点之间的信息交流也不会影响另外两个节点之间的信息交流。但网络决不属于纯公共物品，这是因为一方面网络的使用不是免费的，任何一个想加入到网络中的用户都必须支付一定的费用，多一个人消费，网络这种产品的边际成本是大于零的，由此网络具有部分的排他性。另一方面，由于网络中每一个用户所获得的消费利益取决于该网络用户的数量，因此网络产品的消费具有部分的竞争性。显然网络产品的以上特性使之应归属于准公共产品之列。尽管网络产品具有与公共产品相似的非竞争性和非排他性，属于准公共产品，但是与公共产品外部性不同的是网络外部性并未使市场机制失灵。原因在于以下两方面。①消费网络产品是要支付成本的，这使得对网络产品的“搭便车问题”不复存在。因此市场的价格机制仍会发挥作用。②公共产品因为其外部经济性导致私人收益小于社会收益，使得公共产品的提供不能达到社会福利的最优状态，即在市场机制的自发作用下社会资源配置不当。而由于网络的外部性只发生在消费者之间，并不涉及生产者提供产品导致私人收益外溢的问题。而且尽管这种外部性同样引起了社会收益的增加，但由于网络消费者对网络效用评价会因此上升，进而消费者对网络消费所愿意支付的价格也会上升，这样生产者的私人收益也会随之增加，从而仍然保持了私人收益和社会收益相一致。这说明市场机制对网络这一产品进行资源配置时仍能够达到帕累托最优，即资源配置的最优状态。

3. *网络外部性形成的原因分析*

网络外部性产生的根本原因在于网络自身的系统性和网络内部组成成分之间的互补性（或者叫作网络内部信息交流的交互性）。①无论网络如何向外延伸，也不论新增多少个网络节点，它们都将成为网络的一部分，同原网络结成一体，因此整个网络都将因为网络的扩大而受益。②在网络系统中，信息流或是其他物质的流动都不是单向的，网络内的任何两个节点之间都具有互补性（在整个网络中没有“中心”或“首脑”区域的存在，也就是说，即使网络的一部分节点消失了，也不影响网络的其他节点之间的正常联系），这就保证了网络外部性的普遍意义。为了更好地理解这一点，下面以一个简单的典型交互式网络为例讲解，如图 2–1 所示。在这个由 n 个部分组成的网络中，存在 n（$n-1$）个潜在的商品（将任何两个节点之间的任何一次交流都视作一个单位商品）。这时，第（$n+1$）个节点（设为 H）的加入，就向现有的网络中加入了一条交互性质的链路，从而使得网络中潜在可提供的新产品增加了 $2n$ 个单位，网络中的其他所有用户就因此获得了相应的网络外部性。

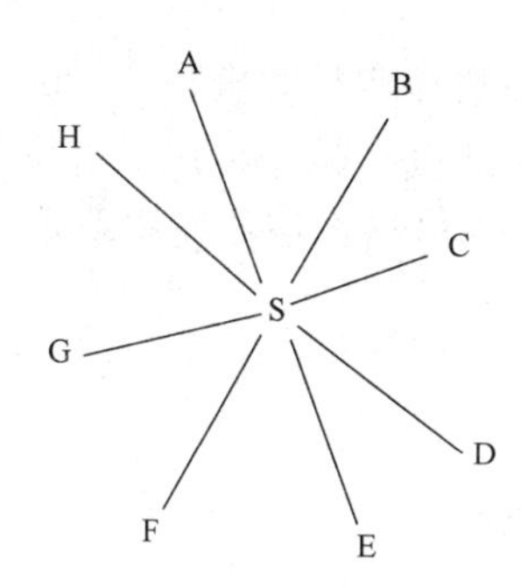

图 2–1　简单的交互式网络示意图

从网络系统本身的物理性质来看，影响网络外部性大小的因素主要包括网络的规模和网络内部物质的流动速度。网络规模越大，外部经济性就越明显，并且在网络规模超过一定数值时，外部性就会急剧增大。同时，网络外部性与网络内物质流的速度同样存在着正相关的关系，流速越大，外部越经济。相比较而言，在对网络外部性大小的影响中，网络的规模所起的作用更重要，更占有主要地位。而从经济的角度来看，影响网络外部性大小的因素并不止这些，我们将在后文讨论中分析这些因素。

在网络经济平台上，基于互联网的网络外部性的存在对企业竞争产生了更为重大的影响，它使企业面临来自标准化的压力，促使企业由竞争向竞合发展、从个体竞争向系统竞争演变；它让企业的用户基础成为竞争制胜的关键，追求用户规模成为企业在网络外部性条件下参与竞争的重要目标之一；它还产生了对用户锁定，使用户可能被限制在最初的网络系统中，从而为企业留住客户提供了新的思路，但同时也为企业从竞争对手那里抢夺市场提升了难度；此外，网络外部性还会导致“强者越强、弱者越弱的”马太效应，从而对竞争态势的发展进行了新的演绎。

网络外部性是网络经济学的理论基础，梅特卡夫定律是网络经济学的核心定律，这为学习网络企业的价值构成、生产行为、经营战略、市场结构等知识构造了一个有的放矢的理论框架，为比较网络经济下各个经济主体行为与传统西方经济学框架下各个经济主体行为的区别提供了有力的切入点。

2.2　网络经济学的其他定律

伴随着互联网技术的发展，互联网领域的一些科学家与创业者开始预见到信息技术爆炸式的发展更新速度，这种自我膨胀性不仅体现在物理属性上，还体现在互联网能够带来的经济价值上。

2.2.1　摩尔定律

1965 年 4 月曾在美国仙童半导体公司工作，后来成为美国 Intel 公司创始人的戈登·摩尔提出了一个描述集成电路集成度和性价比的基本假说：价格不变时，集成电路上可容纳的晶体管数目在 18～24 个月增加一倍，性能也将提升一倍。后来的实践证明，摩尔的预言非常接近现实。这样，摩尔假说变成科学理论，信息产业界称之为摩尔定律（Moore’s law），摩尔定律后来被广泛应用于任何呈现指数级增长的事物上，如计算机处理器、半导体存储器等。它说明了同等价位的微处理器处理速度会越变越快，价位会越变越低，它揭示了网络技术的发展速度。信息技术进步的速度，为网络经济的发展奠定物质基础。下面用图 2–2 解释摩尔定律。

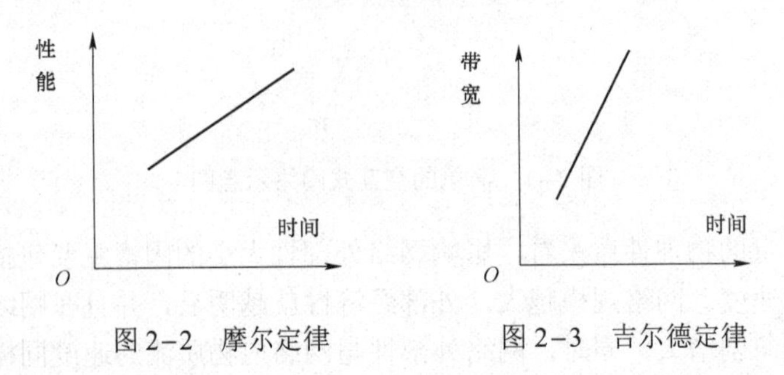

图 2–2　摩尔定律　　图 2–3　吉尔德定律

“摩尔定律”归纳了信息技术进步的速度。在摩尔定律应用的 40 多年里，计算机从神秘不可近的庞然大物变成多数人都不可或缺的工具，信息技术由实验室进入无数个普通家庭，因特网将全世界联系起来，多媒体视听设备丰富着每个人的生活。

由于高纯硅的独特性，集成度越高，晶体管的价格越便宜，这样也就引出了摩尔定律的经济学效益。在 20 世纪 60 年代初，一个晶体管卖 10 美元左右，但随着晶体管越来越小，直到小到一根头发丝上可以放 1 000 个晶体管时，每个晶体管的价格只有千分之一美分。据有关统计，按运算 10 万次乘法的价格算，IBM 704 计算机为 1 美元，IBM 709 降到 20 美分，而 20 世纪 60 年代中期 IBM 耗资 50 亿美元研制的 IBM 360 系统的计算机已变为 3.5 美分。

“摩尔定律”对整个世界意义深远。在回顾 40 多年来半导体芯片业的进展并展望其未来时，信息技术专家们认为，在以后“摩尔定律”可能还会适用。但随着晶体管电路逐渐接近性能极限，这一定律终将走到尽头。过去几十年里半导体芯片的集成化趋势，如摩尔的预测，推动了整个信息技术产业的发展，进而给千家万户的生活带来变化。

2.2.2　吉尔德定律

吉尔德定律（Gilder’s Law）是关于网络带宽发展变化规律的，如图 2–3 所示，被描述为在未来的 25 年，主干网带宽每 6 个月增长一倍，其增长速度超过摩尔预测的 CPU 增长速度的 3 倍。吉尔德定律的提出者是被称为“数字时代三大思想家”之一的乔治·吉尔德。乔治·吉尔德认为正如 20 世纪 70 年代昂贵的晶体管，在现如今变得如此便宜一样，主干网如今还是稀缺资源的网络带宽，有朝一日会变得足够充裕，那时上网的代价也会大幅下降。随着带宽的增加，并且将会有更多的设备以有线或无线的方式上网，这些设备本身并没有什么智能，但大量这样的“傻瓜”设备通过网络连接在一起时，其威力将会变得很大，就像利用便宜的晶体管可以制造出价格昂贵的高档计算机一样，只要将廉价的网络带宽资源充分利用起来，就会给人们带来巨额的回报。

摩尔定律、吉尔德定律奠定了网络经济的客观发展基础。吉尔德断言，带宽终将接近于免费，每比特的费用将会遵循某条渐进曲线规律，在渐进曲线上，价格点将趋于零，但永远达不到零。设想未来人们上网将变得十分容易，近于免费，所以网络将无所不包，无所不能。

2.2.3　达维多定律

达维多定律是以达维多的名字命名的，威廉·达维多在英特尔公司任副总裁时，就注意到提高产品更新速度的重要性，并提出了这一定律。达维多定律认为，在网络经济中，进入市场的第一代产品能够自动获得 50%的市场份额，因此，一家企业如果要在市场上占据主导地位，那么就要做到第一个开发出新一代产品，如果作为第二或第三家企业将新产品打入市场，那么所获得的利益远不如第一家企业作为冒险者获得的利益，尽管可能第一家企业的产品当时并不完美。该定律还认为，任何企业在本产业中必须第一个淘汰自己的产品，即自己要尽快使产品更新换代，而不要让激烈的竞争把你的产品淘汰掉。这一理论基点是着眼于市场开发和利益分割的成效。人们在市场竞争中，无时无刻不在抢占先机，因为只有先入市场才能更容易获得较大的市场份额和高额的利润。简言之，即先入为主。运用达维多定律永远把握着市场的主动，把竞争对手甩在身后。

达维多定律揭示了取得成功的真谛，即不断创造新产品，及时淘汰老产品，使新产品尽快进入市场，并以自己成功的产品形成新的市场和产品标准，进而形成大规模生产，取得高额的利润。然而要做到这一点，其前提是要在技术上永远领先。这说明网络经济条件下，企业要想在市场中居于垄断地位，需要依靠创新所带来的短期优势来获取高额的创新利润，从而掌握制定游戏的规则并抢先占领市场。

2.2.4　马太效应

20 世纪 60 年代，著名美国社会学家、科学史家罗伯特·默顿在研究科学共同体的奖励机制时发现，科技界调节科研资源利益的原则，与《圣经》“马太福音”篇中耶稣作宗教比喻时的一段话“凡有的，还要加给他，叫他有余；没有的，连他所有的也要夺过来”非常一致，所以他于 1968 年在所著《科学社会学》一书中首次提出“马太效应”这个名词，强调了资源配置总是向强势的一方聚集。马太效应就是网络经济中的正反馈性。

正反馈对于对网络经济及人们生活都带来很大影响。正反馈是指物体之间的相互作用存在着一种相互助长的力量，它会放大或强化原有的发展趋势，形成无法逆转的必然性。正反馈使强者更强，弱者更弱。与正反馈相对应的是负反馈，负反馈是指物体之间的相互作用存在着一种相互抵消的力量，直至终止或扭转原有的发展趋势，它使强者变弱，弱者变强。传统经济中负反馈起支配作用，几乎每个产业发展早期都经过正反馈阶段，这来源于生产的规模经济。但发展超过了一定限度，负反馈就起主导作用，这源于管理大组织的困难。例如，最初，通用公司比小汽车公司更有效率，这促进了通用的发展，这源于它的规模经济，但后来尽管通用公司强大了，但从来没有完全占据整个汽车市场，这种限制源于管理大组织的困难。与背上高成本负担的大企业相比，更小、更灵敏的公司会发现更有利可图的市场。负反馈的结果是市场找到了一个平衡点，它使强者变弱，弱者变强。而不是走向单极主宰的极端。

网络经济下的正反馈是需求方正反馈，它使强者更强，弱者更弱。这种作用是彻底的，贯穿竞争的始终，直至走向单极主宰的程度。例如，微软在操作系统市场的统治地位是绝对的。市场上有几种与之竞争的操作系统，但与微软相比是微不足道的。微软的统治局面是因为需求方正反馈。因为微软的顾客认为，微软产品被广泛应用，是事实上的产业标准。需求方正反馈使市场在足够大时也不会分散。如果所有人都使用它，你就更有理由使用它。可以肯定微软的统治地位在未来会更加巩固。网络经济下，正反馈引起两极分化，最终结果是“赢者通吃”。

2.3 网络经济学与传统经济学的比较

基于网络经济的这些基础规律与核心规律，与传统经济的差异是明显的。因此要正确把握网络经济的内在规律，就必须对网络经济与传统经济的各自特点做出比较分析。

2.3.1 网络经济与传统经济在消费活动上的比较

在传统经济中，消费主要由个人的收入水平及商品的价格决定，消费者是从自身获得最大的效用出发，理性地购买企业生产的各种商品与服务。但在网络经济中，基于网络在经济活动中的基础地位，消费活动具有一些新的特性。

1. 网络消费的个性化特性

在传统经济中，市场以供给为中心，消费者主权很容易受漠视，这主要是因为信息的不对称性，使生产者能处于有利地位。而在网络经济中，由于信息数量和质量的提升，信息中介的专业化分工不断深化和非常发达，信息的搜寻成本大大降低，因而在网络信息中介的作用下，消费者可以迅速得到能真正满足自身需要的产品与服务，保护消费者个人信息，并在获得消费者许可的情况下向生产者出售消费者的需求信息而使消费者获益。同时在网络上，各种产品并不都是收费的，一些免费软件、共享软件和试用软件可以长期无偿提供给消费者使用，这种所谓的体验消费模式，说明网络经济才能更好地满足消费者的个性化需求，网络经济才真正体现了消费者主权至上的理念。

2. 网络消费的技术限定特性

网络经济是高技术、高知识活动的经济，这使网络消费表现出一种技术属性，即只有具备一定的知识水平和技术水平的消费者才能进行这种消费活动，而将一部分非技术占有的消费者排除在这种经济活动之外。传统经济中市场的力量可以将生产者和消费者联系在一起，但网络经济中除了市场因素外，所谓的“数字鸿沟”问题也会影响消费者，消费者没有足够的知识与技术，就无法实现网络消费。

3. 网络消费的准公共产品特性

传统的新古典经济理论认为公共产品具有两个特点：一是消费的非排他性，二是消费的非竞争性。在网络经济中，网络上的各种信息是人人都可以消费的，并且在一定的时间和空间内，新增加一定数量的消费者并不影响整个网上的消费活动。也就是说新增加的消费者的边际成本为零。但与传统经济不同的是，这种具有“公共品”特性的产品并非由政府提供，而是由市场提供。另外，由于技术与规模的原因，目前的网络消费活动还须支付一定的成本，如上网费等。因而网络消费具有一种“准公共产品”的特性。

4. 网络生产与消费的互补特性

在传统经济中，生产与消费是矛盾的，企业生产出来的产品往往由于一些原因而不能被消费者接受，形成积压、库存，这种矛盾发展到严重的程度时，还会导致社会经济危机。而在网络经济时代，生产与消费是统一的，这是因为网络消费是一种间接消费，人们进行网络消费时，不是消耗网络与信息本身，网络与信息本身并不能完全满足人们衣食住行的需要，而是利用网络消费中所掌握的信息作为进一步生产的条件，更好地生产出人们需要的各种产品和服务。这种消费与生产的互补统一，有别于传统经济中的生产与消费的独立性假设。

2.3.2　网络经济与传统经济在生产活动上的比较

网络经济是以网络为基础而形成的各种生产与交易活动，与传统经济相比较，在生产活动中也表现出不同的特点。

1. 生产中的边际效用递增特性

传统经济理论认为，随着人们对某种商品消费数量的增加，单位商品给人们带来的满足程度会逐渐下降，也就是人们对某种商品占有越多，其边际效用就越小。这就是西方经济学中著名的边际效用递减规律。但在网络经济中，边际效用递减规律不复存在，取而代之的是正好与之相对的边际效用递增规律。也就是说，当理性的消费者对某种商品使用得越多，增加对该商品消费的愿望就越强烈，在这种增加消费的过程中，边际效用是递增的。之所以网络经济具有边际效用递增的特性，是由以下几方面原因决定的。其一是锁定现象。在网络经济中，信息产品是在一个由多种软硬件构成的系统中形成的，这种系统的使用需要专门的学习过程，当消费者已掌握了某种系统软硬件的使用方法后，就会对之产生依赖性，消费者以后不会轻而易举地去使用其他系统，因为这需要相当大的学习转移成本。这样消费者就被某种系统产品锁定，消费者对这种系统产品使用的时间越长，对其未来的消费意愿就越强烈。其二是增值现象。这是因为在网络经济中，对信息产品和知识的获得、传递、运用、管理是整个经济社会的中心，知识或信息存量的大小决定着社会经济效率的高低。信息或知识存量越多，企业或社会就越具有竞争力；消费者占有的信息或知识越多，给其带来的财富增加就越多。其三是网络效应。在网络经济中，信息产品自身的价值并不很重要，而信息产品通过超越时空的网络传递后，产生的经济效应却是巨大的。这就是梅特卡夫定律所指的网络的收益与网络上的节点数的平方成正比的规律。即当网络的节点数以几何级数递增时，网络的收益却是以级数方式递增。这种收益递增机制的存在对企业具有巨大的诱惑力，它使得网络价值随着网络人数增加及网络规模的扩大如同滚雪球一样不断增大，这也是网络经济之所以在短时期内吸引大量资本进入而迅速发展的一个重要原因。

2. 生产中供求双方的规模经济特性

传统经济理论认为，企业在激烈的竞争中获取胜利的重要手段之一是生产的规模经济。在生产规模经济阶段，企业可以有效降低单位成本而在竞争中取得优势，这可称为供应方的规模经济。在网络经济中，不仅有供应方的规模经济，而且有需求方的规模经济。它是指随着某商品市场规模的扩大，消费者对该商品的主观评价不断上升，导致市场规模的继续扩大和生产者收益的迅速上升。需求方规模经济在网络中的这种影响也称为网络的外部性效应，或正反馈效应。如微软公司操作系统的成功，就是基于它充分利用了这一特性。需求方规模经济存在的主要原因是标准效应和上述的锁定效应。标准效应是指通过对信息产品的标准化，使交易成本大大降低，从而形成规模经济效应。另外，一旦某种标准制定并被消费者接受后，就会被锁定在标准化的产品中，其他生产者为了获得最大的利益，就会看准这个潜力很大的市场，使自己的产品能与标准系统兼容，这使标准的制定和控制会对生产者和消费者都产生很大的影响，拥有标准制定权的生产者就会形成规模经济效应。

3. 生产中分工与交易互相促进的特性

传统经济理论认为，社会分工可以进一步加强生产的专业化程度，以提高经济效率。但同时，这种分工的细化使市场的交易范围扩大，交易成本增加，这反过来又会影响经济效率的提高。在网络经济中，电子商务的产生可以有效地扩展交易的时间与空间，电子商务市场的建立可以减少生产的采购成本，缩短企业运营周期，降低企业销售成本，并为客户进行有效的定位服务。在生产力水平不断提高，分工越来越细的情况下，网络的存在使信息的获取、检索和分享更加便利，管理效率不断提高。同时，生产者在网络中也更容易找到需要的信息，并进行合理的选择，以最优效率的方式完成交易。这种更低的经营管理和交易成本的出现，会有力地推动产品价格的下降和质量的提高，使整个经济活动更加接近一种理想中的完美竞争模式，最终使社会的生产效率得以提高。

4. 生产的直接特性

传统经济中生产基于自身的市场结构，是一种迂回的生产。生产企业不能与消费者直接沟通，而必须通过经销商的中间环节才能将消费者的需求转化为企业的生产指令。在网络经济中，由于生产者和消费者时刻处于网络终端之中，二者可以建立直接联系，这使传统经济中流通渠道的中间层次如批发商、代理商、经纪商失去了存在的意义，经济组织结构趋于扁平化，这种从迂回的厂房生产到直接通信的虚拟办公室，从间接的商场销售到网络直销，从中间层管理制度到直接的管理制度，使得网络经济因生产的直接特性而大大提高了经济活动的效率。

2.3.3 网络经济与传统经济在风险特性上的比较

网络经济是一种新的经济活动形态，与传统经济相比较，它是一种更高阶段的经济发展形式。但在这种新的经济活动形态中又孕育着新的风险，这些风险的内涵与传统经济中的风险有很大的不同。

1. 金融风险的全球性

在网络经济条件下，金融的全球化和一体化进程不断加快，网上业务瞬息万变，货币流通速度异常加快，电子货币全球流动，加上网络经济具有实时性、交互性的特征及强正反馈效应，使得各国金融活动相互渗透和交叉，不同国家之间风险相关性增大，交叉传染的可能性提高。因此各国的金融系统都面临与过去完全不同的巨大风险，各国的金融监管部门和政策制定者都面临严峻的挑战。

2. 产业风险的泡沫性

在网络经济中，由于强烈的不确定性和正反馈效应，产品生命周期和企业生存周期大大缩短，产业和企业面临更大的存续风险。在网络经济发展的初期，很多企业基于“圈地经济”和“烧钱经济”的理念，盲目扩展市场，想尽早享受“赢者通吃”的快乐，结果导致企业的基础薄弱，面临经济环境的波动，产业风险势不可挡，大批大批的企业面临破产倒闭的风险。这正如比尔·盖茨所言：微软公司离破产永远只有18个月的时间。美国纳斯达克市场中网络高科技公司股票波动幅度巨大，企业更替频繁就是一个有力的说明。

3. 技术风险的复杂性

在网络经济中，网络信息系统的安全是一个最基本的问题。如果网络的安全得不到保证，一切经济活动都将无从谈起。但网络服务器常易受到黑客的攻击，网络软件常被各种病毒侵扰，网络上存储或传递的数据常被未经授权者篡改、增减、复制或使用。在不少技术比较落后的国家，一些关键的网络设备依赖从别国进口，给这些国家带来无法预知的隐患。所有这些因素的存在极大地扩展了技术风险的复杂性。

4. 信息风险的隐蔽性

网络经济中的信息风险包括信息虚假、信息滞后及信息垄断等，其中信息虚假是最重要的信息风险。信息虚假的产生同样来源于信息的不对称，而这种不对称是由网络经济的虚拟性所派生出来的。

2.3.4 网络经济与传统经济的联系

如上所述，虽然网络经济具有各方面的不同于传统经济的特性，但网络经济不是与传统经济完全割裂开的。正如工业经济与农业经济有着千丝万缕的联系一样，网络经济与传统经济也存在继承与发展、相互促进与相互影响的关系。

1. 传统经济是网络经济形成和发展的前提和基础

网络经济虽然是以网络作为经济活动的载体，但网络是由数以千万计的计算机联结而成的一个有机整体，这些计算机软件、硬件的开发，各种信息设备的生产是必须以传统产业为基础发展起来的。没有传统产业提供这些产品，网络经济的发展是很难实现的。美国是目前网络经济最发达的国家之一，之所以美国的网络经济能够迅速超前发展，一个最关键的因素是其雄厚的传统经济基础，包括成熟的市场环境等。因而在发展网络经济的同时，不能忽视对传统经济中各种产业的革新与发展。对中国这样的发展中国家来说，工业化是相当长时间内的重要任务之一。既要以信息化来带动工业化，又要坚持以工业化促进信息化。因此，只有不断提高传统经济对物质产品的生产能力，网络经济的发展才有坚实的基础。

2. 网络经济与传统经济所遵循的基本的经济规律是一致的

在传统经济理论中，供给与需求理论被视为最基本的经济理论，运用这一理论几乎可以解释每一个经济问题。在网络经济中，虽然供求的内涵发生了一些变化，如需求曲线是向右上方倾斜，供给曲线向左上方倾斜，但供求决定的均衡价格理论并没有过时，它同样在调节着经济的运行。在网络信息时代，企业仍然是理性的经济人，它同样以获得最大化的利润作为其生产的动机，风险投资也要得到相应的回报。因此，追求利润、相互竞争同样是基本的经济规律。

3. 网络经济与传统经济的目的相同

根据传统经济理论，任何经济活动都是为了解决资源的稀缺性问题。在网络经济时代，资源仍是稀缺的，网络虽然创造了一个虚拟的世界，但是人类却生活在现实中，衣、食、住、行仍是人类最基本的需要，传统经济的资源稀缺性问题在网络经济中依然存在。所不同的是在网络时代人们可以利用网络手段更为合理地配置资源。所以，那种认为“网络经济打破了传统经济学关于资源稀缺性界定假设”的观点是不正确的。因为在网络经济中所涉及的资源不仅仅是信息资源，还包括制造各种有形设备、产品所需的自然资源，以及不可或缺的人力资源等，这些资源仍表现出稀缺性的特征。另外，即使从信息资源的角度而言，网络的目的在于使人们更好地共享信息、更为合理地配置稀缺的信息资源，而不是无限地提供人们所需要的一切信息。因此，网络经济与传统经济一样，最终目的也是要解决资源的稀缺性问题。

4. 网络经济能进一步促进传统经济的发展

传统经济在网络信息技术的支撑下，可以用新的生产方式和新的产品更好地满足人类的各种需要。而网络经济在某种意义上给人们提供了一种全新的思维方式，这种新的思维方式也有利于人们更好地进行传统经济中物质产品的生产。目前，网络经济在我国的发展还停留在一个较低的层次，因此如何更好地利用网络经济发展的机遇，提高市场化和工业化水平，是摆在我们面前的一个重要课题。

2.3.5 网络经济对未来经济的影响

当今世界网络信息技术日新月异，互联网正在全面融入经济社会生产和生活各个领域，引领了社会生产新变革，创造了人类生活新空间，深刻地改变着全球产业、经济、利益、安全等格局。互联网正在成为21世纪影响和加速人类历史发展进程的重要因素，成为推动全球创新与变革、发展与共享、和平与安全的重要议题。

2018年全球互联网用户达38.9亿，首次超过全球人口总数的50%，同时全球互联网版图呈现“G2”格局，全球前十大互联网公司中美两国共占9家。中央财经大学中国互联网经济研究院、经济学院及社会科学文献出版社共同发布了《互联网经济蓝皮书：中国互联网经济发展报告（2018）》。报告显示，中国在国际互联网经济规模指数方面位列世界第一。我国以电子商务为突出代表的信息经济实践，充分体现了互联网经济蓬勃发展并重塑全球经济和贸易格局的积极态势。2018年全球电子商务市场规模约1.8万亿美元，中美市场规模分别达到6 295亿和5 010亿美元，合计占比高达63%。2018年天猫“双十一”全天交易额为2 135亿元（约308亿美元），超过美国感恩节全周约242亿美元的销售总额。

未来，互联网将成为全球产业转型升级的重要助推器和世界创新发展的重要新引擎。网络经济对未来经济的影响主要体现在以下方面。

1. 网络经济将加快经济增长方式从粗放型向集约型转变的步伐，促进产业结构的优化升级，并优化就业结构

网络可以大大提高生产效率、流通效率和工作效率，同时可以大大减少交易成本，缩短生产者与最终消费者的距离，改变了传统的市场结构。同时网络可以使各种信息及时流动和掌握，可以及时正确地了解市场情况，避免盲目引进、盲目投资、盲目建设和生产。随着网络经济的不断发展，各种产品价格更加透明，生产者必须转变粗放型经营生产方式，依靠科技进步和创新，升级优化产业结构，走集约化经营道路，才能在网络市场竞争中取得胜利。网络经济往往和知识经济联系在一起，在网络经济的冲击下，学习能力低下和知识水平低、素质能力低的人员就业机会减少，因而人们会自觉提高自身素质，就业者必须加强对知识、技术的学习，从而优化了就业结构。

2. 网络经济将逐步成为各国经济增长的主要支柱

尽管网络经济成为未来经济的主流，但对于许多发展中国家来说，网络经济才刚刚起步。面对汹涌而来的网络经济、知识经济浪潮，面对全球化程度不断提高、资金、技术等资源快速流动的网络经济时代，各国都在积极支持网络经济的发展，在传统经济增长缓慢的情况下，各国都将在网络经济这一新领域取得快速增长，网络经济将成为各国经济增长的主要支柱。

3. 网络经济将加快全球经济发展的步伐，缩小地区差距，促使企业公平竞争

网络经济跨越了空间和时间，可以说是真正无国界经济、跨国界经济。网络经济使得经济全球化步伐加快，同时由于是新经济类型，也给传统经济落后国家和地区提供了追赶和超越的机会，使落后地区实现“后发优势”，缩小地区差距。另外，网络可以改善市场准入条件，

降低新企业的进入壁垒，有利于打破大企业的垄断，使得大小企业能在相对公平的基础上竞争，也使得许多网络企业和网络商户如雨后春笋般地成立。

4. 网络经济将使消费者得到更好的服务和商品

由于网络技术革命突飞猛进，新产品不断推陈出新，产品和服务的价格不断下降，使得消费者的消费欲望越来越强。由于网络上各种产品价格透明，消费者往往很容易找到物美价廉的商品，使得各生产厂家和服务及销售店家不断提高产品质量和产品附加值并降低价格来吸引客户，从而使消费者可以享受到比传统经济中更为优质的商品和服务。

本章小结

本章内容介绍了网络经济学的重要理论基础，梅特卡夫定律作为网络经济中的核心法则，对我们了解互联网企业行为具有指导意义。网络外部性与传统经济中的外部性有相似之处，但在作用方向、效果等方面有着本质的区别。网络经济中还有摩尔定律、吉尔德定律、达维多定律、马太效应等规律。通过本章的学习，要求学生掌握网络外部性与梅特卡夫法则的概念与内涵，理解网络经济与传统经济的联系与区别。

复习思考题

1. 简述梅特卡夫定律的定义及在现实中的应用。
2. 简述网络外部性的定义和意义。
3. 试比较网络经济与传统经济的几个主要区别。

案例分析

微软的秘密：网络效应及其极限

（资料来源：汪新波，《中国新时代》，2012-02-13）

回顾微软的成长故事，微软充分利用了硬件与软件、操作系统与应用软件之间的网络效应，其战略轨迹依次沿着操作系统、应用软件和网络软件的层次步步为营，一步一个脚印地牢牢控制计算机桌面市场。

如果说 IBM 主宰了大型机时代，那么微软就是 PC 时代的霸主。所谓时势造英雄，随着 IT 产业从大型机时代进入 PC 时代，一个新的王者诞生了，它就是比尔•盖茨缔造的微软帝国。

微软登顶的过程颇有些戏剧性。时间退回到微软创立的 1975 年，不满 19 岁的哈佛三年级学生比尔 · 盖茨做梦也没有想到自己会成为世界首富，而且来得那么快。

微软的第一桶金是通过与世界上第一台微型计算机“阿尔泰”的生产厂商签署 BASIC

语言使用权协议，获得的 18 万美元的版权费。一举成名之后，他们又得到 GE 和全国收款机公司等大公司的合同，在业界名声大振。但是如果不是搭上了蓝色巨人的战车，微软或许永远没有机会成为行业霸主。

1. 温特尔主义的胜利

1981 年 8 月 12 日，为了应对以苹果为首的众多微型计算机厂商的挑战，IBM 开放了设计标准：IBM 最终设计出一款基于英特尔的 CPU、微软的操作系统和从外部大量采购配件的个人计算机 IBM PC。

但是出人意料的是，开放标准是一把双刃剑。IBM PC 虽然热卖，并击败了苹果等其他计算机公司品牌，但遇到了大批仿造兼容机的侵蚀，价格战越打越激烈，IBM 优势无法发挥作用，眼睁睁看着自己一手扶持的微软一步步登上产业领袖的宝座，自己却在低端市场上的激烈竞争中痛苦挣扎。

在以后若干年中，微软公司的视窗系统和英特尔公司的微处理器互相搭配，经常同步升级并全球同步发售，凭借实力和快速的创新不断抛开对手，引导市场标准和整个产业升级，成为行业的核心企业。这段历史被后来产业观察家们叫作“温特尔主义”。它宣告“福特主义”代表的传统的“纵向一体化”商业模式的瓦解，取而代之的是模块化分工方式的兴起。

2. 垄断操作系统

微软和 IBM 签署了现代工业史上最重要的商业合同，根据合同，IBM 允诺承担开发 MS-DOS 的大部分费用，但它允许微软向第三者转让使用操作系统的许可。随着计算机利润区从计算机组装到软件开发的转移，整机组装的利润越来越薄，人们更加看重计算机的软件功能。所以，当 IBM 在各种仿造机的冲击下走下坡路的时候，微软却如日中天，微软不仅从 IBM 制造的计算机中获得软件许可的收费，而且也从其他安装 MS-DOS 的公司中收取使用费。为了获得垄断地位，微软采取了掠夺性定价策略，每个 MS-DOS 只卖 5 美元。几乎所有的个人计算机都使用 MS-DOS，这笔特许使用权报酬为早期的微软带来滚滚财源。

然而，MS-DOS 并不是性能最好的操作系统，苹果 mac 机的图形用户界面要先进很多。1982 年，乔布斯邀请盖茨参观他得意的图形用户界面，并要求微软为 mac 机开发应用软件。微软接受了乔布斯提出的苛刻的条件，但从中学到了图形用户界面的先进技术，被乔布斯斥为：“无耻的剽窃。”

事实上，“不做第一个，但要做最好的一个”是比尔·盖茨的经营哲学。它赖以发家的 MS-DOS 是从市场上买来并加以重大改进的，它推出的 Windows 1.0 版本也是模仿苹果的，但是强大的学习能力、集采百家之长正是微软核心能力之所在，这是微软可以独步天下的关键。相比而言，乔布斯领导的早期的苹果公司却犯了一系列错误。其中苹果操作系统长期存在严重缺陷是重要原因，它的图形用户界面虽领先整整一个时代，却存在兼容性差、可运行的软件少及运行慢等诸多缺陷。因此，当微软在图形用户界面方面赶上来的时候，等待苹果计算机的只有惨败的命运了。

3. 捆绑应用软件

垄断操作系统仅仅是微软建立垄断优势的第一步。在操作系统平台上运行的应用软件才是微软发家的主利润区。请看微软是怎样将应用软件捆绑在操作系统平台上来巩固和扩大垄断优势的。

1990年以后，微软将开发重点转向应用软件市场。微软公司最初是桌面应用的挑战者，它首先用Word挑战Word Perfect系统，然后用Excel挑战Lotus 1-2-3系统。这两款软件产品成为同类产品的市场领导者。后来，微软推出了Office套件，和Windows操作系统一起捆绑销售。1990年，微软在电子表格市场和文字处理软件市场只占10%和15%份额。凭借操作系统平台优势，它很快推出了套装软件Office。1994年，Office为微软创造了超过一半的利润。Office实际上已经成为全世界的桌面标准，每年都有新的功能整合进去，系统优势无人可以匹敌。

微软最核心的竞争能力是能将分散发展的单体软件集成捆绑在一起，形成功能更强大的系统软件，并持续保持系统领先优势。正如微软软件首席分析师雷·奥兹所说："比任何一块积木更重要的是，你应该知道如何将它和其他积木组合。对于一切程序、应用软件及附件来说，重要的是掌握其与已有的软件模块组合的能力，而不是单独开发新软件的能力。"

4. 从"世纪商战"到"世纪审判"

20世纪90年代中期，就在微软节节胜利的同时，IT产业又在完成一次从PC时代向互联网时代的变迁。和IBM一样，微软的地位同样受到了挑战。

第一个麻烦来自1994年4月4日创立的网景（Netscape）公司，该公司的主打产品是网络浏览器Navigator，网景的野心是建立一个新的用户界面，用它来作为用户和互联网之间的新的界面，这样就把微软挡在了互联网大门以外。面对网景的威胁，微软最终将自己开发的IE浏览器免费捆绑到Windows系统中。网景在浏览器市场的微弱优势很快就被Windows系统优势所超越。网景和微软的这场争夺互联网门户大战被称为"世纪商战"，最终以微软的胜利、网景的惨败告终。

落败后的网景公司后来被美国在线收购，从而结束了短暂的公司历史。但网景的失败引起了IT业同仁们对它的同情和对微软的愤怒，它们联手美国商务部起诉微软。2001年，历时四年的微软反垄断案落幕，联邦最高法院终审裁定，微软免于被分拆，但不得利用垄断地位排斥微软以外的竞争对手的软件。这就是著名的"世纪审判"。

5. 互联网时代的追赶者

"世纪审判"或许给微软的扩张造成了一定的不利影响，但并非动摇微软霸主地位的主因。

微软走下神坛的故事正是从击败网景浏览器开始的。为了挽回市场，网景开放了大部分浏览器源代码，开发出了更出色的新一代浏览器："Mozilla"和"Phoenix"，也就是Firefox的前身。另外，微软的竞争对手们资助开发了开源操作系统Linux，从2005年开始，Linux产品开始获得市场青睐。

在互联网时代，至少出现了两个并行的操作系统平台，一个是微软的"Windows+IE"，一个是"Linux+Firefox"。当越来越多的竞争对手在新的开放平台上开发出更多新的互联网软件的时候，微软的垄断优势越来越弱了。事实上，微软随后也不得不采取了防卫战略——开放部分源代码，以减少Linux对程序开发人员的吸引力。

浏览器是征战互联网的利器，浏览器标准的多样化无疑为众多企业建立自己的网络创造了条件，除了Firefox浏览器，以速度闻名的Opera、苹果的Safari、谷歌的Chrome都开始获得一定的市场份额。

将微软从霸主宝座上拖下来的正是它的宿敌苹果公司。当年，微软借助IBM战车战胜了苹果，并一度将苹果逼入绝境，但大难不死的苹果在乔布斯的带领下东山再起。2003 年以来，苹果奉行“数字化生活方式战略”，连续发布 iLife 套装产品，耀眼的程度可以和 20 世纪 90 年代的微软在 Office 上的创新相媲美。2010 年 5 月 27 日，苹果公司市值超越了微软，这或许是一个标志性事件，预示着微软霸主地位的正式结束，一个群雄并争的年代已经开启。

启示：

那么，什么因素成就了微软帝国，又是什么导致其风光不再？答案在于网络效应。

“网络效应”又叫“网络外部性”，根据以色列经济学家奥兹·夏伊在《网络产业经济学》中提出的定义，“当一种产品对用户的价值随着采用相同的产品或可兼容产品的用户增加而增大时，就出现了网络外部性”。

梅特卡夫法则更严格地表述了网络效应。如果一个网络的使用者是 n 个人，那么网络对每个人的价值与网络中其他人的数量成正比。网络对所有人的总价值等于 $n\times(n-1)=n^2-n$。举个例子，假如使用电话的用户是 10 个人，那么，每个人都和除自己以外的其他 9 个人通话，那么总的通信量是 $10\times9=90$。如果用户数是 100，则通信量为 $100\times99=9\,900$，用户数增加了 10 倍，但通信价值则增加了约 100 倍。这就是网络效应的正反馈原理。

微软的成功可以归结为以下三重网络效应。

其一，温特尔主义的胜利很好地阐释了软件和硬件之间的互补网络效应。计算机硬件价格的剧烈下降和安装基数的急剧扩张，导致市场对操作系统和应用软件的强烈需求。

其二，采取渗透定价法，以几乎免费的方式倾销操作系统，垄断了操作系统市场。

其三，在 Windows 系统上捆绑 Office 套装软件。其卓越的性价比和兼容性无人能敌。

回顾微软的成长故事，微软充分利用硬件与软件、操作系统与应用软件之间的网络效应，其战略轨迹依次沿着操作系统、应用软件和网络软件的层次步步为营，一步一个脚印地牢牢控制计算机桌面市场。凭借以上法宝，微软在 PC 时代取得了霸主地位，然而，互联网时代的到来对微软的垄断地位提出了挑战。互联网时代的特征是多元网络并存，在微软的周围，谷歌以搜索业务为核心，苹果以软硬件的完美搭配为核心，以及其他从自身核心出发的众多网络公司的崛起，都在威胁着微软的市场地位，微软从 PC 时代的领先者变成互联网时代的追赶者，垄断优势日渐式微。

案例讨论：微软的成长故事是如何反应网络经济外部效应的？

第 3 章　网络经济中的需求与供给

学习目标
1. 掌握网络产品与数字产品的定义与内涵。
2. 理解网络产品需求与供给的新特征。
3. 掌握数字产品的主流定价方法。

在网络经济时代，网络作为最有效的信息传输工具，与商品发生了不同层次的关系。在现实的经济活动中，不同类型的商品从它的流通、消费各个环节都可能会不同程度地受到网络的影响，与网络发生关系，不论是直接地相关，还是间接相关。网络产品的成本特征、生产流程与消费行为都与传统工业产品产生了非常明显的差异性，经济学中的供求理论已经无法解释大部分网络产品的需求与供给。本章从网络产品的界定入手，对网络产品的供给与需求进行了详细的介绍，并以数字产品为例对网络产品的定价进行了分析。

3.1　网络产品概述

3.1.1　网络产品的含义

网络是当前经济时代的最主要的特征，网络的影响体现在经济生活中的各个领域。商品作为一个社会经济的基本细胞，当然也毫不例外地受到网络的影响，很多商品在功能的实现上，在其流通和消费上都出现了一些新的变化。例如，原来一本新华字典是放到书店里卖的，现在它可以被拿到网络书店上去卖了，这说明网络改变了这种商品的交易方式；海尔的网络冰箱已经可以直接和网络联通了，可以帮助使用者根据冰箱内食品储存的情况，直接从网络上选购商品。我们生活中的原有的各种商品已经开始和网络建立起密切的关系，这一切已经悄然发生了。随着网络产业的兴起，一些新的网络服务也相应出现。网络使许多新应用、新技术和企业创新成为可能，而这些创新都是居于一个基本的原则之上的，这就是独特的产品。基于此，在开始分析网络经济关系及其相关模型的时候，充分理解网络经济的“产品概念”是非常重要的，人们无法在一个连产品概念都没有建立的市场上去建立理论并解释其中的经济关系。正如人们在网络生活和日常生活中所感受到的那样，网络经济的重要特征之一就是数字产品的出现，它改变了传统市场中产品的准确定义和基本特征，进而也带来了新的经济学问题，如数字产品的定价策略。

我们将从事计算机网络以及相关产品生产与销售的企业称为网络企业，而相关的行业称为网络产业。相应地，这些行业的产品就被称作网络产品（软件、硬件）。相关概念如信息产品、数字产品和网络产品尽管有一定的重合，但侧重点是不同的。

信息产品的一般定义包括软件、所谓的“教育”和“娱乐”产品及其他的知识产品。信息产品必须包含信息内容，信息产品在网络这一工具出现或网络环境形成之前就大量存在，例如教科书、电影电视、报纸、出版物、广告等，这些都是以实物形式存在的信息产品。

信息产品被数字化以后，就成了数字产品。所谓数字化，从技术角度上诠释就是用少量、简单的基本符号，选用一定的组合规则，以表示大量复杂多样的信息。信息都是可以被数字化的，而有些传统的实物产品的功能是可以被数字化的，如书籍被扫描后，以信息编码的形式被存储或者传递。例如，普通机床与数控机床、机械表与电子表、光学相机与数码相机、电话从模拟转向数字进而发展到网络 IP 电话；其他如数字电视、电子词典、数控水下挖掘机、3D 重建超声诊断仪等，各领域的数字化产品层出不穷。

同时，更多的实物产品的功能是不能被数字化的，至少在现在来看是这样。需要注意的是，实物产品本身是无法被数字化的，能数字化的只是它的功能或效用。

网络产品，被定义成“网络经济下的产品”，因此其所包括的范围是比较广泛的，除了包括信息产品、数字产品外，还包括一些为信息产品和数字产品的存储、传输服务的硬件设备产品，其强调的是与信息网络为基础与之相关的一些产品及该产品可以在网络上进行存储和传输。在教材的后续内容中，“网络产品”的含义经常是指虚拟的数字产品或信息产品，而非实物的网络基础设施产品。这点需要我们加以辨别。

3.1.2 网络产品的分类

1. 数字产品

纵览最近几年发表的众多有关网络经济问题研究的学术文献，我们发现，同对网络的理解一样，人们对数字产品的认识也存在一些差异。我国学者张铭洪认为：数字产品是指在网络交易过程中可以被数字化，即编码成一段字节，并且可以通过网络来传播的产品。由于不同的数字产品所体现的经济属性存在不同之处，因此对数字产品还应根据不同的情况进行分析。本书认为，数字产品又称数字化产品，它是高科技发展特别是计算机技术及互联网技术的产物，是指以网络为载体向市场提供的，具有明显的技术特征的，并在一定条件下，其消费具有显著网络外部性的无形的产品或服务。数字产品主要分为内容性产品、交换性工具产品、数字化过程和服务性产品三类。随着以网络为代表的现代信息技术越发融入人们的生活，数字产品成为诸多网络产品中的核心产品，是本书下文中的主要研究对象。

所谓内容性数字产品是指确切表达一定内容的数字产品。数字产品中，内容性数字产品是极为主要的组成部分，且通常这一类产品在网络上传播极易涉及敏感的版权问题。并且有迹象表明，内容性数字产品的内容差异是构成其价值差异的基础。如表 3-1 所示。

表 3-1 内容性数字产品及其内容

项 目	内 容
印刷载体信息产品	报纸、杂志、期刊和书籍
产品信息	产品说明、用户手册、营销培训广告

续表

项　目	内　　容
图形音像	照片、卡片、日历、地图和海报
音频产品	音乐唱片、语音产品
视频产品	电影、电视节目

交换性工具产品是信息技术渗透到货币金融领域的结果。交换性工具是指代表某种契约的数字化产品，如数字化门票、数字化预订等。我们通常使用纸质货币作为交换性工具，但在网络环境下，货币和传统的金融工具都可以被计算机编码程序转换成数字化产品。大多数的金融信息都已经被数字化存储在计算机硬盘中，或者以数字化格式在因特网传播。随着因特网、个人计算机和网络银行终端的渗透和普及，数字化交换性工具在现代商业社会中的作用越来越突出。从数字化银行卡等金融交换工具到数字化高速公路缴费卡等运输交换工具；从政府公共管理事务活动的交换性工具到社区活动的交换性工具。数字化交换性工具提高了社会运行效率，降低了社会交易成本。

数字化过程和服务性产品是数字产品意义的拓展和延伸。任何可以被数字化的交互行为都是一个数字过程或服务。这里所说的交互行为，实质上是通过相应的软件来驱动和激发的。例如，网络用户通过 OICQ 来相互即时传递信息和文件，通过 CAJ 浏览器来阅读论文，这两个过程都是数字化过程和服务性产品的典型例子。

数字产品与内容性数字产品的区别在于，它更侧重服务本身的实现过程，也就是说，数字化过程和服务性产品之所以区别于内容性数字产品，在于软件在数字化过程中是否发挥了作用。如表 3-2 所示。

表 3-2　网上服务中的数字化过程

网上服务类型	数字化过程
电子政务与政府服务	电子表格、数字信息
电子消费	信件、传真、电话
商业价值的创造过程	订货、簿记、盘点、签约
拍卖和电子化市场	旧货电子交易市场
远程服务	远程教育、远程医疗等交互式服务
交互式娱乐	网络游戏、网络音乐、网络电影

2. 嫁接了网络功能的传统产品

网络不仅融入了经济活动之中，而且也融入了商品的功能实现之中。在网络经济时代，一些传统的不具备网络功能的商品在技术进步的推动下，实现了与网络功能的嫁接，在传统的商品上植入了网络，增添了网络功能，本文将这类产品称为嫁接了网络功能的传统产品。这类商品的雏形在前网络经济时代就已经存在，而且在为人们生活服务的商品体系之中找到了自己的位置。在网络出现之后，这些商品适应了网络经济的潮流，将网络的功能引入到自己的服务中来，实现了网络功能在传统功能之上的添加，网络和传统功能的相辅相成，从而扩大了原有的功能，更好地满足了网络时代人们的要求。

网络家电是该类商品的一个代表。网络家电是新兴的事物，以至于在人们对这些新兴的家电产品的各方面还没看清的时候，商家选择了比较流行的网络两个字来给这种商品命名。网络家电的实质是在传统的家用电器之上附加了新的网络功能，使传统的家用电器和网络功能相结合。这是网络经济向传统产业渗透的结果，是信息在人与家电之间双向传递。

3. 组成网络的产品

网络的运行是需要物质基础的，组成网络的商品就是网络运行的物质基础，它们的性能决定了网络功能的实现，这些组成网络的商品可以说是最直接意义上的网络商品。连接成网络的不同功能的商品，它们互相连接，共同工作，使得网络顺利运行。一个基本的计算机网络中包含着以下的组成部分。

（1）计算机。主要完成数据处理工作，为网络上其他的计算机提供共享的资源。

（2）通信处理机，也称为前端处理机，是负责通信的控制和处理的计算机。

（3）网络连接设备，主要用于计算机之间的互联和数据通信，比如，网络接口卡，集线器，中继器，网桥，路由器。

（4）通信设备和数据传输设备。如，集中器，多路复用器，调制解调器。

（5）传输介质。作为网络中设备之间的物理通信线路用于传播数据信号，常用的有光纤电缆，无线电波等。

（6）网络协议。通信双方共同遵守的一组通信规则和约定，以协调网络正常工作，是计算机网络工作的基础。

（7）网络软件。网络软件可以完成网络协议规定的功能，负责控制和分配管理网络资源，协调用户对网络资源的访问，使用户对网络的使用更加方便。

上述这些网络产品中有些只具有网络的功能，有些除了网络功能之外还具有其他功能。这些产品如果用于网络，连接在网络之中就是网络产品，如果它们不被连接在网络之中就是潜在的网络产品。这些网络产品必须满足兼容性的特征，生产这些商品的厂商在博弈竞争中必须协定共同的标准以保持网络成为一个畅通无阻的信息通道。这类网络产品更新速度快，发展非常迅速，且各个构成部分之间相互协作，相互制衡，“木桶效应”特别明显。

3.1.3 数字产品的特性

作为网络产品的核心产品，数字产品主要具有以下 8 个特征。

1. 高固定成本、低边际成本

数字化信息产品的生产固定成本很高，且绝大部分是沉没成本，必须在生产开始之前预付，生产一旦停止就无法收回；但其复制的可变成本几乎为零，并且生产拷贝的数量不受自然能力限制。这种特殊的成本结构表明数字产品的生产能力是无穷的，具有巨大的规模经济，因为数字产品的边际成本可以保持不变或递减。

2. 不可破坏性

由于数字产品是在网络上传播和发行，而不具有实际的物理存在实体，因此一经创生，数字产品就不存在磨损的问题而可以永远存在下去。也许数字产品最初的质量差异会因为消费者的使用行为而变得十分明显。但是无论用得多久或是多频繁，数字产品的质量是不会下降的。因此，数字产品无耐用和不耐用之分。换句话说，从厂家那里买到的产品和二手货没有区别，同时对于同一种产品，大多数消费者的需求只有一次。这就是数字产品不可破坏性的本质特征，这类产品在经济学上称作“耐用消费品”。

3. 可变性

与数字产品的不可破坏性相对应的一个特性是数字产品的内容很容易受到改变：它们随时可能被定制或是被修改，这种修改可能是无意的、有意的甚至是恶意的，然而由于数字产品的物理本质，这种修改是不可避免的。一般来说，数字产品的修改会出现在以下四种情况：生产时，生产商可以根据客户和生产的需要定制非标准的差别化数字产品；在网络的传输过程中，数字产品的内容或真实性可能会被改变；数字产品一旦到达用户手中，生产商就很难在用户级别上控制内容的完整性；最后一种修改情况体现为生产商对数字产品进行的升级。

4. 可复制性

数字产品的重要特征之一也是最大价值之一就是它们可以很容易地以低成本进行复制。一个数字产品可以很轻松地从网上下载，然后再被复制。同样，对于数字产品的生产商而言，只要第一份数字产品被生产出来，多拷贝一份的成本几乎为零。数字产品的可复制性带来了许多经济学问题，将在下一部分进行讨论。

5. 数字产品的公共产品性质

具有消费、使用上的非竞争性和受益上的非排他性的商品被称作公共产品。所谓非竞争性是指商品可以同时被许多人消费而相互之间不损害别人的消费。公共产品的典型例子有灯塔、公路、电影等。不管大海上有多少船只经过，建灯塔的费用是一样的，一艘船从中受益并未剥夺他人受益的权利。一旦播放电影，所有在场的观众都可以看到这场电影。公共产品根据是否排他这一点可以分为两种：排他性和非排他性公共产品。这两者的区别在于是否能通过花费某一合理的成本，以排除那些未花成本者对该产品的消费。例如，只有支付了有线电视费用的消费者才能看到电视的内容，这时有线电视就是排他性的公共产品，而公共电视则是非排他性的。数字产品是典型的公共产品。这主要是由其信息内容的特征决定的。信息可以同时被许多消费者消费而不会影响其中任何一个人的消费利益。信息的这种性质被人们称作“信息的共享”。数字产品的可复制性、不可破坏性加强了其公共物品的特征。数字产品作为公共产品，可能是排他性的，如受到知识产权保护的数字产品，也可能是非排他性的，如没有对其消费收费的数字产品。但是事实上，要想完全实现数字产品的排他性是相当困难的，计算机软件盗版的广泛存在就是一例，这也涉及重要的经济学问题，成为经济学家关心的内容之一。

6. 数字产品的“经验产品”性质

如果消费者必须先尝试一种产品才能对它进行评价，经济学家就把它称为“经验产品”。几乎所有的新产品都是经验产品，市场人员已经发展出许多策略帮助消费者了解新产品，如免费样品、促销定价和产品鉴定书等。但是对于数字产品来说，它每次被消费的时候都是经验产品。在你从网上看到、读到或是听到某一数字产品之前，你不知道喜不喜欢这个产品，并不能确定是否愿意为其付费。

与数字产品的经验产品性质相关的经济问题有许多，其中最重要的问题在于：由于数字产品只有在被消费以后，它的价值才能被确定。这样，必然存在一些消费者担心在消费这些数字产品以后发现它不值得自己付出如此价格和处理时间，因而谨慎消费。如何克服消费者的“经验产品”难题，成为网络经济中实现价值创造的一道门槛。

7. 数字产品的外部性

外部性是指：当一个行为给其他人带来附带的受益或者损害，而并没有因此而对他人相应地进行支付或补偿，我们就认为这一行为具有外部性。外部性的典型例子就是排污问题。一家工厂生产时排放的污水污染了河流，给整个社会尤其是附近的居民带来了不利的影响，如果这家工厂并不对其排污的行为及其后果负责，那么这时就出现了外部性问题。所谓网络外部性是指当一种产品被更多的人使用时，它的价值就会增大。例如电子邮件，当使用它的人增多的时候，每新加入一个消费者，就意味着原先使用电子邮件的人又获得了一份收益：可以通过电子邮件联系的范围又扩大了。网络外部性不是网络经济时代的新产物，也并非和数字产品具有必然联系的基本性质，但却由于网络经济的发展而凸现了其对经济的重要影响。

很多数字产品都具有正的外部效应或是负的外部效应，或者兼而有之。例如，有价值的数字产品，不仅能被购买者所使用，同时由于它的可共享性，也能被大家所使用；同时数字产品所蕴含的信息被消费者获得以后，可能会使得他的素质提高或行为更有利于社会，这些都可以视作数字产品的正外部效应。相应地，虚假的或是负面的数字产品对受它影响的人也会通过同样的途径实现负的外部效应。有时，由于同一信息对不同的消费者具有的意义不同，导致数字产品的消费或生产可能对一些人是正外部效应，而对另一些人则是负外部效应。

8. 对个人偏好的依赖性

由于数字产品所携带的内容本质是信息——人类的思想、知识、智力、资料等，这类产品没有实物的形式（或者说能够在物理上消费的结构），因此从传统意义上说，数字产品不是“可消费”的产品，实际上被消费的是信息所代表的思想和信息的用处。从消费者的角度来说，这些思想和信息的作用是因人而异的。可以说，任何产品的需求都会随着消费者内在的口味差异而变化，而对数字产品的需求似乎更容易随着消费者个人的偏好不同而变化。

3.2 网络经济中的需求分析

网络经济拥有庞大而复杂的产业链，微观经济学的需求理论在网络经济的很多领域依然有所体现——价格是影响需求的重要因素且价格与需求量呈反方向变化关系。但我们更应当看到，以数字产品为代表的大量网络产品在消费与定价方面出现了诸多用传统需求理论无法解释的新现象，也就是说，传统需求理论对某些具有代表性的网络产品不再适用。

3.2.1 传统经济学的需求原理

在西方的微观经济学中一般将经济活动主体抽象地分为两大类，一类是生产者，另一类是消费者。在产品市场上生产者将所生产的最终产品或劳务销售形成供给的一方，而消费者则购买最终产品或劳务形成需求的一方。供求双方通过市场作用决定产品和劳务的价格这就是均衡价格的形成。传统经济学中讲的需求是指消费者在一定时间内在各种可能的价格水平下愿意并且能够购买的商品数量。与需求概念相对应，需求量指的是在某一特定的价格水平下消费者愿意并且能够购买的数量。反过来说，消费者对一定数量的商品所愿意支付的价格被称为需求价格，它取决于商品对消费者的边际效用。传统经济学的需求原理是：在其他条件不变的情况下，某种商品的需求量与价格呈反方向变化，即商品的价格越低，需求量越大；

商品的价格越高，需求量越小。传统经济学的基本需求原理：现实生活中影响消费者对某种商品的需求的因素除了该商品本身的价格以外，还有其他很多因素，如相关商品包括互补品和替代品的价格、消费者的收入水平、消费者的偏好、消费者对该商品未来供应情况和价格变化的预期、消费者的人口规模及人口结构、大众传媒、政府政策等。因此市场上在一定时间内对某种商品的需求量是受多种因素影响的。一般将上述影响商品需求的因素分成两类：一类是商品自身价格，另一类即除了商品自身价格以外的其他因素，称为需求条件。

在微观经济学的分析中如果将影响需求的所有因素都考虑进去，那么问题将会变得极为复杂且难以得出结果。因此通常只关注其中某一种因素变量与需求变动的关系而同时假定其他所有的因素都既定不变。而研究最多的就是某种商品自身价格与消费者对其需求量之间的关系。在假定影响需求的其他所有因素即需求条件保持不变的情况下，影响需求的唯一因素就是商品的自身价格。此时可以说，在该商品价格和消费者对它的需求量之间存在着一一对应的关系。如果以商品自身的价格为自变量，商品的需求量为因变量，这种商品的价格和需求量之间的一一对应关系可以用一个函数式来表示，即需求函数。

3.2.2　网络外部性与消费决策

产品的个人需求曲线在传统经济学中反映需求量与价格之间的关系。个人需求曲线是一条向右下方倾斜的曲线，那么对网络产品而言这是否仍然适用呢？由于传统产品的个人需求曲线是在假定价格以外的其他条件都不变的情况下推导出的需求量与商品自身价格之间的关系，因此在推导网络产品的个人需求曲线时除了要假定相关商品的价格、消费者的收入及偏好等传统经济学中提到的会影响需求的因素保持不变外，还必须要有一个很重要的假定：该网络产品其他用户的数量也保持不变。回顾一下曾经大量消费的网络产品，是否满足这一假设呢？

根据网络产品的网络外部性特征，网络产品对消费者的效用随着该产品的其他使用者数量的增加而增加。而效用决定着需求，也就是说其他消费者对某一网络产品的需求会直接影响某一消费者对该网络产品的需求，这与传统经济下其他消费者的需求不是影响消费者需求的直接重要因素有很大的区别。因此消费者在决定是否购买某一网络产品时不仅要考虑该产品现有的用户规模是否足够大，而且还要据此预测该网络产品未来的用户规模是否会继续扩张及该网络产品的互补性产品种类是否会进一步增加。也就是说消费者对网络产品的消费选择是建立在其他消费者的消费决策和自己的理性预期基础之上的。因此，传统需求理论的假设基础已经在网络产品的范畴内不再成立。

传统产品的个人需求量之所以会不止一个，是因为无论如何传统产品都会被用完或用坏，只不过是时间长短而已。但网络产品中某些产品具有不可破坏性，这类产品一旦制造出来就可以永远存在下去，无论用多久或多频繁，其质量都不会下降，比如专业软件类产品。对于这样的同类同质产品，大多数消费者只可能购买一次即个人消费量或者等于 0 或者等于 1。这就使得对这类商品来说，分析商品的价格与需求量之间的关系毫无意义。

需求的对象可以是商品也可以是服务。需求的对象可能是现实的物质产品，也可能是一种虚拟的存在。在现实生活中有些商品的存在在于通过物质的使用价值来满足人们的需求，而还有些商品本身的意义就是象征性的，主要是获得一种信息所带来的心理需要。当信息传递的手段不是很高效的时候，这种象征性的商品还是以物质产品的形式存在，很大程度上要消耗物质资源。在网络出现之后这种对象征性商品的需求逐渐转化为对虚拟商品的需求，虚拟需求渐渐开始大行其道。例如，电子贺卡对纸质贺卡的替代并且免费电子贺卡的消费数量远远大于收费类电子贺卡。类似的，由于网络的出现而产生的对虚拟商品的需求还有很多。网络虚拟商品同样可以达到和以前物质商品同样的目的，因而人们大大减少了对物质商品的依赖。这种虚拟需求的对象已经脱离的传统经济学研究的产品范畴，免费提供方式也无法用传统的需求曲线来解释。

综上所述，传统需求理论的假设条件、研究对象和某些典型性需求行为都在网络经济中发生了颠覆性的变化，传统的需求理论在研究以数字产品为主的网络产品时将面临失灵的窘境。但同时应当看到，网络产业链条是一个很大的范畴甚至在某些方面涵盖了部分传统产业，所以对传统需求理论进行全盘否定也是不可取的。同时，网络产品的多元性特征使我们难以仿照传统经济学推导出一条适用性较广且标准的需求曲线。

3.2.3 需求的革命——需求的表达

任何生产者都希望自己生产的商品被消费者认可，这是一种通过货币投票的市场认可，为此所有的生产者都是煞费苦心，通过各种方式和方法来尽最大的努力满足消费者的需求。传统生产者的这项工作的基本特点就是从自身出发，通过各种手段了解消费者的意愿和偏好，从而为自己的生产制定计划。典型的方式是市场营销管理部门通过调查发现潜在的消费者，了解需求的具体状况，然后通过现有产品的改进或设计新产品去满足消费者的要求。信息的流向是从生产者采集需求信息到消费者提供需求信息，再到需求信息纳入生产者生产计划。以前在需求的信息流中，消费者始终处于一个被动的地位，处在信息流的中下游，接受信息对他的输入，然后按照自身的标准对商品进行判断、评价，决定是否购买。网络经济时代，因为网络所具有的双向信息传递的功能，消费者可以通过网络直接向生产者表达自己的需求。当消费者通过网络进行需求信息的表达时，需求的信息流发生了革命性的变化，是从消费者出发流向生产者，潜在消费者群成为商品信息的源头。例如，在美国加州，有一家叫作“全球侍者”的网络餐厅，它把该地区的 100 多家餐厅的菜单汇集到一起，这个餐厅通过网络为消费者预定饮食，消费者可以按照自己喜好选择，然后网络餐厅将这些订好的饭菜送到消费者手中。这种情况是生产者首先把自己能够提供的服务陈列在自己的信息平台上，让消费者在各种具体商品的种类和组合之间进行选择。比此更进一步的是，在网络上消费者可以表达生产者不能够预见的要求。例如，在预定生日蛋糕的网站上，购买者除了可以选择蛋糕的种类之外，还可以要求制作者在蛋糕上面写上不同的祝福语。例如，在网络服装店中，消费者可以按照自己的要求自己设计和定制服装。在需求的表达中，生产者通过网络这个具有无限强大触角的“传感器”来不断发现和吸取人们的需求，甚至预测未来的难以说明的需求。消费者凭借网络这样一个高效的信息工具，可以进行充分的需求信息表达，使大量的市场潜在需求得以开发，生产者按照消费者的需求信息进行生产。与前网络时代相比较，需求表达的意义如下。

1. 市场运行变得平滑

网络颠覆了企业和消费者的传统关系，需求的信息流从消费者群体发出，由生产者对这个信息流进行整理分析，指导生产，减少了生产的盲目性，让产品供给和消费者的需求达到了空前的契合，使得商品向货币转换的那惊险一跳的难度降低，让市场运行变得平滑。

2. 需求表达的零时滞

一般的市场调查通常需要 3—6 个月的时间。生产者才能根据调查的结果对生产进行改进和调整。而在网络时代，通过网络进行需求的表达使得这一过程加快了，网络上的信息传递与传统的问卷发送、回收、确认、整理等一系列过程的效率是大不一样的。生产者提供的在线需求感测系统能够及时地对用户的要求进行整理归类，为生产者提供依据。

3. 清晰的需求表达

网络对信息展示的效率是以往的调查问卷所难以比拟的，网络在信息的色彩、数据、形象性上的功能，是历史上空前的。通过网络，消费者所进行的需求的表达将是消费者意愿的充分表达，减少了因为对语言等信息理解的偏误而造成的信息传递的扭曲，保证了消费者意愿的全面与准确。

4. 消费者形成不同的心理感觉

定制和挑选的感觉是不同的，消费者有更大的满意度。

3.3　网络经济中的供给分析

3.3.1　传统经济学的基本供给定理

供给定理是说明商品本身价格与其供给量之间的关系的理论。传统经济中，对于正常商品来说，在其他条件不变的情况下，商品价格与供给量之间存在着同方向变化的关系，即一种商品价格上升时，这种商品的供给量增加；相反，价格下降时供给量减少。但是产品的供给受到生产者成本的制约，规模报酬递减规律要求生产者必须要把企业规模保持在最优生产区间内才能实现生产的均衡。影响供给的因素素包括影响企业供给愿望与供给能力的各种经济与社会因素，这些因素主要是：价格、生产要素的数量与价格、技术及预期。

传统经济学中要素是稀缺的，边际成本是递增的，边际报酬递减规律在生产行为中大行其道，这对生产者的供给行为构成了一定的限制。企业在供给过程中必须要保持合理的最适规模，供给能力与企业成本结构与市场结构息息相关。网络经济环境下，信息作为网络经济的核心资源具有无穷性的特征，边际成本在数字产品的生产过程中呈递减的规律并趋向于 0，边际报酬递减由传统经济中的个别现象转变为网络经济中的共性，这些都打破了传统因素对于供给能力的束缚。

3.3.2　网络化供给

互联网对供给的影响是深远的，网络经济中供给受到更加丰富、高效的信息的引导，有了更强的目的性，可以更好地满足消费者的需要。网络的出现赋予了供给新的特征：网络本身成为一种供给的方式，低边际成本的供给使得供给能力大大提高；网络化供给是与网络商品相契合的，流通环节的减少使得供给变得直接；与需求的表达相对应，出现了定制化供给。

在不远的未来，除了一些特殊要求的信息之外，所有的信息都将归流于网络，网络成为信息流动的主干道。网络上传递的大部分信息用于引导资源配置，为人们的活动提供决策参考，它们是经济活动的中间材料，而不是最终的商品形态。还有一部分信息，它们本身就是商品，例如，数字产品通过网络传输直接进入人们的消费，这就是网络化供给。所谓网络化供给是指数字商品以网络为中介由生产者一端直接传递到消费者一端，也就是通过因特网本身的配送。显然，网络化供给是只适用于数字产品的，在网络上传递的商品必须是数字商品，也就是被写成一段数字编码的商品。网络化供给的一种特殊表现方式是虚拟商品的供给，这是与对虚拟商品的需求相对应的。所谓虚拟化的供给就是指供给的非物质性。虚拟化供给所提供的产品还不是信息等非物质性商品的实体，它所供给的是现实世界的物质产品在网络世界的影像，尽管仅仅是一种商品的虚拟，但是同样能够使消费者感觉到需求的满足。虚拟化供给包含以下三方面。

（1）对象征性商品的网络化供给，同样起到物质商品所应有的作用，同时这种供给减轻了在传统经济中满足人们的需求所必需的对实物资源的耗费。

（2）充分利用网络的虚拟性特征，通过技术手段为网民提供现实生活中无法经历的事情，让人们体会在现实中难以体会的体验。

（3）利用计算机与网络技术可以对现实社会的各种活动进行模拟，这种模拟摆脱了时间和空间的限制，使人们充分享受到现实生活中无法体验到的快乐。网络游戏就是虚拟化供给的一种。

通过网络化的供给，消费者可以买到以火箭般速度传送的数字商品。E-Book 书店就是现实生活中最典型的网络化传输的应用。所谓 E-Book 就是电子图书。在这里，书的内容并没有发生变化，改变的只是形式，在 E-Book 书店中，书的内容已经全部被转换成文本文件，实际上是由数字编码 01010101010 组合构成的。组成电子图书的数字编码的集合，可以先被转换成小的可以在网络上进行传输的数据包，按照 IP 地址的指引，在网络上传输，到达消费者的微机上，这些数据包再结合，恢复文本文件的形态，消费者看到的就是屏幕上显示的图书了。电子图书的购买和传输过程完全在网络上进行，整个过程将使消费者足不出户地在短时间内看到自己想要的图书，这大大方便了人们的生活。如果人们不愿意直接看屏幕上的图书，那么随着家庭印刷及装订的改善，人们也可以先利用网络传输书的内容，然后将这些内容文件在家里打印装订成图书。可以预言，电子图书和图书的网络发送将来会成为最受欢迎的书籍销售方式。网络化供给的其他应用还有：以数字计算机软件被用户以数字方式下载、网络音像店、网络信息查询、付费电视等。

网络化供给的特点如下。

首先，目前仅适用于数字产品。目前仅有数字化的信息、商品可以在网络上传输，但是这并不局限网络化供给的发展。未来随着社会制造能力的增加，可以仅仅用网络传递商品的制造程序，例如一个螺丝钉的制造程序，人们用放在家里的纳米制造装置就可以把这个螺丝钉生产出来了。这种说法现在听起来让人感觉离奇，但是谁能预测未来呢？

其次，网络化供给的优势如下。①分散的地理位置形成的距离在网络化供给中可以被忽略。②快速。网络化供给的速度决定于网络的基础设施和用户端的接收能力，这些条件的性能正在迅速提升。③准确。不会发生信息的失真和扭曲。

再次，网络化传输与版权问题息息相关。网络化传输（下载）的数字产品，面临版权问题的严重挑战。例如，用 MP3 将网上音乐下载，这样的网络化传输已经引起唱片产业经理们的恐惧，因为它似乎提供着一种人们可以将放在 Web 上的任何音乐作品无限量地拷贝的可能性。目前版权的维护成为人们所关心的焦点。对此人们在技术上进行了有益的探索。美国加利福尼亚圣克拉拉的 Inter Trust 公司设计了一种被称为“变形应用”（meta-utility）的方式，它是一种保护版权及交易支付行为的数字电子商务的管理平台。使用 Inter Trust 模式的时候，一家唱片公司（或拥有数字内容的任何人）须将其内容首先打包为一个称为 Digibox 的加密文件，这些内容就可以遵循 Inter Trust 公司设定的使用、存取及支付方法的规则，灵活地适应内容提供者的要求。例如，三次免费的播放，或者为全部播放（多次）规定一个固定价格，还有一种就是每次重新播放负担一个小额费用。Inter Trust 的方案当然不是这种事情的唯一的尝试。Liquid Audio、施乐及微软，都在设计他们自己的数字版权管理系统，所以可以预见随着技术的发展，网络化传输涉及的版权问题是可以通过技术创新解决的。

网络化供给是未来的一个趋势，因为它有着方便、快捷的绝对优势，这种商品的供给效率是前网络时代的任何方式所无法比拟的，实现了供应方式的革命。尽管它只适用于数字产品，但是仅仅是数字产品领域就是一块大有作为的广阔天地。随着网络逐渐深入经济生活，以及整个经济运行的信息化程度的提高，数字产品将成为商品的主流，届时网络就是今天的公路、铁路、航空。现在的生产者将自觉地融入网络化供给的行列。网络化供给是网络经济时代的一大特征。

3.3.3　直接化供给

在传统经济的流通中，生产商、中间商或批发商、零售商都是不可缺少的环节。因为在前网络时代，人们的信息交流方式非常有限，在生产者和消费者之间，难以建立起有效的信息传递，消费者不具备单独从生产者直接购买商品的能力，生产者也不具备向消费者直接提供商品的能力，中间商凭借掌握的商品信息优势，起到了生产者和消费者之间沟通桥梁的作用，是一个必不可少的中间环节，否则市场将难以运行。这样就形成了生产者—中间商—消费者的商品流通链条。中间商存在的意义就在于弥补、补充生产者和消费者对完成交易行为所需的相关信息的不足，其存在的成本就在于对生产者和消费者来说在社会总价值中的分割。网络的出现提供了生产者和消费者直接对话的可能，随着网络经济的逐渐形成，网络成了联结厂商和广泛分布于各个地点的消费者之间的最直接的渠道，成为生产者和消费者直接见面的场所。生产者可以在网上全面地展示自己的商品，提供交易所需的信息，网络也可以使消费者低成本地发现生产者。处于网络端点的生产者与消费者可直接联系，看样品、询价、购买确认、支付货款等环节都可以在网上实现，这样就降低了传统的中间商层次存在的必要性，压缩甚至取消不必要的中间环节。但是需要讨论的是，在网络经济中注意力是一种非常稀缺的资源，戴尔神话是因为它已经充分地开发注意力经济，实现了规模效益。现实中不可能所有的公司都能像戴尔那样，如果有一千家服装厂的网站，那么被顾客浏览的不可能是全部。所以很多小公司难以经营自己的网站。这样，很多小型生产者还是会把自己的业务交付给一个中介机构去完成，中间商还有着存在的空间，因特网改变中间商的作用和功能，而不是取消他们。所以网络经济不是完全的“脱离中间商”，而是进入了那种“超中间商”时代，涌现出代理信息和产品的新兴中间商。例如，亚马逊公司本身就是一个中间商，它不是书籍的出版商，而是书籍的销售商。它不过是将众多出版商的书籍集中到网上，由书籍的买者从网上选购。在网络经济中只有那些实现规模效益的、专业化的中间商才能存在。总的来说网络在很大程度上消除了商品流通的中介，从而带来交易成本的显著降低，目前其魅力的体现还仅仅是初露端倪。

3.3.4 定制化供给

大批量生产技术在20世纪初使产品制造业得到了迅猛的发展，为社会提供了大量工业化产品，满足了社会对工业化产品的数量需求，体现为规模经济。其主要特点是，大规模采购原材料，应用机械化和标准化的制造工艺，使用标准化部件，进行高效率的自动化作业。但是人们的需求是千差万别的，随着人们在商品的数量方面的逐渐满足，人们对商品的个性化需求凸现出来，产品设计者挖空心思去让产品满足不同的消费者的不同要求，但是在网络出现之前这种愿望一直没能够完全实现。网络出现之后为人们的这种个性需求提供了表达的方式，生产者有可能并且开始按照消费者的需求的表达来提供商品，定制化供给出现了。所谓定制化供给是以网络为基础，将网络技术、信息技术、管理技术和生产工艺相结合，通过网络直接收集消费者的需求信息，并可通过网络与顾客进行实时信息交流（同时，企业通过构建各种数据库，记录全部消费者的各种数据，并对数据进行整理、分析），企业得到用户的需求信息后，并将其融入企业的产品设计及商品的生产之中。在一系列生产环节之后，企业向消费者提供按照消费者定制要求生产的商品。定制化供给与需求的表达是相对应的。

网络在消费者的特定需求转变成现实的产品或服务的过程中发挥了巨大作用。20世纪末美国佛罗里达的摩托罗拉寻呼机生产厂在零售商的柜台上设置了专用计算机系统，用户可以在销售人员的帮助下设计所需寻呼机的款式和颜色组合，然后根据相应信息形成产品订单，通过信息网络直接传送到生产厂，并转化成生产控制指令传输到产品生产装配线上进行自动化生产和装配，用户在一两天之内就可以得到自己所定制的产品。还有一个比较典型的例子是位于美国田纳西州的Levi Strauss牛仔服专卖店，除了在店中展卖各种标准规格的牛仔服装外，在商店中还配备了微机服装设计系统，用户可以在销售人员的帮助下，按自己的身材尺寸和喜欢的款式自行设计所需的服装，系统可将用户的订制要求直接通过网络传送到生产车间，在生产线上按特定的尺寸和款式要求进行裁剪和缝纫，并快速提供给顾客，而价格仅比标准规格产品增加一个很小的百分比。这种方式十分新颖，吸引了很多顾客慕名而来。

戴尔公司是运用定制化供给的杰出企业，其定制化供给具体体现在生产环节上就是：戴尔公司通过国际互联网和企业内联网等网络接收顾客订单，当订单传至该公司信息中心时，由公司控制中心将订单分解为子任务，并通过国际互联网和企业间信息网分派给各个独立制造商，各制造商按收到的电子订单进行配件生产组装，最终按戴尔公司控制中心的时间表来供货。需要指出的是，现实中定制化供给并不是企业提供无限、任意的选择，而是提供适当数量的标准件、形成一个巨大的选择范围，并使之进行多种搭配。众多的选择足以给消费者一种无限自由的感觉，而企业在这些选择的范围内又可以对复杂的制造程序进行游刃有余的系统管理，不会因为顾客的选择降低生产的效率。这是在反映个性化需求基础之上的规模经济。在定制化供给条件下，消费者按照自己的独特需求订制产品，其生产质量、效率和成本完全可以与大批量生产方式相媲美。

定制化供给的优势如下。

1. 定制化供给有利于降低销售成本

传统的市场销售把推销作为营销的一个重要方面，通过做广告、人员推销及各种推广方式来吸引更多的消费者，因而企业的销售成本很高。但在定制化供给中，由于产品是在切实了解消费者实际需求的基础上设计和生产出的适销对路的产品，所以只要质量可靠、定价合理，这些产品就能很顺畅地销售出去，大大地减少了广告促销等方面的费用、降低了销售成本。

2. 定制化供给减少了库存积压

传统的营销模式下，企业为了追求利润最大化，往往在生产成本上下功夫，企业通过追求规模经济，尽可能扩大产量实现大规模生产，降低单位产品的成本。但随着买方市场的形成，这种大规模的生产和产品品种的趋同必然导致产品的积压和滞销，造成资源的闲置和浪费，定制化供给则很好地避免了这一点。由于在定制化供给中企业根据顾客的实际订单来进行生产，动态响应用户的即时需求，消除了库存这一环节，这大大加快了企业资金的周转速度，减少了资金的占用。从戴尔公司的市场销售业绩便可以看出戴尔公司从这种供给模式中获益匪浅，1998 年它的成品库存为零，在零部件上仅有 2.5 亿美元的库存量，而其库存周转率一年为 50 次，库存平均为 7 天。

3. 定制化供给有利于促进企业的不断发展

企业必须不断地推出新产品来适应市场，创新是企业保持活力的重要源泉。在传统的营销模式下，企业的研究开发人员是新产品开发的主体，他们通过市场调查和分析来挖掘新的市场需求，然后推出与之相适应的新产品。但是，这种方法受到市场研究人员能力的限制，很容易受错误调查结果的误导。而在定制化供给中，企业与消费者之间直接进行沟通，企业就可以根据消费者的喜好及对产品设计的一些改进意见直接对产品进行改进，从而达到产品、技术上的创新，并且这种创新始终能与消费者的需求变化保持一致，使企业能不断地生产出顾客满意的新产品，最终使企业不断向前发展。

4. 定制化供给能极大地满足消费者的需求

在传统的营销模式中，企业往往是根据市场调查的结果进行产品开发，他们首先了解细分市场中消费者的需求，然后生产满足消费者需求的产品，并将产品提供给目标市场的消费者。这种产品通常不能令所有的消费者满意。定制化供给则将这种目标市场划分到了最极限的程度——把每一位消费者都视作一个潜在的细分市场。在这个市场上，消费者不是产品的被动接受者，而是产品的设计者，可以根据自己的偏好对产品提出自己特定的要求。这样，企业在生产过程中，可以有针对性地向消费者提供差异性的产品，以满足广大消费者的个性化需求，使他们得到自己真正想要的产品和服务。

3.4　网络产品的定价——以数字产品为例

网络产品的定价问题是一个复杂的范畴，上文中已经分析过网络产品的不同类型，正因为存在着与实体经济的交叉，所以传统的均衡定价方法在部分网络产品中仍然适用。但我们应该看到，以数字产品为主的网络产品的出现打破了人们对传统均衡定价方法的惯性思维，差异化定价与价格歧视已经成为互联网产品定价的主流方式，因此本章主要以数字产品为例来探讨网络产品定价中的某些新现象。

3.4.1 新古典经济学的均衡分析

新古典经济学的均衡分析表明：在市场中，需求曲线是向下倾斜的，供给曲线则是向上倾斜的，当供求曲线相交时就形成了市场均衡，确定了市场均衡价格。如图 3–1 所示。

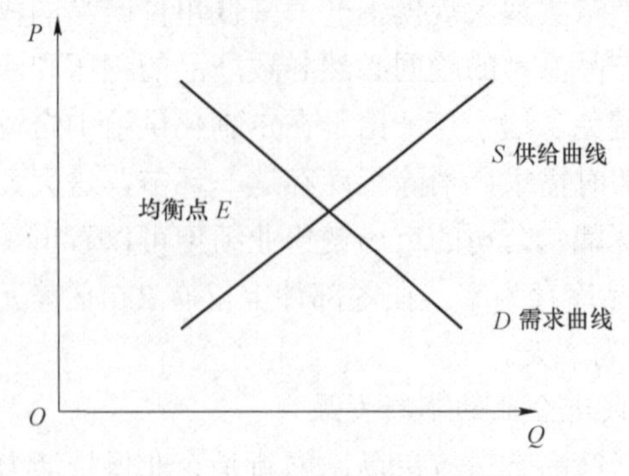

图 3–1 供求均衡定价方法

新古典经济学的均衡理论是建立在一些标准的经济学假定的基础上的。①价格本身已经反映了市场中的一切因素，因而价格成为影响需求的根本变量。在理性消费者偏好确定的前提条件下，需求随价格的上升而下降，这是需求曲线得以成立的经济学基础。②厂商的边际成本 MC 最终将随产量的增加而上升，对于单个厂商而言，竞争性的市场价格将等于其生产的边际成本（如图 3–2 所示），这是供给曲线赖以存在的逻辑前提。

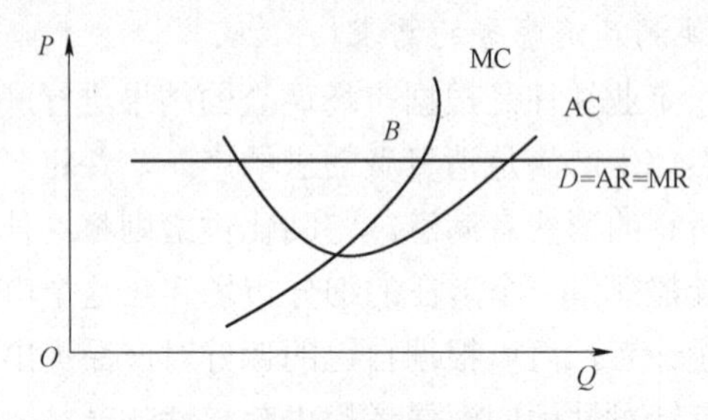

图 3–2 竞争厂商的均衡定价方法

图中 MC 为边际成本曲线，AC 为平均成本曲线。由于在竞争性市场中，厂商是价格的接受者，因而需求曲线是水平的，从而使得需求 D 等于边际收益 MR，当然也等于价格即平均收益 AR。利润最大化的厂商将选择边际成本等于边际收益处的产量（点 B）。从短期来说，需求相对成本可能高也可能低，因而厂商每出售一单位的产品或得到利润或承受损失。

3.4.2 传统的供求曲线和均衡分析的“失灵”

但是，在数字产品的定价分析中，数字产品本身的特性使得这些基本的经济学规律难以适用，或者不再起决定性作用，从而导致传统的供求曲线和均衡分析的“失灵”。在对数字产品的分析中，人们首先面临的是：数字产品特殊的成本结构导致传统的供给曲线不复存在。数字产品的重要特征之一就是可复制性。在产品被以数字的形式在网络上进行分销的时候，由于可以很轻易地以低成本进行复制，数字产品呈现出高固定成本、低边际成本的成本结构：

一旦第一份数字产品被生产出来，多拷贝一份的边际成本几乎为零。更具体地说，数字产品的高固定成本和低边际成本还具有以下的特点。

（1）数字产品生产的固定成本绝大部分是沉没成本，即这一成本不仅是固定的，难以在短期内变动的，甚至是如果生产停止就无法收回的成本，这其中包括第一份数字产品的生产成本、营销和促销成本及版权费用等。

（2）数字产品生产的边际成本也具有其特点：即使已经生产了很大数量的拷贝，多生产一张拷贝的成本也不会增加，也就是说，数字产品的多张拷贝可以以大致不变的单位成本生产。而且生产拷贝的数量一般不受自然能力的限制。这种成本结构产生了巨大的规模经济：生产得越多，生产的平均成本就越低。数字产品的这种成本特征从根本上否决了供应曲线的存在：当生产的边际成本接近零时，你如何按边际成本来决定价格？难道以接近零的边际成本来确定价格？如此低的价格是无法弥补数字产品生产初期投入的大量沉没成本的，因而是不合理的。在这种条件下，数字产品的定价显然是无法按边际成本曲线向上攀升的原理来加以确定的。新古典经济学的供给曲线在这里失去了作用。

事实上，必须加以说明的是，高固定成本和低边际成本的成本特性并不是数字产品所特有的，许多其他产业的成本结构也具有这样的特征，因而也同样面对供给曲线不存在的问题。铺设光纤、购买转换器、购建电信系统要花很多的钱；但是一旦第一个信号发出去了，至少在达到容量的极限之前，通过光纤多发送一个信号并没有增加多少成本。航空公司购买一架波音 747 要花很多钱，但是只要飞机没有坐满，多装载一位乘客的边际成本非常小。在数字产品中很普遍的原始拷贝成本只是在其他规模经济效果很强的产业中所见的例子的一个极端情况。之所以将其放到网络经济学中阐述，主要是因为网络经济的发展使得这一现象日益成为经济中的重要规律之一。当产品从供应方转到需求方时发现，传统的需求曲线在数字产品定价中的地位也发生了动摇。与供给曲线的消失不同，消费者对产品的需求随价格上升而下降的基本规律在网络经济中依然存在，但是别的影响需求的因素正在发挥日益重要的作用，价格可以反映一切影响因素的假定很难成立，以此假定为基础的需求曲线也就难以再作为定价的研究基础。除了广告的影响、消费者在电子商务的生产和消费中地位的改变之外，另一个影响需求的重要因素就是数字产品所具有的网络外部性。

3.4.3　数字产品的定价基础

从上文对数字产品特点的讨论中可以看到，数字产品往往具有网络外部性，主要体现为：一件数字产品所使用的人越多，消费者对其的口碑就越好，还有可能出现对这一数字产品的依赖和锁定。与这一现象相联系的概念包括外部性、路径依赖、锁定、转移成本、正反馈等，将在后面的章节中详细讨论。这里仅仅举一个例子来帮助读者理解这个现象。例如，在网上售卖的一个软件，当消费者进行选购的时候，他将不仅仅考虑价格问题，他往往更多地考虑这一软件是否已经有许多人在使用，意味着这个软件的消费者口碑很好，也意味着他所使用的软件可以和大多数人的兼容，不会出现与其他人无法交流的问题。如果这一软件是他以前使用过的某一软件的升级版，那么他更容易倾向于选择这样的软件，因为他无须再学习新的使用方法。这就是后面将谈到的网络外部性、锁定、正反馈等现象，也可以叫作“消费者规模经济”。在这样的情况下，在消费者对产品的选择中，价格往往不再是主要的或者是单一的考虑对象，也就是说，在这里价高少买、价低多买的需求规律失去了原有的决定性地位。即使不考虑数字产品的网络效应问题，由于网络经济比传统经济、数字产品比传统产品都表现出更大的可变性，这样，相对静态的需求曲线在动态的产品定价过程中的决定性作用趋于减弱，显然是不可避免的了。同时数字产品对个人偏好的依赖性也在相当程度上影响了需求规律的作用。由于数字产品所包含的信息内容对消费者而言是因人而异的，所以数字产品的生产者和销售者如果按照原来的方法来生产、销售统一的产品，并且以统一的价格来为数字产品定价的话，他们就会发现他们很难获得预期中的利润。他们有必要根据消费者的需要进行产品定制和差别定价，因为产品的用途和价值是相对不同的。而数字产品的可变性为这一策略的实施提供了物理基础。可以说，尽管非数字产品也可能实现差异化定制，但数字产品在可变性和依赖消费者偏好方面的突出特点导致其差异化和定制化的程度要远远高于任何其他的实物产品。在这样的产品差别化和定价个人化的动态过程中，如果仍然像在传统经济中那样，单纯地根据价格来考虑消费者的需求变化，显然是远远不能满足实际需要的。边际成本可以忽略不计，消费上的规模效应使边际效用递减规律失效，产品可以更多地进行差异化和差别定价，这对于以边际分析为基础的新古典经济学来说，的确是致命的打击。

在供给曲线和需求曲线都无法发挥作用的情况下，新古典经济学中根据均衡点确定最优销售价格和销售数量的方法显然不再适用。但是，新古典经济学定价方法的“失灵”，并不意味着数字产品的市场定价就无规可循，其关键在于要设计出差别化机制，以区分不同层次的消费者。比如，同是清华同方公司设计的扫描仪，由于办公用与家庭用的预算约束不同会形成不同的市场需求偏好评价，从而会形成不同的定价。另一个典型例子是西方的机票差价，若周六晚登机，票价会非常便宜。因为在周六晚登机的当然不太可能是商务出差人员（因为第二天是假期）。这种差别定价便把出差的人筛选出来，从而可针对他们赚更多的钱。这就是所谓的价格歧视理论，也是网络经济中的重要的定价原理之一。

本章小结

传统供求理论对研究工业经济中的产品生产和消费提供了分析模型，而网络产品的特征产生了互联网企业独特的生产行为和消费行为，传统供求理论不再适用于分析互联网企业，相应的均衡定价方法也不再适用于网络产品的定价。通过本章内容的学习，要求学生掌握网络产品的内涵与分类，总结网络经济中新的供求行为表现，并结合现实分析价格歧视、捆绑销售等定价方法在互联网产品定价中的应用。

复习思考题

1. 简述网络产品的定义、分类与特征。
2. 试分析需求曲线是否适合于描述网络产品。
3. 简述数字产品的特征。
4. 举例说明价格歧视在数字产品定价中的应用。

案例分析

版权大战倒逼互联网不断创新

（资料来源：凤凰网创业最前线栏目，2020-5-6）

如果你是一位抖音用户，想必你对抖音近期发生的“大事件”略有耳闻。

4 月 22 日，抖音年度“神曲”《芒种》《红昭愿》的版权方在各平台发布了维权声明，将侵权的湖南卫视、浙江卫视及东方卫视推上了舆论的风口浪尖；紧接着在 4 月 28 日，抖音就宣布启动原创者联盟计划，表明对侵权、违规搬运行为的零容忍以及打击违规搬运的决心。

在这些维权事件的背后，折射出的是整个互联网行业的“版权战争”正愈演愈烈。

天价争夺独家内容版权、独家绑定优质内容创作者……在激烈的版权战争中，不少互联网平台倒闭、被收购，也有不少平台趁势崛起，变成“吸金黑洞”，凭借版权优势完成弯道超车。

纵观整个互联网在中国的发展史，前期由于缺乏版权意识，导致产品同质化现象严重，互联网创新环境持续恶化。然而，这十年间随着大众的版权意识觉醒，版权竞争也成了众多互联网玩家的“必争之地”。

这不但促成了国内版权市场的不断规范化，还在一定程度上推动了互联网使用的发展，倒逼不同领域的互联网平台去除糟粕，走上精品化路线。

1. 短视频再次引发版权大战

短视频迅速崛起，正将“版权战争”推上一个新高度。

4 月 21 日，《北京市高级人民法院关于侵害知识产权及不正当竞争案件确定损害赔偿的指导意见及法定赔偿的裁判标准》正式发布。

上述文件明确，主播人员未经许可在网络直播中播放或演唱涉案音乐作品，根据主播人员的知名度、直播间在线观看的人数、直播间点赞及打赏的数量等因素，比照在线播放、现场表演的基本赔偿标准，酌情确定赔偿数额。

此前，已有不少短视频平台和主播因为未经许可播放或演唱歌曲而被法院判赔，最著名的是前斗鱼一姐冯提莫侵犯音乐版权的案件。

2019 年 12 月 2 日，北京法院审判信息网公开了一起中国音乐著作权协会状告斗鱼直播平台的侵权案。因平台前主播冯提莫在直播中播放了歌曲《好运来》并将相关直播视频上传保存至斗鱼，中国音乐著作权协会将斗鱼诉至法院，并索赔经济损失及合理费用共计 34 200 元。

最终，北京法院根据实际情况判决斗鱼向中国音乐著作权协会赔偿共计 4 000 元。

类似的侵权案件数不胜数，事实上，这也是短视频行业发展的必经阶段，尤其是“短视频+音乐”模式的兴起，使侵权案件迅速增加。

一般而言，互联网行业从诞生到趋于成熟，都要经过三个阶段：

第一个阶段是行业兴起，所有玩家都在“野蛮地跑马圈地”；

第二个阶段则是行业进入下半场，红利殆尽，各家遭遇增长瓶颈，恶性竞争加剧；

第三个阶段就是行业经历重新洗牌后形成了一个“自我约束”的机制，最终实现良性且稳定的发展。

在此之前，音乐版权和长视频版权都已经历过这三个阶段，而长视频版权大战对短视频尤其具有借鉴意义。

2015 年，长视频平台市场渗透率前三名分别是爱奇艺、优酷和腾讯视频，其市场渗透率分别为 56.4%、47%和 38.9%。当时刚刚上市的暴风影音位列第五，处于第二梯队。

眼见三大长视频平台一直在版权战上暗暗较劲，每年至少需要投入 50 亿元还无一实现盈利，早已靠广告赚疯了的暴风影音决定不参战。即便版权大战打得翻天覆地，暴风影音依旧是以隔岸观火的心态旁观。

一年后，三大长视频平台已形成“三足鼎立”的格局，而一个独家版权都不买的暴风影音却早已游离在行业之外，直至消失无踪。

通过高价购买版权和独播权，用买来的版权吸引用户，获取流量，然后再通过贴上广告的方式赚钱，成了长视频平台最普遍的盈利模式。

这种畸形的竞争一直持续到 2016 年。

随着利润不断被摊薄，三大长视频平台渐渐发现，这个行业比拼的其实是差异化内容，哪个平台的内容独具特色，用户就更倾向于哪个平台，独家版权虽然也是差异化内容的一环，但实在是太烧钱了。

“自制剧集既能控制成本，又能实现内容的独特性，差异化应该成为视频网站最重要的目标。”爱奇艺首席内容官、专业内容业务群总裁王晓晖曾表示。

优酷和腾讯视频也认识到了这个问题，当同质化现象越来越严重时，自制剧集显然是一条更能体现出核心竞争力的道路。

很快地，互联网巨头们在长视频领域开始尝试“两条腿走路”：一边买下含金量高的独家版权，一边砸钱开发自制剧。各家试图通过这种方式降低对版权的依赖，逐渐摆脱“烧钱大战”，并持续提升平台的用户黏性，但这种方式“见效慢”，各家还需要找到“更猛的法子”。

2. 战火烧至体育赛事和音乐领域

在这个关键节点上，体育赛事率先进入各大互联网玩家的视野。

2015 年，腾讯视频从新浪手中抢断了 NBA 在中国区的新媒体播放权益后，直接垄断了 NBA 赛事在国内的网络版权市场。

同年 9 月，阿里巴巴成立阿里体育并且创办了电竞赛事 WESG、“精武门”综合格斗职业联赛；2018 年 5 月，背靠阿里巴巴的优酷斥资 16 亿买下了俄罗斯世界杯的直播版权，这一超级体育 IP 携带的巨大流量让优酷实现了弯道超车。

爱奇艺虽然早已盯上体育赛事版权，但其正式入场是在 2018 年俄罗斯世界杯结束后。彼时，爱奇艺与新英体育合资成立了北京新爱体育传媒科技有限公司，随后获得 5 亿元战略投资。

至此，三大长视频平台皆已入局体育赛事领域，开打第二场版权大战。

随着国内互联网巨头们的版权大战愈演愈烈，战火也迅速蔓延到了音乐领域。

2015 年，国家版权局启动专项行动打击侵权行为，这标志着音乐版权就此进入了正版化时代，也标志着音乐产业进入为期 3 年的版权混战时代。

同年，背靠阿里巴巴的虾米音乐率先以2 000万获得华研国际三年独家代理权；2018年年初，虾米音乐的版权到期后，网易云音乐以3年5亿的高价获得华研国际的授权——原本2 000万的版权费被炒到了5亿元。

其间，财大气粗的腾讯音乐则以3.5亿美元及1亿美元拿到了环球音乐的独家版权。

为了使得利益最大化，腾讯音乐、阿里音乐、网易云音乐、百度太合音乐平台复制了长视频领域的竞争模式，开始抢夺独家版权。

2017年9月，国家版权局再次出手，约谈上述音乐平台及相关音乐公司，要求避免独家授权，要推动网络音乐作品的转售权。于是，阿里音乐、腾讯音乐、网易云音乐之间开始签署相互的授权协议，音乐版权大战才终于画上了“休止符”。

版权大战虽然已被制止，但腾讯音乐早在约谈前便已和几大唱片公司签下独家代理协议。此外，腾讯音乐还采用了互相入股的形式与唱片巨头结成利益联盟，如收购环球音乐集团10% 股份、Spotify 9%股份，而索尼音乐、华纳音乐合计拥有腾讯音乐约4%股份。

即便在版权竞争上落后于腾讯音乐，网易云音乐也凭借独特的用户评论区建设，一路赶超了百度音乐、虾米音乐等竞品，成为唯一一个可以和腾讯音乐分庭抗礼的对手。

然而，由于版权的匮乏，网易云音乐不得不面对一部分用户的流失，有时候再好的产品体验也留不住需求多元化的用户。网易云音乐唯有持续深耕音乐产业链的上游，比如推出音乐人扶持计划、入股版权公司，才有稳定局势的可能。

截至2020年4月，网易云音乐共引进了16万音乐人，扶持原创作品超过150多万首，这种打法与爱奇艺等长视频平台做原创的逻辑大致相同——当外部版权的价格居高不下时，通过发力原创在源头降低成本。

如今，网易云音乐已经绕过版权限制，对腾讯音乐形成了局部威胁。

3. 结语

以史为鉴，“版权大战”终究会成为内容行业绕不过去的难题。

在以互联网玩家为首的领域中，谁能最先吸取到长视频和音乐领域版权大战中的教训，谁就能在行业下一阶段来临前占据先机。

事实上，从积极的角度来看，版权大战并非一无是处，至少在版权大战过后，各个领域的互联网平台要么被倒逼着生产优秀的自制内容，要么开始协同发展。因此，互联网的发展史，就是一部版权的斗争史——“版权大战”正促使互联网平台及时去除糟粕，走上精品化路线和不断创新。

案例讨论：网络经济下数字产品的版权保护问题是一把双刃剑，试结合该案例进行讨论。

第4章　网络经济下生产与组织的变革

学习目标

1. 熟悉网络技术对企业生产的影响。
2. 了解网络经济下新的生产体系。
3. 掌握虚拟企业的概念与特点。

计算机和网络技术的发展及其广泛应用，对现代生产体系的影响极其深远，不但改变了企业产品的设计、加工和工艺过程，而且改变了生产的管理、控制、协调与组织过程，淘汰了一些传统的生产体系，创造了新的生产体系；不但改变了生产过程本身，而且改变了生产者与消费者，原材料供应者和其他生产企业的关系。本章主要研究网络技术对企业生产方式与组织形式的影响，介绍了网络经济下新的生产体系与企业组织形式。

4.1　网络技术对企业生产的影响

4.1.1　网络技术对生产的主要影响

邓小平指出：科学技术是第一生产力。以电子计算机技术和网络技术为主的现代信息技术是20世纪下半叶以来科学技术最前沿的成果，它极大地改变了生产方式，提高了生产力。网络技术对现代生产过程的影响是多方面的，主要表现在如下几个方面。

1. 劳动者本身的作用和地位发生了极大的变化

体力劳动者的作用和地位下降，脑力劳动者的作用和地位上升。而且，脑力劳动者也逐步从烦琐的脑力劳动，比如信息收集、信息整理归类和大量重复计算中解放出来，而更多地从事策划、设计、决策等活动；新型的从事信息分析和知识生产的劳动者在不断增加。

2. 劳动工具由于技术进步发生了极大的改变

传统的机械化工具体系进步到数字化、网络化、智能化的工具体系；数字化使得各种生产过程更精密，更科学，更容易管理、统计、指导和调控；网络化使得企业能够组织更大范围的生产，使得企业与企业，企业与顾客之间的关系更加紧密。而智能化可以让机器更科学地生产，让机器自动、自主地生产。由于工具的进步，人类生产从直接参与体力劳动，逐渐发展到不直接参与体力劳动。并且，由于生产工具的高度发达，目前已有很多劳动已经是人类无法直接参与的，其中除去一些高危险的科学实验，比如火山口探测、核辐射检测等，一些安全的常用产品的生产已经是人类无法直接参与的了，比如计算机芯片的制造。英特尔奔腾中央处理器里面的电路是用微米做单位来计算的，目前设备已经达到熟练生产 0.18 微米电路的能力，这显然是人类直接用手工工具无法完成的。

3. 劳动对象扩大

劳动对象从传统的土地、物品等，扩大到了数据、信息、知识等领域，虽然信息等劳动对象早已出现，但直到计算机网络的普及才成为一些专业劳动的对象，并且需要更加专业的知识和技能，不再是任何劳动者都能轻易参与的。比如编写软件这样的工作，需要专业的编程知识才能制作出复杂和实用的软件。

4. 劳动的组织和管理方式正在向网络化、智能化方式演变

ERP（enterprise resources planning）等信息系统管理软件和技术的出现及大量使用，使企业可以直接依靠信息技术管理生产，调整经营模式；网络通信手段改变了生产的组织模式，网络和电话会议可以连通世界各个角落，并且每天都在举行。有些使用计算机控制的车间可以只有 1～2 个技术人员就可以保障机器的正常运行，生产大量产品。

5. 许多新的工种相继出现，使劳动分工的结构发生了改变

市场上出现了一些纯粹处理信息的工作和行业，比如编写软件，制作网页等，传统的报纸排版，书籍排字等也由于计算机技术的使用而发生了根本的改变。

6. 劳动力再生产条件的改变

网络技术和其他科学技术本身的更新和发展十分迅速，导致远程教育、终身教育的必要性，而网络技术的发展，又为远程教育、终身教育提供了可行的手段。这些远程教育可以是收取费用的，也可以是免费的。许多教育机构也利用网络相互沟通并扩大教育。

7. 技术进步促进过剩生产能力的快速形成

许多技术本身还未普及，就已经被淘汰或者到了被淘汰的边缘。如很多公司的上一代新产品的许多功能还未能在各种软件中被充分利用和实现的时候，就接着将更新功能的产品推上了市场。过剩生产能力快速形成，其所引发的经济问题将是极其广泛和深远的。

8. 劳动的参与者不再是固定不变的被雇佣者，而可以是世界各地的专家，也可以是产品的顾客，甚至可以是完全不知名的网友

许多网络产品，都可以在网上先放出免费的测试版，世界各地的使用者在使用了测试版之后可以提出各种意见，供生产者参考。而另有一些计算机软件，本来就是许多相互完全不认识，也不属于任何相同机构的人共同智慧的结晶，比如 Linux 系统，它的源代码一直在网上免费供应给任何人，而且任何人也可以对其进行使用和修改，没有版权问题，这样一个软件的生产是跨地域和跨时间的，甚至其更新换代也具有随意性（现在一些公司也推出了各自版本的收费 Linux 系统）。

4.1.2　生产者、消费者、原材料供应者相互关系的变化

网络技术导致生产者、消费者、原材料供应者及其他经济主体地位和关系的变化。如初始的 MIS（management information system）管理决策功能薄弱、只有内部信息而没有外部信息，生产管理很少涉及企业以外的资源，而 ERP（enterprise resources planning）作为企业资源计划，已经比较充分地考虑到生产企业本身及周围环境的因素。考虑到整合和利用产品的消费者、原材料供应者和其他生产企业的信息资源等。

1. 许多产品的生产过程中都已经有消费者参与

20 世纪 80 年代，各大企业在推出新产品之前就已经知道要进行详细的市场调查，这就是消费者的信息参与到产品设计和生产决策中。近期一些信息产品的生产，已经是直接有消费者参与了。比如一些放在网站主页上的广告都是消费者参与制作的。一些网站提供的 flash 动画、flash 电子贺卡和 JPG 图形贺卡，也是客户投稿被采用之后放在网页上，这些客户既是这些网页的消费者，同时也是上面部分产品的生产者。当然，这些公司并没有给这些贺卡的制作者提供报酬，虽然这些贺卡可能是业余制作的也只有较低的点击率，但是其中也不乏优秀作品。这些贺卡的提供也是出于参与者自愿的活动。类似的网络产品还有很多。

2. 网络直销模式迅速发展，使生产者与消费者可以越过中间商进行直接交易

在传统的流通模式中，中间商占据非常重要的地位，生产者必须依赖中间商才能完成商品的销售。随着买方市场的形成，消费者的利益和偏好成为决定生产者经营决策的关键因素。为掌握市场的变化，生产者产生了跨越中间环节直接控制分销渠道的客观要求，但是没有技术上的支持，这种要求就难以实现。互联网技术的发展，使生产商直接参与流通活动成为流通主体的梦想成为现实。生产者可以越过中间商直接从事网上交易，消费者也可以从互联网上直接向厂家选购自己中意的商品，各类电子商店和电子购物中心不断出现，市场份额增长迅速。

3. 纵向一体化模式发生改变

纵向一体化是现代企业扩张的重要途径。流通领域传统的纵向一体化，主要表现为生产企业产品自销和零售企业自采。但这种一体化有明显的缺陷：①这种一体化需要大量的投资，无论是收购、兼并还是独立建设都需要大量投资；②一体化的速度较慢，要经过一定的运作和建设周期之后才能逐步实现，这样企业就可能丧失市场机会；最后，一体化损害了专业化，一方面随着企业规模越来越大，组织越来越复杂，企业需要支出越来越庞大的管理费用。

4. 生产者和原材料供应者结合成固定的“企业网络”

开始是生产者进行网上招标，当然，也有可能是原材料供应者进行网上招标，然后，双方通过合作，逐步建立起稳定的网络关系，这样的网络中可以有两家或多家企业，他们互相联合，形成面向消费者的外包生产，这些联盟可以是较松散的，也可以是组织比较严密的企业集团。

5. 生产企业和其他生产企业之间关系发生变化

各种生产相同产品的企业由以前的竞争关系，通过网络技术，逐渐走向联合或联合竞争，比如中国手机市场上著名的“索尼–爱立信”手机，就是世界著名的索尼公司和爱立信公司的手机制造部门相互联合推出的产品。

4.2 网络经济下新的生产体系简介

早期计算机的出现就是为了辅助生产的，但是很快就普及到了民用，从此，生产力就以前所未有的速度增长。早期的网络一出现就应用于商务沟通、研究交流和生产管理。当计算机和网络技术结合在一起的时候，则改变了整个社会生产体系。

4.2.1 网络经济下几种新的生产体系

网络技术的飞速发展和普及，最终使生产体系发生了革命性的变化，传统的生产体系逐渐瓦解，创造了许多新的生产体系。

1. 柔性生产体系

柔性生产体系既能适用于单一产品的大规模生产，也可以进行多品种小批量生产，还可以进行多品种大批量的混合生产。其实质是要灵活适应不同顾客的不同要求，实现多品种、小批量的生产。这种灵活的柔性生产方式要求管理上也灵活变化，即实现柔性管理，它的精髓在于以人为核心，灵活应变能力强、能够迅速响应市场，是一种体现着组织、生产、战略决策、营销等柔性化的现代管理方法。柔性生产模式与传统的刚性生产模式相比具有以下特点：①订单决定生产量。柔性生产模式认为，只有适应市场不断变化的需求，才能提高企业的竞争力，价格与质量不是主要的竞争手段，而只是部分竞争手段，要不断地研发产品，创造产品的特殊使用价值来满足用户，根据订单来确定生产量及小批量品种，这就是柔性生产管理的基本出发点。②建立弹性生产体系。柔性生产根据市场需求变化来生产；它产品多、个性强、多样化。而要满足这一生产需求，势必要建立多条流水生产线，由此带来不同的生产线经常停工，产品成本过高。因此，必须建立弹性生产体系，在同一条生产线上通过设备调整来完成不同品种的批量生产任务，既满足多品种的多样化要求，又使设备流水线的停工时间达到最小。即只在必要的时间内生产必要数量的必要产品。

2. 准时生产体系

准时生产体系的基本思想是在恰当的时间生产出恰当的零部件、产成品，把生产中出现的存储、装备和等待时间、残次品等视为一种浪费。准时生产所依据的基本原则是“准时”，即在零件刚好被需要时，才将它生产出来并送到需要地点，其追求的理想目标是“零库存”。采用准时生产方式，生产车间（工厂）无中间仓库（只有中间存储区，用以存放很少、很小的储备件），也没有成品仓库和堆积站，从而使得生产周期短、成本低、资金周转快，获得多品种、高速度、高效率的生产。

3. 精益生产体系

精益生产要求企业的各项活动都必须运用“精益思维”。精益思维的核心就是以最小的资源投入，包括人力、资金、材料、时间和空间，创造出尽可能多的价值，为顾客提供新产品和及时的服务。精益生产的特点如下。①强调人的作用和以人为中心。生产线上的每一个工人在生产出现故障时都有权让一个工区的生产停下，以消除故障；企业里所有各部门间人员密切合作，并与协作户、销售商友好合作，这显著地提高了劳动生产率，同时使产品质量也得到了保证。②简化。它减掉了一切不产生价值的工作，它是需求驱动的简化生产，简化了产品的开发过程，采用并行开发方法，在产品开发一开始就将设计、工艺和工程等方面的人员组成项目组，各方面的人集中起来，大量的信息处理在组内完成，简化了信息的传递，使系统反应灵敏，使产品开发时间和资源减少。同时还简化了组织机构和非生产的费用，撤掉了如修理工、清洁工、检验工和零件库存管理员等间接工作岗位和中间管理层，减少了资金积压，减少了大量非生产费用。③把浪费降到最低程度。企业生产活动中常见的浪费现象有：错误提供有缺陷的产品或不满意的服务；无需求造成的积压和多余的库存；实际上不需要的加工和程序；因生产活动的上游不能按时交货或提供服务而等候；提供顾客并不需要的服务和产品等。

4. 并行工程

并行工程 CE（concurrent engineering）是指通过一系列的方法和技术，支持产品开发人员在设计一开始就考虑产品寿命周期中的各种因素，实现产品开发过程集成，其主要目标是缩短产品开发周期、提高质量、降低成本，从而增强企业的竞争能力。并行工程的核心内容包括以下几个方面。①将传统的部门制或专业组变成以产品为主线的多功能集成产品开发团队，并赋予团队相应的权力，对做开发的产品对象负责，这样可以打破功能部门所造成信息流动不畅的障碍。②集成的、并行的产品开发过程，并行过程不仅是活动的共发，更主要的是下游过程在产品开发的早期即参与设计过程，另一方面则是过程的精简，以使信息流动与共享的效率更高。三是协同工作环境，用于支持多功能集成产品开发团队的网络与计算机平台。

4.2.2 网络经济下生产体系的特点

总的来说，这些新的生产体系大致具有如下特点。

1. 信息引导生产

传统的生产体系往往从产品的销售中获得市场信息，而网络经济下的生产体系包含用户信息系统，可以很容易地从顾客手中获得信息之后再开始生产。对网络和信息的灵活使用，可以使生产企业先于市场需求而动，更早地发现和防范市场风险。

2. 生产过程的根本变革

根据李哈伊大学亚科卡研究所的罗杰·内格尔的观点，应用计算机网络集成制造的柔性生产体系下，交货的时间可以缩短到传统方式的1/100，而成本则降低到1/10；所以运用柔性生产可以在完全没有库存的情况下，先接受顾客大规模的个性化订货，然后再组织生产，再也不用担心无法满足顾客的需求。运用柔性生产，公司可以即时地运用各种外部资源。要实现这种生产还必须提到计算机控制的数控机床，这样的机床可以根据计算机的指挥而生产不同规格、型号的产品。

3. 生产个性化

例如著名的戴尔公司生产个人计算机使用的互动在线系统，顾客可以自由地选择英特尔或者是 AMD 公司的中央处理器；nVIDIA 或者是 3DFX 的显示卡；IBM 的磁盘驱动器和三星的键盘，当然也可以是昆腾的磁盘驱动器和华硕的键盘。戴尔公司并没有设计和生产那些产品，但是提供了近 1 600 万种组合让每个顾客可以根据自己的喜好、需要和价格取向购买完全个性化的计算机，从而成为世界知名的计算机品牌。这种吸收顾客自己设计产品的互动在线系统，被称为选择板，在软件生产和其他生产领域都在逐步推广。

4. 时间观念极强

本田汽车公司最早提出的“准时生产”是网络经济下更加省时生产的典范，“只在需要的时候，按需要的量，生产需要的产品”，是对网络经济时代时间观念极强的生产体系的最好描述。

5. 组织人员和技术的有效集成

公司为了生产任务而灵活运用手上的技术和人员，强调技术、人员和组织三者并重和交叉并行设计，通过多种措施以实现三者快速有效集成，从而获得优越的整体效能。

6. 计算机“指导”生产

虽然这些软件是由人按照有关理论编写的，但是人如果直接运用这些理论可能并不如计算机一般面面俱到，由此可见，计算机甚至可以在纯粹理论的推广使用这种复杂的脑力工作方面帮助人。1994 年波音公司开始建立企业信息化系统，在这个系统的支持下，实现了无纸化研制生产飞机，使开发周期从 9～10 年缩短到 4 年半，运用企业信息化系统，新产品开发时间可以大大缩短。

7. 标准化、兼容性要求高

网络经济下的生产通常是标准化的，任何行业都被规定了某些标准。按照标准生产的不同品牌的各种硬件设备，当它们互相组合到一起的时候通常不会有硬件接口上的出入，也不会有软件使用上的冲突，不同公司生产的东西如同传统经济中同一个公司生产出来的，这便是标准化、兼容化带给我们的便利之处。

4.3　企业组织形式的变革

4.3.1　实体组织形式的产生与发展

企业，作为一种特殊的社会经济组织，是一个历史的产物，是商品生产和商品交换的产物。伴随着农业社会向工业社会的转型，企业也逐步形成、发展，于 19 世纪末、20 世纪初形成了以泰罗制、福特制为标志的传统企业模式。它所带来的规模经济效应大大促进了当时社会生产力的发展。自 20 世纪 60 年代以来，信息技术逐渐兴起，并在各个领域发挥出越来越大的作用。美国学者贝尔认为信息时代起源于 1956 年美国“白领”工人超过“蓝领”工人。工业时代的核心技术是机器、电力、交通，核心业务是加工、制造。信息时代的核心技术是计算机和通信技术，核心业务是信息服务业。工业时代创造了人类前所未有的物质文明，除了技术革命原因，最重要的贡献就是组织创新与运用。每个时代都有其独特的组织形态，工业时代独特的企业组织形态就是实体组织。

实体组织就是实体化组织，实体化是指集中化、规模化、有形化、完整化的总和，实体组织的形成过程中，有三种思想起了关键作用，这就是分工思想、生产效率思想和竞争思想，实体组织之所以在工业时代取得了辉煌的成就，是由于实体组织适应了工业时代的根本特征。

（1）生活方式。工业时代中，工作是中心，家庭生活仅是工作的补充，休息、恢复精力之后还要继续工作。这种生活方式可以保证实体组织集中化、规模化从而产生最佳效益。

（2）技术环境。工业时代技术变化一般都是连续的，新技术的出现不会对原有产品市场构成致命威胁，实体组织可以适应这一技术环境而得以生存和发展。

（3）市场风险。市场风险的来源主要有两个方面：①竞争者，②顾客。实体组织可以通过规模经济降低成本，在保证质量的前提下，可以降低来自顾客方面的风险，这样，同时也提高了竞争力，进而又降低了来自竞争方面的风险。而信息时代的风险特征往往是高竞争高风险、高需求高风险共存，与工业时代的高竞争风险、低需求风险相比，有着本质的差异，这样就需要新型的组织形式来适应信息时代。

（4）信息成本。信息成本包括两个方面：其一是生产者之间的信息成本，其二是顾客与生产者之间的生产成本。在工业化时代生产者之间的信息成本高，导致企业之间的合作非常困难，每个生产者都试图将全部生产过程内化以降低成本，这样就需要实体组织。同样，顾客与生产企业之间的高信息成本，使消费者购买商品的选择成本也很高，这样就无法真正实现“顾客为中心”的经营理念。

（5）人性方面。实体组织适应“经济人”假设起作用的时代，实体组织强调工作，而忽视、甚至压抑人的个性。普通员工作为组织“机器”的零件而生存，只能服从组织，个人创造性无法体现出来，也不可能得以全面发展。

4.3.2 网络经济对企业组织各个构成要素的冲击

现代企业管理的核心力量是企业组织。从系统的角度来看，企业组织的结构是与分工、部门化和授权有关的一系列管理决策的产物。而对现代企业的经理们来说组织的改革又是一个迫切的问题。这导致众多的组织理论。在此从组织整体结构出发，将企业组织归结为由目标、技术、制度和活动四个基本要素构成的不可分割的整体，从而使得我们可以在考察或研究企业组织的方法上从这四个基本要素入手。一个有效的企业组织是目标、技术、制度与活动相匹配，且与环境相适应的结果。所以当然可以认为企业组织的基本要素是包括明确的目标、相应的技术，围绕着目标、技术的活动安排，以及同时所要建立的制度来保证企业组织功能的顺利实现。

1. 目标

目标是组织为自己所设定的未来要实现或希望实现的状况。网络经济的出现与发展对企业组织设定自身的目标上的冲击至少在以下两个方面是显著的。

（1）网络经济显著的外部正效应特性带动企业自身发展的方向，网络经济的高速发展又吸引着企业投资与参与欲望。事实上随着 1991 年万维网的创建，1992 年 Mosaic 浏览器等技术的突破使因特网呈爆炸性增长。这种爆炸性增长又加速吸引众多企业的投资研究，从而使因特网置身于一个强有力的正反馈环中增长。这种增长可以从微软的成就略见一斑，在 20 世纪初世界富翁前十名排名中，前三位一度被与微软有关人士所占领。另据美国政府的电子商务发展政策报告预测，美国仅网上股民从 1997 年到 2002 年平均每年的增长速度达 36 %。在另一份报告中预测电子商务的营业额从 1997 年的 260 亿美元到 2002 年的 3 330 亿美元，平均每年增长率超过 66%。如此高的增长速度使我们可以理解为什么计算机会在这么短的时间内不断地被更新换代，这自然是企业投资与技术创新的结果。

（2）随着计算机技术、网络技术的高速发展，带动了整个社会的市场需求。目前涉及计算机的有关知识及技能在大众中普及起来，PC 已成为一种大众工具。尤其是对年轻人而言，几乎所有受过高等教育的人都对此感兴趣。从以上两个方面分析来看至少可以形成两个市场。一是硬件、软件方面的市场，特别是硬件，每个年轻人都向往着拥有自己的 PC。二是因特网的爆炸式扩充似乎也串联起一个巨大的消费群体。这两个市场的形成对企业组织的目标是一个极大的诱惑，特别是对一些大型企业在它们做出投资决策时，不得不多往这方面考虑；而对一些中小企业，也会把目标定在加快自身改造，尽可能在短时间内与网络经济挂上钩。而更隐性的潜在投资，如人力资本方面，众多的年轻人都花费极大的力气朝着这一方面努力，全社会似乎形成了一个强大磁力场，使人们的目标选定朝着一种方向——上网或网络化。

2. *活动*

活动是组织中工作的总括，组织中的活动是围绕组织的目的而展开的一系列事务。这些活动因组织中的分工而分成不同的内容，但总体上的一个特别是强调一个实践的经验性，从而造成企业组织管理上的一些主观要求较多。活动的效果，对具体管理者个人的能力依赖较大。网络经济的出现虽然不能说明对管理者个人能力的依赖性上有所降低，但实实在在地将管理活动中的客观性、技术性提高了。这实际上是对管理者的要求提高了，使得企业的活动不再是仅仅依靠经验来管理，例如，生产过程与销售方式上的网络化管理使得科学方法更见成效。这种成效，在很大程度上是由于网络技术的出现，使组织活动中因个人的主观因素而造成成本费用降低了，同时对管理活动中的硬件设施、管理人员的内在人力资本的投入提高了。其结果是企业组织活动的技术含量大大增加。例如，网络经济使传统的贸易渠道改变了，并使企业的生产活动与市场的营销活动有机结合，还使许多在传统企业的组织活动要依靠管理者的个人主观能力与工作经验变得客观、科学化。

网络经济对企业组织中的技术要素的冲击是强有力的。从以上两个要素的分析中可以看到，网络技术在企业组织活动中的冲击直接的结果是组织技术的更新。这种更新可以说是管理技术的又一新阶段。在科学管理的初创时期，大机器、成套机械设备在生产效率方面优越性使得科学管理者将企业组织的分工看成是一个非重要的技术（管理技术），因为企业组织中的技术是活动过程中的转换方式。由于工业化的发展，其巨大的效率来自分工，从而使机械化生产成为现实。而网络技术、计算机技术的出现使得机械化的分工有了一个质的飞跃，这就是机械的智能化，机器不仅是简单的物理技能上对人的替代，而且在智能上也能替代人类的劳动。这种新型的管理技术就是以柔性技术为基础的集成管理方式。例如制造业中的柔性制造技术（CIMS）、管理中的 MIS 系统等，使企业内部向网络化发展，例如 EDI 的网络技术。从发展的趋势可以预言，企业内部网络将朝着外部因特网的方向发展。这是网络经济自有的特性所带来的，是必然的。

制度或许是网络经济对企业组织冲击最大的方面。因为企业组织中的制度是决定人们在活动中相互关系的任何形式的制约，是活动执行中的处理规则。在传统企业中，由于技术、技能等因素的影响，使企业组织内的活动在许多方面都显示一个共同的特性——机械性。从工作时间到工作内容，企业内的许多员工看起来就像是机器的延伸。尽管经理们都鼓励员工创新，但由于工作的机械性，使得能够创新的机会与方法很少，久而久之人们会发现这种规章或行为准则与人性的发展相矛盾，其原因是这些约束从机械的角度提出对员工浅层次上的约束，一旦员工进入熟练状态，人性的活力就会本能地与这些浅层的约束作斗争。现在常能听到一些人本化管理思想，这种旨在以提高员工活力为手段而以提高生产效率为目的的方法难以奏效的根本原因不在于制度本身，而在于员工工作的内容与方法，网络经济的出现将改变员工工作的内容与方法。不仅在劳动生产率上大大地提高，而且在对员工的内在要求上也大大地提高。制度对员工的约束变得深层化。例如，玩具业巨头 Mattel 在宣布它的电子商务计划的当天宣布减员 10%，这对传统员工是一个巨大的压力，而与此同时该报告还称有足够的数据证明网络创造的工作机会比网络造成的失业机会更大。全球正在出现持续的技术人员短缺趋势。这或许说明了网络经济给企业组织的制度所带来的冲击使这种制度对员工的约束，已不是那些机械式、教条式的约束，而是更深层的、受教育程度与知识专业技能方面的要求。或许今后麦当劳对其服务人员要求不仅是有亲切和蔼的微笑，而且还要掌握数据仓库技术，并能进行购物车分析使其服务人员有能力识别顾客购买行为模式，确定货架布局和商品摆放位置。

4.3.3 网络经济对企业组织结构变革的要求

在传统的经济环境下，实物资本、货币资本及技术是经济增长和企业竞争优势的主要源泉，传统的企业内与企业间组织形式正是着眼于实现资本与技术等要素的有效配置而设计的。而在网络经济下，人力资本及由此产生的知识积累则成为经济增长和企业竞争优势的主要源泉，自然需要新的企业组织形式来保证新的核心要素的有效配置。同时，世界经济全球化的推进，科技的飞速发展及信息的指数化增长也使得传统的组织形式在一定程度上不能适应外部环境的快速变化和进行有效的内部沟通。这就需要新的组织形式来与组织的发展和变化相适应。总的来说，网络经济要求组织结构具有以下特征。

1. 扁平化

扁平化是网络经济下企业组织变革最显著的特征。适合工业革命需要的组织结构都是一种金字塔式的层级结构，这种组织结构的优点是分工明确、等级森严、便于控制。但是，这种组织结构在网络经济下暴露出越来越多的弊端。例如由于管理层次多导致机构臃肿、人员冗余，进而造成管理成本居高不下；不同机构之间互相推诿责任，管理效率低下；组织内部信息传递不畅等。为了克服传统组织的这些缺点，组织开始出现扁平化的趋势。组织结构的扁平化改变了传统命令链的多层级和复杂性，精简了结构层次，从而有利于信息的传递，保证信息传递的有效和不失真，大大提高了组织效率。

2. 网络化

企业组织结构的网络化主要体现在以下四个方面。

（1）企业形式集团化。随着经济全球化的趋势，企业集团、企业战略合作伙伴、企业联盟大量涌现。这使得众多企业之间的联系日益紧密起来，构成了企业组织形式的网络化。

（2）企业经营方式连锁化。很多企业通过发展连锁经营和商务代理等业务，形成了一个庞大的销售网络体系，使得企业的营销组成网络化。

（3）企业内部组织网状化。由于企业组织架构日趋扁平，管理层次减少，跨度加大，组织内的横向联络不断增多，内部组织机构网络化正在形成。

（4）信息传递网络化。随着网络技术的飞速发展和计算机的广泛应用，企业信息传递和人际沟通已经逐渐数字化、网络化。不同部门、员工之间通过先进的通信技术进行信息沟通和及时有效的交流，可增进员工之间的了解，提高其学习能力，并增强部门之间的协同能力，有利于企业处理复杂的项目，形成竞争优势。

3. 虚拟化

传统组织结构的设计总是力求职能部门的“全面化”，企业组织也总是力求“大而全，小而全”的模式。不管是职能制、事业部制，还是矩阵制组织结构，也不管规模大小和在某项功能上的优势如何，企业组织内的各种具体执行功能，诸如研究开发、设计、生产、销售等都是以实体性功能部门而存在的。这些实体性功能部门作为企业组织系统中相对独立的单元，往往难以对市场变化做出快速而有效的反应。网络经济下企业组织要想具备竞争力，必须要有快速而强大的研发能力，有随市场变化而变化的生产和制造能力，有广泛而完善的销售网络，有庞大的资金力量，有能够生产出满足顾客需求的产品的质量保证能力和管理能力等，只有集上述各项功能优势于一身的组织才具有强大的市场竞争能力。事实上，大多数企业组织只有其中某一项或少数几项功能比较突出、具有竞争优势，而其他功能则并不具备竞争优势。为此，企业组织在有限资源条件下，为了取得最大的竞争优势，可仅保留企业组织中最关键、最具竞争优势的功能，而将其他功能虚拟化。虚拟化了的功能可借助各种外力进行弥补，并迅速实现资源重组，以便在竞争中最有效地对市场变化做出快速反应。正如未来学家托夫勒所说："在未来知识经济时代，经营主导力将从经营、资本力过渡到信息力和知识力。到了知识经济时代，大量的劳动力将游离于固定的企业系统之外，分散劳动、家庭作业等将会成为新的工作方式，虚拟组织将会大量出现。"

4. 组织决策的分散化

在工业经济时代，组织高层几乎拥有所有的决策权。这种单一的决策模式下容易产生官僚主义、低效率、结构僵化、沟通壁垒等问题。网络经济的发展，要求企业组织由过去高度集中的决策中心模式改变为分散的多中心决策模式。组织的决策由基于流程的工作团队来制定。决策的分散化能够增强组织员工的参与感和责任感，从而大大提高决策的科学性和可操作性。

从以上分析可以看到网络经济对企业组织的冲击是明显的，网络以其自身的高成长性、便利性及对生产效率的提高、资源的有效配置等方面所特有的智能性，将能改变企业组织的形态使企业呈现出新型的企业组织模式，即依托网络、集成管理。这或许会带来社会新的分工。

4.4　虚拟企业

4.4.1　虚拟企业的概念

当今企业管理者面对的是一个变幻莫测的竞争环境。这种环境的形成原因包括技术的飞速发展、市场的全球化及其他一些发展趋势。传统的泰罗制、福特制为标志的企业模式已很难适应新的市场环境；企业同时还要保持较低成本及较短的交付周期，这对旧的组织形式提出了挑战，在这种情况下，一种新的企业运作模式——虚拟企业（virtual enterprise）这一形式脱颖而出。

目前，虚拟企业代表了在 21 世纪构建组织及使组织重获新生的企业模式。不同的作者会以不同的形式来定义虚拟企业：1991 年，美国艾科卡研究所为国会提交了一份题为《21 世纪制造企业战略》的研究报告，在报告中富有创造性地提出了虚拟企业的构想，即在企业之间以市场为导向建立动态联盟，以便能够充分利用整个社会的制造资源，在激烈的竞争中取胜。

大多数人认为是达维多和马隆于 1992 年在《虚拟公司》一书中首次对虚拟企业的思想进行了系统的阐述。他们认为，虚拟企业是由一些独立公司组成的临时性网络，这些独立的公司包括供应商、客户、甚至竞争对手，他们通过信息技术组成一个整体，共享技术、共担成本并可以进入彼此的市场。虚拟企业没有办公中心，也没有组织章程；没有等级制度，也没有垂直体系。

伯恩认为，虚拟企业是一个利用内部和外部的协作来配置超出它自身所拥有的资源的企业。它需要运用信息技术来实现一个大范围的联盟，共同抓住特定的市场机遇。

阿诺尼莫斯认为，虚拟企业是一个为了特定的商业目标而组成的服务于生产和管理的网络或松散的联盟，并在达到目标后解散。蒙赫认为，有关虚拟企业的定义，“缺乏一个普遍能被接受的定义，它正处于由计算机及其应用的影响所带来的知识流的汇集处”。同时，许多不同的词语被用于相似的组织形式，这都是为了“迎接即将到来的信息时代的挑战”。词语上的差异，表达了人们对全新组织形式本质特征的探索。这些词语与定义的共同点在于：独立组织的暂时结盟；合作伙伴间的动态互换；以最终用户的需求为出发点；把合作者的主要能力结合在一起；高度利用信息及通信技术等。

按照利普纳克和斯坦普斯的定义，所谓“虚拟团队”是指“为了一个共同的目标，通过相互合作、共同完成任务而彼此相互关联的一组人”，他们“在现代通信技术的支持下，超越时间、空间和组织来开展工作”。根据“虚拟团队”这一定义，阿胡贾和卡尔利为虚拟企业下了一个定义：它是一种根据地理位置来划分的组织形式，其成员受一个长期的目标和共同利益的约束，并且通过信息技术来交流和协调工作。有效地管理虚拟团队常常需要各种战略有机地结合和灵活地运用，它们包括人才管理、关系管理、工作管理、知识管理和技术管理策略；此外，还必须具备客观衡量虚拟工作业绩的手段，如以生产率和成本为基础的衡量方法。

4.4.2 虚拟企业产生的背景

工业时代的特征为实体组织的存在与发展创造了前提基础，同时，实体组织在工业文明中起到了重要的作用，取得了伟大的成就，主要表现在规模化的组织结构、较高的生产效率、大规模的生产能力三个方面。然而，进入 20 世纪 60 年代以来，特别是进入 20 世纪 80 年代以后，信息经济快速进入成长期，实体组织的适用性降低了，已经出现了通过自身无法更正的严重缺陷，陷入困境状态。实体组织的困境主要有应变力差、对人性的压抑、企业存在政治官本位等几个方面。自 20 世纪 60 年代以来，企业所处的环境发生了根本性的变化，市场需求日趋多变，技术进步突飞猛进。进入 20 世纪 90 年代，随着科技进步和社会发展，世界经济发生了重大变化。人们根据自己生产、工作和生活的需要，对产品的品种与规格、花色式样等提出了多样化和个性化的要求，企业面对不断变化的市场，为求得生存与发展必须具有高度的柔性和快速反应能力。为此，现代企业向组织结构简单化、扁平化方向发展，于是就产生了能将知识、技术、资金、原材料、市场和管理等资源联合起来的虚拟企业。

虚拟企业是准市场企业，兼具中等程度的企业与市场特性，通过大量的双边规则与其他企业发展联系，企业活动在很大范围，甚至全球范围内开展，需要高效快速传递，否则分散化的工作关系无法有效协调。因此，知识网络、物流网络及契约网络的快速完善为虚拟企业的运作提供了必不可少的平台条件。

1. 信息网络

虚拟企业是信息时代的产物，只有充分利用先进的信息技术与设施，虚拟企业才能对顾客需要做出及时的反应。信息时代是信息和知识在社会中扮演主要角色的时代，衡量一个时代是否进入信息时代，通常有以下五个主要因素。

（1）劳动力结构已出现根本性转变，从事信息工作的人员占在业人员总量的 50%以上。

（2）信息经济占国民经济总产值的 50%以上。

（3）已经建立起先进的信息网络系统。

（4）知识已成为社会发展的巨大资源和主要推动力。

（5）社会生活已经信息化。

自 20 世纪 90 年代以来，以计算机技术为基础的信息技术获得了快速的发展，使信息交流速度大大提高，企业可以通过因特网电子数据交换、局域网等实现与其他企业的信息共享，使信息的传递与交换具有前所未有的快捷性、灵活性。这些不仅为企业提供了低成本优势，而且还为企业提供了建立、发展和管理异地工作关系的能力，从而为虚拟企业的产生与扩展奠定了坚实的技术基础。例如，电子邮件、视频会议系统、网络电话等技术的发展也为企业提供了异地的、网络化的虚拟工作环境。因此信息技术的发展，使虚拟企业的发展有了技术保障，并促使企业逐步虚拟化。

2. 知识网络

知识是信息的内容，信息是知识的显化。知识指人类对自身、社会及自然的经验、认识、记忆，以及思维方式、技能等，信息是知识的载体，知识通过信息化，才能被传输、商品化、社会化，与人类共享。企业在竞争中的优势，是企业在价值链某些特定战略环节的优势。在信息化的现代社会，任何一个企业都不可能拥有价值链上所有环节的优势，也不可能在所有价值链环节上处于劣势。虚拟企业中的每一团队，都位于自己价值链的“战略环节”，追求自己核心功能的实现，把自己的非核心功能虚拟出去，整个价值链将形成传统企业无法与之相比的优势。虚拟企业既要利用企业内部的知识网络，更要将内部网络与其他虚拟企业的知识网络连接，形成一个全球范围之内的知识网络。知识网络的出现，使传统的创新模式被新的创新模式所取代，通过科学、工程、产品开发、生产、营销之间的反馈环路和边疆的交互作用来创新，这种创新称之为交互创新。

3. 物流网络

工业时代中，物流的承担者包括商品市场与要素市场，其交易成本很高，运作速度也很慢。在商品市场中，一般由商业流通系统承担市场的功能，通过一级批发商、二级批发市商、零售商等将产品传递到顾客手中，生产企业根据市场需求信息来从事组织生产经营活动，而这些信息首先由零售商从顾客那里得到。再由它向上一级机构传递，一直到生产企业那里。生产企业采取直销模式，也无法从根本上摆脱原来商品流通体系的影响。在每次信息传递中，难免失真、失效，使得物流系统长期在低效率下运转。虚拟企业有效运作是建立在物流网络基础上的。

4. 契约网络

知识网络、物流网络的形成，都离不开契约网络。虚拟企业既不是单纯的企业，也不是单纯的市场，而具有“半企业、半市场”的特征。从契约角度研究，虚拟企业通过大量间续式双边规则的实际形态就是虚拟企业形成的“契约网络”。契约网络的建立是在对合作对象的核心能力是否具有互补关系的确认基础上，首先形成骨架性的契约网络即一级网络，然后，在此架构下再由任何一个企业向下继续发展次级契约网络来完成的。契约网络的维护主要不是靠制度规范、再谈判等手段对契约进行适当调整，而是靠彼此之间的真诚信任来维持长期合作关系，否则就难以保证虚拟企业低成本运作。

信息网络、知识网络、物流网络、契约网络四个平台的形成与完善为虚拟企业的产生与发展提供了必不可少的运作基础。知识网络、物流网络的建立以信息网络、契约网络为基础；

物流网络、知识网络又使信息网络、契约网络本身具有实际运用价值；契约网络的形成也需借助信息网络。四个网络具有一定的重叠关系，知识网络与信息网络有重叠，契约网络内含在物流网络与知识网络之中。

4.4.3 虚拟企业的特点

虚拟企业使得传统的企业界限模糊化。虚拟企业不是法律意义上的完整的经济实体，不具备独立的法人资格。一些具有不同资源及优势的企业为了共同的利益或目标走到一起联盟，组成虚拟企业，这些企业可能是供应商，可能是顾客，也可能是同业中的竞争对手。这种新型的企业组织模式打破了传统的企业组织界限，使企业界限变得模糊。

1. 虚拟企业具有流动性、灵活性的特点

诸企业出于共同的需要、共同的目标走到一起结盟，一旦合作目的达到，这种联盟便可能宣告结束，虚拟企业便可能消失。因此，虚拟企业可能是临时性的，也可能是长期性的，虚拟企业的参与者也是具有流动性的。虚拟企业正是以这种动态的结构、灵活的方式来适应市场的快速变化。

2. 虚拟企业是建立在当今发达的信息网络基础之上的企业合作

虚拟企业的运行中信息共享是关键，而使用现代信息技术和通信手段使得沟通更为便利。采用通用数据进行信息交换，使所有参与联盟的企业都能共享设计、生产以及营销的有关信息，从而能够真正协调步调，保证合作各方能够较好合作，从而使虚拟企业集成出较强的竞争优势。

3. 虚拟企业是一种专业化的运作方式

虚拟企业只保留了自己的核心专长及其相应的功能，如专攻制造的仅保留其制造功能，而将其他非专长的功能去掉，专业化是对实体组织中的完整化的否定。托夫勒在《创造一个新的文明》中指出："长期以来，第二次浪潮组织积累了越来越多的功能，变得臃肿不堪。第三次浪潮组织不再增加功能，而是减少或转让功能，尽可能多地把工作承包出去，通常是较小的专业高科技公司，甚至是那些干得更快、更好、更便宜的个人。公司有意最大限度地控制自己，将人员减少到最低限度，并分散公司的活动。"事实上托夫勒把虚拟化看成是第三次浪潮经济的根本特点。虚拟企业一般在技术上占有优势。由于虚拟企业是集合了各参与方的优势，尤其是技术上的优势而形成的，因此在产品或服务的技术开发上更容易形成强大的竞争优势，使其开发的产品或服务在市场上处于领先水平，这一点是任何单个实体企业很难相比的。

4. 虚拟企业可以看作是一个企业网络

该企业网络中的每个成员都要贡献一定的资源，供大家共享，而且这个企业网络运行的集合竞争优势和竞争力水平大于各个参与者的竞争优势和竞争力水平的简单相加。虚拟企业的上述特点，决定了虚拟企业具有较强的适应市场能力的柔性与灵活性，各方优势资源集中更催生出极强的竞争优势与竞争力。

因此，企业虚拟这种虚拟运作模式在当今快速多变的市场与技术环境中是获取竞争优势以提高竞争力的一种很有前途的合作方式，它正在被越来越多的企业所认识和采纳。

虚拟企业有多种形态，基本形态可分为两种，一种是机构虚拟型，一种是功能虚拟型。机构虚拟型企业没有有形的结构，通过信息网络和契约关系把相关的、分布在不同地方的资源联结起来。功能虚拟型企业虽然在运作时有完整的功能，但在企业内没有完整执行这些功能的组织。这类企业仅保留核心或关键功能，而其他功能则被精简，根据业务需要，借助外部企业实现这些功能。

4.4.4　虚拟企业的运作模式

1. 虚拟生产

虚拟生产是虚拟经营的最初形式，它以外包加工为特点，即企业将其产品的直接生产功能弱化，把生产功能用外包的办法转移到别的企业去完成，而自己只留下最具优势并且附加值最高的开发和营销功能，并强化这些部门的组织管理。最著名的例子是美国生产运动鞋的耐克公司。耐克公司本身没有一条生产线，而是集中企业的所有资源，专攻设计和营销两个环节，运动鞋的生产则采用订单的方式放到人工成本低的发展中国家进行。耐克公司以虚拟生产的方式成为世界上最大的运动鞋制造商之一。国外著名的电器制造商近年来也采用虚拟生产的模式，如日本的索尼、松下等电器公司，其在中国市场上销售的产品基本上都是由马来西亚、新加坡、泰国等劳动力成本较低的国家生产的，而公司总部则集中进行新产品的开发和营销战略的实施。

2. 虚拟开发

虚拟开发是指几个企业通过联合开发高技术产品，取得共同的市场优势，谋求更大的发展。如几家各自拥有关键技术、并在市场上拥有不同优势的企业为了彼此的利益，进行策略联盟，开发更先进的技术。

IBM和AMD 2003年年初共同表示，为了跟上英特尔的速度，双方将联合开发下一代微处理器技术。正在共同开发的特别微小的晶体管技术，能够提高芯片的效率，降低芯片的生产成本。合作对于双方都很重要，因为这能改善与英特尔竞争的形势。AMD缺乏英特尔所具有的研发资金，没有合作伙伴很难迅速推出新产品。IBM自身掌握的微处理器技术有限，很难保证其在与英特尔的竞争中领先。这种合作促进双方获得在芯片制造方面的垄断优势。

3. 虚拟销售

虚拟销售是指企业或公司总部与下属销售网络之间的“产权”关系相互分离，销售虚拟化，促使企业的销售网络成为拥有独立法人资格的销售公司。此类虚拟化的销售方式，不仅可以节省公司总部的管理成本与市场推广费用，充分利用独立的销售公司的分销渠道以广泛推广企业的产品，促使本企业致力于产品与技术的创新，不断提升企业品牌产品的竞争优势，而且还可以推动销售公司的快速成长，网罗大批优秀的营销人才，不断扩展企业产品的营销网络。

服装加工行业的美特斯•邦威公司是实行虚拟销售最为典型的企业之一。公司采取特许连锁经营的方式，通过契约将特许连锁经营权转让给加盟店。加盟店在使用邦威公司统一的商标、商号、服务方式的同时，根据区域的不同情况分别向邦威公司缴纳5～35万元的特许费。由此，公司不但节省了1亿多元的投资，而且还通过特许加盟费的方式筹集到一大笔无息发展资金。公司总部把精力主要用在产品设计、市场管理和品牌经营方面，他们与香港、上海等地的著名设计师合作，每年推出将近1 000个新款式，取得了良好的经济效益。

4. 虚拟管理

虚拟管理是指在虚拟企业中，把某些管理部门虚拟化，虽然保留了这些管理部门的功能，但其行政组织并不真正存在于企业内部，而是委托其他专业化公司承担这些管理部门的责任。例如，企业可以不设人力资源部门，对员工的培训可以委托专门的培训机构完成。再如，许多外资企业将人力资源交给专业的人才管理中心管理，由中心负责调动、职称评定及党团关系接转等工作。虚拟管理可为新组建的、缺乏管理经验和管理人才的企业提供较大的帮助。乐凯公司就聘请麦肯锡、罗兰贝格咨询公司的管理专家为其作战略规划、管理咨询。

本章小结

互联网技术的发展与应用，对企业生产方式产生了革命性的影响，新的生产体系不断产生和优化，企业构成和组织形式也相应发生了巨大变化。通过本章内容的学习，要求学生掌握互联网经济时代中生产者、消费者、原材料供应者相互关系的变化，了解企业组织形式的变革，掌握虚拟企业产生的背景与相关界定，结合现实阐述虚拟企业带给生产者的变革。

复习思考题

1. 简述网络经济下生产者、消费者、原材料供应者相互关系的变化。
2. 试结合你了解的某个行业介绍一种新经济下的生产体系。
3. 简述虚拟企业的定义与特点。
4. 举例说明虚拟企业的产生对企业经营的意义。

案例分析

韩都衣舍“小前端+大平台”的互联网化的组织结构

（资料来源：360 个人图书馆管理案例，2015-11-19）

针对互联网+时代对企业组织结构的要求，“小前端+大平台”的结构是很多企业组织变革的“原型”结构。这种“小前端+大平台”代表着以内部多个价值创造单元作为网络状的小前端与外部多种个性化需求有效对接，企业为小前端搭建起后端管理服务平台提供资源整合与配置。企业组织将成为资源和用户之间的双向交互平台。

韩都衣舍是伴随互联网电商迅速发展而脱颖而出的互联网服装品牌商，从最初依靠代购韩版女装，统一标识，形成自有淘品牌；到通过代购款式，自己打样选料并找代工厂批量生产，完善供应链，建立买手小组制，把主品牌做实，拓展多品牌；到如今建立起极具特色的以小组制为核心的单品全程运营体系，通过自我孵化和投资并购两种方式，打造成一个基于互联网的时尚品牌孵化平台。而韩都衣舍的小组制单品全程运营体系就是“小前端+大平台”组织结构的典型体现。

以小组制为核心的单品全程运营体系，简称“小组制”。这一模式将传统的直线职能制打散、重组，即从设计师部、商品页面团队及对接生产、管理订单的部门中，各抽出 1 个人，3 人组成 1 个小组，每个小组要对一款衣服的设计、营销、销售承担责任。每个小组拥有的权利非常大，可以决定产品的款式、颜色、尺码，甚至包括产品的数量、价格、折扣，公司都不会去强制要求或者干涉。这样，小组直接面对用户，用户的消费意见会直接通过小组决策反映到产品的改良和更新上。小组的提成或奖金会根据毛利率、资金周转率等体现小组对商品运营效果的指标计算。这种类似于阿米巴经营模式，分割核算单元，责权利统一的方式，更有利于激活每个小团队的战斗力。到 2014 年，韩都衣舍内部已有 267 个小组，全公司一年推出 3 万款新品，相较而言，快时尚领域的领导品牌 ZARA 每年推出约 1.8 万款新品——如果仅以速度和款式数量论，韩都衣舍的成绩单比 ZARA 还要出色。

从管理架构来看，韩都衣舍三人一个小组，三到五个小组为一个大组，三到五个大组组成一个部，部上面是品牌。韩都衣舍通过小组制成功打造 HSTYLE 品牌后，从 2012 年起，韩都衣舍开始推出第一个内部子品牌 AMH，当年 5 月，又从外部收购了设计师品牌素缕。之后，韩都衣舍每年不断推出新的服装品牌，覆盖不同类型消费者的细分市场，到 2015 年，韩都衣舍正式运营的子品牌已有 16 个。所有品牌都统一执行小组制的单品全程运营体系。而公司为所有小组提供了一个公共服务平台，这个公共服务平台一方面提供所有可标准化、可获得规模经济的环节，如客服、市场推广、物流、摄影等，另一方面在集团总经办下设两个组，即品牌规划组与运营管理组，前者帮助品牌走完从无到有的过程，包括前期市场调研、商标注册、知识产权保护等工作，后者则负责对销售额达到 1 000 万的品牌进行管理运营支持。此外，企划部通过大数据分析，了解商品生命周期和商品比率，制订详细的企划方案，以此把握品牌和品类的产品结构和销售节奏，为品牌规划组和运营管理组提供专业建议。

韩都衣舍还设立了产品小组更新自动化的机制，公司给出每日销售排名，小组间互相竞争，同时又在激励上向业绩优秀的小组倾斜。做得好的小组产生示范效应，做得差的小组成员会跟过去，小组成员之间可以自由组合，进而推动小组之间的良性竞争与优化，在内部形成流动性，倒逼每个部门都想办法好好发展，留住最优秀的组员。从企业成长、人才成长的角度来看，这种流动的小团队机制将不断实现自我进化和提升。

以此来看，韩都衣舍通过划分两百多个产品小组，赋予每个产品小组非常高的自治权。一方面在每个小组身上实现“责、权、利”的相对统一，借助自主经营体的设计赋予小组足够的动力；另一方面通过在小组人数、排名机制、新陈代谢等方面进行精心设计，鼓励小组问责，将小组承受的压力传导给公共服务部门，促使公共服务不断优化。通过小组制加服务平台的模式，韩都衣舍最大限度地激发了每个单位的活力，并极大地丰富了服装品种品类，提高了组织运营效率。

韩都衣舍的战略愿景是成为全球最有影响力的时尚品牌孵化平台。在互联网+的浪潮下，拥有互联网基因的韩都衣舍从一开始就通过买手小组制建立起网络状组织结构的雏形，然后不断创新、升级、进化自己的商业模式，发展成一个时尚品牌发展生态系统，也因此成为行业旧格局有力的颠覆者、搅局者。

在互联网+时代下，“小前端+大平台”的互联网化的组织结构是未来企业组织结构变革的方向，韩都衣舍通过小组制和服务平台得到了快速发展；海尔将金字塔式组织结构改变成倒金字塔式组织结构，将 8 万多人分为 2 000 个自主经营体，提倡进行“企业平台化、员工创客化、用户个性化”的“三化”改革；阿里巴巴也把公司拆成更多的小事业部来运营，通过小事业部的努力，把商业生态系统变得更加透明、开放、协同和分享；苏宁向互联网转型，通过简政放权、组织扁平化、垂直管理、强化目标绩效管理、经营专业化、事业部公司化、项目制、小团队作战八个方面实现互联网组织变革。

我们有理由相信，伴随着互联网+的浪潮，未来还会有更多的企业通过组织结构的升级和转型拥抱互联网+时代。

案例讨论：网络经济对传统企业的组织结构变革有何积极意义？

第 5 章　网络经济下的市场结构

学习目标

1. 熟悉网络经济下竞争的新形式。
2. 掌握网络经济中垄断性市场结构形成的主要原因。
3. 掌握垄断性网络企业的新表现形式。

网络经济是一种全球化的经济，它的游戏规则不同于传统经济。如何根据网络经济时代的新要求来制定和调整竞争政策是所有发展网络经济的国家所面临的共同问题。本章以传统经济学的市场理论为基础，对网络经济下的竞争与垄断呈现出的新特征进行了全面的分析，指出网络经济下企业的竞争与垄断统一于技术创新，垄断对资源配置效率的影响在网络经济下应该有全新的认识。

5.1　网络经济下的竞争

5.1.1　传统经济中的竞争理论

经济学家把完全竞争看作市场效率的最高形式。但是在实际的市场中这种完全竞争的状态几乎不存在，因为现实的市场满足不了以下的几方面的假设。

- 潜在的买方和卖方有很多，而且能够无代价地进入和退出市场，也就是说没有市场进入的障碍。
- 买卖双方很多，哪个买者和卖者都不能单独影响市场，他们都是价格的接受者。
- 产品同质，没有差异。
- 买卖双方都了解产品的价格和质量，具有关于产品的完全信息。

尽管农副产品市场被看作实际生活中完全竞争市场的范例，但是农副产品市场也和完全竞争状态相差甚远，其他市场更是难以满足以上假设的全部甚至是部分。以下几个方面都是现实市场中阻断完全竞争的因素。例如，生产设备的投入及其他企业前期投入限制了企业的进入。消费者被生产者的广告吸引，形成一定的偏好，从而形成对于生产者有利的市场地位，促销员和商品广告的任务就在于形成或改变消费者对产品的评价，形成有利于生产者的价值判断。通过发现消费者的偏好差异，生产者出售不同品牌和不同质地的商品，通过产品差异形成对价格竞争的限制。还有重要的一点就是在市场上，买者的信息是不完全的，买者要搜寻和了解产品信息需要花费大量成本，这种信息获取的较高成本对于市场的竞争程度有重要的影响。

竞争是双方或多方为取得并非各方都能得到的利益时所进行的较量。竞争有供应方之间（同行业内企业之间、不同行业企业之间）的竞争、供求双方的竞争、需求方之间的竞争。按照战略管理专家迈克尔·波特的观点，一个企业在市场上面临五种竞争力量：新的竞争对手入侵、替代品的威胁、客户的议价能力、供应商的议价能力、现有竞争对手之间的竞争。竞争的基础是双方利益的冲突，供应方之间为争夺资源、高利润的投资项目、市场份额展开竞争。竞争的形式有价格竞争和非价格竞争，价格竞争表现在市场上供应方之间为争夺顾客而竞相压价，供求双方的讨价还价，需求方之间为竞拍到稀有产品在拍卖市场竞争；非价格竞争表现为同行之一垄断与竞争及相互关系研究间在产品质量、品种、差异性、售后服务、广告等方面的竞争和非同行之间的资本在部门间流动。竞争的原因是双方利益的冲突，结果是优胜劣汰，失败者要么倒闭，要么被兼并。合作是基于双方有共同利益，要通过合作才能取得，并且在合作的收益减合作的成本大于竞争的收益减竞争的成本的情况下，双方会选择合作。在传统经济中，合作之前双方并无优势，合作后有共同利益，而竞争中利益是冲突的。合作的形式有价格合作和非价格合作，价格合作即价格合谋或价格卡特尔，还有向消费者承诺“最低价格保证”的做法，承诺“如果还有更低的价格，消费者可以得到相当于价格差额的补偿”；还有一种是投标骗局，几个投标者联合起来固定价格，欺骗招标者。反垄断法对价格合谋的限制是最为严格的。非价格合作主要有分配市场份额、企业的横向兼并、纵向一体化等。同样，这种合作也要受到反垄断法的限制。可见在传统经济中，企业之间的合作和垄断几乎是同义语，合作被认为是降低市场效率，导致串谋和垄断，意味着消费者利益受损。所以传统经济中通常认为竞争与合作不能同时存在于相同的两个企业之间。但是在网络经济时代竞争和合作可以统一，竞争有了新特点，是“合作性竞争”。

5.1.2 网络经济下的合作式竞争

哈佛商学院的管理学家亚当·布兰登勃格认为“合作性竞争是超越了过去竞争和合作的规则，并且结合了两者的优势，意味着在创造更大的市场时的合作，在瓜分市场时的竞争”。网络经济时代这种新型的合作性竞争是基于双方各自有竞争优势，合作可以取得 1+1>2 的效果，达到“双赢”，合作之前优势已经存在，合作后优势更大，在竞争中有共同利益。所以竞争中有合作，这种竞争是“合作性竞争”，它的产生有如下原因。

1. 竞争中有共同利益

（1）网络经济中主要生产资源是知识、技术、信息，这种资源具有再生性和共享性，而且不但不会随使用者的增加而减少，还会越用越多。在主要生产资源的使用上供应方的利益是一致的。以互联网为核心的先进的通信和传输方式的广泛使用，企业相互之间获取知识、信息、技术的成本大大降低，由于网络效应的存在，资源使用者越多，其价值就越大，封闭性的知识和信息会影响其价值的实现。

（2）由于网络效应的存在，供求双方的利益也变得一致，信息产品的需求量越多，对生产者而言，固定成本可以分摊到更多的产品上，边际成本趋向于零。对消费者而言，由于网络正效应的存在，产品带给消费者的效用也越大，需求量的增加，使生产者低价出售产品也能保证有丰厚的利润，消费者得到的“消费者剩余”也多。另外，电子商务的广泛使用，省略了产销之间的中间环节，流通环节减少，交易效率提高，交易成本下降，对供求双方都有好处。CIMS 系统直接根据消费者的个性化需求来设计和生产商品，所以经过信息化改造后的传统产业本身也成了服务业，网络时代是供求双方合作的时代。

（3）需求方之间的利益也是一致的，信息产品的效用随用户的增加而呈指数上升，第一台传真机出现时，它的价值几乎是零，到第二台传真机出现时，两台相连可以发传真了，这样第一台传真机也有了价值。随着通信网络内传真机的增加，每台传真机的效用也增加。电话的价值也同样。说明对于具有网络效应的产品，消费者之间的利益是一致的。

科技的快速进步和产品寿命周期的缩短迫使企业在竞争中合作。例如美国从有专利申请制度开始，到第 100 万个专利产生，整整花了 85 年时间，而从 1991 年第 500 万个专利到 1999 年的第 600 万个专利产生只用了 8 年时间，根据联合国专利部门最新发布的报告，2019 年中国申请了 58 990 项专利，比美国多了 1 000 多项，从而打破了美国长达 40 年的专利申请霸主地位。世界知识产权组织（WIPO）的数据显示，过去 20 年，中国通过专利合作条约（PCT）系统提交的专利申请数量翻了 200 倍。网络时代是以网年（相当于正常历年的 3 个月）来论技术进步的。新产品的研究和开发费用大，风险也大，合作可以分担风险，优势互补。单靠单个企业自身的积累，很难跟上技术进步的步伐，企业之间必须通过合作以获取所需的技术。芬兰诺基亚与瑞典爱立信、德国西门子合作，共同研制开发移动通信标准 GSM，才能与美国的 CDMA 移动通信标准抗衡。回顾英特尔和微软的发展历史，可以看到英特尔和微软的成功开始于和 IBM 的合作，借助于 IBM 在计算机领域的知名品牌而走向市场。所以在信息产业中，某一行业技术领先者的产品已经占领了足够的市场份额，其他企业要进入该市场，明智的做法是在兼容的基础上革新，没有必要重起炉灶。行业的技术标准是行业内企业合作的基础。康柏计算机的成功是借助于和英特尔、微软的合作，采用 Wintel 标准的芯片。2018 年年底，华为与沃达丰、捷豹合作研发 C-V2X（车联网应用实现的技术手段），将 5G 技术应用于汽车领域。

（4）合作性竞争采取了战略联盟和虚拟企业的形式。战略联盟和虚拟企业的出现，是传统的市场竞争搬到电子网络上进行后产生的新形式，体现了网络时代合作与竞争的统一。合作性竞争以“双赢”为特点，工业经济时代对抗性竞争中，垄断作为竞争的结果，是以竞争中一方的失败为代价，赢者成为垄断者，失败者不是被兼并，就是倒闭。网络经济时代竞争的结果是双方双赢，竞争中有合作，合作中有竞争，竞争的结果避开了传统的垄断表现，即不再表现为企业规模的扩大、价格上升等，而是以战略联盟和虚拟企业的形式出现。这种竞争的结果也就是垄断的新形式。网络时代的企业竞争优势来源于速度、时效、创新。传统经济中竞争优势在于大规模、批量化生产带来的低成本，是大吃小，网络经济中搜集、处理和使用信息几乎在同一时间内进行，经济节奏加快，是快吃慢，企业要在全球竞争中取胜，必须以最快的速度发现顾客需求，然后以最快的速度去满足他，为了在短时间内组织生产能力，合作是必须的。根据“水桶”原理，企业的竞争力水平就是卡在最薄弱的环节上，网络时代没有时间等修补自己的“水桶”，而要求把自己“水桶”上最长的几块木板拿出去和其他企业合作，共同把市场做大。信息网络为企业在全球范围内寻找合作伙伴提供了条件，网络时代合作比竞争更重要。

（5）合作性竞争是创新竞争，按照哈罗德·德姆塞茨的观点，在新古典经济学的完全竞争模型中是不存在价格竞争的，企业面对既定的价格，只能凭借其产量来参与竞争，这种竞争是“仿制产品的竞争”。①仿制产品竞争的强度和参与竞争的企业数量成正比，但是创新竞争不受这种关系制约，即使是一个垄断者，创新竞争仍然可以发生。②在合作性竞争中，参与竞争的中小企业数量的增加，并不意味着竞争强度的增加，企业之间的合作也并不意味着回归传统的垄断。

5.1.3 网络经济中新的竞争规则

美国《连线》杂志主编凯文·凯利认为，今天面对新的企业革命，需要一套有效又容易记住的游戏规则，他告诉我们：过去的经营智慧是过时的，并提出了网络经济的数条新规则。通过总结，从中可以看到具有代表性的网络经济条件下一些新的竞争规则。

1. 从“一群蜜蜂比一只蚂蚁重要”“网络比公司重要”到“黄金定律”

凯文·凯利认为：“一群蜜蜂比一只蚂蚁重要：当力量逐渐远离中心，竞争优势属于那些知道如何拥抱分散的控制点的人。”“网络比公司重要：当网络吸纳进所有的商业，一家公司的主要焦点从尽可能扩大公司本身的价值，转移到尽可能扩大网络的价值。除非网络存活下来，否则公司也会跟着灭亡。”

网络经济中，许多高科技产业已构成价值链上的分支。价值链是由基础科技公司、中等增值公司及最终用户共同联结成的价值增值链条。网络经济通过价值链实现价值增值，企业从价值链的一个或多个分支中抽取资金，赚得利润。价值链上的各个节点就是分散的“蜜蜂”。网络经济决定了任何公司若只是盈利，而不实现价值链增值，将难以幸存。

价值链中包含有“黄金”，企业拥有或控制的价值链上的分支越多，也就是相互联系的“蜜蜂”越多，它所获取的“黄金”也越多，这就是“黄金定律”。任何企业意欲挖掘网络经济的潜力，就必须充分利用由一个甚至多个市场空间构成的价值链。网络经济下，价值链比各组成部分的总和价值要大，所以各企业要联合起来，形成“价值链群”才能幸存。随着产品的分解，价值链不断整合。各企业应建立合作关系，发挥联合的作用，竭力从整个价值链上获取利润。

2. 从“普及比稀有重要”到网络经济时代的“标准”

我们以前强调产品差异化，但是“当制造技术已臻完美，副本可以大量流通时，产生价值的是普及性而非稀有性，改变了传统的商业定律。”普及比稀有重要？这样如何在竞争中占据优势呢？网络最显著的特点是没有清楚的中心，也没有清楚的外部边界。在网络时代我们与他们之间的区别已变得没有意义。有专家认为，在网络世界，公司的基本注意力应该从公司的价值最大化转到整个基础设施最大化。例如，开发游戏软件的公司也应该用开发其游戏软件的热情去改善其平台。这样，他们的生意才会兴隆。计算机行业的所谓“标准”实际上是大公司试图“制服”大量弱小竞争对手的努力。标准强化了网络，使得创新和发展加速了。所以，标准的核心是“制止”其他可能性的选择，迫使其他公司也使用他们开始使用的共同标准。其产品被作为标准的公司将得到最大的报酬。但是当一个公司成功后，参加它的网的其他公司也会获得成功。一个网络就像一个国家。无论在网络还是在国家内，使自己公司繁荣的最可靠的路径是提高整个系统的繁荣水平。网络经济时代，一个公司获得的成功更依赖于整个网络的繁荣，而非其自身的努力。

3. 从“免费比利润重要”到“剃须刀和刀片”原理

主流化是网络经济生存竞争的首要原则。为了赢得最大市场份额而赠送第一代产品的做法就是主流化。主流化所追求的目标就是“锁定”，即通过吸引客户从而占领主要市场份额的过程。一旦数以百万计的用户对该产品有了依赖感，考虑到培训费用和其他转换成本，他们就再也逃脱不了；一旦某个产品取得了主流地位，这个地位就不大可能被动摇。显然，主流化有两方面的意义：它不仅锁定了用户，同时还消除了竞争。当资源变得充裕，慷慨可以孕育财富。追求免费，提前迎接无可避免的价值滑落，而且运用唯一真正的稀有资源——人们的注意力。免费赠送是实现主流化的具体方式，它通过把自己产品的价格降到冰点，而使其普及程度一夜之间升到沸点，从而一跃成为市场霸主。许多网络公司都是这么做的。这也就是著名的“剃须刀和刀片”原理，赠送剃须刀就是为了长期推销刀片。

主流化的直接目标就是追求市场份额的最大化，而市场份额的多少与企业在竞争中的地位有直接的关系。主流化战略实施的可能性体现在网络产品的生产成本上。网络产品的绝大多数成本都是沉没成本，因此网络企业间的价格博弈会使网络产品的价格向边际成本靠拢，而网络产品的边际成本递减，信息产品的边际成本几乎为零，这就使网络产品的价格趋向于零。从另一角度看，这种成本结构也使网络企业有能力免费赠送或低价销售产品。

免费赠送和主流化战略已经成为网络企业的共识，许多网络企业纷纷举起免费赠送的旗帜，不惜以“烧钱”为代价来扩大市场规模，吸引消费者的注意，可以说免费赠送和主流化战略是网络企业“烧钱”运动的重要原因之一。而免费赠送和主流化战略的目的就是为了“锁定”消费者。

5.2　网络经济下的垄断

5.2.1　传统经济中的垄断理论

何谓垄断？《孟子·公孙丑下》中说：“必求垄断而登之，以左右望而罔市利。”意思是说站在市集的高地上操纵贸易。垄断又可以解释为把持和独占，如垄断集团。经济学上讲的垄断，大致可以分为三种类型：①由生产技术上的规模经济导致的“自然垄断”，②由少数厂商的合谋行为导致的“行为垄断”，③由政府限制竞争的法令或者政策导致的“法定垄断”。

传统经济学理论定义的自然垄断是指如下情况：由于生产技术具有规模经济的特征，平均成本随产量的增加而递减，从而最小有效规模要求只有一个企业生产。20 世纪 80 年代，一些经济学家对自然垄断作了重新定义。新的定义不是建立在规模经济的基础上，而是建立在次可加性的基础上。在单一产品的情形，次可加性意味着由单一企业生产给定产量的总成本小于由多个企业生产时的总成本；在多产品情形，次可加性意味着由单个企业生产给定数量的多种产品的总成本小于由多个企业生产该产品组合时的总成本。

在一个经济社会中，自然垄断的行业是很少的，更多的情形是行为垄断，即由数个具有相当市场力量的寡头企业生产该行业的大部分产品。寡头市场的潜在危险是寡头企业通过形成卡特尔组织或者默契合谋，联合操作市场。尽管在一次性博弈中，企业间的卡特尔协议和默契合谋是难以维持的，但在多次的重复博弈中，卡特尔协议和默契合谋是趋向于被维持的。寡头市场的另一种可能是，少数占主导地位的企业通过“价格战”消灭竞争对手，最终实现对市场的垄断。寡头企业也可能通过设置进入障碍阻止潜在竞争者的现实进入。寡头企业的这些反竞争行为是损害效率的。为了维持竞争秩序，政府需要通过立法和行政措施限制寡头企业的反竞争行为。可以说，发达国家的反托拉斯法，如美国的谢尔曼法和克莱顿法，主要是针对寡头企业的反竞争行为而制定的。

法定垄断是由政府的法律和政策造成的垄断。法定垄断可以划分为两类，一类是增强效率的，另一类是损害效率的。增强效率的法定垄断也可以划分为两类，一类是在具有自然垄断性质的行业，为了实现规模经济，政府将经营权特许给某个企业，不允许其他企业进入该行业。由于规模经济的一个主要原因是巨额沉淀成本或固定成本的存在，对进入的限制可以避免重复建设导致的浪费。另一类是政府为外部经济的内在化而授予企业和个人特定的垄断权，如为保护和调动发明创造的积极性而设置的专利权。损害效率的法定垄断与上述增强效率的法定垄断不同，它是由政府本身的寻租行为导致的。无论是过去还是现在，出于获取垄断利润的目的，政府常常创造一些人为的垄断。例如，产业革命早期，英国政府通过授予特许权的办法增加财政收入。要在增强效率的法定垄断与损害效率的法定垄断之间做出区分常常是困难的。经济学理论认为，垄断对经济效率的影响是消极的。在垄断的条件下，垄断者可以凭借垄断地位阻止其他的竞争者进入。这样它就会：①降低技术创新的动力，即使有了新的技术创新的成果，也会被垄断者束之高阁，因为仅凭垄断的市场地位就可以维持其高利润；②因为垄断，生产者所生产的产量会比完全竞争条件下少很多。消费者会被要求以比竞争条件下更高的价格去购买商品，消费者的福利被压缩到极限，社会上的有限资源没有得到最优利用。垄断厂商的产量和价格决策可以用图 5-1 来表示。在此图中，D 为市场需求曲线，MR 为边际收益曲线，而 MC 为边际成本曲线。由于没有竞争压力，厂商根据边际收益等于边际成本的法则决定其产品产量 Q_m，相应的最优价格为 P_m。如果该产品的市场为完全竞争市场，市场均衡产量为 Q_c，均衡价格将是 P_c。显然，与完全竞争市场相比较，垄断导致较少的产品产量和更高的价格。在网络经济条件下，这一切还在继续吗？下面将分析网络经济中的垄断及其创新、价格、产量。

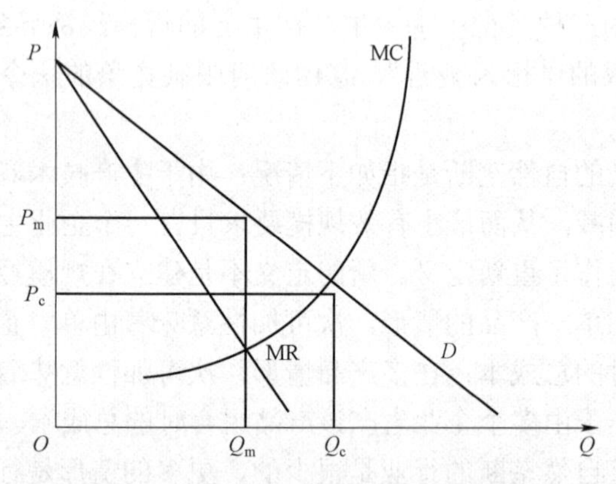

图 5-1　垄断厂商的产量与价格决策

5.2.2　网络经济下垄断形成的原因

1. 网络外部性、正反馈与需求方规模经济引致的垄断

网络外部性作为网络经济的最基本特征，是指某一信息产品对一用户的价值随着采用相

同产品或可兼容性产品用户的增加而增加的现象。它可分为直接外部性和间接外部性。前者是指效用随着用户数目的增加而增加，后者则指效用增加是由于用户数目的增加导致更多互补产品的供给而实现的。网络外部性可看作是网络规模扩大过程中的一种规模经济。这种规模经济产生于市场需求，是一种需求方规模经济。需求方规模经济的存在，导致某一特定网络产品的用户越多该产品所具有的价值越大，从而吸引更多的用户加入该网络，由此形成网络扩张的正反馈效应。在这种效应作用下，信息产品市场迅速扩大，市场占有份额急剧提高，市场垄断性迅即增强，甚至形成独家垄断性型市场结构，即所谓“赢者通吃”，表现为一家公司或一种技术支配或主宰整个市场。

在网络效应较强的市场上，即使不是独家垄断也多为寡占型市场，并且该市场上企业的市场份额和利润水平相差较大。这种寡占型市场结构显然与工业经济条件下的寡占型市场结构存在较大的差别。

工业经济条件下也存在正反馈效应。可以说，几乎每个产业在发展早期的规模经济阶段可看作是正反馈阶段。通用汽车公司比小的汽车公司更有效率，主要得益于它的规模经济效应，它刺激了通用汽车公司的进一步发展。但这种来自供应方规模经济导致的正反馈效应存在明显的自然限制。当产品生产达到一定产量便进入“边际收益递减”阶段，此时规模不经济将发挥主导作用，并导致负反馈发挥支配作用。因而在工业经济时代，倘若不存在人为作用，任何一家厂商都难以把规模扩大到垄断整个市场的地步，较多的是寡头垄断市场或垄断竞争市场。从总体上看，工业经济条件下起支配作用的是负反馈效应，即强者转弱，弱者转强。这种负反馈除了来源于供应方规模经济的自然限制外，还与工业经济条件下寡占型市场的竞争有关。在这种市场上，行业领导者试图获取更多的市场份额，这种企图势必引起其他企业激烈的反应，这些竞争对手会设法防止生产能力利用的下降，并阻止支配型企业获取市场主宰地位。再者，大企业管理的复杂性，也使企业规模超过一定限度后进一步成长变得越来越困难。在此情况下，规模更小、更灵敏的公司会发现有利可图的市场份额，从而获得成长。这种此消彼长的负反馈效应，使单个公司主宰市场的极端状态难以出现。

2. 兼容性与标准竞争导致的市场垄断

技术或产品的兼容性是指一个“系统”中两种组件结合起来工作的能力。当两种产品结合起来共同提供服务而没有成本时，就说它们是兼容的。“系统”产品互补件之间的兼容性程度直接影响网络规模（用户基础）的大小，从而影响用户对该网络产品的采用速度和市场地位。如果各种同类技术或产品之间是兼容的，它们将拥有相同的网络价值，谁的成本低，谁的竞争优势将更大，这与厂商之间一般情况下的竞争没有什么差别。但如果各产品之间不兼容，且存在较强的网络外部性，那么如果一种产品或技术采取先动优势策略成为行业标准，那么在正反馈效应的作用下，它就可以从中获得巨大的超额利润和市场控制力，甚至垄断整个市场，而输家则血本无归。但有时也存在这样的情况：两种不兼容的标准互相竞争时，优等的标准可能退出市场，而次等的标准却留给了消费者。这种选择较次等标准的行为被称为消费的“过度惰性”，尤其是当新技术试图取代现有技术时，这种“过度惰性”更易发生。消费者过度惰性与标准的转换成本有关。一种操作系统的使用者要更换到另一种新的操作系统上去是有成本的。理性的使用者是否要发生这种转移，取决于对转移的成本—效益的权衡。这里转移的效益主要是新操作系统相对于原操作系统的各种优势；而转移成本则包括学习使用新系统的成本、更换系统的复杂性和不确定风险，在新系统与旧系统不兼容的情况下还有更换硬件设备的成本等。由于转换成本的存在，使消费者宁愿继续使用先前选定的标准，而不选择新的操作系统，尽管它可能是更为先进的技术。因此，消费惰性的存在，有时会使某些技术、产品并不占优势的企业，由于某些偶然因素也可能实现对市场的完全垄断。这与在工业经济条件下，市场垄断地位的取得，主要通过企业长期激烈的竞争而实现显然存在较大的差别。

信息产品消费过度惰性导致信息产品市场比其他消费品市场更易形成市场垄断。为获取这种垄断地位，企业之间围绕技术或产品标准的确立展开激烈竞争。谁首先在市场上建立起自己的标准，成为市场所接受的领先技术，谁就赢得了进一步控制市场的资本和条件。随着信息技术功能的不断增加和完善，价格呈现出周期性下降的趋势，高性能的技术加上低廉的价格，使网络信息产品一旦出现于市场，便会很快占领市场，赢得竞争优势和市场垄断地位，而不必再经历一个漫长的竞争过程。同时，由于标准选择中的锁定效应，使在网络外部性较强的信息产品市场上，消费者对一种产品的网络规模（或用户基础）及其增长的预期，对该产品的市场垄断具有重要的影响。网络外部性使消费者的效用函数相互依赖，这就意味着购买者必须预期他所要购买组件的可能价格、质量和应用前景，以得到尽可能大的网络价值。在这种情况下，消费者对网络规模的预期决定需求水平，进而对市场垄断的形成产生重要影响。在消费者预期过程中，购买者的临界水平（或称关键数量）是影响市场垄断状况的一个重要变量。在网络外部性较强的市场上，需求水平取决于消费者对网络规模的预期。网络市场趋于大量使用者均衡取决于使用者的数量高于给定的最低值。一旦高于该最低值，需求将通过正反馈机制继续增长，直至达到大规模网络的均衡。该最低值就被称为导致网络建立的购买者临界水平。在网络效应很强的市场中，任何一种技术或产品要在这个产业中生存下去并企图占据垄断地位，都必须形成一定的网络规模。尤其是当一种新的信息产品进入市场时，尽管它与已有产品相比在技术上具有优势，并且确实对消费者产生了一定的吸引力，但是要真正得到他们的认可，使之形成对己有利的预期，还需采取相应的策略。对于后进入市场的企业，可通过催促产业链的形成、进行差异化竞争、不断提升产品质量等，来积极地引导消费者行为，培育自己的竞争优势，再通过正反馈效应，形成和扩大自己的市场垄断地位。

3. *产业或市场进入壁垒形成的市场垄断*

现代产业组织理论认为，进入壁垒是导致市场垄断的重要因素。工业产品市场的进入壁垒主要包括规模经济壁垒、产品差异化壁垒和绝对成本壁垒等，它们都可能导致一定的市场垄断。在信息产品市场，信息技术成为主导性技术形式。由于信息技术的应用天然具有不相容性，一种技术一旦在市场上形成一种标准并取得市场垄断地位，其他类型的技术只能被淘汰。这种技术的先入者优势便自然构筑起后来者的市场进入壁垒，由此导致市场垄断。在这种情况下，被哈佛学派称为进入壁垒的因素——规模经济、产品差别和绝对成本等将不再构成市场进入壁垒。另外，信息产品市场的临界规模可看作是构成市场进入壁垒的重要因素。因为在信息产品市场，达不到这一临界规模，厂商将被市场淘汰。要成功进入该市场，必须首先达到这一临界规模。由此，该规模水平便构成新厂商进入该市场的进入壁垒。显然，这种进入壁垒与网络外部性之间存在密切的关系。除此之外，首先进入市场的厂商通过一体化和控制销售渠道等措施，构筑一定的策略性进入壁垒，也将导致对市场的垄断。

信息产品市场的进入壁垒归根结底产生于信息产品的网络外部性，同时也与企业的策略性行为选择直接有关。从网络的外部性和转移成本对消费者产生的“锁定效应”看，市场进入壁垒是消费者设立的——消费者在身不由己的选择中设立的，而不是生产者故意设立的，更不是依靠政府行政力量设立的。一般而言，这种基于网络外部性导致的市场进入壁垒是较高的。正如罗伯特·利坦、卡尔·夏皮罗所指出的："一个利用网络外部效应——这是一种完全合法的手段——而取得支配地位的企业，可以凭借其掌握的已被牢牢锁定于使用现有产品和服务的众多顾客来阻止新竞争者和新技术的挑战。因此，在高科技市场中，新竞争者面临的进入壁垒可能相当高。"但这种高进入壁垒也并不是凝固不变的，技术创新本身是一个动态的过程，市场上厂商围绕技术创新的先进性、开发时间和为市场接受程度等而进行的竞争会持续不断，竞争的结果可能是打破已有的垄断，并形成新的垄断，表现为新的技术标准替代旧的技术标准。因此，信息产品市场上的某种技术垄断并不意味着竞争最后的结局，它往往是引发新一轮更加激烈竞争的开始。技术创新竞争成为信息产业进入壁垒得以形成及进而被突破的关键性因素。这种技术创新竞争围绕技术的标准化而展开。那些抢先使自身技术和产品成为市场标准的企业，将成为市场竞争的优势方，并构筑起后来者进入市场的障碍，突破这一障碍是决定新的市场垄断形成的关键所在。从现实信息产品市场的竞争实践看，这种基于技术上的竞争，既可以在短期内形成较高程度的垄断市场结构，也可能在很短的时间内打破垄断，开始新一轮争夺技术标准的竞争。这种围绕技术标准展开的竞争导致信息技术不断得到替代和升级，并使信息产品企业呈现出较高的淘汰率和更替率，这与工业经济条件下很多行业形成"百年老店"，长期垄断市场的状况存在很大的差别。

4. 知识产权与专利权保护形成的市场垄断

知识产权是为鼓励知识产品的生产依法授予知识产品生产者的一定程度的垄断权。这种垄断权对促进技术持续创新是十分必要的。即使在工业经济时代也是如此。根据熊彼特的创新理论，垄断企业倘若得不到创新利润，就缺乏创新的动力。这种创新利润可以通过发明专利来加以保障。如果生产厂商预见到无法补偿其发明成本，他开始就不会去从事发明。而且，在一个没有专利的世界里，发明活动也严重地偏向于可能被保密的发明，正像完全无财产权会使生产偏向预先投资最小化的产品。可以说，知识产权在本质上是法律赋予的一种合法垄断：知识产权法通过为新的有用的产品、更有效的方法和原创的作品确立有效的产权，为创新及其传播和商业化提供有力的刺激。在网络经济条件下，知识产权保护与网络效应的结合使得企业即使在信息技术快速发展变化的情况下，也能维持一定的市场垄断性。微软之所以能控制操作系统的绝大部分市场，一个重要的原因是得益于本国知识产权的保护。正是在相应的知识产权保护下，微软产品才得以在世界各地销售并获得巨额垄断利润。在信息产品市场，技术产权的保护对技术或产品标准的确定具有一定的影响。

5.2.3　网络经济下垄断呈现出的新特征

古典经济学家亚当·斯密曾提出著名的垄断弊害论，认为垄断会导致产量减少、资源浪费、效率降低，而且"垄断价格在一切场合都是能够达到的最高价格。"现代经济学中有关垄断损失的研究，也支持了这种观点。诺贝尔经济学奖获得者保罗·萨缪尔森认为"垄断者提供的只是平淡的生活、低劣的质量及不文明的服务"。因此，在传统的经济系统中，我们总是把垄断与限产提价、限制阻碍创新及市场的低效率联系在一起，因此各国政府一直对垄断持否定态度，一旦发现市场中出现垄断的苗头便坚决予以打击，绝不姑息。但网络经济下的垄断行为却出现了很多新的特点，这让网络时代的反垄断工作变得非常复杂。反垄断法在实施过程中稍有不慎就会产生抑制企业创新积极性的效果。因为，网络型企业生存空间是靠永不停止的技术创新来开展的，而创新的原动力就是争取对垄断利润这个巨大蛋糕的瓜分权。除此之外，获取垄断地位的企业也是利用垄断利润补偿先期投入到研发活动中的沉淀成本，例如，微软的研发费用就占到了其总收入的近三分之一，并且这个比例还在上升，因此如果禁止一切创新者对其所掌握的技术和产品享有垄断权，将会抑制企业家们的创新积极性，阻碍技术进步。因此，反垄断执法部门在执行反垄断法，打击垄断的过程中要更加谨慎，具体分析各种实际情况，合理预测其执法行为所可能导致的不利结果，把反垄断法所产生的负面效应降到最低。

具体而言，垄断在网络经济时代体呈现出的特征体现在以下几个方面。

1. 垄断形式的反规律性

与传统的产业不同，以高固定成本、低边际成本为特点的网络产业，其扩大再生产的成本几乎为零，因此网络企业在取得垄断地位以后基本不会像传统企业那样通过限产提价的方式来获取高额垄断利润，反而会降低价格，提高产量。因为对于网络企业来讲，利用技术优势以最快的速度获取尽可能多的用户基础远比获取短期的高额利润要重要得多，况且在边际成本递减的情况下，只有通过不断增加产量，才能降低单位产品的价格，从而使其产品更具竞争力。从“限产提价”到“增产降价”的转变改变了传统上对垄断的负面看法，使我们对垄断有了更深的认识。

2. 垄断企业不一定抑制技术创新

在传统市场中，当市场还处于自由竞争阶段，企业的规模往往与研发投入成正比，而当企业达到一定规模而在该行业获取一个长期、稳定的市场份额时，其研发投入往往会呈现出一种递减的趋势。换句话说，当企业取得垄断地位之后，其技术创新的热情就会下降。而创新是发展的原动力，因而垄断对经济的伤害是不言而喻的。但是，在技术创新主导一切的网络经济中，垄断地位不再是铁饭碗，在激烈的技术竞争中稍有不慎就会被其他竞争者赶超而丢掉饭碗甚至被彻底排挤出市场，因而在网络经济中企业取得垄断地位之后，往往不会降低在技术研发领域的投入，反而会增加创新投入，并不断推出新的产品，以保持其在相关领域的技术优势，巩固其垄断地位。例如，微软在 1985 年推出其第一款操作系统 Windows 1.03 以后，其独有的界面操作模式为微软赢得了大量的用户，也使微软坐上了操作系统软件市场的头一把交椅，但在此后的十几年里，微软并没有停下创新的脚步，微软更新 Windows 的速度差不多在 4 年左右，从 Windows 95 算起，Windows 95 到 Windows 98，再到 Windows 2000，再到 Windows XP，再到 Vista，再到 Windows 7，Windows 8，Windows 8.1，最后是 2015 年的 Windows 10，产品的更新周期也越来越短。又如英特尔公司的芯片以前是每隔 18 个月更新一次，现在则是每 9 个月就更新一次。实际上，与其说垄断者在与其他人竞争，还不如说其在作“自我斗争”，不断用自己的新产品去挑战市场上的旧产品，尤其是在垄断程度较高的网络市场上更是如此。另一方面，网络产品在开发前期需要大量的资金投入，因此沉没成本巨大，但是新产品在面世之后却容易受到各种“山寨”产品的冲击，如果研发者没有对新产品和新技术的垄断经营权，那么其高额的研发成本将很难收回，这不但损害了研发者的利益，也损伤了整个市场的创新积极性，不利于网络经济的良性发展。因此，在网络市场中，垄断的存在一方面刺激了研发、创新的活动，另外也保证了高额的研发成本可以通过“独占”的方式得到补偿，从另一个角度讲，它对创新起到了一种保护作用。因此，反垄断执法部门在认定垄断行为时，不得不考虑垄断的这些“新效果”，这又增加了反垄断工作的复杂性和挑战性。

3. 垄断结构的脆弱性与暂时性

传统观点认为自由竞争是市场活力的源泉，垄断和竞争是相互对立的，垄断市场是没有效率的。尽管竞争是保证市场经济运行的核心力量，但是几乎每个经营者都对竞争具有一种先天性的排斥感，他们都是在适者生存、优胜劣汰的市场竞争规律所施加的外部压力下被很不情愿地卷入市场竞争之中。因此，经营者为获取市场垄断地位，会利用任何可能的机会限制或者排除市场竞争，以取得市场垄断地位。因此，垄断既是附着于竞争之上的魔咒，又是竞争的结果，哪里有竞争，哪里就有垄断。在网络经济中，垄断的出现也是基于上述原因，但与其他领域相比，网络经济的参与者受到更多的竞争压力，因而网络垄断一般具有暂时性。根据熊彼特的观点，任何一种垄断地位都不是可以高枕无忧的，在公共事业领域以外，一个独家卖主的地位，一般只能在他行动得不像一个垄断者时，才能够争取到并在几十年内保持住。也就是说，垄断与竞争并非截然对立的。恰恰相反，垄断者仍然面临着来自各个方面不同程度的竞争威胁。保罗·克鲁格曼认为，“垄断本身在科技领域是无罪的。相反，至少得存在主导未来市场的希望，企业才具有发展的推动力。高科技的竞争本来是也必然是一场接一场‘赢者通吃’的游戏。‘通吃’只是暂时的垄断，一旦别的好东西降临，它就会消失。”随着网络时代的到来，在网络统一兼容标准作用的推动下，以控制网络系统标准为基础的技术型垄断成为垄断的主导形态。摩尔定律告诉我们，互联网技术的创新速度极快，通过技术创新所取得的技术优势可能很快消失，因而垄断者依靠核心技术所获得的垄断地位也会稍纵即逝。因此，网络经济下，经营者依靠技术创新所获取的垄断地位同样可能因为在技术创新竞争中的失利而消失，因而是不稳定的、暂时的。因此，垄断者为了保证其垄断利益就不能停止技术创新的脚步，以保证不被其他竞争者赶超。

由于网络市场具有门槛低、开放程度高的特点，竞争者可以自由地进出市场，竞争机制的作用在这种环境中可以得到充分发挥，因此只要技术创新的速度够快，就很有可能先于其他企业掌握网络标准，从而取得行业垄断地位，攫取高额垄断利润；而高额的垄断利润又吸引着更多的竞争者参与到标准争夺战中，因为只要创新出来的新标准有技术优势，能够得到消费者的认可，就能够迅速淘汰现有的技术标准和产品，重新占领整个市场，因此垄断的形成反而促使市场竞争更加激烈。在竞争和垄断被双双强化的态势下，这对矛盾共同体竟然创造出一种特殊的市场结构——竞争性垄断，它既不是完全垄断，也相异于完全竞争，是垄断与竞争共生、共融、矛盾的统一体。

综上所述，在网络经济时代，垄断性的市场结构往往是网络企业盈利的必经路径，垄断性的市场结构也没有体现出传统经济下垄断的种种弊端，应该区别对待。

5.2.4　网络经济的垄断是一种竞争性的垄断

不难看出，网络经济的垄断性主要是由它的产品的资源特点和技术特征等决定的，特别是严酷的技术竞争，更易形成寡头垄断地位。微软在行业中的垄断地位主要也是源于技术竞争。正如几乎每一个行业都曾有过的垄断一样，而占据垄断地位的仅仅是少数甚至个别企业。因此，信息产业的垄断地位的形成主要不是源于垄断行为，而是基于技术竞争，特别是技术创新。正是在这个意义上，可以将网络中出现的垄断称为竞争性垄断，以示和传统经济中的垄断、垄断竞争相区别。同时，我们也看到这种竞争性垄断形成的主要原因恰恰在于竞争程度更高和竞争环境无障碍。就是说，竞争程度越高，垄断程度也就越高，甚至形成寡头垄断；而垄断程度越高，竞争就越激烈，创新的频率也就越快，因为垄断地位所带来的经济利润是最强有力的激励。

这种规律确实在网络经济中有着出色的表现。不过，这里的“垄断”是指垄断地位，而不是指垄断行为。竞争程度越高，处于垄断地位上的企业的更换频率就越快。企业要想占据垄断地位并维持下去，就得不断提高自己的竞争力，而提高竞争力的最有效手段是技术创新（制度创新是前提和保障）。一般来说，在技术创新频率较高的情况下，技术创新越是集中在少数企业甚至个别企业身上，就越容易形成寡头垄断，少数企业或个别企业就越容易长期占据垄断地位。反之，技术创新越是分散在多个企业，处于垄断地位的企业更换频率就越快。竞争和垄断就这样奇妙地结合在新经济的市场结构中，形成了竞争性垄断这种特殊的市场结构。

处于竞争性垄断的企业而言，生产同类数字产品的企业数量虽然较少。但是，同时还存在着一些潜在的竞争者。但始终有一个或几个技术领先者占据着市场的主要份额。虽然垄断的态势已经形成。不过谁能占据寡头和垄断的位置的不确定性非常大，高度的竞争特别是技术创新可能随时导致这个位置被置换，即处于竞争性垄断市场结构的垄断位置的置换率非常高。产品高度差异化给企业创造了更多的生存空间。但是，随着这个市场的规范程度的提高，标准化的实行会降低产品的差异化程度，由此可能导致竞争更加集中于技术的某一点上，从而加剧竞争的激烈程度，提高创新的频率。在新经济条件下，市场的份额是由创新的频率决定的，谁创新出消费者认可的产品，谁就会占据市场的主要份额。然而创新一旦停滞，其市场地位就可能被其他创新者替代，从而失去主要的市场份额。也就是说，技术使得竞争呈现扁平化。处于竞争性垄断位置上的企业对价格的控制程度，主要取决于消费者的价值判断和对价格的敏感程度等条件，而不再像传统经济里的企业垄断价格，主要由企业的市场垄断地位（如市场份额）和政府管制造成。根据信息技术功能与价格比的摩尔定律，不仅整个信息产业的价格变化规律与传统产业不同，而且每一个信息生产企业的定价规则也不同于传统企业。由于信息生产企业产品的平均成本递减没有边界限制（不考虑硬件），所以企业不可能愿意维持边际成本定价和平均成本加成定价的原则，因为这样做的结果将导致产品价格越来越接近于零（这样市场就会最终崩溃），企业采取的是对不同消费者实行差别对待的歧视性价格，定价策略主要是根据不同消费者的价值判断和对价格的敏感程度，以此来提供不同的产品和获取更大的定价空间。即对价格敏感的消费者实行较低的价格，以满足其基本需求功能为目标；对于那些价格敏感度较低的顾客，可以实行较高的定价，以满足其多方面需求的目标。事实上，不仅可以对不同的消费者实行歧视性价格，而且还可以对同一消费对象实行不同时期和不同产品层次的差别定价。这样，在网络经济中，当价格不再主要由市场的垄断地位和政府管制等传统因素决定时，传统的垄断概念就失去意义，为信息市场的竞争性垄断所替代。

竞争性垄断市场结构发生在网络经济条件下，即高度的市场竞争加上最快速的技术创新及各个方面的全方位竞争。在竞争性垄断市场结构条件下的高度竞争和传统经济的充分竞争的含义在某些方面有所不同。充分竞争存在于完全竞争的市场结构中。它通常表明：没有政府干预和其他阻碍市场竞争机制的因素，企业数量很多，产品同质，进退自由，每个企业都是价格的接受者。而竞争性垄断市场上的高度竞争，则表明在技术不相容性定理的作用下，其竞争的激烈程度是传统经济不曾有过的，要么胜者全得，赢家通吃，占据垄断地位；要么被淘汰出局，作为一个潜在的竞争者。在这里，技术是唯一的决定因素。此外，企业可以针对不同的消费者的需求层次实行差别定价。所以，高度竞争与充分竞争存在某些不同之处。保持全方位高度竞争的必要条件是行业进退基本无障碍和政府无不正当干预行为。现在，只要有市场前景看好的先进信息技术，就不存在资金的进入障碍，美国的硅谷就云集了大量的风险投资公司在等待投资项目，美国的风险资本一直是技术创新的催化剂。在市场经济发达的国家里，政府管制不断放松，政府行为越来越规范，力争和市场机制保持一致。各国政府目前正把主要注意力放在反托拉斯和培育市场竞争机制上，努力清除妨碍竞争的各种障碍。所以，除了技术因素外，信息产业的进入将不会存在其他无法克服的障碍，这就从根本上保证了高度竞争的存在。与新古典经济学的垄断均衡模型不同的是，处于竞争性垄断市场结构位置上的信息生产企业不仅不能通过限产和提高价格的方式来获取经济利润，而且还必须以不断提高产量和降低价格的途径来维持生存。信息经济的高固定成本、低变动成本的特点，表明了它的平均成本具有无穷递减的趋势（如果不考虑硬件，就接近于零）。因此，只有不断增加产量，才能不断降低成本。在不断降低成本的同时，也只有不断降低价格，才能保持有利的竞争地位和防止潜在的竞争者进入。此外，还可以看到，一个网络的价值取决于它的节点数量。即它的顾客越多，销售量越大，它的价值也就越大。反之，如果只有一台传真机或一台电话，那么它的价值就等于零。所以，对于网络经济的竞争性垄断市场结构来说，由于，网络的外部性（网络效应）和消费者对产品的预期等因素的作用，高度的竞争和高度的垄断往往奇妙地结合在一起。

竞争性垄断市场结构具有“可竞争性”和“可垄断性”双重特征。当一个行业处于垄断（只有一个企业）或寡头（仅有少数几个企业）状态时，如果该市场进入绝对自由，即进退基本无成本，加之存在潜在竞争者的进入“压力”，使其价格等于边际成本，那么该市场就可以被称为可竞争性市场。如在没有航空管制的一些航线上就是典型的可竞争性市场。这里，首先，借用“可竞争性”来说明竞争性垄断市场结构的特征。在新经济的竞争性垄断市场结构中，由于不存在政府管制，市场进入和退出一般是自由的，无障碍的；而且，需求更为细化，网络效应和消费者预期对产品的影响更为深刻。市场即使存在微软之类的垄断者，潜在的竞争者也会使他们不敢有丝毫松懈，必须时刻保持不断创新的发展势头以满足不断变化的需求，否则就会被淘汰出局。所以，这个市场即使存在垄断态势也不同于传统经济的垄断含义。其次，还可以比照可竞争市场的定义，把竞争性垄断市场结构称作“可垄断性市场”。所谓“可垄断性”，是指在产业标准化的规范下，由于技术的市场不相容性，决定了一种产品的生产只能存在一种技术，因而拥有该技术的企业必然形成垄断态势。总之，竞争性垄断这种新的市场结构的出现，打破了现有经济学在传统经济条件下对市场结构理论的认识，增加了微观经济学和产业经济学在新经济条件下对市场结构理解的一个新思路，从而导致传统的市场结构理论在新经济条件下已经不再起作用。换言之，传统的市场结构理论已经不能解释网络经济环境中的价格均衡问题。于是，可以进一步从供应方得出这样的结论。

（1）竞争性垄断市场结构之所以是有效率的，就在于它能保持高度的竞争。在这里，垄断既是竞争的结果，又是进一步竞争的起点；垄断不仅无法遏制竞争，反而会使竞争程度加剧。因为在成熟的市场经济条件下，除了技术外，不存在任何其他妨碍有效竞争的不可逾越的障碍。当技术竞争成为唯一的起决定作用的竞争形式时，高额垄断利润的刺激会使企业长期保持对垄断地位的高度激烈的竞争。这可以从当代信息技术更换频率的不断加快和变化中观察到。

（2）竞争性垄断市场结构最有利于创新。创新即技术进步也应该是一项判别市场结构优劣的主要衡量指标。因为竞争可以提高效率，降低成本，但却不一定采取技术创新的路径（当然，制度创新和管理创新也同样可以提高效率）。技术创新是一个社会进步的基础。在完全竞争条件下，由于企业规模较小，难以应付投资规模巨大的新经济产业里的技术创新。而且从以下的数据也可以看出这一点，根据欧盟下属联合研究中心公布的 2018 年度全球企业 R&D 研发投资排行榜（EU Industrial R&D Investment Scoreboard），2017 年华为已经以 104 亿欧元超越苹果（95 亿欧元），排名全球第六、中国第一，也是当年唯一进入 TOP 50 的中国企业。从 2004 年至 2018 年，华为研发投入呈跨越式增长，坚持每年将 10%以上的销售收入投入研究与开发。2018 年华为更是以超过 10%的年研发投入比，超越苹果，占据了榜单第五名。

反之，竞争性垄断市场结构占尽了技术创新的优势，如它的竞争程度是最激烈的，激烈的竞争是企业技术创新的动力。同时，在高度竞争条件下形成的垄断态势又可把它的企业规模做大，从而为技术创新提供密集有效的人力和财力支撑；垄断态势还可以通过对该行业的经济收益的“独占”来激励企业进行技术创新，形成技术创新的社会氛围和历史潮流。可见，只有在新经济中，企业才真正具备技术创新的动力和能力。总之，竞争性垄断市场结构既有竞争的优点，同时也具有垄断的效应。能够为“竞争性垄断市场结构最适合网络经济”这一论点提供实证分析证据的，是信息经济市场上的“大吃小”“小吃大”“快吃慢”“赢者通吃”等系列来自现实的对竞争效率现象的描述和有力刻画。它们从一个侧面反映出该市场结构所具有的竞争的激烈性和创新的快速性等所导致的高效率和快节奏特点。

因此，网络经济从供给的角度所呈现出来的是一种寡头垄断的局面，但是运行的却是激烈的竞争机制。

5.3 网络经济下市场结构呈现出的新特点

5.3.1 垄断和竞争统一于创新

首先，网络经济中垄断和竞争的程度都比传统经济中强化了，垄断是竞争过程中必然出现的现象，贯穿整个竞争过程，在生产过程中垄断和竞争统一于创新。因为传统产业的竞争是在二维平面上进行的，网络经济中企业之间的竞争是在多维空间上进行的。前者垄断和企业的大规模、标准化生产相连，相应的市场需求是统一的、稳定的，产品的开发周期和生命周期都很长，市场份额稳定，在市场份额上你多我少，争夺激烈，市场份额一向是反垄断法针对的焦点。20 世纪初以福特生产流水线为代表的大规模生产模式把创新的任务从企业家和工人的手中分离出去，专门由“象牙塔”里的科学家来承担，导致创新和生产的分离，而垄断厂商对创新更是不感兴趣。网络经济中虽然也有市场份额的竞争，但市场份额是不稳定的，厂商面临的是多元化的细分市场，产品的开发周期和生命周期都很短，所以从基础研究到应用研究再到开发研究可以在同一个人或者同一代人手中完成，这就不难理解为什么网络时代出现那么多“知识资本家”。“知识资本家”的出现，使生产过程的创新日益重要，创新从“象牙塔”的实验室回到了生产车间，为了取得垄断地位就必须创新，为了保持垄断地位更要不断创新，所以 1999 年美国总统经济报告中反复强调反垄断不能阻碍创新。对于像航天工业这样最具有创新的行业之一，反垄断更要谨慎，1997 年联邦贸易委员会批准波音和麦道合并，就是基于对创新的分析，“因为分析显示，麦道的技术已经落后，对波音和海外的竞争者已经不存在竞争压力，因此波音公司获得的不是减少竞争和通过一个技术先进的企业使麦道的资产合在一起更好地使用”。也就是说在竞争对手失去竞争力的时候并掉它，并不降低竞争程度，也不属于强强合并，对麦道公司而言，合并可以使技术创新。由于网络经济中“供给创造需求”规律的作用，厂商可以通过开发一种新产品、开辟一个新市场来树立垄断势力，避免和竞争对手针锋相对，某一维度上的垄断迫使对手在别的维度上创新。信息产品生产厂商尤其在产品的差异性上竭尽全力，三十年代美国经济学家张伯伦强调的产品的差异性是垄断的原因之一，今天得到了印证，而产品的差异性体现了同类产品在质量、品种、档次、款式、设计、包装等方面的创新竞争，例如，同一软件产品可以有十个方面的差别，微软的垄断是建立在对产品的不断技术创新基础上的。传统经济中的垄断是对产品市场的垄断，企业规模大是前提。网络经济中的垄断是对产品的技术标准的垄断，企业规模大是消费者货币投票的结果，要维持这种结果，必须在竞争中不断创新。创新竞争中，即使是一个垄断者，创新仍然可以发生。垄断者的竞争对手就是它自己，尤其在某些竞争激烈，知识和技术含量高，R&D 资金大的行业，例如，医药行业，垄断者也是精力旺盛的创新者。而且成功的创新竞争倾向于把市场份额和定价权力集中到成功的创新者手中，所以垄断和竞争统一于创新。而且网络经济中的“合作性竞争”，导致跨越国界的企业战略联盟、虚拟企业的形成，这是垄断的新形式，目的是更好地竞争。所以垄断和竞争是统一的。

其次，在市场上垄断和价格竞争相统一。（在生产过程中和创新竞争统一）“竞争地定价要求企业对自己产品的价格有某种控制”，它要求企业的产品有自身的特殊性，以便和其他产品相区别，实际上要求市场上任何一个企业都或多或少地拥有垄断力量。所以垄断和市场价格竞争是统一的。

再次，从大企业和中小企业之间关系趋向合作可以看到垄断和竞争的统一，工业时代的观念是大企业拥有垄断地位，中小企业多意味着竞争强度大，大企业把中小企业吃掉，以扩大规模，树立垄断地位，以此类推，发展下去中小企业都不存在了，都是大企业的天下了，但中小企业始终存在并发展着。中小企业发展快的重要的原因之一是大企业和中小企业之间由对抗性竞争（水平竞争）转为合作性竞争，中小企业的生存环境有了大的改善，中小企业之间的竞争也表现为合作性竞争，意大利北部的中小企业之间，硅谷的创新型中小企业之间都是相互合作的，所以中小企业数量的增多并不代表竞争强度加大。

5.3.2　市场结构呈现出“新寡头垄断”格局

市场的运行是由需求和供给双方共同推动、相互作用而形成的，现有和潜在的各个参与方在市场中所处的地位及对市场运行的影响程度决定了市场结构。具体来说，市场结构是指产业中厂商之间及厂商与消费者之间关系的特征和形式，其中心内容是竞争和垄断的关系。理论上，市场结构的基本类型包括完全竞争、完全垄断、寡头垄断及垄断竞争。完全竞争是经济学构想的一种理想的市场竞争状态，完全垄断是只有一个卖方的市场，也即某种商品的生产和销售完全由一家厂商所控制，没有直接的替代品与之竞争。完全垄断和完全竞争是市场结构的两个极端，而介于这两者之间的，更具有现实意义的是寡头垄断和垄断竞争，前者更多保留了完全垄断的特征，而后者则具有更多的竞争性。在衡量一个产业的市场结构时，市场集中度指标是使用最广泛的一类计量指标，它主要包括绝对市场集中度、相对市场集中度、赫芬达尔指数等。但是，对于网络产业而言，仅仅使用这些指标对其市场结构进行解读是远远不够的，更需要了解在网络效应的作用下，市场结构呈现出的新特点及其背后的经济动因。

对许多网络产业而言，高固定成本、低边际成本的特殊成本结构及直接/间接网络效应的共同作用，引发了需求方规模经济与供应方规模经济，临界容量的门槛和正反馈作用机制使网络产业的市场结构极易产生偏向。理论上，随着时间的推进，这些因素的共同作用有可能会导致“赢家通吃、输家出局”的独家垄断。但是，由于网络经济是一种新的经济形态，仍处于不断演进的动态发展过程中，技术进步和持续的创新使永久的垄断成为不可能。此外，政府对于独家垄断导致的效率损失有所担忧，因而不断采取各种反垄断政策延缓这种“垄断化”趋势的蔓延。因此，在现实中，往往观察到网络产业一方面呈现出一些寡头垄断的结构特征，而另一方面又与传统的寡头垄断市场结构存在一些差异。传统意义上，寡头垄断的市场上有少数企业，它们之间互相依赖，企业的价格或产量的任何变动都会影响其竞争对手的利润，并且每家企业都会意识到自己的行为变化可能引起竞争对手的反应。垄断寡头需要根据对手的决策制定自己的决策，竞争与合作并存。在众多网络产业中，由于网络效应的作用机制，确实存在厂商之间的市场份额与利润悬殊的现象，市场上的主导者往往只有几个，它们之间的战略性行为比比皆是。但是，由于消费者的异质性偏好，因此尽管强弱悬殊，但是一些市场份额很小的厂商仍然存在，因而市场上整体的厂商数量并不一定很少。针对这种特征，称之为“新寡头垄断”市场格局。在具有较强网络效应的产业中，存在明显的市场份额和利润分布不均的情况。主导厂商的市场份额远远高于其他中小厂商，拥有庞大的用户网络，他们所生产的产品有更多的互补产品选择空间，给消费者带来更大的效用。相反，那些市场份额微不足道的厂商拥有的用户网络很小，互补品的品种有限，可供选择的范围小，能给消费者带来的效用也较小。

5.3.3 市场主导地位不等于不正当竞争

网络经济环境下，自由进入并不一定导致完全竞争。在网络效应显著的市场中，如果已经有多家厂商存在，则新厂商的进入并不会对市场结构产生显著的影响。尽管消除进入壁垒可以促进竞争，但它并不会显著影响市场结构。因此，政府试图通过消除进入壁垒进而改变市场结构的努力往往是徒劳的。在网络产业的不兼容均衡中，即使自由进入市场的条件成立，也会出现不对称的市场份额和利润分布。自由进入的条件虽然允许数量众多的厂商进入市场，但并不能消除主导厂商的高额利润。原因在于，厂商的主导地位和高度集中的市场结构并非一定来源于串通合谋、设立进入壁垒、威胁等不正当竞争行为，而往往是网络经济下市场均衡的自然特征。那么，是否存在改进均衡的可能性呢？回答是肯定的，那就是转换为兼容条件下的均衡，这样就能够实现更高的消费者剩余和总剩余。然而，反垄断的法律和政策并不一定能促成这个目标的实现，因为厂商对其独立研发设计的产品或系统，通常都会寻求知识产权的法律保护，造成产品不兼容的状况出现。

在网络效应的作用下，市场结构容易产生偏向，出现数量较少的行业领头羊，占据了绝大部分的市场份额，大厂商与小厂商的实力悬殊，强弱差异大。但是，如果将市场主导地位与不正当竞争手段画上等号是十分不科学的。网络效应会造成“强者愈强，弱者愈弱”，少数大厂商“独占鳌头”“一枝独秀”成为网络产业的常见现象，而非偶然例外。因此，市场主导地位的取得并非必然基于不正当竞争手段的使用，需要具体问题具体分析。网络效应引发的市场结构新特点，也给政府反垄断的公共政策提出了新的挑战，这一点在“微软垄断案”中得到了突出体现。微软的 Windows 操作系统软件和 IE 浏览器在全球市场取得了主导地位，关于微软是否采用了不正当竞争手段的问题引起了学者的极大争议。例如，美国的经济学者和政府智囊团对微软持有截然不同的态度。以麻省理工学院的 Franklin Fisher 教授为代表的经济学家认为，微软确实使用了不正当竞争手段获取并维持自己在浏览器软件市场的垄断地位，因此应重罚微软；以纽约大学的 Nicholas Economides 教授为代表的经济学家则认为，微软的垄断地位并非来源于不正当竞争手段的使用，因此不应责罚微软。同时，美国、欧盟、韩国等国家对微软案的不同判罚也体现了各国政府和司法机关对于网络经济下垄断与不正当竞争问题的不同理解。对于政府而言，如果不加区分地对所有市场份额巨大的主导厂商采取“一刀切”的管制方法，必将会事倍功半、适得其反。

5.3.4 “垄断”形式多元化

网络产业的市场结构呈现出“垄断化”的趋势，大厂商往往拥有巨大的市场份额和庞大的用户基础，“垄断”的形式也趋于多元化。例如，一个垄断厂商，既可能是一个独立垄断者，也可能是一个联合垄断者。所谓独立垄断者，它与传统意义上的垄断相似，指的是厂商在某一个产品市场上拥有绝对的主导地位和市场势力。与之相对的联合垄断者，指的则是一个厂商在主产品和若干个互补产品市场上都占据主导地位，主产品和互补产品的结合可以形成一个系统产品。以微软为例，它不仅以 Windows 产品在操作系统市场上独领风骚，还凭借 Internet Explorer 在网络浏览器市场上占尽主导，形成在操作系统市场和浏览器软件市场的联合垄断。表面看来，“联合垄断”类似于厂商的“相关多元化”策略，都是厂商通过一定的方式，将触角延伸到关联产业及产品，以实现利润最大化。但是，两者之间至少存在两点差异。

（1）二者涉及的产品不同。相关多元化涉及的是关联度较高的相关产业；而联合垄断的产品一定是互补品，并能共同形成一个系统。以海尔为例，它以生产冰箱起家，然后进行相关多元化，将生产延伸到洗衣机、手机等电子电器产品，这就是典型的相关多元化，而不是联合垄断，因为这些电子电器产品之间并不存在互补性，也无法构成一个系统产品。

（2）二者的经济动因存在一定的差异。厂商采取传统的“相关多元化”策略，一般是为了实现范围经济，即一个企业同时生产多种产品的总成本小于多个企业分别生产这些产品的成本之和；而联合垄断则是通过间接网络效应的作用，实现消费者效用和支付意愿的增加，从而达到扩大用户群、巩固垄断地位的目的。我们已经知道，网络效应可以分为直接网络效应和间接网络效应。直接网络效应直接来自消费者需求函数的相互作用，间接网络效应则间接受到与产品相关的互补产品数量和质量的影响，产品的效用取决于互补产品的品种多少、质量好坏和价格高低。为了达到巩固自身垄断地位的目的，厂商就需要给消费者提供质量稳定、种类齐全、价格合理的互补产品，因此他们往往会运用不同的方法，实现联合垄断。

随着技术进步和新产品的不断出现，不同厂商的市场地位始终处于动态变化的过程中。

市场主导者的市场势力并非坚不可摧，而是时刻面临着潜在竞争者和创新者的威胁。网络产业垄断者与传统垄断者的一个很大的区别就在于，如果不进行不断的技术创新，垄断者很难长期垄断市场。在新的动态竞争环境中，大企业的高市场份额往往是不稳定的，技术标准的改变和技术范式的转换，往往会导致企业市场地位发生变化，这使得在位厂商常常面临巨大的竞争压力，并促使其不断进行技术创新。

本章小结

互联网时代的市场结构理论同传统经济学有本质性的区别，以往那种反垄断的方法已经不再适用于互联网企业。本章介绍了互联网企业竞争与垄断呈现出的新特征，指出互联网经济下垄断性市场结构形成的必然性，为学生了解网络经济下市场结构的新特点提供了新的理论基础，并能运用本章知识分析当前垄断性互联网企业的热点问题。

复习思考题

1. 简述网络企业在竞争中所体现的新形式。
2. 简述互联网企业垄断形成的原因。
3. 简述网络经济下垄断呈现出的新特征。
4. 试分析网络经济下市场结构中垄断与竞争的关系。

案例分析

微软垄断案时间表及其后续发展

（资料来源：根据网络资料整理）

1997 年 10 月，美国司法部指控微软垄断操作系统，将浏览器软件与 Windows 操作系统软件非法捆绑销售。

1998 年 10 月，经过美国司法部指控微软垄断操作系统，将浏览器软件与 Windows 操作系统软件非法捆绑销售，反垄断案正式立案。

2000 年 1 月 13 日，比尔 · 盖茨宣布辞去微软公司总裁兼首席执行官的职务，并任命史蒂夫 • 巴尔默作为他的继承人。

2000 年 4 月，联邦法官托马斯 · 杰克逊称，根据搜集到的证据证明微软公司的确存在垄断行为。

2000 年 6 月，上诉法庭推翻托马斯 · 杰克逊法官对浏览器案件的裁决，微软躲过被拆分的命运。

2000 年 8 月，杰克逊法官因违反司法程序、向媒体泄漏案件审理内情而被解职，库雷科特琳被任命接替杰克逊，全权负责对微软反垄断案的审理。

2000 年 11 月上旬，在库雷科特琳法官力促下，微软和美国司法部达成妥协。妥协条件是微软同意个人计算机制造商可以自由选择 Windows 桌面、公开 Windows 软件部分源代码，使微软的竞争者也能够在操作系统上编写应用程序。

在 19 个起诉微软的州中，有 9 个州决定反对司法部与微软的协议条件，明确表示继续进行这桩旷日持久的官司。

在欧盟，反垄断案调查最初集中在 Windows 98 及后来的 Windows 2000 服务器市场垄断上。

2002 年 4 月 22 日，比尔 • 盖茨亲自出庭为微软辩护，试图使公司免于 9 个州的司法部部长提出的严厉的反垄断制裁方案。这是盖茨在长达 4 年的微软反垄断案审理过程中首次出庭作证。这 9 个州要求微软把网络浏览器和媒体播放器应用功能从 Windows 操作系统中剥离掉，为个人用户提供一套 Windows 基础版。

2002 年 4 月 23 日，比尔 • 盖茨在反垄断案听证会上表示，微软公司无法允许 PC 制造商和消费者选择 Windows 操作系统应该捆绑哪些软件。

2002 年 4 月 24 日，比尔 • 盖茨首次承认，微软有可能会为个人计算机用户提供一套 Windows 简装版本。

针对这样一个具有里程碑意义的案件，美国司法部打出了“推动创新”的旗号。在杰克逊做出分割微软的判决前夕，当时的司法部部长雷诺表示，对微软采取反垄断行动是为了创造竞争环境，以增加消费者的选择。这种观点得到不少反垄断问题专家的赞同。美国布鲁金斯学会反垄断问题专家罗伯特 • 利坦认为，在美国的绝大部分行业中，创新是最重要的推动力，因此，微软一案必须具有开创先例的价值。美国著名经济学家、“新增长理论”的创立者保罗 • 罗默同样支持对微软采取反垄断行动。

可以说，能否保持创新的活力是美国经济能否继续领先于世界的关键，因此美国反垄断政策的重点逐步从维护价格竞争转向促进创新也就不足为奇了。官司并未到此结束，美国本土、欧盟、韩国、日本等国对微软的起诉一直延续至今。

1. 美国加州多个城市政府起诉微软公司滥用垄断地位

2004 年 8 月 27 日包括旧金山和洛杉矶在内的美国加利福尼亚州多个城市政府联合对微软公司提出起诉，控告其滥用在个人计算机操作系统领域的垄断地位，对商品制定不合理的价格。

原告律师之一丹尼斯 • 埃尔雷拉说：“这是妨碍正常竞争的掠夺行为，损害了消费者和纳税人的正当利益。我们必须通过法律途径，寻找合适的解决办法。”微软发言人斯泰茜德拉克表示，公司方面尚未就此案进行彻底研究。但她同时强调：“我们珍惜与各城市之间的关系，一直以十分有竞争力的价格向顾客提供出色的软件。”

2. 韩国裁定微软涉嫌利用垄断进行不正当竞争

尘埃落定，韩国公平贸易委员会（KFTC）判定微软在韩国的商业行为违反了公平贸易法及相关法规，对其处以 3 200 万美元的罚款。

KFTC 要求微软在判定宣布 180 天内针对韩国市场推出两个版本的 Windows 系统，其中一个版本必须剔除 Windows Media Player 和即时聊天软件，另一个版本可捆绑前述软件，但必须提供下载竞争对手相关软件的网页链接。KFTC 的判决有效期为 10 年，第一个 5 年过后，微软每年可以申请针对市场环境的变化，对该判决进行复核。

KFTC 对微软的调查源于 2001 年韩国门户网站 Daum 对微软提起的反垄断诉讼，2004 年，Real Networks 公司也针对 Windows 捆绑 Media Player 的行为提起了类似诉讼，KFTC 趁此扩大了调查范围，同意向后者支付 7.61 亿美元了结反垄断官司，Real Networks 随后表示，将撤回在韩国和欧洲向微软提起的反垄断诉讼。11 月，微软又付出 3 000 万美元与 Daum 达成了和解。但是微软“破财”却没有达到“消灾”目的，KFTC 坚称对微软的调查不会受上述和解协议的影响。

此次韩国的判决对微软而言可谓雪上加霜，欧盟判定微软在 Windows 中捆绑 Media Player 的做法违反了反垄断法，对其开出了 4.97 亿欧元的罚单，并勒令微软与竞争对手共享部分源代码，及推出剔除 Media Player 的 Windows。

3. 欧盟反垄断案微软落败

2004 年 12 月 22 日，欧洲法院勒令微软立即执行欧盟委员会于 3 月份做出的反垄断处罚，改变其商业操作模式，剥离 Windows 操作系统中捆绑的 Media Player 软件，向竞争对手开放一些软件的源代码。

2004 年 3 月，微软拒绝剥离 Windows 操作系统中的 Media Player 软件，双方长达 5 年的谈判破裂，欧盟委员会做出裁决，微软滥用其 Windows 操作系统的市场垄断地位，与竞争对手进行不公平竞争，伤害了消费者和竞争对手的利益，因此对微软处以创纪录的 4.97 亿欧元（合 6.65 亿美元）罚金，并命令其改变业务方式。

微软对欧盟的处罚表示不服，随即向设在卢森堡的欧洲法院提出上诉，以“如果执行处罚会造成严重和无法弥补的损失”为由，要求暂缓执行欧盟委员会的处罚决定，直到关于欧盟制裁的完全上诉审理完毕。

然而欧盟第二高等法院——初审法院在长达 91 页的宣判书中表示，微软未能提供足够的证据，证明执行欧盟的处罚会造成不可弥补的损失，因此驳回微软的请求。

一位曾代表业界同微软进行反垄断谈判的律师高度赞扬法官的裁决，说“这是消费者的胜利”。

微软表现出了积极的合作态度，表示将遵守欧盟初审法院的最新裁决。微软还表示将开设一个特别网站，向竞争对手公开部分秘密代码，以便他们的产品能够更好地与 Windows 操作系统兼容。

为了解决麻烦，微软从来不吝惜钱，在欧盟之前，它已经斥巨资摆平了数起反垄断诉讼。微软更在乎的是能否保护自己的商业模式——捆绑销售，这也是微软成功的关键。微软先是付清了创纪录的 4.97 亿欧元罚款，然后努力争取同欧盟展开新一轮的反垄断谈判。但欧盟官员对重启谈判并不感兴趣，表示法庭的裁决证明了对微软制裁的有效性。

除了要求暂缓执行处罚措施，微软还就推翻欧盟在 3 月做出的整个决定提出了完全上诉，这可能需要 18 个月的时间。如果微软上诉成功，那将迫使欧盟不得不进入新的谈判程序。否则，欧盟的裁决很可能在微软的其他反垄断官司中成为法律先例。

4. 微软在日本遭反垄断指控

2004 年 12 月 22 日周一，日本公平贸易委员会（JFTC）调查人员与微软律师会面，JFTC 借此机会进一步阐明了对微软在日本许可销售行为的态度，微软涉嫌迫使 PC 销售商接受一些强制性条款，要求它们保证不将微软诉上法庭。而事实上微软技术与一些日本公司开发的技术极其相似。

JFTC第一特别调查组组长Toshihiro Hara周二在邮件采访中表示，在15分钟的接触中微软代表要求JFTC阐明立场，以做好反驳的准备。周一的短暂接触之前，微软不服以上指控，称2月份的新许可协议已去除了争议条款。然而，微软在现有的协议条款中仍然保留了争议条款。据JFTC表示，双方争议的最终解决估计需要两到三年时间。Hara说："JFTC调查者的立场基本没有什么变化。"

案例讨论：结合该案例思考网络经济下的垄断与传统经济下的垄断有什么区别？

第6章　网络企业经营战略

> 学习目标
> 1. 了解网络经济下企业面临的宏观环境与微观环境。
> 2. 理解网络企业主流化战略与锁定战略的意义。
> 3. 熟悉标准竞争与战略联盟。

企业制定竞争战略的前提就是系统分析企业的竞争环境，不同行业的企业、不同规模的企业应当根据自身业已建立起来的核心能力和竞争优势，紧密结合宏观环境和市场的变化，确立其市场地位，设计或选择行之有效的企业战略，使企业在市场竞争中立于不败之地。本章旨在探索网络企业盈利原理中的共性，重点介绍主流化战略、锁定战略、标准与联盟战略。

6.1　网络经济下企业竞争的外部环境分析

6.1.1　网络经济下企业面临的宏观环境分析

企业的宏观环境是指企业生存的政治法律环境、经济环境、社会及社会文化环境和技术环境四个方面，这里用PEST加以分析。

1. P分析

所谓政治法律环境是指在网络经济环境中促进或制约企业发展的政治要素环境和法律环境。由于互联网技术打破了经济地域的限制，使得网络经济具有地域约束软化性，参与的企业可以利用互联网进行全球发展，但同时也面临着政治法律的全球化。然而经济的摩尔式发展使得传统的法律、法规的建设成果较为滞后，同时传统商业世界的地域性特征十分明显，也给法律、法规的建设带来了难度，进而网络安全难以保障、互联网避税问题突出、互联网知识产权保护难度非常大。目前，和平与发展是当今世界的两大主题，因而政治环境相对于网络经济平台上的企业而言是积极的、稳定的。相比之下，互联网平台上的法律环境则存在着更多的不确定性，这主要因为互联网法律、法规的建设相对较为滞后。

（1）在网络安全方面，隐私安全问题已经成为网民非常关注的问题，虽然，欧盟1999年就通过了《私人资料保护指南》，并与美国于2000年5月达成《信息安全港协议》，用以约束侵犯网民私人隐私的行为，但对于全球性的互联网而言，这些具有地域特点的法律、法规仍难以适应全球化的网络经济。

（2）相同的问题也出现在互联网税收问题上，并同时涉及新旧产业之间的公平竞争问题。美国最早对互联网免除销售税的法律只适用到 2000 年，后来美联邦政府又将这一征收权限下放至各州，其结果不仅是各州根本无法独立对互联网征税，而且利用互联网避税的企业增多，不再只是互联网企业的专利，一些传统厂商也开始利用互联网合理避税。可以预见，互联网税收将很快成为国际贸易谈判的话题，因为唯有国际性的协议对于规范网络经济而言才是具有可操作性的。

（3）网络上的知识产权保护问题也存在诸多争议。其中冲击最大的是传统的版权制度。虽然世界版权组织（WIPO）已针对数字作品相继制定了 WCT（WIPO 版权保护公约：WIPO Copyright Treaty）和 WPPT（WIPO 表演和影音制品公约：WIPO Performance and Phonograms Treaty）等一系列协调互联网上国际版权保护的法规，但这对于互联网上的知识产权保护仍然远远不够。

因此，各国不断制定和完善相关的政策、法律、规章、制度来规范网络经济环境下各类市场主体的经济行为，营造环境，完善政策，发挥企业主体作用，大力推进电子商务。采取以企业信息化为基础，以大型重点企业为龙头，通过供应链、客户关系管理等，引导中小企业积极参与，形成完整的电子商务价值链。加快信用、认证、标准、支付和现代物流建设，完善结算清算信息系统，注重与国际接轨，探索多层次、多元化的电子商务发展等方式。同时，制定和颁布中小企业信息化发展指南，分类指导，择优扶持，建设面向中小企业的公共信息服务平台，鼓励中小企业利用信息技术，促进中小企业开展灵活多样的电子商务活动。立足产业集聚地区，发挥专业信息服务企业的优势，承揽外包服务，帮助中小企业低成本、低风险地推进信息化。这一系列举措都将为互联网企业营造了良好的投资环境和市场环境。

2. E 分析

企业的经济环境是指企业生存和发展的社会经济状况和国家经济政策，是一个包括社会经济结构、经济发展水平、经济体制和宏观经济政策等要素的多元化系统。网络经济的直接交互性实现了个体之间点对点的直接联系，无摩擦性降低了交易主体之间的交易成本，地域约束软化性缩短了经济体之间的空间距离，敏捷型和速度型经济性提高了制造商满足个性化市场需求的程度和速度，竞争合作性增大了经济主体之间在竞争基础上进行合作的可能性，所有这些在很大程度上改变了企业所面临的经济环境，加速了经济全球化进程。主要表现在以下几点。

（1）网络经济推翻了传统的供需平衡机制。传统经济学可以概括为“供给支持需求”型经济，它的传导机制是“需求—价格—供给”，即先有市场需求，然后抬高价格，商家看到利润再扩大供给量；由于供给量的增加，产品价格下降，商家再缩减供给量，最终达到一个供需平衡的状态。但是网络经济却是“供给主导需求”型经济，即“看不见的手”努力“主流化”，它的传导机制是“供给—价格—需求”。商家通过互联网进行宣传造势，引导消费潮流，产品供给不断增加达到主流化，引起价格的下降，刺激了需求量的上升；供给量的上升又引起价格下降，再刺激需求的上升，如此循环往复，彻底推翻了传统的供需平衡机制。因此，网络经济环境下企业如果想取得市场份额，就要改变市场策略，锁定用户，努力使产品成为主流化，从而占领主要市场份额。

（2）网络经济改变了企业“收益递减规律”。由于网络经济是一种低成本、无摩擦、高效率的全新经济形态，是典型的无摩擦经济，具有收益递增的特点。因为在网络经济环境中，信息和网络系统具有特殊性，只有通过传递和交流才能实现信息共享，才能实现它们的价值，而且当信息的数量积累达到一定程度时，就会发生质的变化，从而使网络系统升值。因而，随着信息及新用户的加入，其他用户从获得的信息中获得的额外效用也就越多，边际效用呈现一种递增的规律。比如微软产品用户需要越来越多的该公司生产的产品，因为软件用户已经被锁定在某文字处理系统和排版系统上，不愿意接受新的系统，所以不断购买原系统的升级版，从而使一种产品、一项服务或一个创意取得偶像地位，随之在消费者眼中变成一种时尚，并取得主流地位。而这种主流化的产品、服务或创意能自身获得动力，从而获得递增效益。因此，企业如果想在市场上取得一席之位就要不断学习，增强核心竞争力的开发与发展。

除了具有普遍影响意义的经济全球化这一因素以外，对网络经济及其网络经济平台上的企业而言，影响较大的经济环境因素还有投资，尤其是风险投资。众所周知，以网络经济为代表的新经济的崛起，在很大程度上归功于美国发展较为完善的风险投资体系。美国学者指出，为什么新经济在美国而不在日本或欧洲启动，更重要的是因为“美国拥有别的国家没有的能投资和滋养创新活动和新企业创建活动的体系”。这一体系的核心是风险资本，它对新技术企业的发展起到关键性的作用。

3. S 分析——网络经济环境下企业社会环境分析

社会环境是指企业所处的社会结构、社会风俗习惯、信仰和价值观念、行为规范、生活方式、文化传统、人口规模与地理分布等因素的形成和变动。在网络经济环境中，企业最基本的社会环境就是网络用户和互联网。2019 年 8 月 30 日，中国互联网络信息中心发布的第 44 次《中国互联网络发展状况统计报告》指出，截至 2019 年 6 月，中国网民规模达 8.54 亿人，较 2018 年年底增长 2 598 万人；互联网普及率达 61.2%。截至 2020 年 3 月，中国网民规模为 9.04 亿，较 2018 年底增长 7 508 万人，互联网普及率达 64.5%；手机网民规模达 8.97 亿，网民使用手机上网的比例达 99.3%。

网络经济所具有的速度经济性，带来了快速的技术创新、技术扩散和互联网普及，一方面使得网络经济平台上企业的现实和潜在消费群体的规模迅速膨胀；另一方面，网络普及带来的广告、消费时尚等信息的快速和广泛传播，也在一定程度上改变着人们的消费习惯、行为规范和生活方式。而网络经济的地域约束软化特征又在事实上缩短了制造商和消费者的空间距离，在一定程度上改变了目标消费群体的地理分布。因此，对于网络经济平台上的企业而言，网络用户与互联网构成了企业最基本的社会环境，为适应社会环境的这一变化，企业有必要调整和创新已有的产品定位战略和市场开拓战略，以保持和增强企业的市场竞争能力。

4. T 分析——技术环境

技术环境是指企业所处的环境中的科技要素及与该要素直接相关的各种社会现象的集合，包括国家科技体制、科技政策、科技水平和科技发展趋势等。专家指出，当代科技发展的主要趋势是以信息技术革命为中心的当代科技革命正在全球蓬蓬勃勃的兴起，它标志着人类从工业社会向信息社会历史性的跨越。这一趋势大致表现出六个方面的特点。科学技术加速发展，呈现知识爆炸的现象。近三十多年来人类所取得的成果，比过去 2000 年的总和还要多；科学技术创新的速度日益加快，科技成果商品化周期大大缩短；各学科、各技术领域相互渗透、交叉融合；科学技术与人文、社会科学密切结合；研究与开发的国际化趋势明显加快。

科学技术，特别是高新技术已经成为经济和社会发展的主导力量。正是鉴于此，各国政府均加大了对高新技术产业，尤其是信息产业和网络经济的关注。许多发达国家制定了新科技政策，不遗余力地推动网络经济的发展，一些发展中国家（包括中国在内）也开始大力发展和扶持信息产业和网络经济。可见，无论是从技术发展趋势来看，还是从各国科技政策来看，网络经济平台上的企业所面临的科技环境都非常好，为企业提供了广阔的发展前景。

6.1.2　网络经济环境下企业微观环境分析

企业运作的生命要素有三点：技术资源、人力资源及组织资源。所以网络经济对于企业微观环境的影响也主要是影响这三个方面，从而改变了企业经营战略和经营模式。

1. 网络经济对技术资源的影响

网络经济的一大重要特点是创新性，而网络经济的创新推动型特征也带来了企业的技术创新和技术更新速度加快，技术创新成为企业维持和增强竞争力的关键。网络经济的高度虚拟性又加大了企业技术领先战略实施的难度。在这种环境下，企业已有的技术资源随时都有被竞争对手更先进的技术弱化的危险，也同样受到来自竞争对手模仿的威胁。对网络经济环境下的传统企业而言，网络信息技术对传统技术的改造和替代是不可逆转的趋势，同样面临企业已有技术资源优势被竞争对手更为先进的技术削弱的威胁。此外，企业的商标品牌、商誉、专利版权、商业秘密等这些无形资产的保护也对企业的技术资源提出挑战。网络经济的虚拟性和地域约束软化性，使得网络法制建设存在滞后现象，加大了从法律上对企业版权、专利、品牌等无形资源进行保护的难度，对于企业无形资产的维持和保护产生了消极影响。因此，如何保护无形资产不受侵害，也对企业的技术资源提出挑战。

2. 网络经济对人力资源的影响

网络经济的创新性对于企业员工思想转变、观念更新和意识变化产生了较大影响，加之互联网上铺天盖地的人才招聘信息和企业之间争夺人才的竞争日益激烈，如企业家自我创业与领导能力的提升、高管集体跳槽的危机、国际化人才短缺和跨文化的融合、薪酬与非货币化的激励机制、绩效管理和战略业务、员工工作能力脱钩等种种问题，都对企业人力资源的稳定性产生了消极影响，对企业人力资源的管理方式提出了更高的要求。

网络经济环境中的企业不仅在市场竞争中提倡以人为本，而且开始在内部管理中也强调以人为本，人才激励管理在企业人力资源管理中逐渐凸显出来。网络经济环境中技术的快速发展，使企业的“生产环节”的重要性越来越低，生产管理和质量控制变得相对容易，生产流水线的劳动力逐渐减少，而决策、营销、设计、技术开发、项目管理等专业人才的比例增加，特别是技术创新者和职业经理人的增加，都为企业人力资源的管理提出了挑战。

3. 网络经济对组织资源的影响

企业组织资源是指企业对工作任务进行分工、分组、协调，以及适应外部环境变化和内部管理要求的能力。网络经济的虚拟性和创新性，使得消费者的消费个性得到了前所未有的张扬，各企业纷纷采取如敏捷型制造等种种措施不断满足消费者的个性化需求，来争取尽可能多的顾客，提高企业产品和服务的市场占有率。在传统工业时代的主要资源是自然资源和资金，信息只是处于从属地位，某一企业的资金和自然资源丰富，生产的成本低，它就会占领市场，就是赢家。当今的网络经济时代，越来越多的企业面对激烈的全球化市场竞争，已经意识到在企业的管理活动中，不仅需要好的产品和优质服务，更需要有对多样化需求和透明的市场反应能力，而要做到这一点，就得靠丰富的信息资源和信息管理，高速网络所支持的信息流作为运行基础，创造性地开发和利用信息技术对企业的信息进行有效的管理是网络经济时代企业管理的特征。同时，网络经济改变每一个企业与外部联系和交往的方式，各个企业使用局域网、互联网、用友等办公软件对企业的资源进行系统的管理，信息的传达与管理，使得企业的组织结构成扁平化发展，这对企业自身的组织结构和组织形态提出新的挑战。在传统的企业管理方式上，组织形式是从上至下的垂直结构，即从董事长到职员方式，管理信息传递一层一层下达，这样工作效率大打折扣。在网络经济时代，伴随着纵横交错的计算机网络的应用，信息传递的准确性和速度大大提高，管理组织中原来上传下达的中层组织逐渐消失，高层决策可以与基层直接联系，基层执行者也可以根据实际情况及时地进行决策，组织形式由垂直结构向水平的矩阵式结构转变。

因此，网络经济的发展改变了现有市场的竞争环境，企业的竞争策略与竞争模式都应该随之改变。通过总结典型性互联网企业的成功之路，发现主流化战略、锁定战略、标准竞争等在企业的盈利过程中起到了至关重要的作用，本书在下面的学习中将给予详细介绍。

6.2 主流化战略

6.2.1 产品主流化的概念

在关于产品主流化的研究中，最著名的是美国学者勒维斯在《非摩擦经济》一书中对产品主流化进行的探讨。他认为“任何时候要想保持企业的生存和发展，与其落后于竞争对手进入市场，还不如对产品的前景做出高明的预测，并且在该产品尚未完善时就首家进入市场。”因此，勒维斯将产品主流化奉为网络经济时代市场竞争的主要战略手段之一。事实也证明，产品主流化的实施的确能帮助企业迅速占领市场，获得持续的盈利。

产品主流化是指互联网企业将其拥有自主知识产权的产品率先推向市场，占领大部分市场份额，形成对用户一定程度上的锁定，以获得持续盈利的一种经营策略。对产品主流化内涵的深入理解可以概括为以下几点。

（1）产品主流化是独家企业凭借技术创新，为达到主宰市场而进行的一种策略选择。其中，拥有具有自主知识产权，并且拥有竞争对手难以模仿的核心产品是实施产品主流化的前提条件。

（2）产品主流化的主要表现是市场份额这一指标。通常认为主流产品是占据市场份额50%以上的这类产品。因此，不断扩大市场份额，最终占据最多的市场份额可以看作是产品主流化的直接目标。

（3）实施产品主流化的过程中，市场份额的扩大应同时有量的增加和质的提高，即市场份额的扩大应和建立稳定的用户基础同时进行，通过形成对顾客的锁定来帮助产品主流化的实施。

（4）产品主流化的实施由于涉及用户安装基础的建立，因此先发制人、率先引发用户网络形成正反馈效应是至关重要的。正反馈效应将促进市场份额的增长进入自我加强的良性循环，使产品迅速实现更大规模的主流化。

（5）产品主流化策略的盈利主要来自后续销售。其盈利模式可以简单分为两个阶段，前一阶段是建立关键产品的用户安装基础，可以看作是对用户安装基础的投资；而后一阶段才是向这一用户安装基础出售后续互补产品以盈利。

6.2.2 产品主流化策略的实施

产品主流化策略的实施步骤可以概括为两大步骤，首先是使产品得到广泛应用，成为市场主流产品；其次是在锁定顾客的基础上，通过销售与主流产品互补的相关后续产品而盈利。其中，如何使产品成为主流产品是至关重要的，这一步骤是产品主流化实施的核心和关键。概括说来互联网企业可以运用如下措施来实现产品主流化。

1. 低价渗透

企业产品进入市场的方法在营销学者看来不外乎两种：一种是以较高的价格进入市场，争取获得较高的利润率，称为取脂定价；一种是以较低的价格进入市场，以获得较大的市场份额，称之为渗透定价。在产品主流化策略的实施过程中所运用的价格策略就是渗透定价，即以极低的价格，甚至是免费向市场提供产品的方式来获得市场份额。所以在网络经济中便有了“免费大行其道”的现象，这当然也并不是企业进行公益活动的方式，而是企业实施产品主流化的一种手段。低价之所以有如此的威力，是因为随着技术进步和技术扩散的加速，产品的同质性增强了，顾客对产品的选择不仅依赖于产品各自的特色，更重要的是在自己的经验之间做选择。正如英特尔董事长比安德鲁·格鲁夫所说的：“我们对自己的业务的看法，不应仅仅是建造和销售个人计算机而已，而是传递资讯和栩栩如生的互动式经验。”正因为经验对产品如此重要，所以以低价促进产品初次采用也是非常关键的。低价为顾客提供了获得消费经验的低成本方式，能促进产品的初次采用，帮助产品迅速流行起来。例如，当初电子邮件如果不是向用户免费提供的话，这种通信方式估计目前也不会为人们广泛使用。所以，低价渗透成为产品主流化中最常见的一种手段。

2. 率先行动

波特在其著名的《竞争优势》一书中详细论述了产业的率先行动者所具有的优势，包括确立开拓者和领导者的声誉、抢占有吸引力的市场位置，设立转换成本、选择最好的销售渠道、确立标准，等等。而产品主流化策略由于本身就是将率先行动作为前提，因此产品主流化也必然为企业带来先行者所享有的一系列竞争优势。在产品主流化实施过程中，率先行动要求互联网企业：率先进行技术创新，拥有最先进的技术；率先将产品推入市场；率先建立最大的用户安装基础；率先建立并掌握标准；以及率先从销售互补后续品中获利等。率先行动为企业带来的是更大的市场份额和更多的利润，正所谓“一步先，步步先”。即使对众多同时实施产品主流化策略的企业而言，先发制人所形成的先行者优势也是客观存在的。

3. 预期管理

消费者预期对产品主流化的影响也是十分深远的，如同预期对标准形成的影响一样，预期成为标准的技术将最终成为标准，而预期成为主流的产品也将最终成为主流产品。因此，在对消费者预期的影响方面，企业往往也是不遗余力。网络经济学家卡尔·夏皮罗等人更将渗透定价和预期管理作为标准战争中的两大基本策略，指出：“不管你在标准战争中采用什么基本战略，你都需要采用两种基本的市场策略：先发制人和预期管理。”

预期管理中最常用的手段是产品预告，即指在产品推出以前，厂商在市场上竞争性地预先告知新产品即将问世，从而诱导那些正准备购买同类产品的消费者推迟其购买，并使竞争对手的销售受到影响。产品预告往往能十分有效地抑制竞争对手的销售扩张，尤其是在产品快速更新的市场上。因为消费者总希望能买到更高性能、更好的产品。微软每每在将要推出新产品时总会采取产品预告的方式进行预期管理。但必须注意的是，在产品预告中所做的承诺务必兑现，否则将不利于企业。

4. 选择性开放

顾客在选择产品时，面对开放的产品和限制兼容的产品，他们都会毫无疑问地选择开放的、兼容的产品，因为顾客本身是拒绝被锁定的。从企业的角度而言，开放技术或标准虽然能使企业产品更有市场，但这毕竟会削弱企业竞争力，反而为竞争对手提供“搭便车”的机会。可见，开放还是控制成为一个两难的抉择。尽管如此，就企业实施产品主流化而言，选择性开放却是一个比拒绝兼容更好的选择。因为在任何兼容性决策中，厂商必然面对两个效应：一是由于开放导致竞争者增多而产生的竞争效应，一是由于开放带来用户规模扩大而产生的网络效应。由于产品主流化的实施往往在竞争者还不是很多的产品引入期，所以此时的竞争效应较弱，增强网络效应成为企业的当务之急。当然，选择性开放的兼容策略意味着不是全部开放标准，或者不是在所有时期保持开放。

5. 树立消费领袖

对于消费者的预期协调的分析发现消费者博弈的结果是可能产生两种潜在的低效率：过大惰性和过大冲动。在产品主流化实施中，企业更为担忧的是过大惰性这种低效率，即当出现一个更优越的新产品时，消费者纷纷等待别人先做出选择，从而导致滞留在目前的低级产品中。可见，过大惰性对产品实现主流化是一个巨大的障碍，因为消费者选择等待而不是创新性地试用新产品。这时，如能树立消费领袖，便能打破这种僵局，促进产品的主流化进程。消费领袖是这样一种消费群体或个人，他们的消费行为能对其他消费者产生重要的影响，并能产生某种趋于一致的压力，使其他消费者也做出同样的产品选择。正所谓“榜样的力量是无穷的”，通过树立消费领袖，有利于将产品的市场引入打破僵局，快速进入主流化进程。消费领袖通常一定是具有特殊的社会地位或社会影响力。用明星充当产品的消费领袖来进行产品推广的例子屡见不鲜，也有让政府充当消费领袖的。

6. 品牌经营

在促进产品主流化进程中，借助品牌力量也是一个强有力的手段。因为从本质上讲，品牌是销售者向购买者承诺长期提供的一组特定的利益、价值、文化和服务。品牌能引导消费者形成对产品合理的预期，产品主流化中的品牌经营可以从五个方面进行：实施多层次的品牌延伸，如将原有品牌名称用于实施主流化的产品线或产品类别。采用品牌主导的多品牌策略。进行遏制品牌衰退的品牌创新，例如增加品牌的使用机会，发现品牌的新用途等。品牌创新的成功必然会有助于产品的主流化。建立竞合式品牌联盟，联盟方式也将促进产品的流行。开展品牌的虚拟经营，依托品牌实施业务外包，进行特许经营等。虚拟经营将拓展品牌的市场份额，而品牌市场份额的扩大也是产品实现主流化的更高级方式，形成的不仅是主流产品，更是主流品牌。

6.3　锁定战略

6.3.1　转移成本与安装基础的相关定义

锁定是指由于各种原因，导致从一个系统（可能是一种技术、产品或是标准）转换到另一个系统的转移成本大到使这种转移不经济，从而使得系统达到某个状态之后就很难退出并进行转换。当系统逐渐适应并且强化了这种状态的时候，就会形成一种“选择优势”把系统锁定在这个均衡状态。如果要使系统从这个状态中退出并且转移到新的均衡状态，就必须使系统的转移成本小于转移收益。

可见转移成本与锁定之间存在着密切的联系。但是，转移成本并不是产生锁定的直接原因，它实际上是对路径依赖程度和锁定程度的衡量。当产品和技术的标准化还不健全的时候（或者说系统之间不兼容），消费者和企业如果自愿从一个系统转移到另一个系统将会面临诸多障碍，这些障碍造成了巨大的转移成本，而巨大的转移成本必然会阻止市场主体进入另一个系统。转移成本是一个动态的概念，从顾客购买产品开始到进行下一次产品转移为止，转移成本是在不断变化的。转移成本的变化趋势与转移成本的类型密切相关。比如，在信息存储和技术培训方面的转移成本，通常是随着时间的推移而增加；在产品折旧、高级的耐用设备方面的转移成本则往往是随着时间的推移而减少。因此要把转移成本放在整个锁定周期当中来进行考虑，转移成本在不同的时期是不一样的。认清这一点有利于对转移成本进行正确的测量。

这里还涉及一个关键的概念——安装基础。所谓安装基础，简而言之就是企业销售给购买者的，能够发挥锁定作用、产生转移成本的产品（或服务）。对于销售商来说，安装基础可以视作它的一项重要“资产”，之所以给资产加引号，是因为这里所谓的资产不是通常意义（即正式的资产负债表）上的为企业所拥有或控制的资源。这些资源通常归购买者所有，并且由购买者控制和使用，但是这些资源除了能够为购买者带来收益之外还可以为销售商带来可观的预期收益，销售商可以通过对安装基础的系统升级、出售相关的互补产品、垄断关键技术（如产品开发平台）等方法获取高额的收益。可见安装基础并不完全等于企业所销售的产品，虽然从实体上看指的是同一物体，但理解的角度是不同的。企业对自己产品的消费者采取怎样的策略有赖于企业对安装基础的评价，如果安装基础预计能够为企业带来巨大的收益，则企业应该协助（包括给予必要的优惠和支持）顾客建立安装基础，并且通过该安装基础不断地增加顾客的潜在转移成本，使顾客不能轻易地进行转移。因此对顾客安装基础的评价就显得十分重要，通过预计安装基础，企业可以决定以怎样的形式进行销售、以怎样的形式吸引更多的顾客。在网络经济下，信息技术的高度发达使得经济以网络的形式组织起来，那么对数字产品的生产商来说，拥有大量的安装基础不但意味着众多的用户和潜在的收益流，而且会使网络效应发挥得更充分。

转移成本用于衡量顾客被其供应商锁定的程度，因此企业在寻求新顾客的时候，需要了解其转移成本的构成，这样企业就可以针对不同的转移成本制定策略，从而协助顾客顺利实现产品的转移。其实在产品转移的过程中，不但顾客要付出巨大的转移成本，而且销售商在争取顾客的时候也需要付出成本，这两种成本之和就构成了与产品转移相关的私人转移成本。前面讲过总的转移成本包括整个社会为了实现转移而需要付出的代价，可以分为社会和私人转移成本两类：一个是私人成本，包括在最初采用的技术中所含的沉没投资、转向用新网络所需要的支出；另一个是社会转移成本，在这种成本里需要把市场主体当前正在享有的网络效应与预期从转移中可以获得的潜在网络效应进行对比。

6.3.2 销售者的锁定策略

销售者锁定策略的中心，就是要通过提高购买者的转移成本，来实现对购买者的锁定。锁定战略实施的基本步骤如下。

1. 建立安装基础

品质卓越的产品往往会在短时间内迅速建立起一个大量锁定顾客的安装基础，但是这种自然产生锁定的超群技术并不多见，而在多数情况下，企业需要依靠良好的经营管理来建立和保持一个稳定的安装基础。争夺安装基础的竞争是异常激烈的，在这个过程中企业需要花费大量的投资去争取顾客，不愿意或不能够对顾客做出让步的企业很难在竞争中占领优势。企业应该将建立安装基础的投资成本与来自安装基础的可能收益进行对比，确定对企业最有利的投资规模。企业还要计算出不同顾客的价值，并据此调整所提供的产品。

对不同类型的潜在顾客进行价值评估是建立安装基础的关键一环。因为对锁定的最终分析取决于预期收益的现值，而不仅仅是当期的财务报表。企业可以评估在一定时期内向一名顾客出售产品所获得的利润，并据此推算出此安装基础中顾客的价值。安装基础中锁定顾客的价值由两部分构成，即该顾客的转移成本加上基于产品质量和成本的竞争优势。对安装基础进行量化有助于在争夺新顾客的时候进行产品定价，要把每个已经被锁定的顾客当作一项有价值的资产，这样才能够决定应该投入多少以吸引新的顾客。在这种情况下，反映过去交易情况的财务会计报表的作用有限，重要的是把各种类型的顾客放在整个锁定周期之内进行个别分析。

当然，根据从顾客安装基础中获得的利润来指导吸引新顾客的投资策略是不妥当的，因为新旧顾客在诸多方面存在差异。一般而言，最初的用户要比后来的用户支付意愿更强，因为前者往往更需要该产品。因此，从安装基础获得的收益不宜作为评估新顾客的指标，但是却有助于确定对竞争对手的反击力度。

在完全竞争中，竞争会把价格推向接近边际成本，使超额利润趋向于零这种情况也体现在锁定中。在锁定存在的情况下，如果竞争对手之间相差无几，那么竞争会迫使企业向顾客提供非常优惠的初期条件，因此企业在吸引新顾客时会进行大量投资，这样盈利在整个锁定周期都不会超过一般的投资回报率。在建立安装基础之后所获得的可观的利润只是对建立安装基础的初期投资的正常回报，所以后来获得的利润要放到整个锁定周期进行分析比较，这时会发现锁定并没有改变传统的竞争理论，只是在形式上有所不同而已。在锁定市场中获得超额回报的策略与其他市场没什么本质区别，也是要通过产品差异化提供更好的产品或者利用成本优势获得更高的效率。不过在网络经济下的锁定市场中，为保证能够从安装基础中获得超额利润，企业必须设法增加顾客的转移成本。企业花费了很大投资才吸引到的顾客，如果仅面临非常低的转移成本，那么企业指望从他们身上获取超额利润的企图就会失败。因此对顾客的转移成本要有一个准确的估计，从而算出从顾客身上获得的期望收益及相应的初期投资。售后市场的竞争是导致转移成本下降的主要因素，因为企业的竞争对手在为该企业顾客提供服务的同时并没有给他们带来高额的转移成本。特别是在网络数字产品领域，仿效者往往把产品设计得使转移成本最小，这对企业试图建立稳定的安装基础是一个严峻的挑战，因为市场份额与锁定之间并不存在某种必然的联系。

2. 如何利用安装基础赚取超额利润

在企业初步建立了顾客安装基础之后，紧接着就是要培养他们对品牌的忠诚度，确立产品在他们心目中的地位。这需要对企业与顾客的关系做出规划，通过影响顾客的转移成本规模，提供增值的信息服务等方式进一步密切两者的关系。由于互联网的发展和信息技术的进步使得市场定位更加方便、有效并且经济，这导致信息查找、评估和学习使用新产品的转移成本大幅度地下降，因此人为地增加转移成本就显得很有必要。比如网络公司常常采取会员注册制度，并把会员分成不同的等级，然后针对不同的等级给予不同的优惠。这样顾客在更换品牌时所放弃的优惠就构成了一项重要的转移成本。这些人为的忠诚顾客计划可能会把传统的市场转变为锁定市场。

在销售方企业建立了具有转移成本的顾客基础之后，接下来就是要充分利用它所拥有的垄断地位向其所建立的安装基础销售互补产品，此外，企业还可以向其他的销售商出售接入自己安装基础的机会。

（1）销售互补产品。对安装基础销售互补产品是销售方企业利用安装基础的最主要形式。甚至在有些情况下，企业建立安装基础的主要目的就是要销售它的互补产品，因为对于部分产品而言，它们的互补产品往往是企业利润的主要来源。比如，电信企业为了大规模地建立安装基础，竟然不惜成本免费赠送通信设备。其中的原因就在于企业清楚地知道它的利润来源主要在于其互补产品——通信服务的收费，在建立安装基础过程中的花费是能够通过互补产品的销售来予以弥补的。因此许多企业都积极地以各种优惠方式把顾客锁定在某种产品之中，从而通过销售利润很高的互补产品来获取盈利。顾客购买了产品之后就可能被锁定在对该产品的互补（或辅助）产品或服务的购买上。比如，大型耐用设备的维修，软件程序的升级或功能扩展都属于这种情况。所以在锁定市场中竞争的企业都试图去扩大这些锁定互补产品的范围以压倒对手。这种向安装基础销售互补产品的策略经过众多成功案例的证实被认为是有利可图的，而且也是切实可行的；另一方面，这种策略实际上还增进了卖方与顾客的关系，有助于企业产品品牌的进一步确立。

由于数字产品所特有的成本结构使得产品价格与边际成本的比率很高，因此企业可以通过占领其互补产品的市场达到获利的目的，也就是说不一定要靠来自这些产品本身的垄断价格去获取利润。至于互补产品本身是否会导致锁定并不影响本策略的运用。充分利用安装基础出售互补产品的典型案例就是微软公司，它在销售运行于 Windows 操作系统上的应用软件时就有效地做到了这一点。微软虽然垄断着 Windows 操作系统软件的市场，但是它没有利用这一点从 Windows 操作系统软件的销售中获取垄断溢价，事实上正相反，Windows 操作系统软件的价格一降再降。其中原因就在于微软意识到如果它能够通过操作系统的销售建立一个庞大的顾客基础，那么它就可以利用销售互补产品——应用软件（当然是运行在 Windows 操作系统中的）的手段赚取更大的利润。实践证明，应用软件的销售不但给微软带来丰厚的利润，而且进一步确立了 Windows 操作系统的统治地位。那些能够成功地提供和销售具有吸引力的互补产品组合的公司将会在锁定市场中占有极大的优势，因为它们可以利用互补产品的优势为其主要产品设计更具竞争力的销售条件。在这种情况下，买卖双方的关系不再是一个零和游戏的博弈。只要互补产品不比独立企业生产的产品差，顾客还是会愿意从销售主要产品的企业那里购买互补产品。一般来说，多数顾客更倾向于一次性购买，因为无论是在购买、安装还是使用上完整性好的产品往往既经济又方便。在规模经济的作用下，拥有庞大顾客基础的公司就可以提供更便宜的互补产品。销售互补产品的策略加剧了企业在主要产品市场上的竞争，因为谁能够在主要产品市场占据优势，谁才可能拥有一个庞大的安装基础，所以这种竞争无形之中增加了拥有安装基础的价值。不过，对一个已经拥有相对稳固安装基础的公司而言，提供互补产品也是大有裨益的，一方面可以最大化安装基础的价值，进一步确立主要产品的市场地位；另一方面顾客也从互补产品的购买中得到了不同程度的好处。可见，只要运用得当，销售互补产品将会是一个双赢的策略。

（2）出售接入安装基础的机会。除了销售互补产品的策略之外，企业还可以向他人出售接近自己顾客的机会。这种交叉营销不但进一步发掘了安装基础的价值，而且密切了商业伙伴之间的关系。大部分网络公司都已经开展了此项业务，比如在公司主页上出售广告位置，建立超级链接等。

6.4 标准竞争与战略联盟

6.4.1 标准简介

标准就是参与游戏规则的一组参数。标准的特性就是“开放”，是一个多方游戏，具有“公平、合理、非歧视性”的特点。全世界有数百个标准设定实体，最大的就是ISO组织，其中对网络经济最有影响的有国际电信联盟（ITU）、电气与电子工程师协会（IEEE）。根据制定标准机构的不同，可以分为国际标准和国内标准、官方标准和非官方标准、强制性标准和非强制性标准、书面标准和事实标准（工业标准）。

网络经济中的标准主要包括硬件标准、软件标准和信息内容标准，几乎所有的信息产品都涉及一个和多个标准。硬件标准主要指传输产品标准、组件产品标准、所有的信息基础设施产品标准。软件标准包括接口软件标准、网络软件标准等。信息内容标准是指VCD、DVD、XML、HTML、PDF、音频、视频、波段标准等，其范畴随着互联网产业链构成内容的不断创新而扩展。通信行业业内人士常说，一流企业卖标准，二流企业卖品牌，三流企业卖产品。以高通为例，高通是美国顶尖的移动芯片设计公司，其骁龙芯片系列，被广泛应用于全球安卓手机厂商。华为，中兴，联想，OPPO，VIVO都是其核心客户。由于高通掌握4G标准技术专利，全世界任何生产4G手机的公司，只要使用高通芯片，都要给高通缴纳该电子设备总价5%的专利费，否则就会被切断芯片的供应。魅族手机就是因为拒缴专利费，高通切断其芯片供应，其销售很快江河日下，渐渐消失于主流手机品牌之列。进入5G时代，华为全力研发麒麟芯片系列，2020年华为的5G技术专利位列世界第一，是全球唯一一家能提供整套端到端5G服务的公司。凭借这些技术专利，华为顺利当选全球5G标准协会主席，开始主导全球5G技术标准的制定。

6.4.2　标准对互联网企业的意义

标准竞争对互联网企业的意义是不言而喻的，它是企业能否在激烈的竞争中迅速占领市场并赚取高额利润的重要战略。①标准能够扩大企业产品的网络外部性，减少消费者消费过程中的不确定性。标准增进了兼容性和互联性，通过扩大网络对用户产生更大的价值。用户在更大的范围分享信息并且能够共享数据，减少消费者的技术风险，增加消费者的信心。②开放性的标准能够减少消费者锁定，增进消费者福利。开放性的标准，使消费者有很多的选择性，“开放源代码”便是一种极端方式。再次，标准改变了互联网企业的竞争方式，价格竞争更为激烈。由于锁定的减少，市场统一化，竞争中心从争夺市场地位转向争夺同一个市场得份额。许多品牌具有相同的功能，价格成为决定因素，同时降低了产品差异化的程度，价格竞争更加强烈。③标准使互联网企业从系统竞争转向组件竞争，技术领先企业均保持独家扩展功能。不兼容的产品之间，是系统总体性能的竞争，但是在兼容的系统，生产商可以通过出售最好或最便宜的组件获得业绩。在具有普遍接口标准的市场中，专业制造者兴旺发达，在缺乏兼容的市场中，多面手将获胜。但众多供应商都有独家开发扩展功能的动力——保持向后兼容。拥有独家知识产权的企业往往保留部分权利，同时需要保证网络效应不会由于不兼容而丧失；这样做的目的在于能够利用前期标准平台建立起的网络效应从后期的独家扩展业务上获取超额垄断利润。

标准对互联网经济的诸多参与者来说，利和弊是同时存在的，本书从消费者、互补品的生产者、替代品的生产者、标准技术领先者与原来的市场占有者、创新者几个角度来分析一个行业的标准对市场各方产生的影响。

（1）对于消费者来说，一个产品或行业如果有统一的标准，将能使消费者享受最大的网络效应、组件可以混合使用，被锁定的风险非常小。不利的方面在于：消费者的需求多样性将难以得到满足，即使该标准仍有较大改进的余地，企业也没有动力在短期内去打破它。较差的标准难以改进、重要用户不再重要、有些标准只对特殊的生产者有利。总体来说，标准对消费者利大于弊。

（2）对于互补品的生产者和替代品的生产者来说，标准的形成对互补品的生产者是非常有利的，互补品的生产者和标准完全互动、互补品的生产者将在行业产业链中具有重要地位。而标准的形成将使替代产品的生产者面临完全不同的环境，对其生存和发展是非常不利的，替代的空间越来越小。

（3）对于市场领先者来说，新标准对现在的市场占有者的来说是一个巨大的威胁，市场占有者有四种选择：完全封锁新技术，拒绝接入；推出自己的新一代设备，并且向后兼容；和新标准联手，利用原有的品牌和市场及原来的版权，获得收益；若很难从新标准中获得收益，将选择破坏新标准的形成。

（4）对于创新者来说，标准会扩大市场规模，创新者欢迎标准的形成。但是，当标准形成以后，创新者的利益将会发生变化，具有优势的创新者将寻求独家扩展功能，市场进入新一轮的竞争。

6.4.3　网络企业间的战略联盟

在网络经济的标准竞争中，由于竞争广度的扩大化、竞争深度的纵深化、竞争平台的虚拟化、竞争方式的多样化，以及竞争过程的加速化等竞争环境特点的变化，参与竞争的互联网企业纷纷结成各种联盟，从而使竞争组织的联盟化成为网络经济平台上又一显著特点。企业战略联盟不仅是一种组织结构，更是一种提升竞争优势的手段，从价值链的角度看，企业战略联盟是通过价值链的共享与整合以获得竞争优势的合作活动。

战略联盟虽然产生于网络经济中合作竞争的客观需要，但从战略联盟的建立对互联网企业的贡献而言，它的确为互联网企业带来了成本的节约和效率的提高，因此从这一意义上讲，战略联盟的出现是网络经济和企业竞争高度发达的必然产物。具体而言，战略联盟可能为互联网企业带来如下价值。

1. 提高资源配置效率

不同的互联网企业所具有的资源是不同的、异质的，这些资源并不能完全地流动。而战略联盟的建立为企业构造了资源流动的新通道，使企业资源运筹的范围从企业内部拓展到企业外部的战略联盟，从而使资源得以在更大范围内流动，促进了资源的合理配置，提高了资源的配置效率。

2. 降低交易费用

①联盟组织之间的知识共享有助于提高成员的理性，以减少由于有限理性而产生的交易费用。②联盟各方往往会投资于专用性资产，例如，供应链联盟中的生产者将专门为特定的采购者进行设备投资。资产专用性的提高一定程度上锁定了交易双方的关系，并减少了交易费用。③正是由于交易关系的相对固定，联盟组织内的企业便减少了交易的不确定性。尤其是在供应链联盟中，频繁发生的交易使交易各方更愿意以联盟的形式来稳定关系，减少交易费用。

3. 分散企业风险

互联网企业在网络经济市场的经营往往会面临许多可预知和不可预知的市场风险，而战略联盟的出现使企业能够在一定程度上分散这些经营风险。如在企业标准联盟中，支持某项技术标准的企业结成联盟，这其实就是为了防范技术发展的不确定所带来的风险。因为在技术创新加速的当今社会，一旦企业所采用的技术不能与现在和未来的标准相兼容，企业的损失将会是巨大的，不仅需要承担巨额的沉没成本，还需要花费大量的投资重新建立与标准兼容的技术范式。因此，企业之间为规避技术采纳中的风险，往往便会结成标准联盟、技术联盟。由此可见，战略联盟也成了企业规避经营风险的一种制度选择。

4. 增强核心能力

聚合不同的异质的核心能力是企业战略联盟形成的动机之一，而之所以认为战略联盟能增强企业核心能力也是基于这种认识，即不同的核心能力能在战略联盟中形成协同效应，反过来又能促进企业核心能力的增强。一方面，战略联盟所形成的合作关系使企业能够更加专注于其核心能力，而将其并不擅长或者说做得并不是最好的业务外包出去。另一方面，战略联盟能以“知识联盟”的形式共享技术创新成果，这必然也能增强企业核心能力。

5. 扩大网络正效应

在网络经济时代，由于网络外部性的存在，企业战略联盟的形成便增加了一个新的动因。为获得更多的用户安装基础和引发正反馈，同行业甚或是不同行业的企业组成了各种形式的战略联盟，以共享扩大了的网络效应。这往往成为企业新产品入市的一种有力手段。例如微软在2001年10月向中国推广它的新产品“Windows XP”时，就与联想、TCL、清华同方、长城这四大国内计算机厂商建立了联盟，让这占据国内家用计算机 60%市场份额的四大厂商全面预装 Windows XP。这不仅轻松确保了 Windows XP 顺利进入市场，而且使 Windows XP 有了一个大规模的用户安装基础保证，成为主流操作系统也只是时间问题。可见，以扩大网络外部性而建立的战略联盟主要是为了共享市场和用户，获得来自市场的需方规模经济。

6.4.4　标准竞争中的战略联盟实施

在网络经济的标准竞争中，由于竞争广度的扩大化、竞争深度的纵深化、竞争平台的虚拟化、竞争方式的多样化，以及竞争过程的加速化等竞争环境特点的变化，参与竞争的互联网纷纷结成各种联盟，从而使竞争组织的联盟化成为网络经济平台上又一显著特点。战略联盟的形成增强了企业抵御市场风险的能力，有助于企业在标准竞争中增加竞争力。尤其当企业处于既不拥有标准，又没有较强大的用户安装基础这一弱势地位时，与其他拥有标准或拥有强大用户安装基础的企业结成联盟，将非常有助于弱势企业在市场站稳脚跟。当然，战略联盟不仅仅是弱势企业寻找市场支柱的重要方式，更多的时候它是优势企业之间强强联合的重要选择。在标准竞争中，企业间结成战略联盟主要有以下几种方式。

1. 标准联盟

在网络经济平台上，围绕产业标准互联网企业展开了激烈的竞争。为了在标准竞争中处于有利地位、争取更多的支持，产业中掌握核心技术、产业标准的企业和一些支持这些技术和标准的企业一起组建起战略联盟，共同确立产业标准、推动标准化的实施，这就形成了标准联盟。如 20 世纪 90 年代初期，围绕 Unix 操作系统标准，形成了以 AT&T 公司和 IBM 公司为代表的两大竞争性标准联盟。这类标准联盟的形成使不同标准之间的竞争转化为不同联盟之间的力量对比，更强大的标准联盟往往将使其支持的标准在竞争中的胜出。当然，当产业内只存在唯一的产业标准时，标准联盟的建立也是有意义的。它将形成一种示范效应，起到鼓励标准采用的作用，促进产业内的标准化进程。

2. 研究开发联盟

研究开发联盟和标准联盟一样，都是属于技术联盟的一种，它是企业之间为减轻研究开发的投入负担、分散技术创新面临的风险，而集结资金等资源组成联盟，进行联合技术创新方面的研究。在网络经济时代，技术更新的加速使科学研究的规模也是呈指数函数增长，研究与开发的国际化趋势明显加快。这些都使得研究开发联盟大量出现。例如，微软和中国一些高校、科研所共同建立的微软中国研究中心就是这样一种开发研究联盟。

3. 技术转让联盟

作为技术联盟的又一种形式，技术转让联盟是互联网企业之间通过采取技术转让协议和交互许可协议等形式而组建起来的一种战略联盟。技术转让联盟通常是在技术扩散阶段形成的，其目的也是为了通过技术转让和许可，迅速扩大技术的生产规模，扩大用户安装基础，以使该技术成为产业内的标准。技术转让联盟是拥有同类产品的不同专利技术的企业之间的结盟，专利技术的捆绑式许可是这类联盟建立的前提条件，而使组合成的专利技术群得以成为行业标准则是联盟的根本目的。

4. 价值网联盟

价值网联盟是用数字化供应链的业务模式，将不同企业之间紧密联系起来的一种战略联盟形式，它包括了动态联盟和虚拟企业等具体联盟形式。该类联盟应用因特网构建起了企业之间高效的数字化供应链。联盟企业在创造价值和传递价值的过程中都是低成本和高效率的，这种价值网上各环节的高效率经过协同，就能达成一种对顾客的实时响应，并能以更个性化、柔性化的方式响应顾客需求，这也即形成了通常所说的动态联盟、虚拟企业，成为标准竞争中一种高效的业务模式。

本章小结

互联网企业从产生到壮大，总能寻找到具有一定共性的发展路径。本章概括了互联网企业面临的宏观与微观经济环境，介绍了互联网企业的主要经营战略。通过本章的学习，要求学生掌握主流化战略、锁定战略、标准战略等内容，将网络外部性等理论与互联网企业的经营战略相结合，能够分析互联网企业盈利的基本原理。

复习思考习题

1. 简述网络企业的主流化战略及其实施意义。
2. 简述转移成本的定义。
3. 简述锁定战略应当如何实施。
4. 简述标准对互联网企业的重要性。

案例分析

腾讯公司的发展历程

（资料来源：根据网络资料整理）

1998年11月12日马化腾和他大学时的同班同学张志东正式注册成立深圳市腾讯计算机系统有限公司。当时公司的主要业务是拓展无线网络寻呼系统。在公司成立当初主要业务是为寻呼台建立网上寻呼系统，这种针对企业或单位的软件开发工程可以说是几乎所有中小型网络服务公司的最佳选择。早在1997年马化腾接触到ICQ并成为它的用户，他亲身感受到ICQ的魅力，也看到了它的局限性：一是英文界面，二是在使用操作上有相当的难度，这使得ICQ虽然在国内使用得也比较广但始终不是特别普及，大多限于网虫级的高手圈。马化腾和他的伙伴们一开始是想开发一个中文ICQ软件，然后把它卖给有实力的企业，腾讯当时并没有想过要自己经营需要投入巨额资金而又不挣钱的中文ICQ。当时是一家大企业有意投入较大资金到中文ICQ领域，腾讯因此写了项目建议书并且开始着手开发设计OICQ，到投标的时候腾讯公司没有中标，这才决定自己做OICQ。

1999年互联网在中国全面展开，OICQ独特的离线消息功能和服务器端信息保存功能，在实用性上击败了只有本地保存功能的ICQ。1999年年底OICQ的注册用户达到130万人。

1999年2月10日腾讯自主开发了基于因特网的即时通信网络工具——腾讯即时通信tencent instant messenger，简称TIM或腾讯QQ。同时正式推出QQ99 b0210与无线寻呼、GSM短消息、IP电话网互联。从那一天起，QQ开始改变国人的沟通方式。同年11月QQ用户注册数突破100万次。2000年6月，经过腾讯公司和深圳联通公司双方的努力，在深圳联通公司移动新生活服务首批推出的10 000张STK卡中嵌入了移动QQ菜单，这使该服务使用起来更为方便快捷。在该卡中移动QQ服务包括发送信息、查询信息、查询好友状态、通过不同的条件查询腾讯QQ用户等功能。2003年8月18日，QQ游戏开始试运营，第一天的最高同时在线人数仅为100人，而2019年腾讯仅《英雄联盟》这一单款游戏最高在线人数就达到了750万人，QQ游戏成为国内最大乃至世界领先的休闲游戏门户。2003年9月QQ用户注册数上升到2亿人次，9月9日腾讯公司在北京嘉里中心隆重宣布推出企业级即时通信产品腾讯通RTX，标志着腾讯公司作为中国第一家企业即时通信服务商进军企业市场。

2005年9月腾讯公司提出了新的战略构想——基于QQ、QQ游戏及QQ3G移动门户几大平台的面向在线生活产业模式业务。10月27日QQ 2005正式版在北京发布，"丰富""安全""交流""个性""整合""文化"六大特色功能再次成为国内即时通信产品发展的风向标。11月13日《QQ幻想》同时在线人数突破50万人。《QQ幻想》是腾讯公司历时2年完全的自主研发、自主运营的大型卡通角色扮演多人在线网络游戏。自2005年10月25日下午3点全面启动公开测试。公测当天同时在线人数突破13万人。此后在线人数持续攀升，于11月13日中午12:50分同时在线人数突破50万人。同时《QQ幻想》被列入新闻出版总署评定的第二批"中国民族网络游戏出版工程"。2006年1月腾讯公司网络游戏入选"适合未成年人的网游产品"。1月25日《QQ幻想》和《QQ宠物》入选文化部第二批"适合未成年人的网游产品"。这是继2005年8月腾讯公司《QQ堂》等4款网络游戏入选第一批"适合未成年人的网游产品"以来，腾讯公司倡导绿色网游生活的理念再次获得社会及政府的肯定。腾讯公司于11月16日推出《超级旋风》，于12月7日推出《QQ医生》。

2007年7月13日，腾讯QQ同时在线人数突破3 000万人，这个数字的突破证明了中国互联网行业的飞速成长。10月15日第一家由国内互联网企业自主建立的研究机构——腾讯研究院正式挂牌成立。2007年11月腾讯创始人团队获"2007年中国优秀企业公民奖"，这也是中国互联网行业在本届中国优秀企业公民评选中获得的唯一奖项。2008年1月"2007中国网上零售年会"在北京举行，腾讯财付通以安全便捷的支付服务和领先的市场占有率获得"最受B2C商户信赖支付平台奖"。

2008年3月12日腾讯公司QQ同时在线人数突破4 000万人，再跨新台阶。2008年6月，在"商界论坛2007最佳商业模式中国峰会"上，腾讯公司因为"企鹅"平台战略模式开拓了一条商业与环境的和谐之路，实现了市场、产业的健康发展而荣获"2007年度最佳商业模式奖"。2009年2月9日，腾讯公司QQ同时在线人数再跨新台阶，突破5 000万人。截至2009年2月19日，QQ空间的月登录账户数突破2亿人，继续保持了全球最大互联网社交网络社区的地位。2009年4月17日，QQ 2009版本终于揭开了神秘的面纱，在刷新了腾讯的一系列开发纪录后完成了最后一厘米的惊艳亮相。这也是迄今为止中国互联网史上历时最长、规模最大、开发周期最长的产品。这个被业界誉为"IM市场分水岭"的经典版本采用了全新的内核设计，甚至前所未有地在腾讯公司拥有专门的研发代号——Hummer。7月腾讯公司授权专利总数突破400项，成为全球互联网行业拥有专利数量最多的企业之一，比肩于 Google、Yahoo、Aol 等国际互联网巨头。2010 年 3 月 5 日 19 时 52 分 58 秒，腾讯 QQ 同时在线用户数突破 1 亿人，这在中国互联网发展史上是一个里程碑，也是人类进入互联网时代以来全世界首次单一应用产品同时在线人数突破 1 亿人。

2011 年腾讯公司推出微信，仅用 14 个月时间微信就拥有了超过一个亿的注册用户。2016 年，从月活跃账户数量来看，微信已经超越 QQ，成为腾讯公司乃至中国互联网的用户最多的应用。这也是微信自 2011 年 1 月 21 日问世以来，第一次在体量上超越 QQ。

截至 2019 年 12 月 31 日，通信社交方面，腾讯的微信和 WeChat 合并月活跃账户数为 11.648 亿，2018 年同期为 10.976 亿，同比增加 6.1%。QQ 月活跃账户数为 6.47 亿，2018 年同期为 6.998 亿，同比减少 7.5%。游戏方面，2019 年第四季度，腾讯公司网络游戏收入增长了 25%，达 302.86 亿元。该项增长主要来自《和平精英》、*PUBG Mobile* 和 Supercell 的游戏收入贡献。增值服务方面，财报显示，2019 年腾讯公司增值服务业务收入同比增长 13%，收入为 2 000 亿元。

案例讨论：结合腾讯公司的成功之路分析网络企业的盈利原理。

第 7 章　网络经济下的产业分析

> 学习目标
> 1. 掌握网络产业的定义与运行规律。
> 2. 理解网络产业与传统产业的关系。
> 3. 理解互联网企业对传统产业转型的重要意义。

网络作为一种信息技术手段，需要与传统产业的良好结合才能发挥最大的作用。网络不仅仅催生了一些新兴行业，同时传统意义上的市场将面临多方面的突破和改变。本章在界定网络产业的基础上，分析了网络经济向传统产业渗透的表现形式，进而对利用网络经济带动传统产业结构升级的原理进行了详细的探讨。

7.1　网络产业的界定与运行规律

7.1.1　网络产业的界定

网络产业的内涵非常复杂，而且在这个群体里，每一个个体都是千差万别。早期网络产业的研究主要包括铁路、公路、电力、电话等有形的物理网络，关注重点在于研究这些行业的规模经济、自然垄断特征及影响、网络的有效利用及成本的分摊等。从 20 世纪 80 年代起，随着 AT&T 电信网络的分割，美国电信业引入了竞争，同时随着信息通信技术的飞速发展和虚拟网络的兴起，网络产业研究的重点逐渐转向网络之间的兼容性、标准、转换成本、网络外部性等网络产业的特征研究。

“网络产业”并非网络经济时代出现的新名词，传统经济社会既已有之，所不同的是它的内涵和外延。近代以来，人类社会发生了三次大的科技革命，每一次科技革命中都会产生一些新的网络产业。工业革命前能够称得上“网络产业”的大概只有运河和公路，第一次工业革命后增加了铁路等网络产业，第二次工业革命后又增加了电力供应、电话电报、石油输送等网络产业，网络产业的范围不断延伸，但这些网络产业还谈不上是现代意义上的网络产业，而是具有网络特点的基础设施产业。真正现代意义上的网络产业的出现是第三次科技革命以后的事，第三次科技革命中产生的计算机技术为现代网络产业的诞生奠定了技术基础，计算机和互联网的结合开拓了网络产业的新领域。从网络产业的发展历程可以看出，随着网络产业外延的扩大，其内涵变得丰富而复杂。

对于网络产业的界定，学者们见仁见智。有仅从传统意义上界定网络产业的，如姜春海认为网络产业一般是指从技术经济特征出发，需要有形或无形的固定物理网络来传输其产品或服务的基础设施产业，主要包括煤气、铁路、自来水、电力、邮政等产业。肖兴志、陈艳利把网络产业称为网络型产业，并定义为“需要固定物理网络来传输其产品和服务的基础设施产业”。有从广义上对网络产业进行界定的，如罗仲伟认为具有网络性质的产业就是网络产业，通常网络产业有很高的固定成本（如计算机微处理器或操作系统的研究与开发、交通网络的建设等）和很低的边际成本（如一旦开发出来的软件、建成后的交通网和互联网等）。刘戒骄、赫丛喜认为网络产业是“在产品或服务的生产、传输、分销和用户消费等环节具有很强垂直关系，生产厂商必须借助传输网络才能将其产品或服务传递给用户，用户也必须借助传输网络才能使用厂商生产的产品或服务的产业”。并特别强调不能把网络产业中的网络仅理解为互联网。刘中华、周洁如认为具有网络外部性的产业就是网络产业，不仅包括以数字技术、宽带技术和无线通信技术为基础的计算机硬件和软件行业、网络游戏行业、电信行业等，甚至还包括具有物理网络特征的产业，如航空、电力、铁路等基础设施产业。

本书要研究的既不是传统意义上的网络产业，也不是广义上的网络产业，而是作为网络经济产生和发展基础的网络产业。书中的网络产业是指以网络技术为物质基础，以网络为依托，以提供信息服务、电子商务等中介服务为主要内容，由网络催生的相关产业组成的新兴产业群体。这些新兴的产业群体主要包括以下部分。

（1）IEP（Internet equipment provider），即互联网设备供应商，主要提供互联网的设备如路由器、服务器等网络设备，包括作为上网设备的个人计算机，如思科、英特尔等。

（2）IAP（Internet access provider），即互联网接入供应商，也称为 ISP，是用自己的服务器、交换机和软件提供个人用户与互联网连接服务的企业，如美国在线、中国电信等。

（3）ITP（Internet technology provider），即互联网技术服务商或 ASP（application solution provider），即应用解决方案供应商，它们是向接入互联网的用户提供硬件技术、软件技术及服务技术的企业，包括提供操作平台的微软和提供网络翻译软件的金山公司等。

（4）ICP（Internet content provider），即互联网内容提供商，是网上信息和内容的集成者和提供者，如新浪、雅虎等门户网站和搜索引擎。

（5）EC（Electronic commerce），即电子商务企业，是运用互联网进行经营的企业，它们之中的佼佼者有网上书店亚马逊、拍卖网站 eBay 等。

网络产业和信息产业、知识产业既相互联系又有所不同，网络产业是以产业赖以生存的载体分类的；而信息产业和知识产业则是以产业资源来分类的，信息和知识都是关键的核心资源。信息产业是从事信息技术设备制造及信息的生产、加工、存储、流通与服务的新兴产业部门，由信息设备制造业（硬件业）和信息服务业（软件业）构成。知识产业是一类为他人或者自己所用而生产知识，从事信息服务或生产信息产品的机构、厂商、单位、组织和部门，有时是个人和家庭。国外经济学家将知识产业分为教育、研究与开发、通信媒介、信息设备、信息服务五大类。可见，知识产业的范围要广于信息产业，知识产业包含信息产业。网络产业主要是以信息和知识的生产、传递与交流为主要形式的产业，网络产业既是信息产业的一种具体形式，也是信息产业的重要组成部分。信息产业的发展程度在很大意义上决定了网络产业的发展程度，没有信息产业作为基础，空洞的网络产业是很难发展壮大的。网络产业的发展反过来又为信息产业、知识产业的发展提供新的契机，快速便捷的传输方式——互联网是信息产业、知识产业进一步发展和提升的助推器。

7.1.2　网络产业的运行规律

1. *成本递减和收益递增规律*

与农业经济社会和工业经济社会以土地、劳动力、资本等有形要素为主要投入不同，网络经济社会以知识、信息、技术等无形要素为主要投入。无形要素与有形要素相比有显著不同的特征（见表 7–1），由此决定了以无形要素为主要投入的网络产业显示出与以有形要素为主要投入的传统产业不同的成本收益规律。有形要素具有稀缺性、消耗性、不可再生性、不可共享性等特征，因而是有限的，随着有形要素的持续投入，生产的边际成本是递增的而边际收益则是递减的。土地是大自然赋予人类赖以生存的物质基础，但土地的数量是有限的，随着对单位土地的追加使用，开发土地的成本将越来越高而土地的“边际生产力”却不断递减；劳动力受到自身生理的局限，劳动生产率提高的程度也是有限的；随着资本持续的投入，生产成本不断攀升从而资本收益是逐步递减的。有形要素的弱渗透性和弱增值性使得有形要素在生产过程中往往不具有外部经济效应或者说外部经济效应不强，这就进一步限制了以有形要素为主要投入的生产过程中报酬递增作用的发挥。传统的农业经济和工业经济基于有形要素的这些特征，经济运行中普遍存在的是成本递增和收益递减规律。相比之下无形要素由于具有可共享、可再生、可重复使用、可低成本复制等特征，因此不受资源稀缺性的约束，随着无形要素的持续投入，其平均成本和边际成本是急速递减的，甚至会下降为零，相应的以无形要素为主要投入要素的产业及产品也必然表现出收益递增的特征。无形要素的强渗透性和累积增值性，使得无形生产要素在生产过程中具有很强的外部经济效应，这就进一步强化了无形要素在生产过程中所表现出的收益递增特征。

表 7–1　无形要素与有形要素的比较

特性	要素类型	
	无形要素	有形要素
稀缺性	非稀缺性	稀缺性
消耗性	非消耗性	消耗性
再生性	可再生性	不可再生性
共享性	可共享性	不可共享性
渗透性	强渗透性	弱渗透性
增值性	强增值性	弱增值性
典型代表	知识、技术、信息等	土地、劳动力、资本等

2. *网络互补性和网络外部性规律*

网络是由互补的节点和链构成的，网络最鲜明的特征就是节点和链之间的互补性及不同节点之间的互补性，孤立的节点或链是不能称其为网络的。节点和链是网络的基本组件，具有网络特性的产品或服务需要多个组件的同时参与，这些组件之间的互补性衍生了网络产品的协同价值。网络产品的价值是自有价值与协同价值之和，自有价值是网络产品给消费者带来的基本效用，与用户数量无关；而协同价值随着用户人数的增加而增加，这种现象被称为网络外部性。

网络外部性在本书第 2 章中已经重点分析过，它是网络经济运行的核心规律，也是网络产业最为显著的特征，对网络产业的市场结构、企业行为和经济效率的影响都很大。当一种产品对用户的价值随着采用相同的产品或可兼容产品的用户增加而增大时即为网络外部性。从网络外部性的来源看，网络外部性有直接网络外部性和间接网络外部性之分。直接网络外部性是指网络产品使用者人数的增加直接带来产品价值的增加，如电话、传真机、E-mail、微信等都具有直接网络外部性。直接网络外部性是由消费者之间的相互影响带来的，一个新用户的加入增加了网络产品对原有用户的价值，而原有用户的存在也增加了产品对新用户的吸引力。间接网络效用不是由于网络产品使用者人数增加直接带来的，而是由于产品使用人数增加导致互补品供给量的增加和价格降低从而间接增加产品的价值。如计算机硬件和软件构成的系统，当某种类型的计算机用户越来越多时，就会激发更多厂商为此类计算机开发与之兼容、配套的软件，从而可供消费者选择的软件范围扩大，且多家厂商的相互竞争会导致软件的质量提高、价格降低。从网络外部性的经济影响来看，网络外部性有网络正外部性和网络负外部性之分。尽管多数文献在讨论网络外部性时只关注网络正外部性，但并不能因此而否认网络负外部性的存在。如网络拥塞就是一种能够抵消网络正外部性的网络负外部性，以 E-mail 为例，使用 E-mail 的人数越多，E-mail 这种通信方式的价值就越大，这是网络的外部正效应；但如果很多人同时发 E-mail，超过网络的承载量，就可能导致邮件发不出去或发送延迟，这是网络的外部负效应。网络外部性也可以被称为网络效应，大多数学者对两者不加区分，但从严格意义上来说，网络效应的含义要宽于网络外部性的含义。网络效应既包括网络成员间相互影响引起的价格效应，又包括非价格效应。

3. 高转移成本和锁定规律

网络经济社会消费者一旦选择了某一网络产品或技术，就很难再转移到其他的产品或技术，因为从现有网络产品或技术中退出选择新的产品或技术将遭受巨额的转移成本，既有私人转移成本又有社会转移成本。私人转移成本包括已经花费在旧产品或技术上的培训和学习费用及即将花费在新产品或技术上的培训和学习费用、已购设备及其互补资产（如相关软件）的投资、更新设备及其互补资产的费用等；社会转移成本则取决于市场主体当前正在享有的网络效应与预期从转移中可以获得的潜在的网络效应的对比。当消费者在有新的产品或技术可供选择时却因转移成本的阻碍而不能选择，锁定状况就发生了。锁定是与转移成本紧密相连的一个概念，网络经济时代锁定的普遍发生是与高昂的转移成本分不开的，不管是大公司（如贝尔大西洋公司）还是个人（如拥有电话号码的人）都可能成为锁定的“阶下囚”。锁定的本质是用户将来的选择会受到现在选择的约束。更换到新的产品或技术意味着用户在旧产品或技术及其互补资产上的投资在很大程度上将沦为沉没成本，特别是当新旧两种产品或技术完全不兼容时，这些投资会完全沦为沉没成本；更换到新产品或技术还意味着放弃原有的关于旧产品或技术的操作知识和经验，重新学习和训练有关新产品或技术的操作知识和经验。如此种种构成的转移成本足够高时，用户即使不满意现有的产品或技术也不愿意选择其他的产品或技术，因为转换所获得的收益不足以补偿转移成本，高转移成本为新产品或技术替代现有的产品或技术设置了一道较高的壁垒。影响用户当前选择的因素是多方面的，消费者偏好、消费者预期、销售商策略、制度安排甚至某一随机的偶然事件等都会影响到用户的现期选择，所以锁定的结果是不确定的，锁定的产品或技术既可能是最优的，也可能是次优的甚至是较劣等的。QWERTY 键盘而非 DVORAK 键盘在当今社会的广泛使用就是次优技术被锁定的经典事例，因为 DVORAK 键盘被认为设计更合理，更有利于使用者提高打字效率。

4. 临界容量和正反馈规律

与传统经济社会存在唯一的稳定均衡不同，网络产品的市场存在着多重均衡，究竟是何种均衡能够生存下去，要依赖于临界容量，经济学家通过实证研究发现网络增长面临着启动问题，只有超过临界容量的网络才能够生存下来。临界容量是维持网络增长的最小网络规模，是企业盈利和亏损的分水岭。一旦某一网络产品或技术的用户人数超过了临界容量，就会产生自我增强的正反馈机制，即随着用户规模的增加，该产品或技术的价值上升，从而吸引更多的用户采纳该产品或技术，该产品或技术就更具价值。而那些用户人数没有达到临界容量的产品或技术则在正反馈机制的作用下价值进一步降低，用户规模进一步减少，甚至被迫退出市场。正反馈并不是网络经济时代的新事物，但网络产业中在供应方规模经济和需求方规模经济的共同作用下形成超强的正反馈效应。工业社会中基于供应方规模经济的正反馈有自然限制，超过一定点以后规模经济耗尽，负反馈开始发挥主导作用；网络产业中的正反馈不仅基于供应方规模经济，而且更多地基于需求方规模经济。与供应方规模经济不同，需求方规模经济在市场足够大的时候不会分散，正反馈的作用也就更强烈更迅速。正反馈既是一个良性循环的过程，成功孕育着更大的成功；又是一个恶性循环的过程，失败诱发更大的失败。“强者更强”的另一面不可避免的是“弱者更弱”，“赢者通吃”的另一面理所当然是“输家出局”。网络效应下的正反馈机制在本书中已经阐述：产品使用的人越多，产品越是普及，越能吸引更多的用户，产品对用户来说也就越来越有价值；随着产品使用人数的减少，产品的价值逐步降低，从而产品会被更多的用户所抛弃。

7.2 网络经济对传统产业的影响

网络不仅仅催生一些新兴行业，而且还是一场社会全局性的大变革。这种变化不仅仅局限在 IT 业，而且是所有产业都难以幸免的。网络经济对市场的影响是多方面的，传统意义上的市场将受到多方面的突破和改变。

7.2.1 传统产业网络化的必然性

（1）网络经济改变传统意义上的市场。

① 突破地区市场、国家市场的有限范围，使其不受地理位置的限制，而把市场扩大为全球化市场。它使一地、一国的市场变成世界市场，同时也使区内外、国内外的市场融为一体，成为不出地区和国门就能操作的市场。

② 网上交易促进无形市场的发展形成，使人们不必去传统的有形的市场，就可以完成信息收集、分析比较、购买决策、购买行动、购后评价等整个过程。无形市场职能将部分取代有形市场，实现有形市场向无形市场的转化。

③ 提高市场特别是商品市场和金融市场的效率，这是与信息技术的发展所引起的信息流通和信息处理能力的加速相联系的。

④ 增加了销售市场内部的竞争，包括企业之间的竞争，以及银行与企业之间控制与反控

制的斗争，丰富的信息资源将成为企业之间竞争的焦点。

（2）网络经济极大地推动生产力的发展。

信息技术产业是网络经济的支柱性产业，信息技术是生产力的重要因素，它使供给与需求密切地联系起来以更好地适应和满足各方面的需要，减少无需求的盲目供给。生产领域广泛地采用网络技术会扩大企业的生产能力，加快生产的高度自动化，最大限度地调节原材料和生产能源的合理配置，减轻劳动强度，提高产品质量，网络经济强化了效益提高的程度，从根本上为提高劳动生产率和节约物质、能量、能源消费提供可能性。与网络经济相联系的经济效益，一方面来源于劳动生产率的提高，它能引起竞争能力提高和出口创汇增加；另一方面节约消耗的效应，为节约能源和资源创造机会，从而为进一步提高劳动生产率创造了条件。

（3）网络经济使企业管理成本下降，劳动投入减少并趋向于合理化。

网络经济挑战着传统的企业扩张理论。现代企业具有规模扩大化的趋势，这主要是因为规模扩大会降低管理费用；另外，规模经济是工业化时代竞争的一个重要战略手段。网络经济则使市场由有形转为无形，信息传递速度加快。由于越过市场中介，管理成本将大大减低；由于信息传递加快，信息处理效率提高，信息越集中越积聚，其有效性越发挥作用，这就会导致经济组织管理方式的集中化。同时，在互联网上，由于信息系统的建立和运转，较难形成束缚，又导致经济组织管理方式的分散化趋势。这两种趋势形式上是矛盾的，实际上是统一的。这就导致这样的结果：今后管理中真正起作用的将是高层领导和基层单位，而中间环节在组织管理中的地位和作用将会大大削弱，这也使管理成本大大下降。

网络经济会使劳动投入减少，也会使劳动投入合理化。无论是专业化程度高的劳动，还是操作单纯的劳动，网络经济过程中信息技术的传播使人和特定劳动的依赖关系变得淡薄。网络经济信息一方面使劳动者就业时间和就业形态的自由度扩大了，另一方面也使劳动者积累的经验和技能神秘化。网络经济的发展一方面使劳动者就业机会急剧减少，尤其是那些带有危险性和有害健康的职业，另一方面也创造了新的就业机会，尤其是高技术职业，从而使劳动者的投入趋向于合理化。

（4）网络引起市场营销的巨变。

随着现代计算机通信网络的发展，企业的市场营销环境发生了变化，消费者购买行为日趋个性化，生产者对市场机会的反应更加敏捷，生产者与消费者直接交易的可能性在增加，中介商的作用将被削弱。同时，消费者在交易中的主导权会更加突出，而生产者的市场营销战略会强调如何更方便、更及时地满足消费者的特定购买欲望。由于互联网具有开放性和公众参与性及丰富多彩的内容，吸引着越来越多的网络用户，从而导致大批商业公司竞相在网上进行营销活动。

7.2.2 网络经济对传统产业的渗透

对传统产业的广泛渗透是网络经济的重要组成部分。它包含两个部分：一个部分是计算机和网络技术与传统服务业结合形成的现代信息服务业（这是与信息产业相交叉的部分）；另一部分是传统产业中利用计算机和网络技术进行的经济活动，这个部分体现了现代信息技术对传统产业渗透的广泛性。网络经济对传统产业的渗透既包括企业内部潜移默化的信息化进程，也包括许多影响巨大的外在形式变革，因而极大地吸引了人们的注意力。

1. 网络经济向传统产业的广泛渗透

20 世纪 90 年代以来，互联网自身的规模不仅呈现异乎寻常的指数增长趋势，并且爆炸性地向经济和社会各领域进行广泛的渗透和扩张。无论是工业、流通业、金融业还是媒体传播业，无论是政府、企业还是研究机构和私人，都已深深地被卷入互联网和互联网经济之中。以前，我们说到网络经济与传统产业，总是使用结合一词，现在，则常常使用渗透，因为网络经济与传统产业的边界正在逐渐消融，网络经济如同水银落地，无孔不入，全面进入汽车、家电、石油、钢铁乃至教育、金融、保险和娱乐业，现在几乎没有哪一种行业的发展能够离开计算机和计算机网络。如果从更广阔的视角来看，网络经济正在全面地整合社会经济结构，向四个 A（anywhere 无论在哪，anytime 无论何时，anyone 无论什么人和单位，anydevice 无论任何一种装备）的方向不断地逼近。网络经济在传统产业中的应用、对传统产业的渗透有深有浅：大部分行业和企业中网络渗透较浅，一般仍采用传统的经营模式，但已广泛采用计算机和计算机网络作为重要的管理工具，而且企业内部不同部门和不同地区的分支机构基本上都是联网的。从这种意义上讲，网络经济对传统产业的渗透并非近几年才开始的，而是随着企业管理的科学化、信息化早就开始了，只不过现在处于加速阶段。网络经济渗透较深入的行业和企业，计算机和网络完全改变了企业传统的生产、销售和服务模式。在这种情况下，网络经济与传统产业的深度渗透为企业提供了无数商机，也使企业、消费者和政府等经济主体都被深深吸引。网络经济与传统产业结合的外在形式多种多样，充满了活力。各种内容丰富、更新及时的网络门户网站，提供视频点播的娱乐网站，提供网上购物、购书的电子商务网站，提供实时交易和在线服务的证券和银行网站，各门学科的教育科研网站，专业网站，远程教育，远程医疗网络站点，各级政府和各部的网站，各种企业网站，都为人们提供了许多最新、最便宜的信息服务获取途径，也为人们提供了网上聊天、影视作品观赏等许多乐趣，确实是既方便又有趣，许多人沉醉其间，流连忘返。

其实很早以前，计算机和计算机网络技术作为极其有用的运算和管理工具就进入企业的研发、生产、库存和财务管理等部门，广泛的社会和企业的信息化过程早就开始了。但那时，传统的生产、销售和服务模式与流程仍然基本保持不变，它是网络经济对传统产业渗透较浅的方式，不是本章的研究对象。近年来，以计算机和网络技术为核心的现代信息技术早已全面渗透到企业几乎所有的研发、生产和经营环节，而且完全改变了传统行业的生产、销售和服务的模式和流程，尤其是现代信息技术与传统服务业结合后形成的新型的、现代信息服务业更是焕发出新的生机和活力。这是网络经济对传统产业的渗透进一步深化的结果。网络经济对传统产业的深入渗透最常见的是以电子商务和数字化传递的方式呈现出来的：电子商务，包括各种有形物品的电子订货、付款和交货等售卖活动，它依然需要利用传统运输渠道（如邮政服务、商业快递和分销网络等）送货，主要发生于生产企业和商业企业中，一般包括企业与企业之间的电子商务及企业与最终消费者之间的电子商务。商品和服务的数字化传递，是指无形物品或者服务的订货、付款和交付等活动，包括提供各种各样的信息和音像制品、文学作品，也包括提供服务，如专业咨询、网上银行、网上证券、网上保险、网上中介、网上政府及远程教育和远程医疗等。涉及的行业部门比较广泛：银行业、保险业、中介业、媒体业、娱乐业、医疗机构、教育机构和政府部门等。这二者之间最本质的差别在于前者的信息流动和虚拟货币流动伴随着物质流动，因此，还需要依靠发达工业经济创造的物质条件，如物流配送体系的效率等。而后者只有信息流动和虚拟货币流通，没有物质流动，因此它能使交易双方跨越时空限制，直接进行交易，可以充分地挖掘全球的市场潜力。这两种网络经济与传统产业结合的形式、应用的行业领域、遇到的困难和障碍及它们的发展重点和策略都有所不同。

2. 网络经济向传统产业渗透的两种方式

以信息产业高速发展为主要特征的网络经济的发展，通过各种途径对其他产业产生了难以估量的影响。主要表现在以下两个方面。

（1）信息技术向传统产业的渗透。信息技术处于综合性、交叉性强的技术领域，作为一种综合技术，它具有很强的渗透能力，能广泛渗透到传统产业的各个部门，进行技术改造，提高产品质量，促进产品更新换代，减轻劳动强度，节约能源和原材料，提高劳动效率。信息技术向传统产业的渗透是指当一项信息技术出现后，其相应技术创新群向传统产业扩散并被传统产业采纳而产生效益的过程，这个过程本身也是信息技术导入与成长的过程，渗透的主要途径有以下几种。

①装备途径。信息技术通过为传统产业提供高效能的装备而渗入传统产业，传统产业应用信息技术对原有的设备进行技术改造，利用高效能的设备代替原有的关键设备，提供以更新工艺为目标的工序技术。

②产品途径。信息技术通过改造传统产业的生产工艺和机械产品而渗入传统产业，用信息技术改造传统产品，使传统产品功能和质量增强，技术含量提高，实现产品的升级换代，逐步使传统产品变成高技术集约的新型产品。

③管理途径。信息技术通过提高传统产业的管理水平及综合素质而渗入传统产业，传统产业将引进的信息技术进行消化吸收，充分发挥企业科技人员和管理人员的智力密集优势，把引进的信息技术同企业自身的优势相融合，从传统企业向高新技术企业过渡。传统产业呈现出三个明显的变化趋势。首先是企业中管理人员和技术人员的比例加大，生产的自动化程度提高，极大地促进了生产力水平的提高；其次是传统产品成本中信息成本所占比重不断加大，极大地丰富了产品功能，使生产部门的投入结构和产品结构发生了很大的变化；再次是传统企业积极采用 ERP 系统进行管理。信息产业的发展通过信息技术的扩散与渗透改变了传统产业的生产方式、管理方式、投入结构、产品结构等，从而软化了传统产业，改变了产业密集度。传统产业结构高度化的过程也就是产业重心从劳动密集型产业转向资本密集型产业再转向知识技术密集型产业的过程，由高物耗型、高能耗型产业向节物型、节能型产业转变的过程，由初级技术型产业向高技术型产业转变的过程，由硬型结构产业向软型产业结构转变的过程，是实现传统产业信息化、现代化的过程，从而实现经济的高速增长。产业结构高度化的主要表现，是形成了与经济发展阶段相适应的主导产业群。从历史上看，每一次大的科技革命均带来了产业变革，都造就了一批新的产业部门，使一些传统产业部门衰落。现在以电子信息理论和信息技术为核心的第三次科技革命，正带动着一批新兴产业部门的崛起，正在影响着我国的产业结构。

（2）信息产业促进了传统产业的演变。信息产业的发展，一方面使一些技术上落后的产业受到巨大的冲击，逐步走向衰退，被新兴的产业部门所代替，另一方面信息产业的发展可通过与其他产业的作用与渗透，使某些产业部门发生变化，并使传统产业部门走向成熟；再就是信息产业通过与传统产业的作用与融合，促使新的产业得以产生，使产业系统逐步走向复杂化。信息产业的发展还促使传统产业部门之间出现融合、组合等现象，使传统产业系统产生一系列的演变。信息产业加强了传统产业间的关联。信息产业是产业系统中处于顶层地位的产业群，对传统产业部门具有支配作用，从而能促使传统产业之间关联程度得到加强。信息产业的发展为传统产业的发展提供了良好的信息环境和外部环境，使得各传统产业在网络经济的大环境下彼此的关联程度提高。现代的社会化大生产要求企业间协调运作，而随着经济的不断发展，社会分工将越来越细，产业之间的协作将是一个重要的条件。信息产业的充分发展使产业部门间的协调运作更易于实现。

3. 网络化的优选产业简介

（1）在线旅游对传统旅游的不断替代。随着“互联网+”行动计划的提出，各行各业都在积极地融合互联网，互联网已然成为这个时代产业发展的标配。互联网、云计算、大数据、物联网等新一代信息通信技术，为当下传统产业变革、转型升级带来了新的发展机遇。互联网与传统旅游业的深度融合发展已成为不可阻挡的时代潮流。相关数据显示，2019 年 90%的出游游客通过网络和手机客户端进行相关数据搜索，50%以上的游客通过在线及手机客户端正式预订旅游产品。随着我国旅游市场的主力消费人群转为 80、90 后甚至 00 后的年轻人，在线旅游的市场渗透率会进一步提升。互联网的到来，为困顿中的传统旅游行业带来了一丝曙光，促使产业不断转型与升级，从而催生出飞猪、携程、途牛这些在线旅游平台的迅速发展。

（2）网上零售业将突飞猛进地发展。网络经济被认为是“直接经济”，零售业作为商品销售的中间环节，当然面临着直击。新型网络零售业通过结合线上线下以及移动渠道，在营销过程中建立和整合多种渠道，以满足消费者的多样化服务及体验需求。其特点在于：“线上+线下+物流”的深度结合，旨在为消费者提供全渠道、全方位的服务；以大数据、云计算为基础，优化零售效率；提倡顾客至上，通过数据分析以满足消费者的最大需求。可以预期的是，随着网络技术的发展，更多的网络零售商正逐步踏入市场，它们正以各种推陈出新的模式来抢攻市场，直逼传统商界的竞争对手。书籍、服装、食品、家用产品成长为最快的网上销售品。

（3）金融行业全面网络化。金融业的信息和资金传递本来就不是实体商品，传递的是一种符号，所以最易于数字化和通过网络来传递。更重要的是网络上金融服务的成本相当低廉。通过金融分行处理一笔交易需要成本 1.07 美元，自动提款机为 27 美分，而通过网络则只需 1 美分（还不到通过金融分行处理的百分之一）。但是网络金融业发展迅速，复杂的法规和安全问题有待解决。此外，软件公司如腾讯、阿里巴巴等也纷纷加入网络金融战，将它们的程序拓展至商业银行服务中。传统保险产业被一群独立经纪人所垄断，与顾客间的相互介绍为最主要的营销方法。基于这一基本特点，很难将其转型为虚拟化的企业形态。分析认为，互联网的出现势必改变购买保险的习惯，至少在相关信息的搜寻比较上，越来越多的消费者将会倾向于上网选择。

（4）电信产业将全面增值化。随着互联网上信息量急速增长，身为这些信息载体骨干的电信业将迎来发展高潮，电信产业将不限于传统意义上的电话、寻呼等业务，数据业务将是增长的重点。大型客户还需要得到长期的信息处理和咨询服务，需要增值化的服务。移动运营商服务包括四大类：移动多媒体应用、移动信息化应用、移动互联网应用、移动商业的应用。电信与其他领域的融合不断延伸着电信产业链，创造出新的行业。总之，新兴的各种网络商业模式纷纷挑战传统行业，传统行业将不可避免地发生嬗变。

7.3 网络经济对传统产业结构转型的意义

7.3.1 网络经济环境下产业的划分

20 世纪 30 年代，英国经济学家费希尔等人提出了三个产业划分的理论，后来为大多数西方发达国家所采用，作为划分产业结构的基本方法。三次产业分类是以人类生产活动的进程和经济成长理论为依据，把全部经济活动划分为三次产业。第一产业，包括农业、畜牧业、林业和狩猎业；第二产业，包括制造业、采矿业和建筑业；第三产业，包括商业、运输业、饮食业、金融业、科学、教育、文化卫生等其他事业。这种产业划分法的最大长处是，突出了第三产业在社会经济活动中的地位和作用，符合经济发展的历史趋势。在现实生活中，由于三个产业划分有一定的实用价值，同时为了便于国际比较，我国也采用这一产业分类法。1977 年，美国斯坦福大学经济学博士波拉特在研究信息产业时，在《信息经济：定义与测算》中首次提出四次产业分类法。四次产业分别是农业、工业、服务业和信息业。从网络经济的发展现实来看，四次产业分类法符合全球技术革命的发展趋势，突出了社会信息化对产业结构的积极影响，也确立了信息产业的社会与经济地位。

信息产业的出现改变了传统产业结构，信息技术凭借其广泛的和强大的渗透性，从根本上提高了传统产业的劳动生产率，节约了大量的人力、物力和能源的消耗，引起了劳动力结构、产品结构、技术结构等的变化，促进传统产业的改造，从而改变了传统产业结构。信息技术对传统产业结构的影响主要表现在以下几个方面。

（1）信息产业改变了产业结构要素。利用信息技术，人们可以更迅速、更准确地获得各种所需的信息，有可能采用新技术、新工艺和新装备来改造原有产业，提高其技术水平，促进原有生产部门和产品的更新换代并提高产品质量，甚至创造出全新的产品，提高产业结构素质。信息技术促使科学—技术—生产的周期日益缩短，新产品和新部门不断涌现，产品更新速度快，因而使得产业结构处于不断革新和迅速变动之中。由于信息技术的作用，科学技术转化为生产力的时间缩短，新产业创立和形成的过程加快，原有产业的改组和改造也加快了。信息化的结构并不是消灭一批传统产业，而是使这些传统产业以新的面貌出现在新的产业结构之中，有的甚至成为某些新兴产业赖以建立的重要物质条件之一。

（2）信息产业改变了需求结构。首先，信息技术和信息产业的发展，开拓了新的需求，挤占了市场空间，削弱了传统产业的市场地位。在一般家庭消费中，新技术，例如视、听、娱乐、数据处理、信息联系等开支增加，对传统产业的需求减少。生产消费方面，新技术产业的开发，往往并不能增加传统产业的需求。如光纤通信的发展，规模巨大，但由于是使用光导纤维，对传统的金属冶炼和加工工业等产业不会产生多大的需求刺激。其次，信息技术的快速发展，缩短了信息技术产品周期。如家用电视机从大屏幕到高清晰度，从高清晰度又到数字电视，数字电视与计算机、通信设备结合，这种产品更新换代快，花样品种多，改变着人们的消费观念。功能性消费渐渐为装饰性消费所取代，求新求异的消费心理，使人们更多地追求产品的花色品种，产品的生命周期也就更短，如现在的手机、个人计算机都有这样的特性。大批量、大规模、单一化、长周期的产品生产，已无法赶上市场的节奏。

（3）信息产业使一个国家的产业结构不断高度化、软化。产业结构高度化的主要标志：①技术基础高度化，主要表现在产业之间技术转移速度加快和新兴产业的地位不断提高，使产业结构不断向高度化的方向迈进；②技术开放高度化，科学技术成果是人类的共同财富，各国之间信息交流和技术引进变得越来越普遍，技术的开放程度越来越高，产业结构随之越来越趋于高度化；③产业结构“软化”，在信息产业的影响下，社会生产和再生产过程中体力劳动和物质资源的消耗相对减少，脑力劳动和知识的消耗增长，与此相适应，劳动和资本密集型产业的主导地位日益被知识和技术密集型产业所取代。

产业结构软化至少有两个层次的含义：①指在产业结构的演进过程中，第三产业（软产业）的比重不断上升，出现了所谓“经济服务化”趋势；②指随着高加工度化过程和技术集约化过程的发展，在整个产业过程中，对信息、服务、技术和知识等（软要素）的依赖程度加深。

7.3.2 产业结构优化的含义和主要内容

1. 产业结构优化的含义

产业结构优化是指推动产业结构合理化和高度化发展的过程。前者主要依据产业关联技术的客观比例关系，来调整不协调的产业结构，促进国民经济各产业间的协调发展；后者主要遵循产业结构演化规律，通过创新，加速产业结构的高度化演进。产业结构优化过程就是通过政府的有关产业政策调整影响产业结构变化的供给结构和需求结构，实现资源优化配置与再配置，来推进产业结构的合理化和高度化发展。

2. 产业结构优化的内容

产业结构优化一般包含两方面内容：产业结构的合理化与产业结构的高度化。产业结构合理化是针对产业与产业之间的协调与关联的加强和关联水平的提高，它是一个动态的过程。产业结构合理化就是要促进产业的动态均衡和产业素质的提高。产业结构高度化主要是指产业结构从低水平状态向高水平状态发展，也是一个动态的过程。产业结构高度化是通过产业间优势地位的更迭来实现的。产业结构合理化和产业结构高度化两者关系密切。它们是相互联系、相互影响的。产业结构合理化为产业结构高度化提供了基础，而产业结构高度化则推动产业结构在高层次上实现合理化。结构的合理化首先着眼于经济发展的近期利益，而高度化则更多地关注产业结构成长的未来，着眼于经济发展的长远利益。因此，在产业结构优化的全过程中，应把合理化与高度化有机结合起来，以产业结构合理化促进产业结构高度化，以产业结构高度化带动产业结构合理化。只有这样，才能实现产业结构优化。

3. 产业结构合理化标准

怎样判定一国或地区的产业结构是否合理，以什么标准来判定，理论界的解释不尽相同，归纳起来，大体有以下几种判别标准。

（1）国际基准。这是以钱纳里等人倡导的标准产业结构为基准，用以判断经济发展不同阶段的产业结构是否达到了合理化。这种标准产业结构是通过各国同一发展阶段产业结构的统计回归分析而得出的产业结构模型，这种模型是以某一时期的统计资料测算的。但由于不同时期经济、社会、环境、文化等方面会有所变化，这就很难使用该标准结构来判断不同时期产业结构是否合理化。虽如此，它毕竟是不同国家的发展经验和大量统计数据的回归分析而得出的，特别是在条件大体相同且变化不大和时间相近的情况下，具有一定借鉴意义。

（2）需求结构基准。这是将产业结构的合理与否定位在供给结构与需求结构的相适应程度上，不合理的产业结构意味着供给结构与需求结构不能相适应，两者适应程度越高，则产业结构越趋合理；相反，两者适应程度越低，则越不合理。在经济增长过程中，为了满足不断增长的需求，要有与之相适应的产业结构为条件，从这个意义上说，该基准有一定道理。但需求结构与供给结构的适应毕竟只是产业结构合理化的一个必要条件，不能作为判断产业结构相对合理性的充分条件。再者，仅由供需结构的状态来判断产业结构的合理性，其中有这样一个假定，即需求结构的变动必须是正常的，即真实反映了经济的实际情况，需求结构不会扭曲和虚假，否则必将导致产业结构的进一步失调。此外，仅凭此基准判断产业结构是否合理，还会导致忽视产业结构素质和现有资源条件的约束，而陷于追求短期利益忽视长远利益的被动局面。

（3）产业间比例平衡基准。此种观点具有一定的代表性，即以各产业间比例是否平衡作为判断产业结构是否合理化的基准。其核心是把合理性定位在各产业部门间的相互关系上。从理论上讲，经济增长是在各产业协调发展基础上进行的，产业间保持比例平衡成为经济增长的基本条件。然而在非均衡经济增长条件下，这种产业间比例平衡都是经过调整才能实现的，而且是短暂的现象。因此，不能将产业间比例平衡绝对化，认为何时何地产业结构都要保持这种比例平衡才合理。如果将此基准视为唯一的产业结构合理化的标准，则会忽视创新的作用，阻碍产业结构高度化的发展。

7.3.3 利用网络经济推动企业技术创新，促进传统产业结构升级

对原有技术的突破会导致新技术的产生，而市场需求结构的变化又会使新技术在产业中得到广泛的应用。各产业部门的技术创新水平是有差异的，技术创新水平的不平衡会导致技术创新较快的产业发展速度加快，而技术创新较慢的产业发展速度较慢，甚至被市场淘汰。市场中产业部门优胜劣汰的过程实质上就是产业升级的过程。大量的研究表明，随着网络经济向传统产业的渗透，以网络技术为首的技术创新在传统产业部门中广泛应用。技术创新促进产业结构升级有多种途径，有直接的也有间接的。

1. 技术创新提高经济增长，促进产业升级

索洛的新古典经济增长理论认为，技术创新可以促进经济的长期增长。这个过程实质上就是技术创新带来的技术进步会促进产业结构不断地优化，从而扩大经济的增长。

对国内外的经济发展研究表明，在较长的时期内，先进的技术、优化的产业结构及较高的经济增长三者之间常常会表现出同步性。按照新古典经济增长理论，经济增长的过程实际上就是市场经济为了达到均衡效果而进行移动的过程。在这个过程中，技术创新可以大大提升投入的产出率，从而提高人均收入水平，促进经济增长。经济增长与产业结构升级的互动过程如图 7–1 所示。

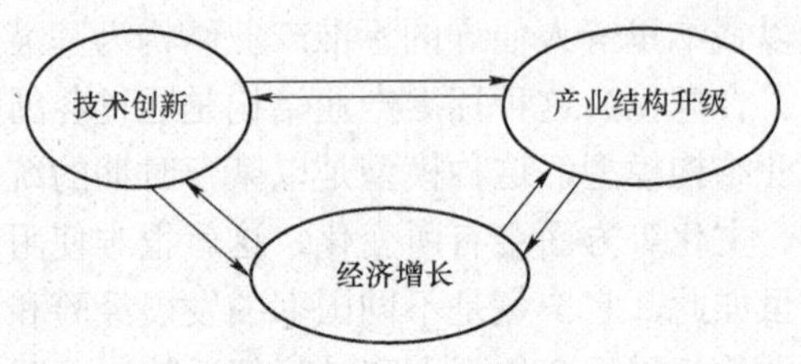

图 7–1　经济增长与产业结构升级的互动过程

2. 技术创新提升现有产业，促进形成新产业

技术创新不仅能改变现有产业的技术水平和发展现有产业，而且还能促进新的产业和新的部门的形成。传统的产业部门可以通过新工艺、新技术和新装备等技术创新手段来提高本产业的技术水平，提高本产业的生产能力和促进本产业的升级，甚至会因此而形成新的产业和创造出新的产品。一个成熟产业的特征主要表现为这个产业的创新能力和创新数量很少，但是同时又有较高的标准化的生产能力，通过技术创新又可以重新获得活力。例如，第二次产业革命以能源的利用和发展为标志，这次产业革命使一批工业发生了突破性的改变，如动力和照明等，在此基础上就形成了通信产业及电机电器产业等一系列的新兴产业，并促使产业结构发生了很大的变化。以石油为主要能源的石油化工技术的发展，促使形成了一系列的新兴产业，如飞机、汽车及精细化工产业等，这样的变化也促进了产业结构的升级。第三次产业革命是以高新技术为基础的，如光学技术、原子能、微电子、新材料等技术，这些技术的创新不仅形成了一系列的新产业，而且在此基础上传播媒介的改变也促使了人们生活方式的改变。

技术创新与传统产业并不矛盾，它并不是以消灭传统产业为目的，而是让传统产业在新的产业结构中能够有新的面貌，有些传统产业甚至可以成为建立某些新兴产业所需要的一个前提物质条件。技术创新实际上就是赋予产业结构一个新的内涵。技术创新的不断进行促使产业技术不断进步和发展，越来越专业化和精细化的产业分工使产业不断细化，带动产生了一大批的新兴产业。对新工艺、新材料及新产品和新技术的生产和利用，促使社会的分工范围更加广泛，在原有基础上不断扩大，从而造就了一批新的产业部门和新的生活领域；另一方面，技术创新使本产业的技术水平不断提升，使原产业在产业内部不断分解、细化和发展，这样也形成了一些新的产业。技术创新通过促进这些新兴产业的形成，促进了产业结构升级。

技术创新不仅创造了新的产业而且也促进了原有产业的发展和改进。技术创新对原有产业的改进不仅使原有产业产品质量提高，产品更新换代，有时还可以创造出一个全新的产品。以农业为例，农业应该算是世上最古老的产业之一了，由于工业渐渐占据了主要地位，工业技术的发展使产业的发展相对落后了。但是，第二次产业革命使农用化工和农用机械等产业得到了革命性的发展。一些发达国家的农业因此提升了劳动生产率和技术装备，实现了农业的工业化发展，这在很大的程度上改变了农业的面貌，传统农业也由此向现代农业发展。

3. 技术创新改变需求结构促进产业升级

某一个产业之所以没有消亡还存在于经济生活当中，说明这个产业的存在还能满足一部分的需求。需求结构最直接、最基本地影响着产业结构，一个产业如果没有社会需求那么它是不可能存在的。通过一些需求理论大致可以将对产品的需求分为四个层次：①以生理要求为基础的需求；②为了追求方便和发展的需求；③个性和时尚追求的需求；④对于健康和环保的生态需求。由于社会经济的发展，人类生活水平的不断提高，技术的不断创新，商品结构的升级和收入水平的增加，人们对于产品的消费已不仅仅是满足温饱的需求了，而是转向了便捷型和舒适型。由此可见，科学技术的进步制约着需求结构的变化。有时人们的需求虽然是合理的，但是由于这种技术的创新还没有实现，所以就不能制造出这种产品来满足大众的需要，同样也不可能形成这种新的产业。如果技术上有了新突破，生产出新的产品，就会刺激到新的需求，进而推动新产业的产生和发展。由此看来，技术的创新和突破最好发生在人们现有的需求结构发生变化以前。如果没有技术创新作为前提，将会影响需求结构促进产

业结构的发展。因此，可以把技术创新看作是产业结构变化和需求结构变化之间的一个中间环节。技术创新通过改变需求结构来促进产业结构的升级，可以从以下几个方面来说明。

（1）技术创新促使产业产品成本下降，从而促进产业需求的变化。很多产品从用途和性能来看都是现在生活中急需的产品，但因为产品的生产成本过高使消费者对产品的需求受到了限制。以计算机为例，在 20 世纪 40 年代，世界上第一台计算机被制造出来，由于它的成本高、性能较差而且体积较大，消费者对产品的需求较少。随着科学技术的进步，20 世纪 60 年代以后计算机技术有了迅猛的发展，这样一来计算机的生产成本直线下降，而且计算机体积也变得更小，计算速度平均每五到七年提高十倍，计算机的价格也以十倍的速度下降。进入 20 世纪 80 年代，计算机的发展更加成熟，不仅体积更微小，而且价格也更加便宜。随着计算机价格的下降，计算机开始走进千家万户，被各个领域广泛使用。在某段时间内，各产业部门为了自身的发展都会进行技术创新，使生产成本下降，这样一来产品的价格就会改变，当其他条件相同的时候，技术创新频繁和快速的部门，劳动生产率就会提高得更快一些，产品也会更大幅度地降价，该产业部门的产品销售也会越来越好，从而就会促使该产业的地位上升。

（2）技术创新使可替代资源增加，资源消耗强度降低，由此促进产业结构升级。所谓的资源消耗强度，是指某单位产品生产过程中所消耗掉的某种资源的多少。对资源的消耗有两种情况，一是非替代性的下降。随着技术的进步，对资源深加工的能力提高，对资源的利用率也在提升。技术进步、工艺改革等较直接的技术因素造成了产品产量的增长率小于资源消耗强度的下降率，从而导致资源消耗绝对量的减少或者是资源消耗相对量的减少。这样以来对这种资源的需求就会降低，从而降低产品的生产成本，需求的结构也会由此改变；二是，替代性消耗的下降。技术创新促使人们对产品的设计不断优化、产品结构的改善或者在对产品性能没有影响的情况下，价格较低的原材料替换掉价格较昂贵的材料。降低被替代的昂贵资源的消耗比例，提升较低廉资源的消耗比例。目前，我国已经开发了一些替代材料，以解决原材料供应紧张的问题。

（3）产品通过技术创新更新换代，改变了产品的需求结构，从而促进产业结构的升级。*S* 曲线是每一种产品都遵循的发展曲线，从引入初期的缓慢发展到以后的加速发展，再到后来的相对稳定，直至饱和，而后这种产品将被更新的产品替代。每个产业部门都会发生这种替代，因此就会引起产业结构的调整。发生这种情况的一个大前提就是技术进步。以我国为例，20 世纪 80 年代以前，我国的经济尚不发达，消费者的消费结构也多以生活必需品吃穿为主，当时人均收入和技术发展水平决定了不可能有计算机、电视机这样的高端产品，居民家中的主要生活用品就是手表、收音机、自行车和缝纫机。近年来，随着我国经济的发展，技术水平也在不断进步，居民的人均收入水平也在不断地上升，现在大多数的家庭都有了电视机、洗衣机、电冰箱等家用电器。这些家用电器的发展使我国的高档消费品和耐用消费品工业取得了很大的发展，与此同时还带动了一批相关产业的发展，产业结构也实现了升级。

技术创新可以改变需求结构，同样需求结构也会反作用于技术创新。需求结构决定着技术创新的发展方向。通常来说，需求较迫切的产业，技术创新的速度和频率也往往较快，本产业的发展带动相关产业的发展，从而促使产业结构的升级。综合来说，技术创新和需求结构，两者相辅相成，相互影响相互制约，同时也相互促进产业结构的升级。技术创新改变产业结构以促进产业结构升级的路径如图 7-2 所示。

途径 1:

技术创新—成本下降—需求增加—劳动生产率提高—产业优化升级

途径 2:

技术创新—新产品—刺激新需求—形成新产业—产业结构升级

图 7–2　技术创新改变产业结构以促进产业结构升级的路径

4. 技术创新影响产业关联促进产业升级

在国民经济生活中，每个产业部门都不是孤立存在的，任何生产部门都有与之相适宜的后向关联产业部门和前向关联产业部门，它同时受到前后向产业关联部门的影响，而且影响是相互的，它本身的技术创新也同时影响着前后向产业部门的发展。一个产业从其他的产业部门获得能源和材料等生产资源，又为其他的产业部门提供产品制成品或半成品。前向关联主要是指，本产业的产品被其他的产业所应用而产生的产业关联；后向关联主要是指，在产业产品的生产过程中，利用其他产业所生产的产品而形成的产业关联。以棉布产业为例，棉布产业与服装产业就属于前向关联，而与棉线产业就属于是后向关联。产业关联的核心因素是技术关联。以铁路运输部门为例，在生产技术水平不高的时候，采用以煤炭为主要能源的蒸汽机车技术时，就需要煤炭的供应，这就和煤炭部门产生了关联；当技术进步的时候，铁路运输部门可以采用内燃机来提供动力，这又和石油产业部门产生了关联。产业间的技术关联决定着各产业之间的相互关系。由于影响因素众多，一些具有产业关联的部门技术水平常常是不平衡的。在产业间形成的这种投入和产出的联系，使上下游产业和上下游产品间形成了一种相互进行过程创新和产品创新的关系。当一个产业进行技术创新时，它所产生的创新效益会依次向后向联系产业或者前向联系产业进行扩散和传递，促使新的技术创新发生，进而使产业产生扩张或者收缩，改变产业的结构。如果一个产业通过技术创新提高了该产业的生产能力和生产率，就又可以引致其他的产业部门为了提升本产业的生产能力也进行技术创新，否则会对应进行技术创新的产业部门产生影响，限制技术创新所带来的收益，同时还会限制相关产业生产能力和生产率的提升。由于技术创新所产生的产业瓶颈，会引导其他部门提升自己的技术创新能力来解决这一瓶颈的束缚，当这个瓶颈被解决时又会产生其他新的产业技术创新和新的技术瓶颈，在这种基础上会促使产业技术螺旋式上升。产业部门的关联和技术创新的引导相互作用，共同推进产业结构的升级。技术创新影响产业关联、促进产业结构升级路径如图 7–3 所示。

产业技术创新—关联产业收缩或扩张—产业链优化—产业结构升级

图 7–3　技术创新影响产业关联、促进产业结构升级路径

本章小结

传统产业与互联网经济之间是相互融合、相互渗透的关系。本章界定了网络产业的定义及其运行规律，分析了网络经济对传统产业的影响和利用网络经济带动传统产业优化升级的相关原理。通过本章的学习，要求学生掌握传统产业与网络产业的关系，结合我国产业结构升级转型的实际情况，分析互联网经济在产业结构升级中的作用。

复习思考题

1. 简述网络产业的定义与分类。
2. 简述网络经济产生后对传统产业的影响。
3. 简述我国传统产业升级中互联网经济的作用。

案例分析

"互联网+"给现代农业带来的变化

（资料来源：湖南科技网，2020—1—25）

互联网农业是指将互联网技术与农业生产、加工、销售等产业链环节结合，实现农业发展科技化、智能化、信息化的农业发展方式。互联网农业这样的发展方式能够使互联网重塑农产品流通模式，推动农产品电子商务的新发展。

1. 农业电子商务

农业电子商务仅是"互联网+"现代农业在农业领域的一大表现，"互联网+"现代农业在农业物联网、农业信息服务等方面也已取得初步成效。其中，在农业物联网上，农业农村部先后在西安、黑龙江、内蒙古等8省（区、市）实施国家农业物联网应用示范工程和区域试验工程，在设施农业、畜禽水产养殖、大田作物种植、农产品质量安全追溯等方面广泛应用农业物联网技术，总结出了200多项成熟的规模应用模式，在节水、节药、节肥、节劳动力等方面效果明显。

2. 农业智能化生产

未来，互联网的信息集成、远程控制、数据快速处理分析等技术优势在农业中将得到充分发挥，4G、云计算、物联网等最新技术也日益广泛地运用于农业生产之中，集感知、传输、控制、作业于一身的智能农业系统不断涌现和完善，自动化、标准化、智能化和集约化的精细农业深度发展。

目前，在一些地方智能农业试点中，农民打开手机就能知晓水、土、光、热等农作物生长基本要素的情况；工作人员轻点鼠标，就能为远处的农作物调节温度、浇水施肥。而基于互联网技术的大田种植、设施园艺、畜禽水产养殖、农产品流通及农产品质量安全追溯系统加速建设，长期困扰农业的标准化、安全监控、质量追溯问题正因为互联网的存在而变得可能与可操作，实现了从田间到餐桌的全产业链的智能监控和自动调节。这种模式下，全程可追溯成为非常容易执行的解决方案，目前消费者最关心的食品安全问题就有了可靠依据。消费者通过扫描二维码可实现全程追溯。

3. 互联网农业金融

互联网农业金融是互联网与农业融合的重要板块，对农业企业来说最直接的收益在于，互联网为其提供了更灵活、更多样性、更能吸引投资的农业众筹。众筹将销售前置，使消费者可以参与农产品的研发、生产等环节，能解决食品安全、信息不对称、产销不对称等问题。

4. 以大数据为基础的市场预测分析及产品开发

农业种养殖产品由于种养殖期长，市场预测偏差大，无论是农民还是农业企业，都很难对第二年的行情做出准确判断。基于大数据支持的市场分析将大大提高市场预判的准确性，降低种养殖企业风险和生产型企业原料成本。

另外，互联网让企业与客户实时沟通成为可能，不少农业企业的微信、微博平台已经获得了良好的粉丝基础，基于粉丝团进行针对性的产品调研，甚至发挥粉丝的力量参与产品研发，新产品也就有了更好的市场基础。

5. 革新物流模式

未来农产品互联网物流交易将出现两种主要方式。一方面是基于互联网技术和物流配送系统的大型农产品交易集散中心，这种集散中心将集储运、批发、交易、拍卖等多种功能，依托互联网数据，实现实时行情交易。另一方面是冷链物流发展的需要。冷链物流是指各类冷藏冷冻类食品在生产、储存运输、销售的各个环节中始终处于规定的低温下，在消费者购买之前保证食品质量、减少食品损耗的一项系统工程。随着农村电商兴起，生鲜农产品冷链物流产业也随之出现。

案例讨论：结合该案例讨论网络经济与传统产业的结合有什么意义。

第8章 网络经济与电子商务

学习目标

1. 熟悉电子商务的起源、内涵与特点。
2. 理解电子商务的发展过程、现状及趋势。
3. 掌握我国电子商务发展目标。

国务院总理李克强在2015年政府工作报告中首次提出“互联网+”行动计划。他提出，制定“互联网+”行动计划，推动移动互联网、云计算、大数据、物联网等与现代制造业结合，促进电子商务、工业互联网和互联网金融健康发展，引导互联网企业拓展国际市场。年中，国务院印发《关于积极推进“互联网+”行动的指导意见》。这是推动互联网由消费领域向生产领域拓展，加速提升产业发展水平，增强各行业创新能力，构筑经济社会发展新优势和新动能的重要举措。从国家层面上，推动电子商务的发展，鼓励互联网企业在国内上市成为国家的发展战略。目前，“互联网+”行动得以迅捷、高效实施，取得重要进展。

8.1 电子商务的起源、内涵与特点

8.1.1 电子商务的概念与特点

1. 电子商务的概念

1996年，IBM公司提出了的Electronic Commerce（E-Commerce）的概念，认为是企业与其业务对象在贸易过程的各个阶段都应用信息化手段。1997年，IBM公司又提出了Electronic Business（E-Business）的概念，认为E-Business是企业通过互联网等电子工具，与供应商、客户和合作伙伴之间共享信息，实现企业间业务流程的电子化，并通过企业内部的电子化生产管理系统，提高企业的生产、库存、流通和资金等各个环节的效率。前者强调企业与其他企业之间的贸易过程电子化，与企业内部业务流程并不强求协同；而后者则不仅要求企业与其他企业之间的贸易过程实现电子化，还要求与企业内部的业务信息系统实现某种程度的协同甚至是一体化。可见，E-Business的内涵要比E-Commerce来得更加广泛，因此，人们将E-Commerce看作是狭义的电子商务，而E-Business则被看作是广义的电子商务。目前，狭义的电子商务受到人们的普遍认可，例如联合国国际贸易程序简化工作组。

对电子商务的定义就是采用狭义电子商务的基本内涵。

电子商务可以基于不同的分类标准划分为不同的类型。例如，按照商业活动的运行方式，

可以将电子商务分为完全电子商务和非完全电子商务；按照商务活动的内容，电子商务主要包括间接电子商务（有形货物的电子订货和付款，仍然需要利用传统渠道如邮政服务和商业快递车送货）和直接电子商务（无形货物和服务，如某些计算机软件、娱乐产品的联机订购、付款和交付，或者是全球规模的信息服务）；按照使用网络的类型，电子商务可以分为基于专门增值网络（EDI）的电子商务、基于互联网的电子商务、基于 Intranet 的电子商务；按照交易对象，电子商务可以分为企业对企业的电子商务（B2B）、企业对消费者的电子商务（B2C），企业对政府的电子商务（B2G），消费者对政府的电子商务（C2G），消费者对消费者的电子商务（C2C），企业、消费者、代理商三者相互转化的电子商务（ABC）等。

2. 电子商务的特点

（1）交易虚拟化。通过以因特网为代表的计算机互联网络进行的贸易，贸易双方从贸易磋商、签订合同到支付等，无须当面进行，均通过计算机互联网络完成，整个交易完全虚拟化。对卖方来说，可以到网络管理机构申请域名，制作自己的主页，组织产品信息上网。而虚拟现实、网上聊天等新技术的发展使买方能够根据自己的需求选择广告，并将信息反馈给卖方。通过信息的推拉互动，签订电子合同，完成交易并进行电子支付。整个交易都在网络这个虚拟的环境中进行。

（2）交易成本低。电子商务使得买卖双方的交易成本大大降低，具体表现在以下几个方面。

距离越远，网络上进行信息传递的成本相对于信件、电话、传真的成本而言就越低。此外，缩短时间及减少重复的数据录入也降低了信息成本。

买卖双方通过网络进行商务活动，无须中介参与，减少了交易的有关环节。

卖方可通过互联网络进行产品介绍、宣传，避免了在传统方式下做广告、发印刷产品等大量费用。

电子商务实行“无纸贸易”，可减少 90%的文件处理费用。

互联网使买卖双方即时沟通共需信息，使无库存生产和无库存销售成为可能，从而使库存成本尽可能为零。

企业利用内部网可实现无纸办公（OA），提高内部信息传递的效率、节省时间，并降低管理成本。通过互联网络把其公司总部、代理商，以及分布在其他国家的子公司、分公司联系在一起及时地对各地市场情况做出反应，即时生产，即时销售，降低存货费用，采用配送公司提供交货服务，从而降低产品成本。

传统的贸易平台是地面店铺，新的电子商务贸易平台则是一台联网的计算机，节约了店铺成本。

（3）交易效率高。由于互联网络将贸易中的商业报文标准化，将商业报文能在世界各地瞬间完成传递与计算机数据自动处理，使原料采购、产品生产、需求与销售、银行汇兑、保险、货物托运及申报等过程无须人员干预在最短的时间内完成。电子商务克服传统贸易方式费用高、易出错、处理速度慢等缺点，极大地缩短了交易时间，使整个交易非常快捷与方便。

（4）交易透明化。买卖双方从交易的洽谈、签约以及货款的支付到交货通知等整个交易过程都在网络上进行。通畅、快捷的信息传输可以保证各种信息之间互相核对，可以防止伪造信息的流通。例如，在典型的许可证 EDI 系统中，由于加强了发证单位和验证单位的通信、核对，所以假的许可证就不易漏网。

（5）提升企业竞争力。电子商务使得许许多多的中小企业可以通过网络实现全天候、国际化的商务活动，通过网络进行宣传、营销，可以创造更多的销售机会，从而提高企业的竞争力。

（6）促进经济全球化。电子商务使得世界各地的人们都可以了解国际上的商业信息，加速了信息的沟通和交流，促进了国际商务活动的开展，使跨国商务活动变得越来越简易和频繁，适应了经济全球化的发展趋势。

8.1.2 电子商务的经济属性

上述有关电子商务的定义形成于多年以前，当时的电子商务发展尚处于雏形，不仅相对简单，而且很多的属性、特征和业态都远未得到明显的显露，甚至还不具备产业属性。其中竟然没有电子商务平台的角色。而就目前的情况来看，电子商务平台在电子商务发展中正扮演着核心的作用。因此，我们实际上难以从这些定义中去探寻当前我国电子商务经济的复杂内涵及其庞杂的相互关系。要深入认识当前我国电子商务经济的具体属性，必须结合以下几个方面的具体情况。

1. 信息化

作为信息化重要组成部分的电子商务，在不同国家其发展路径存在些许差异。在美国，互联网首先应用于电子商务，并通过电子商务的发展，促进政府信息化建设和电子政务的发展。而在我国，由于企业在开展信息化建设方面存在认识方面的差异，电子商务的发展在初期一直比较缓慢，反倒是政府信息化对包括电子商务在内的国民经济和社会发展信息化起了龙头作用。在电子政务的拉动下，在整个社会的信息化应用水平得到大幅度提升之后，近年来尽管仍然受到国际金融危机和世界经济低迷的影响，我国的电子商务却还是保持快速发展势头，电子商务反过来又成为拉动整个社会信息化发展的重要动力。从这里可以看出，电子商务既是信息化发展的一部分，需要得到其他相关支撑，也是整个信息化发展的重要基础，电子商务的发展能够有力地促进整个社会的信息化水平。

2. 参与主体

上述电子商务定义主要是从产品和服务提供者与需求者的角度去界定电子商务的类型，其中并没有考虑作为电子商务第三方的电子商务平台的价值和地位。从这些年我国电子商务发展情况来看，电子商务平台在日益引导整个电子商务的发展方向，并对实体经济产生相应的竞争与替代作用。

电子商务平台应该被看作是电子商务发展的核心。

在电子商务发展初期，其参与主体只有三类：产品服务供应方、需求方及第三方的电子商务平台，电子商务平台在其中只是起着信息中介的作用。然而，近年来随着电子商务的深入发展及信息化建设的需要，参与电子交易的对象领域越来越多：先是物流和广告业，接着是金融支付，然后就是征信、网络搜索，网络社区在兴起之后也很快投入到电子商务之中，派生出电子商务的“团购模式”。当前，电子商务与传统的物流及信息化建设的各个层面融合在一起，其传统的贸易属性正变得日益模糊。电子商务发展的相关载体如图 8-1 所示。

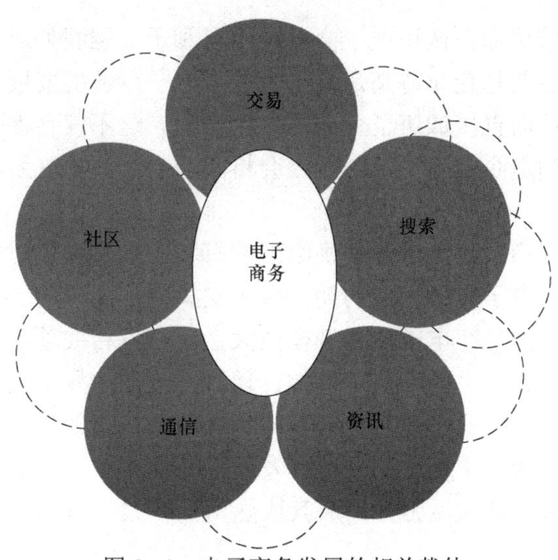

图 8-1　电子商务发展的相关载体

（资料来源：引自艾瑞咨询集团 2009 年 6 月的研究报告《中国电子商务发展趋势》）

3. 供给、需求

从产品、服务市场来看，我们可以区分其供给与需求关系，然而从电子商务建设角度来看，实际上还存在另一种供给和需求关系：一方面，无论是产品和服务的供给者还是其需求者都希望通过互联网以电子商务形式实现贸易过程；另一方面，要实现这个贸易过程，不仅需要企业提供相应的信息技术支持以建立电子商务平台，同时也需要物流、电子支付、信用管理、电子认证、网络安全等技术和行业的支撑。为此，我们可以将产品、服务的供需双方看作是电子商务建设的需求方，而将提供电子商务建设服务的企业及上述物流、电子支付、信用管理、电子认证、网络安全等企业看作是电子商务建设服务的供应方。而就电子商务建设服务的供给情况来看，物流、电子支付、信用管理、电子认证、网络安全、软件服务等每个领域都在呈现日益多样化的服务业态，成为促进各行业发展特别是传统行业信息化发展的重要基础和支撑手段。

图 8-2 表示电子商务的供给、需求与业态。

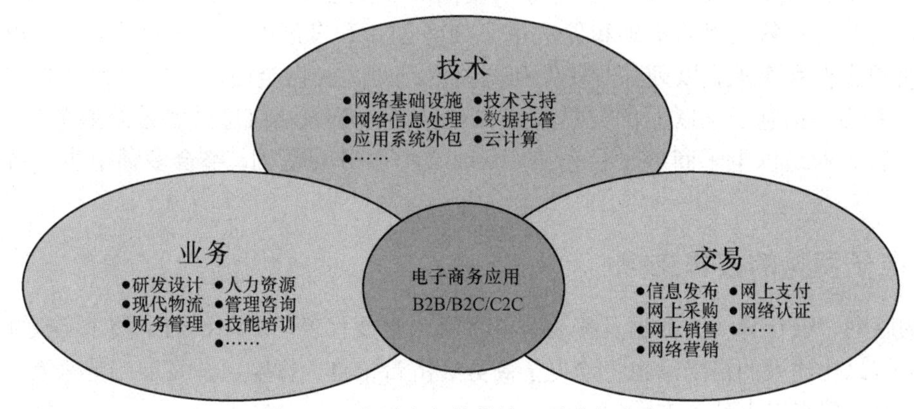

图 8-2　电子商务的供给、需求与业态

（资料来源：引自 IDC 公司 2011 年 1 月的电子商务白皮书：

《为信息经济筑基——电子商务业及阿里巴巴商业生态的社会经济影响》）

一方面，上述从需求层面去认识电子商务应用有利于加强我们对“两化融合”问题的认识。产品或服务提供者主要是企业特别是中小企业，电子商务的发展将几乎所有的中小企业都迁移到互联网上来，从而直接加速了企业信息化进程。这不仅会促使企业加快建立自己的信息管理系统，而且对制造企业来说，企业还会将其与生产流程联系起来，从而进一步加速信息化与工业化的融合。

另一方面，上述电子商务建设服务的供给层面有利于加深我们对电子商务的专业化分工及其复杂业态的认识。在电子商务发展初期，很多支撑电子商务的服务项目都规模较小，其独立特性难以体现出来。但是在电子商务规模做大之后，各相关项目也都随之做大并日益专业化，成为一个独立发展、壮大的行业。例如，现代物流业中异军突起的快递业务、电子支付及网络平面广告业务。这些业务既有传统业务如快递，也有新生业务如网络平面广告。这些业务的专业化将进一步带来本行业的规范化发展，并将进一步推进电子商务的整体进步，是未来电子商务深入发展、做大做强并形成其成熟商业模式的基础。

4. 产业属性

我们难以从电子商务的最初定义中发现其产业属性，但是经过上述的供给与需求的分解，特别是从需求层面进一步展开的专业化分工演化及其所出现的复杂业态之后，电子商务的产业属性才清晰地显现出来。

在这种情况下，近年来我国学者开始将电子商务建设服务的供给层面的各类专业化分工业态称之为电子商务服务业，而将其需求层面看作是电子商务应用业。这种认识也在《商务部“十二五”电子商务发展指导意见》（商电发〔2011〕发第375号）中得到应用，该文件将电子商务平台、信用保障、电子支付、物流配送和电子认证等作为电子商务服务业发展的主要内容。

从产业分类来看，电子商务本身属于服务业的范畴，是服务业的电子商务部分，是现代服务业的一个重要组成部分。但是，电子商务服务业与服务业的电子商务却有着根本的区别。服务业的电子商务是传统服务业的电子化，是传统服务业利用信息技术的升级形态。电子商务服务业是指伴随电子商务的发展、基于信息技术而衍生出的为电子商务活动提供服务的各行业的集合，是构成电子商务系统的一个重要组成部分和一种新兴服务行业体系，是促进电子商务应用的基础和促进电子商务创新和发展的重要力量。可见，电子商务服务业面向企业和个人，以硬件、软件和网络为基础，提供全面而有针对性的电子商务支持服务，主要包括基于互联网的交易服务、业务支持服务及信息技术系统服务三个部分。电子商务服务业是以电子商务平台为核心、以支撑服务为基础，整合多种衍生服务的生态体系。

8.1.3 电子商务的技术支撑

以物联网、云计算、大数据及移动智能终端为主要代表的新一代信息技术不仅将改变产业及整个信息化建设的格局，也将给电子商务经济带来重大影响。从发展趋势来看，这些重大影响主要体现在以下几个方面。

1. 物联网与现代物流业

作为电子商务服务业重要一环的传统物流业将因新一代信息技术而得到现代化的改造（如图8-3所示），即通过网络通信技术改造信息流、物流、资金流，使信息能够实时地向上下游传递，提升供应链的效率，减少库存，提高资金周转率。与此同时，随着网络渗透率的稳步提高，新兴的、商业模式与传统服务业将进一步融合，使得某些传统服务业得以逐渐打破时间、空间区域限制而向更广泛的区域转移。例如，传统服务业中，交通运输、仓储邮政业属于生产性服务业，但是通过利用新一代信息技术来实现交通一体化，可将其逐渐转向现代物流业。通过现代化改造的物流业将对批发零售市场产生重大影响，区域性物流中心将得以向广大的中西部地区迁移，促进产品、服务向中西部市场的扩展。因此，借助于现代物流业，电子商务将能够有力地改善当前区域经济发展的不平衡局面。

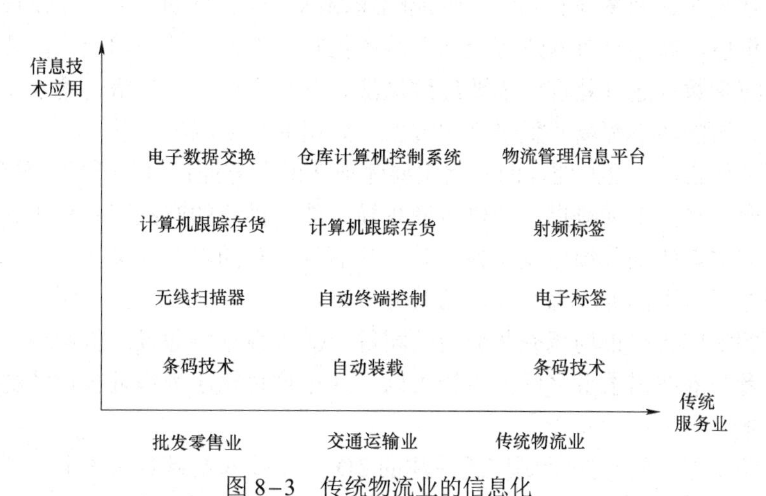

图 8-3　传统物流业的信息化

（资料来源：吉丽等. 信息消费——经济增长新动力，《通信企业管理》，2013 年第 3 期。）

2. 云计算

电子商务的社会化应用给电子商务服务企业带来极大的压力。首先，近年来电子商务用户数量以百万甚至是千万级规模在海量增长，而且每天的交易订单数量也同样海量增长，这些信息资源既有结构化数据，也有半结构化、非结构化数据，不能以单一简单的日志形式存储处理。同时，所有这些数据都需要经过清洗、分析、建模、加密、搜索、制作等一系列环节。处理和存储这些海量数据的工作就变得非常重要。其次，在一年当中，全社会的电子商务交易量存在着季节性差异，电子商务平台为处理高峰时期的交易需要建设庞大的数据中心，但在低谷时期这些资源却被闲置或被低效率地使用。

而云计算的出现则为电子商务平台企业提供了缓解这种资金、资源压力的技术手段。云计算之所以能在极短的时间内就在全球范围内带来普遍的关注，是因为它本身并不仅仅是一项新技术，更是因此而引发的对于所有产业（无论是工业还是服务业）的、全行业的一种革命性经营方式和服务模式的变革。通过云计算技术，电子商务平台企业不仅可以规模化地提升资源利用效率、减少运营投资，从而大幅度地降低运营成本，同时还可以吸纳更多电子商务应用企业加入云计算平台之中，实现电子商务平台与整个电商买家和卖家的一个合作共赢的产业生态系统。

对于电子商务平台而言，云计算不仅能够帮助其快速处理海量资源，而且可以将其“匀”给其他企业使用并以此收取合适的费用，以弥补其初期的大量投资及其日常运维成本。

对于众多中小企业来说，这个云计算平台不仅可以为其提供量身定制的业务信息管理系统，而且可以将自身内部的制造业务与电子商务平台结合，实现企业内部与外部合作伙伴的无缝连接。在这种新的模式下，电子商务平台实际上承担着一种领头羊的作用，带领、推动后面无数的制造业企业和行业实现创新发展和转型升级。这为真正实现信息化与工业化的融合提供了一条切实可行的技术路径。

3. 大数据

对电子商务平台来说，云计算与大数据密切相关。电子商务平台在长期的经营过程中，积累了大量关于用户的、蕴藏潜在经济价值的数据，这些数据来自电子商务平台的营销体系、广告推送、捕获系统、销量预测系统、物流配送调用乃至其移动终端。要发现、利用这些海量数据的经济价值，就必须对其进行全面系统的挖掘。然而，从技术上讲，要对存储在云计算中心的这些海量数据进行处理，需要经过清洗、分析、建模、加密、搜索、制作，等一系列环节，而所有这些环节都属于整个“大数据”处理的一个流程。

对电子商务而言，大数据处理的应用主要体现在两个方面：①电子商务平台的综合应用。例如，把握平台自身的宏观数据，即供应商规模、能够供应的产品服务种类、每天的交易规模、供应商与需求者的细分领域及其特征等，从而为自身的综合决策奠定基础；将这些数据结果一方面服务于电子商务应用企业，帮其分析市场需求，另一方面也服务于其他电子商务服务业伙伴，例如广告、市场调查与分析公司等。②大数据将通过广告实现电子商务平台的产品服务供给者与潜在需求者之间的直接关联，通过这种精准营销减少市场的信息不对称及其社会交易成本。

从长期趋势来看，近年来受到广泛关注的 3D 打印技术也将对未来电子商务的发展产生深刻的影响，甚至是改变人类社会的产品生产流程、生产者与需求者之间的关系。如果电子商务平台能够有效地融合其云计算与大数据的技术应用，那么就能超越所谓的“量身定制”，当前通常所讲的“量身定制”仍然是产品制造者间接地根据用户需求而设计、生产合适的产品。产品消费者提前介入产品的设计、制造阶段，生产者与消费者之间成为全社会产品价值的共同创造者和利益相关方。

4. 智能移动终端

从近年来的智能移动终端的应用情况来看，电子商务已经越来越成为其撒手锏式的应用，电子商务与移动智能终端相互促进，正在推动整个信息消费市场的快速发展。

智能移动终端将对电子商务服务业产生重要的影响，加速其业态的进一步演化。这其中，电子支付的变化最值得关注。第三方电子支付将日益从电子商务平台独立出来，成为一项服务整个互联网与智能移动终端市场发展的基本工具。而电子支付的这种独立性还将进一步向金融领域拓展，从而对金融信息化产生又一轮的深刻影响。

8.1.4 电子商务的基本架构

基于前面所述，要分析当前我国电子商务发展特点，可以从电子商务应用需求、电子商务服务业及相关制度建设层面入手，这些内容共同构成电子商务经济。同时，作为信息化发展的重要组成部分，电子商务经济正日益成为推进国民经济和社会发展信息化进程、促进信息消费的重要引擎（如图 8–4 所示）。

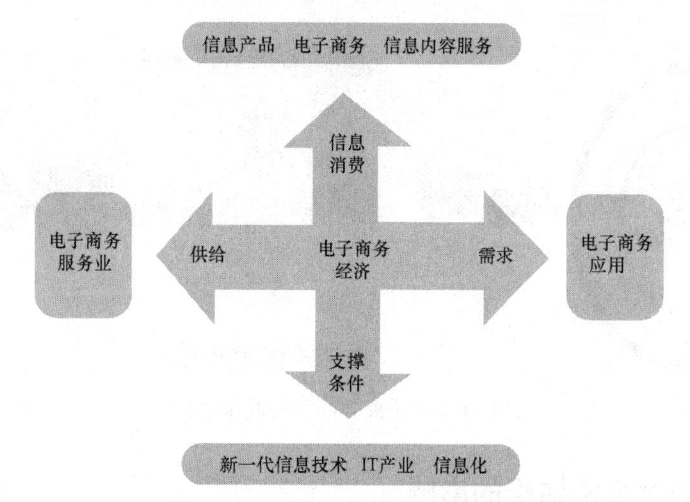

图 8-4　电子商务经济的基本架构

图 8-4 中电子商务经济的供给和需求，都包含着非常丰富的内容，而这些内容都与当前我国信息化建设特别是电子商务发展现状密切相关。从其需求即电子商务应用来看，更多的与国家对于经济信息化发展的促进政策密切相关，例如早期的网络"'客服'企业上网工程"、近年以来的"两化与外包融合"及当前的企业电子商务化等。从电子商务产业链来看，已经初步形成了以电子商务平台交易为中心，以物流配送、电子支付、电子认证、IT 服务、数据挖掘等为支撑，以网络营销、客服外包、即时通信等为辅助的电子商务服务业生态体系，如图 8-5 所示。

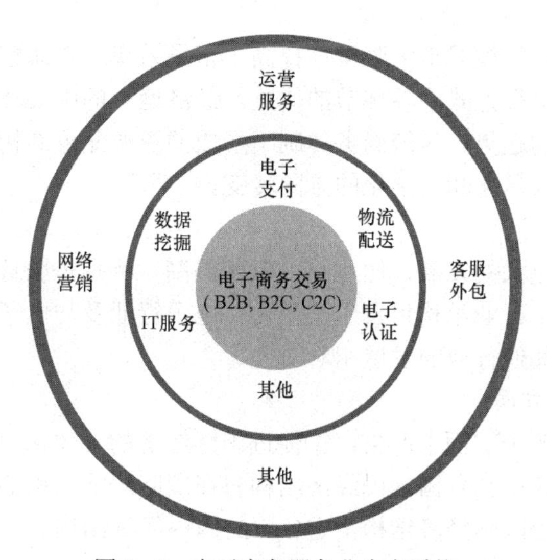

图 8-5　电子商务服务业生态系统

为此，将上述相关内容融为一体，就会发现电子商务经济本身构成一个复杂的经济系统，如图 8-6 所示。

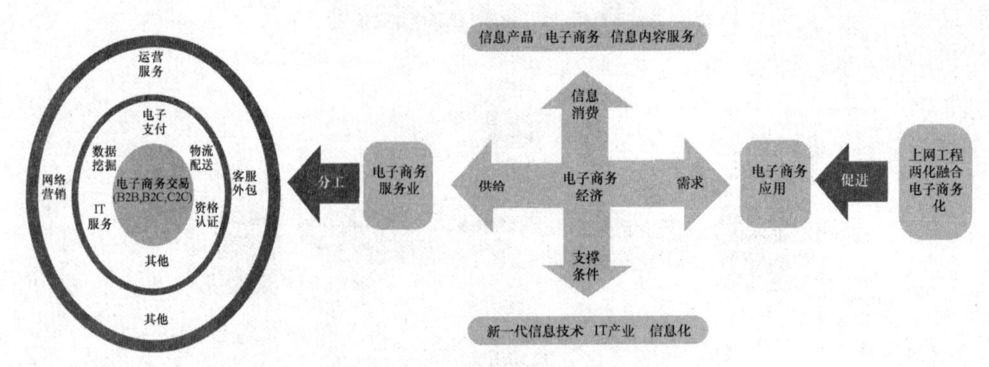

图 8-6　电子商务经济的复杂系统

8.1.5　电子商务对经济结构的影响

电子商务使传统的商务运行模式发生了很大变化，改变了经济结构，影响了生产流通等各环节在经济运行中的比重。

1. 在市场竞争方面

电子商务企业实时生产、零库存销售及差别规模经济的运营模式，打破了大型企业的垄断地位。虚拟企业的出现和贸易环境的改变也削弱了中小企业的进入壁垒，从而增强了市场的竞争机制。在梅特卡夫法则的作用下，较好地解决了传统市场上信息不对称的问题，商品价格不断降低，在达到价格底线后便不再下降。它在这一水平的停留最终导致价格失去导向作用，市场中更多依赖的是非价格竞争。

2. 在资源配置方面

电子商务这种新的运行模式最大限度地提高了市场效率，资源配置将趋向最优状态。电子商务改变了传统经济运行方式中各环节的比重。经济运行的中心环节呈现出逐渐从生产和流通向设计和消费转移的趋势。传统商务体制下形成的资源配置结构，必将在电子商务状态下发生重大转变，朝着信息化和科学化的方向转变。

3. 在产业结构方面

第三产业将会获得更大的发展，比重将大幅度提高，特别是服务性行业在国民经济中的地位将逐渐增加。同时，行业结构也发生了变化，电子行业及与电子产品制造业有关的行业将会取得高速的增长，其他行业的发展相对缓慢。

4. 在国际经济结构方面

这方面的影响将在多个层面上产生：①促进国际经济的一体化，各国国内市场与国际市场的连接度会进一步提高；②各国国民经济结构将在国际经济结构的整体构架下按资源合理配置的原则进行分布，由国际经济结构决定各国的国内经济结构。

8.1.6　电子商务发展的基础条件

电子商务是在新的历史条件下进行商务活动的一种主要形式，它不是简单地采用一种新的技术，因此它的健康发展需要十分广泛的基础条件。

（1）企业基础。企业开展电子商务要具备的必要条件是：技术基础、业务模式和职工培训，使之适应新的工作环境。

（2）技术环境。主要包括两个方面，其一是信息基础设施的性能、规模，网络运营商提供的服务质量和资费标准；其二是企业 IT 应用的普及程度和深度。

（3）商务环境。无论是 B2C 还是 B2B，相应的支付、物流、安全、认证、出入境等各个方面均需做大幅度的调适。

（4）法制环境。如果不具备开展电子商务的法律环境，将会产生严重的影响，主要有：证据、合同、电子签名、密码、税收、隐私、知识产权等方面。

（5）社会环境。主要是两个方面，一是信用体系；二是经济和社会发展水平。

电子商务是互联网发展的直接后果，是网络技术应用新的发展方向。互联网自身所具有的开放性、全球性、低成本、高效率的特点，已成为电子商务的内在特征，并使得电子商务大大超越了作为一种新的贸易形式所具有的价值。

8.2　电子商务的发展过程、现状及趋势

21 世纪以来，改变我们生活方式最大的莫过于电子商务，它是社会信息化发展的必然趋势。它给传统行业带来翻天覆地的变化，对我国经济的发展有重要的意义和作用。随着近几年移动互联网的飞速发展，电子商务也迎来了新的发展机遇。

8.2.1　全球电子商务的兴起

电子商务是 21 世纪商事活动的主要表现形式，包括通过网络来实现从原材料的查询、采购、产品的展示、定购到发货、储运，以及电子支付等一系列的贸易活动。除了货物贸易的电子交易外，电子商务还包括许多服务贸易活动，如数字化信息的联机传送、资金的电子转拨、电子提单、网上商业拍卖、合作设计和施工、远程联机服务及文件共享等。

电子商务活动的产生和发展已有 30 多年的历史，可以认为 EDI 是电子商务的前身。30 多年 EDI 的发展和企业的 IT 应用，国际贸易领域长期应用 IT 的巨大努力使电子商务呼之欲出。催化剂是因特网。1993 年开始因特网在全世界商用化，对电子商务的发展有两个特别重要的贡献。1995 年，美国政府成立电子商务工作组，可以看作是电子商务诞生之年，1996 年美国政府提出了发展电子商务的战略框架，1997 年又提出全球电子商务框架。于是，电子商务很快风靡全球，中国也在 1997 年上半年开始起步。电子商务的产生和发展，基于两个最基本的原因：经济全球化、全球信息化。

电子商务最早产生于 20 世纪 60 年代，发展于 90 年代，其产生和发展的重要条件如下。

1. 计算机的广泛应用孕育了电子商务

近 30 年来，计算机的处理速度越来越快，处理能力越来越强，价格越来越低，应用越来越广泛，这为电子商务的应用提供了基础。

（1）网络的普及和成熟。由于因特网逐渐成为全球通信与交易的媒体，全球上网用户呈几何级数增长趋势，快捷、安全、低成本的特点为电子商务的发展提供了应用条件。

（2）信用卡的普及应用。信用卡以其方便、快捷、安全等优点而成为人们消费支付的重要手段，并由此形成了完善的全球性信用卡计算机网络支付与结算系统，使“一卡在手、走

遍全球”成为可能，同时也为电子商务中的网上支付提供重要的手段。

（3）电子安全交易协议的制定。1997 年 5 月 31 日，由美国 VISA 和 Mastercard 国际组织等联合指定的 SET（secure electronic transfer protocol）即电子安全交易协议的出台，以及该协议得到大多数厂商的认可和支持，为在开发网络上的电子商务提供了一个关键的安全环境。

（4）政府的支持与推动。自 1997 年欧盟发布了欧洲电子商务协议，美国随后发布“全球电子商务纲要”以后，电子商务受到世界各国政府的重视，许多国家的政府开始尝试“网上采购”，这为电子商务的发展提供了有力的支持。

2. 基于 EDI 的电子商务

20 世纪 60–90 年代，从技术的角度来看，人类利用电子通信的方式进行贸易活动已有几十年的历史了。早在 20 世纪 60 年代，人们就开始了用电报报文发送商务文件的工作；20 世纪 70 年代人们又普遍采用方便、快捷的传真机来替代电报，但是由于传真文件是通过纸面打印来传递和管理信息的，不能将信息直接转入信息系统中，因此人们开始采用 EDI（电子数据交换）作为企业间电子商务的应用技术，这也就是电子商务的雏形。

EDI 在 20 世纪 60 年代末期产生于美国，当时的贸易商们在使用计算机处理各类商务文件的时候发现，由人工输入到一台计算机中的数据 70%是来源于另一台计算机输出的文件，由于过多的人为因素，影响了数据的准确性和工作效率的提高，人们开始尝试在贸易伙伴之间的计算机上使数据能够自动交换，EDI 应运而生。

由于 EDI 大大减少了纸张票据，因此，人们也形象地称之为“无纸贸易”或“无纸交易”。20 世纪 70 年代的电子数据交换 EDI 技术的发展可以被认为是真正意义上的电子商务，但由于它的复杂性与非通用性，严重约束了其全面推广的可能。真正使电子商务迅猛发展则是互联网上通信标准与 HTML 标准得到 IT 行业的支持，成为电子商务的主流之后而带来的革命性变革，这开辟了运用电子手段进行商务活动的新纪元。

从技术上讲，EDI 包括硬件与软件两大部分。硬件主要是计算机网络，软件包括计算机软件和 EDI 标准。

从硬件方面讲，20 世纪 90 年代之前的大多数 EDI 都不通过因特网，而是通过租用的计算机线在专用网络上实现，这类专用的网络被称为 VAN（value-added network，增值网），这样做的目的主要是考虑到安全问题。但随着因特网安全性的日益提高，作为一个费用更低、覆盖面更广、服务更好的系统，其已表现出替代 VAN 而成为 EDI 的硬件载体的趋势，因此有人把通过因特网实现的 EDI 直接叫作因特网 EDI。

从软件方面看，EDI 所需要的软件主要是将用户数据库系统中的信息翻译成 EDI 的标准格式以供传输交换。由于不同行业的企业是根据自己的业务特点来规定数据库的信息格式的，因此，当需要发送 EDI 文件时，从企业专有数据库中提取的信息，必须翻译成 EDI 的标准格式才能进行传输，这时就需要相关的 EDI 软件来帮忙了。

3. 基于国际互联网的电子商务

计算机网络技术的重大突破，诞生了商业化的因特网。这正好为电子商务在全球的创立提供了一个必不可少的网络平台。互联网给全世界提供了最强大的网络平台，在互联网上不仅能同时快速传递大量的信息（数据、文件），而且还实现了网络营销、电子支付，提供各种新型的服务。20 世纪 90 年代以来，由于使用 VAN 的费用很高，只有大型企业才会使用，因此限制了基于 EDI 的电子商务应用范围的扩大。20 世纪 90 年代中期后，因特网迅速走向普及化，逐步地从大学、科研机构走向企业和百姓家庭，其功能也已从信息共享演变为一种大众化的信息传播工具。从 1991 年起，一直排斥在互联网之外的商业贸易活动正式进入这个王国，因此而使电子商务成为互联网应用的最大热点，以直接面对消费者的网络直销模式而闻名的美国戴尔（Dell）公司早在 2005 年在线销售额就高达 160 亿美元，占总收入的三分之一。另一个网络新贵亚马逊（Amazon.com）网上书店的营业收入从 1996 年的 1 580 万美元猛增到 1998 年的 4 亿美元，2012 年已达 610 亿美元，2019 年营收更是到达惊人的 2 805 亿美元。因特网在使全球得以共享更多的自由信息的同时，也使传统的由买卖双方构成的经济模式，发生了深刻的变化。企业和消费者，在通过因特网进行商务活动并获取收益的同时，也创造着一种新的商业交易形式——“全球电子商务”。因特网加快了跨国交易的速度，降低了交易的费用，产生了新的交易类型和方式，引发了一场全球性商事交易的革命。电子贸易早期发展的电子数据交换使电子资金转账已显得不能满足发展的需要。电子数据交换主要依靠“环球银行金融电信协会”所经营的 SWIFT 网及其开通的业务，由于这些网络的覆盖面有限，跨网传输不便，运作成本较高，于是商界纷纷要求发展一种覆盖面广、使用方便，而且成本低廉的电子商务。

4. 基于因特网的电子商务

20 世纪 90 年代，因特网在全球迅速普及和发展，逐步从军事、大学、科研机构走向百姓家庭和企业，基于因特网的电子商务以遍及全球的互联网为架构，以交易双方为主体，以网上支付和结算为手段，以客户信息数据库为依托，迅速发展。

1997—2000 年，亚马逊网络书店的逐渐崛起，使电子商务成了经济活动的热点，大量风险投资涌入电子商务，网络概念股在美国受青睐，电子商务出现爆炸式发展。

2000 年以来，开始了 E 概念电子商务，采用各种电子方式进行各项社会活动。

2000—2003 年，由于扩张速度快，资金投入多，电子商务问题暴露，物流、管理问题突出，网络股出现泡沫经济，国际股市从 5 000 点跌破到 2 000 点，资金撤离，网站开始重新洗牌，电子商务发展经历了寒冬腊月，超过 1/3 的网站销声匿迹了。

2003—2005 年，经过严峻的市场考验，电子商务网站开始务实经营，SRS（非典）的出现、911 事件的发生，禽流感病毒的传染，使得电子商务又迎来了一个发展的春天。众多的中小型企业从 B2B 电子商务中获得了订单，获得了销售机会，“网商”的概念深入商家之心。电子商务基础环境不断成熟，物流、支付、诚信瓶颈得到基本解决，在 B2B/B2C/C2C 领域里，都有不少的网络商家迅速成长，积累了大量的电子商务运营管理经验和资金。

2006 开始，最明显的特征就是，电子商务已经不仅仅是互联网企业的天下。数不清的传统企业和资金流入电子商务领域，使得电子商务世界变得异彩纷呈。

2011 年以后，互联网信息碎片化以及云计算技术愈发成熟，主动互联网营销模式出现，i-Commerce（individual Commerce）顺势而出，电子商务摆脱传统销售模式生搬上网络的现状，以主动、互动、用户关怀等多角度与用户进行深层次沟通。

5. 电子商务风靡世界

随着第三产业特别是服务业在各国的比重不断上升，信息服务业成为 21 世纪的主导产业，这导致电子商务的大发展，在全球信息化的影响下，各国的电子商务不断地改进和完善，电子商务成为各个国家和各大公司争夺的焦点。而在我国，随着计算机与网络技术的普及与发展，电子商务迅速崛起，众多的信息技术企业、风险投资公司、生产流通企业纷纷开展电子商务。随着信息技术的发展，电子商务的内涵和外延也在不断地充实和扩展，并不断被赋予新的含义，开拓出更广阔的应用空间。

电子商务将成为21世纪人类信息世界的核心，也是网络应用的发展方向，具有无法预测的增长前景。电子商务还将构筑21世纪新型的经济贸易框架。大力发展电子商务，对于国家以信息化带动工业化的战略，实现跨越式发展，增强国家竞争力，具有十分重要的战略意义。

8.2.2 我国电子商务发展历程

1. 1990—1998年起步阶段

1990—1993年，电子数据交换时代，成为中国电子商务的起步期。1993—1997年，政府领导组织开展“三金工程”阶段，为电子商务发展期打下坚实基础。1993年成立了以时任国务院副总理邹家华为主席的国民经济信息化联席会议及其办公室，相继组织了金关、金卡、金税等“三金工程”。1996年1月成立国务院国家信息化工作领导小组，由副总理任组长，20多个部委参加，统一领导组织中国信息化建设。1996年，金桥网与因特网正式开通。1997年，信息办组织有关部门起草编制中国信息化规划。1997年4月在深圳召开全国信息化工作会议，各省市地区相继成立信息化领导小组及其办公室。各省开始制订本省包含电子商务在内的信息化建设规划。1997年，广告主开始使用网络广告。1997年4月以来，中国商品订货系统（CGOS）开始运行。同样是在1997年，中国第一家垂直互联网公司——浙江网盛科技股份有限公司诞生。1998年3月，中国第一笔互联网网上交易成功。

2. 1998—2002年初步发展阶段

1998年3月，中国第一笔互联网网上交易成功。1998年10月，国家经贸委与信息产业部联合宣布启动以电子贸易为主要内容的“金贸工程”，它是一项推广网络化应用、开发电子商务在经贸流通领域的大型应用试点工程。1999年3月8848等B2C网站正式开通，网上购物进入实际应用阶段。1999年政府上网、企业上网、电子政务（政府上网工程）、网上纳税、网上教育（湖南大学、浙江大学网上大学）、远程诊断（北京、上海的大医院）等广义电子商务开始启动，并已有试点，进入实际试用阶段。这个阶段中国的网民数量相比起今天实在是少得可怜，根据2000年年中公布的统计数据，中国网民只有1 000万人。而且这个阶段，网民的网络生活方式还仅仅停留于电子邮件和新闻浏览的阶段。网民未成熟，市场未成熟，以8848为代表的B2C电子商务站点能说得上是当时最闪耀的亮点。1999年9月，马云带领18位创始人在杭州的公寓中正式成立了阿里巴巴集团，集团的首个网站是针对全球批发贸易市场的阿里巴巴。同年阿里巴巴集团推出专注于国内批发贸易的中国交易市场（又称“1688”）。1999年10月，阿里巴巴集团从数家投资机构融资500万美元。2000年1月，阿里巴巴集团从软银等数家投资机构融资2 000万美元。这个阶段发展电子商务难度相当大。

3. 2003—2006年高速增长阶段

在这一阶段，当当、卓越、阿里巴巴、慧聪、全球采购、淘宝，这几个响当当的名字成了互联网江湖里的热点。这些生在网络长在网络的企业，在短短的数年内崛起，和网游、SP企业等一起搅翻了整个通信和网络世界。这个阶段对电子商务来说最大的变化有三个：大批的网民逐步接受了网络购物的生活方式，而且这个规模还在高速地扩张；众多的中小型企业从 B2B 电子商务中获得了订单，获得了销售机会，“网商”的概念深入商家之心；电子商务基础环境不断成熟，物流、支付、诚信瓶颈得到基本解决，在 B2B、B2C、C2C 领域里，都有不少的网络商家迅速成长，积累了大量的电子商务运营管理经验和资金。

4. 2007 年以后电子商务纵深发展阶段

这个阶段最明显的特征就是，电子商务已经不仅仅是互联网企业的天下。数不清的传统企业和资金流入电子商务领域，使得电子商务世界变得异彩纷呈。B2B 领域的阿里巴巴上市标志着电子商务步入规范化、稳步发展的阶段；淘宝的战略调整，百度的试水意味着 C2C 市场不断地优化和细分；PPG、红孩子、京东商城的火爆，不仅引爆了整个 B2C 领域，更让众多传统商家纷纷跟进。2007—2009 年，电子商务已经进入可持续性发展的稳定期。3G 的蓬勃发展促使全网全程的电子商务 V5 时代成型，电子商务已经受到国家高层的重视，并提升到国家战略层面。

5. 2013 年后电子商务处于密集创新和快速扩张阶段

我国电子商务发展正在进入密集创新和快速扩张的新阶段，日益成为拉动我国消费需求、促进传统产业升级、发展现代服务业的重要引擎。具体而言，这一阶段的电子商务具有以下几个特点。

（1）我国电子商务仍然保持快速增长态势，潜力巨大。

我国近年来的电子商务交易额增长率一直保持快速增长势头，特别是网络零售市场更是发展迅速，2009 年 11 月 11 日淘宝推出第一个双 11，当天销售额 0.5 亿元；而 2019 天猫双 11 全天成交额为 2 684 亿元人民币，这一数字在将来仍将会不断攀升，更是让人们看到我国网络零售市场发展的巨大潜力。毫无疑问，电子商务正在成为拉动国民经济保持快速可持续增长的重要动力和引擎。

（2）企业、行业信息化快速发展，为加快电子商务应用提供坚实基础。

近年来，在国家大力推进信息化和工业化融合的环境下，我国服务行业、企业加快信息化建设步伐，电子商务应用需求变得日益强劲。不少传统行业领域在开展电子商务应用方面取得了较好成绩。农村信息化取得了可喜的成绩，创新电子商务应用模式，涌现出一批淘宝店，一些村庄围绕自身的资源、市场优势，开展特色电子商务应用。传统零售企业纷纷进军电子商务。其他行业如邮政、旅游、保险等也都在已有的信息化建设基础之上，着力发展电子商务业务。

（3）电子商务服务业迅猛发展，初步形成功能完善的业态体系。

从电子商务交易情况来看，近年来出现了一些新的发展趋势。一是发展模式不断演变。近年来 B2B 与 B2C 加速整合，并由信息平台向交易平台转变。二是零售电子商务平台化趋势日益明显。具体包括三种情况：追求全品类覆盖的综合性平台，专注细分市场的垂直型平台，大型企业自营网站逐渐向第三方平台转变。三是平台之间竞争激烈，市场日益集中。以阿里巴巴、京东商城为第一梯队拉开了与其他中小型电子商务企业的差距。从支撑性电子商务服务业来看，近年来出现了不少重大的变化。比如，各方面的功能日益独立显现，呈现高度分工的局面；新一代信息技术在电子商务服务中得到快速应用，除了物联网技术外，大数据正逐渐让数据挖掘发挥其精准营销功能；电子商务平台的功能日益全能化。从辅助性电子商务服务来看，围绕网络交易派生出一些新的服务行业，如网络议价、网络模特、网（站）店运营服务与外包等。

（4）跨境电子交易获得快速发展。

在国际经济形势持续不振的环境下，我国中小外贸企业跨境电子商务逆势而为，近年来贸易额保持增长态势。促进跨境网上交易有关部门正加紧完善对平台、物流、支付结算等方面的配套政策措施，促进跨境电子商务模式不断创新，出现了一站式推广、平台化运营、网络购物业务与会展相结合等模式，使得更多中国制造产品得以通过在线外贸平台走向国外市场，有力推动了跨境电子商务纵深发展。

（5）电子商务发展环境不断改善。

全社会电子商务应用意识不断增强，应用技能得到有效提高。相关部门协同推进电子商务发展的工作机制初步建立，围绕电子认证、网络购物等主题，出台了一系列政策、规章和标准规范，为构建良好的电子商务发展环境进行了积极探索。

8.2.3 电子商务发展现状

1. 电子商务在我国发展迅猛，业务模式日新月异

电子商务的基础是互联网。国家正在加大信息化改革力度，使得信息化与工业化相融合，构造新型的商业模式。各行各业都在拥抱信息化，引发了产业革命。传统行业也从之前的抵制电子商务变为拥抱它，积极结合自身的特点发展电子商务。电子商务不仅给城市的商户带来机遇，也给农村的发展提供了创新模式。

2. 电子商务不断普及和深化

电子商务在我国工业、农业、商贸流通、交通运输、金融、旅游和城乡消费等各个领域的应用不断得到拓展，应用水平不断提高，正在形成与实体经济深入融合的发展态势。跨境电子商务活动日益频繁，移动电子商务成为发展亮点。大型企业网上采购和销售的比重逐年上升，部分企业的电子商务正在向与研发设计、生产制造和经营管理等业务集成协同的方向发展。

电子商务自身也在不断地发展，刚开始是 B2B，主要是企业间的贸易，后来淘宝的快速发展，C2C 成了电子商务的新模式，展现出强大的生命力。由于 C2C 模式，商品质量参差不齐，服务没办法满足人们的需求，B2C 模式开始成为主流，像京东、天猫等平台，使得商品质量和服务水平都得到了提高。现在细分市场的电子商务也发展迅速，比如以图书为主的当当、亚马逊，以化妆品为主的聚美优品、乐蜂网等，特卖网站唯品会等。随着竞争的不断提升，一批不适应市场的企业倒下或被收购，市场越来越集中。移动互联网引发新的产业革命，电子商务也开始向移动互联网转化。另外随着大数据、云计算的发展，电子商务的功能也越来越完善。

1. 电子商务保持快速增长

近年来，我国电子商务的快速发展取得了令人瞩目的成绩，保持着快速增长势头。聚美优品、京东、阿里巴巴先后赴美上市。伴随着电子商务的快速发展，我国电商物流发展迅猛，包括电商自建物流和第三方快递业市场规模继续扩大。国家邮政局统计数据显示，2019 年我国快递业务量再创纪录达 600 亿件，比 2018 年同期增长接近 100 亿件。且中国快递包裹量正在以每年 100 亿件的速度持续增长，已成为世界上发展最快、最具活力的新兴寄递市场。“双 11”期间，国内几家主要快递公司共处理邮件、快件 23.1 亿件。除此之外，整个 11 月份平均每天处理的快件量接近 2 亿件。

2. 电子商务支撑水平快速提高

电子商务平台服务、信用服务、电子支付、现代物流和电子认证等支撑体系加快完善。围绕电子商务信息、交易和技术等的服务企业不断涌现。电子商务信息和交易平台正在向专业化和集成化的方向发展。社会信用环境不断改善，为电子商务的诚信交易创造了有利的条件。网上支付、移动支付、电话支付等新兴支付服务发展迅猛，第三方电子支付的规模增长近数十倍。现代物流业快速发展，对电子商务的支撑能力不断增强，特别是网络零售带动了快递服务的迅速发展，其中网络零售带动的业务量占快递总量的一半左右。电子签名认证证书正在电子商务中得到广泛应用。通信运营商、软硬件及服务提供商等纷纷涉足电子商务，为用户提供相关服务。

3. 网络购物扮演主角

国家统计局公布的 2018 年经济数据显示，全年社会消费品零售总额 380 987 亿元，全年全国网上零售额 90 065 亿元，比 2017 年增长 23.9%。其中，实物商品网上零售额 70 198 亿元，增长 25.4%，占社会消费品零售总额的比重为 18.4%，比 2017 年提高 3.4 个百分点；非实物商品网上零售额 19 867 亿元，增长 18.7%，网络购物成为推动电子商务市场发展的重要力量。

4. B2C 市场增长迅猛

在电子商务的快速发展中，B2C 市场增长迅猛。2019 年网络零售 B2C 市场（包括开放平台式与自营销售式，不含品牌电商），以网站成交额统计，排名前三位的分别为：天猫 50.1%、京东 26.51%、拼多多 12.8%；排名第四至八位的分别为：苏宁易购 3.04%、唯品会 1.88%、国美零售 1.73%、云集 0.45%、蘑菇街 0.24%。

5. 电子商务发展环境不断改善

我国网络基础设施不断改善，用户规模快速增长，网络服务能力不断提升，资费水平不断降低。全社会电子商务应用意识不断增强，应用技能得到有效提高。电子商务国际交流与合作日益广泛。相关部门协同推进电子商务发展的工作机制初步建立，围绕促进发展、电子认证、网络购物、网上交易和支付服务等主题，出台了一系列政策、规章和标准规范，为构建适合我国国情和发展规律的电子商务制度环境进行了积极探索。

国家统计局数据显示，2014 年我国全社会电子商务交易额达 16.39 万亿元，同比增长 59.4%。2018 年我国电子商务交易规模继续扩大并保持高速增长态势，全年实现电子商务交易额 31.63 万亿元，同比增长 8.5%；网上零售额 9.01 万亿元，同比增长 23.9%；跨境电商进出口商品总额 1 347 亿元，同比增长 50%；农村电子商务交易额 1.37 万亿元，同比增长 30.4%；全国快递服务企业业务量累计达到 507.1 亿件，同比增长 26.6%；电子商务从业人员达 4 700 万人，同比增长 10.6%。

6. 移动电子商务业务不断增长

近年来，移动互联网的快速普及为我国移动电子商务的发展奠定了基础，移动电子商务快速发展，对经济社会生活的影响不断增大，正成为我国经济发展的重要推动力。4G 所带来的不仅仅是网络速度的增加，也改变了消费者的消费习惯，移动终端的便捷性已经对 PC 购物产生了冲击，传统的购物方式也随之发生改变，在增加市场份额的同时也拉动了市场的进一步发展。移动消费的占比已经随着业务拓展的范围增加而增加，从而在消费市场上逐步成为一种新兴消费模式。

7. 电子商务发展尚存问题

电子商务的发展仍然存在着一些比较突出的问题。一是电子商务对促进传统生产经营模式创新发展的作用尚未充分发挥，对经济转型和价值创造的贡献潜力尚未充分显现。二是电子商务的商业模式尚不成熟，服务能力尚待增强，服务水平尚待提高，服务范围尚待拓展。三是电子商务发展的制度环境还不完善，相关法律法规建设滞后，公共服务和市场监管有待增强，信用体系发展亟待加强，网上侵犯知识产权和制售假冒伪劣商品、恶意欺诈、违法犯罪等问题不断发生，网络交易纠纷处理难度较大，在一定程度上影响了人们对电子商务发展的信心。四是推进电子商务发展的体制机制有待健全，投融资环境有待改善，统计与监测评价工作亟待加强，全社会对电子商务的认识有待进一步提高，对网络空间的经济活动规律有待进一步探索。

8.2.4 电子商务市场的发展趋势

潮流趋势总是不断在改变，电子商务市场不外如是。5G 时代的到来不亚于互联网产业的再次革命，最先冲击的产业当属电子商务，平台型电商和社交电商在应用场景、经营模式等方面都面临巨大变革。总的来说，将来电子商务的发展趋势可以总结为以下几点。

1. 智能化趋势

纵向上来看，伴随软硬件技术的迅猛提高，电商网站规模不断增大，与消费者需求日益个性化之间的矛盾可有望得到解决。“智能化虚拟导购机器人”在未来的网站中可以依托云计算等技术对网站海量数据资源进行智能化处理，从而实现为消费者提供更加人性化的服务。同时，利用智能技术人们能够实现多种跨平台信息的更为有效迅捷的融合，例如，根据网民消费者在操作过程中所表现出的操作特性以及从外部数据库中调用的消费者历史操作资讯，然后有针对性地生成优化方案，及时迅速满足消费者的个性化即时需求，最终提升消费者购物体验，增大消费转化率，增加消费者满意程度及网站黏性。在 B2B 领域，信息也将依托智能技术而进一步商品化。各种信息将会被更加智能化地收集和整理，以便被商业用户所定制。

2. 延展化趋势

从产业拓展的横向角度来看，电子商务将从目前的集中于网上交易货物及服务，向行业运作的各环节领域扩展和延伸。在企业内部，电子商务元素将渗透到企业管理、内部业务流程；在外部产业群领域，电子商务的发展将激活和带动一系列上下游产业，如结算、包装、物流配送、基于位置服务等领域的发展。此外，还将引导周边相关产业的创新与升级，如利用智能化远程技术对水、电、煤表进行远程自动查表与收费。而这些创新反过来又将促使电商模式的不断升级拓展。

3. 规范化趋势

电子商务市场将进一步得到健全和规范。商品与服务的提供方在售前的货源品质保障、售中的宣传推介、售后的服务兑现等方面将随着市场完善和相关法律及奖惩措施的出台而变得更加规范自律。不但像当前在淘宝、拍拍等普遍存在的假冒伪劣商品在将来的生存空间会越来越小，而且随着地球环境的不断恶化和社会价值的逐步转变，环保低碳的共识将会在消费者之间慢慢产生，进而影响到电子商务领域。在这一进程中，一些相关法令制度的颁布，将迫使着电子商务业者通过规范化运营来获取竞争优势。

4. 分工化趋势

伴随电子商务在横向纵向领域不断发展的进程中，越来越多的专业服务型网站将填充整个电子商务行业链条的各中间环节，将会出现越来越多像现在的返利网、最低价网这类处于消费者和电子商务网站两个链环之间进行专业化资源对接的网站，在诸多中间环节如网站与物流之间，与广告推广之间，与银行支付系统之间都将出现专业化的分工机构来提升整体行业链条的效率、降低系统成本。这类网站在功能和应用方面都将会不断进行创新。

8.3 电子商务发展目标

8.3.1 提高大型企业与中小企业的电子商务水平

发挥大型企业电子商务主力军的作用，进一步促进企业电子商务应用系统的规模化发展和品牌建设，提高网络集中采购水平和透明化程度，提升企业营销能力。深化大型工业企业电子商务应用，促进实体购销渠道和网络购销渠道互动发展，提高供应链和商务协同水平。推动大型商贸流通企业通过电子商务提高流通效率，扩展流通渠道和市场空间。鼓励有条件的大型企业电子商务平台向行业电子商务平台转化。

在原材料、装备制造、消费品、电子信息、国防科技等重点工业领域，深化电子商务应用，提高大型工业企业的供应链管理水平。引导大型工业企业提高网上集中采购水平，建立具有行业知名度和影响力的采购平台，增强企业采购行动的协调性和竞争力。支持有条件的电子商务企业为行业用户提供网上联合采购服务，提高行业采购行动的协调性。推动电子商务与企业内部业务和管理信息系统的集成，推进企业间网上协同研发、设计和制造，增强产业链商务协同能力。支持大型工业企业利用电子商务增强与产业链下游企业的协同能力，促进产品分销和售后服务水平提升。

鼓励中小企业应用第三方电子商务平台，开展在线销售、采购等活动，提高生产经营和流通效率。引导中小企业积极融入龙头企业的电子商务购销体系，发挥中小企业在产业链中的专业化生产、协作配套作用。鼓励有条件的中小企业自主发展电子商务，创新经营模式，扩展发展空间，提高市场反应能力。鼓励面向产业集群和区域特色产业的第三方电子商务平台发展，帮助中小企业通过电子商务提高竞争力。稳健推进各类专业市场发展电子商务，促进网上市场与实体市场的互动发展，为中小企业应用电子商务提供良好条件。

支持第三方电子商务平台品牌化发展，为中小企业提供信息发布、商务代理、网络支付、融资担保、仓储物流和技术支持等服务。推动有条件的专业市场建设网络交易平台，为中小企业提供网络联合购销服务。支持中小型生产制造企业利用电子商务创新生产经营模式，开展在线购销和客户关系管理等活动，拓展国内外市场，提高经营效率和效益。引导中小型商贸流通企业通过电子商务创新服务模式，提高专业化服务能力。支持社区商业、物业和家政服务等中小企业利用电子商务服务社区，便利居民生活。加快中小企业电子商务服务体系建设，多渠道开展电子商务应用技能和信用意识培训。

8.3.2 促进重点行业电子商务发展

积极发展农业电子商务，促进农资和农产品流通体系的发展，拓宽农民致富渠道。着力推进工业电子商务，促进工业从生产型制造向服务型制造转变。深化商贸流通领域电子商务应用，促进传统商贸流通业转型升级。鼓励综合性和行业性信息服务平台深度挖掘产业信息资源，拓展服务功能，创新服务产品，提高信息服务水平。促进大宗商品电子交易平台规范发展，创新商业模式，形成与实体交易互动发展的服务形式。推动交通运输、铁路、邮政、文化、旅游、教育、医疗和金融等行业应用电子商务，促进行业服务方式的转变。

深化现代农业生产组织与连锁超市挂钩的电子商务，推动涉农电子商务平台建设。支持大型商场、批发市场和连锁超市发展电子商务，创新商业模式。推进食品和药品行业的电子商务发展，降低流通成本，提高精细化管理和安全责任可追溯水平。进一步推动民航、铁路、公路和水运等行业加快拓展电子客票、电子货单等服务。鼓励邮政、快递、物流配送企业依托实体网络发展电子商务。大力发展旅游电子商务，创新旅游业发展模式，培育现代旅游服务品牌。

8.3.3 推动网络零售规模化发展

鼓励生产、流通和服务企业发展网络零售，积极开发适宜的商品和服务。培育一批信誉好、运作规范的网络零售骨干企业。发展交易安全、服务完善、管理规范和竞争有序的网络零售商城。整合社区商业服务资源，发展社区电子商务。促进网络购物群体快速成长。拓展网络零售商品和服务种类，拓宽网络零售渠道，满足不同层次消费需求。发展个人间的电子商务，为开展二手物品交易、获取日常生活服务等提供便利。

支持生产企业利用品牌优势，面向消费者个性化需求，积极探索网络直销的发展模式。支持流通企业拓展网络零售渠道，结合实体店面和物流配送体系，促进网上网下互动，满足不同层次消费需求。促进网络零售企业和平台完善服务、规范运作，推动高效、便捷、安全可靠的新型网络消费模式健康发展，支持网络零售企业创造国际品牌。提升具有自主知识产权的数字内容产品和服务的网络零售比重。引导相关企业扩展流通服务体系，面向社区、农村、非网络用户提供网络零售和物流配送等服务，拉动消费，便捷生活。鼓励利用微博、团购、社交网络等创新网络零售发展模式。

8.3.4 提高政府采购电子商务水平

积极推进政府采购信息化建设，加快建设全国统一的电子化政府采购管理交易平台，探索利用政府采购交易平台实现政府采购管理和操作执行各个环节的协调联动，逐步实现政府采购业务交易信息共享和全流程电子化操作，进一步规范政府采购行为，提高政府采购资金的使用效率。

坚持“公开、公平、公正”的原则，完善政府采购电子商务标准规范，积极推动政府采购管理与电子交易一体化系统建设，做好采购管理与部门预算、资金支付及资产管理的衔接等工作，实现中央地方供应商库、商品信息库、评审专家库和代理机构库间的信息共享，规范操作执行程序，完善运行机制，提高采购的效率和质量，促进网上“阳光采购”工程建设。

8.3.5 促进跨境电子商务和移动电子商务的协同发展

鼓励有条件的大型企业"走出去"，面向全球资源市场，积极开展跨境电子商务，参与全球市场竞争，促进产品、服务质量提升和品牌建设，更紧密地融入全球产业体系。鼓励国内企业加强区域间电子商务合作，推动区域经济合作向纵深方向发展。鼓励商贸服务企业通过电子商务拓展进出口代理业务，创新服务功能，帮助中小企业提高国际竞争能力。

推进面向跨境贸易的多语种电子商务平台建设。支持电子商务企业面向东盟、上合组织和东北亚等周边区域开展跨境合作，支持在边贸地区、产业集中度高的区域建设跨境电子商务平台。加快推进电子商务国际标准和国家标准的推广应用。引导电子商务企业为中小企业提供电子单证处理、报关、退税、结汇、保险和融资等"一站式"服务，提高中小企业对国际市场的响应能力。继续推广电子通关和无纸贸易，提高跨境电子商务效率。

鼓励各类主体加强合作，拓展基于新一代移动通信、物联网等新技术的移动电子商务应用。推动移动电子商务应用从生活服务和公共服务领域向工农业生产和生产性服务业领域延伸，积极推动移动电子商务在"三农"等重点领域的示范和推广。加强移动电子商务技术与装备的研发力度，完善移动电子商务技术体系。加快制定和完善移动电子商务相关技术标准和业务规范。

加快推动移动支付、公交购票、公共事业缴费和超市购物等移动电子商务应用的示范和普及推广。重点推进移动电子商务在农业生产流通、企业管理、安全生产、环保监控、物流和旅游服务等方面的试点应用。加强移动智能终端、智能卡和芯片、读卡机具和安全管理等关键共性技术的自主研发。支持运营企业建立安全可信的多应用管理平台。推动近距离通信（NFC）、机器到机器（M2M）等技术标准的制定和应用。面向不同的行业应用，协调制定行业技术标准和业务规范。推动移动支付国家标准的制定和普及。推动移动电子商务产业链和各应用领域的相关主体加强合作，加快商业模式创新和社会化协作机制创新。

8.3.6 促进电子商务支撑体系和网络安全技术的协调发展

探索建立网上和网下交易活动的合同履约信用记录，促进在线信用服务的发展。加快建设适应电子商务发展需要的社会化物流体系，优化物流公共配送中心、中转分拨场站、社区集散网点等物流设施的规划布局，积极探索区域性、行业性物流信息平台的发展模式。鼓励支付机构创新支付服务，丰富支付产品，推动移动支付、电话支付、预付卡支付等新兴电子支付业务健康有序发展，满足电子商务活动中多元化、个性化的支付需求。推动完善电子支付业务规则、技术标准，引导和督促支付机构规范运营。鼓励发展国际结算服务，提高对跨境电子商务发展的支撑能力。鼓励电子商务企业与相关支撑企业加强合作，促进物流、支付、信用、融资、保险、检测和认证等服务协同发展。

提高物流企业信息化水平，促进物流服务和电子商务集成创新。推进煤炭、钢铁、塑料和粮食等大宗商品电子交易与物流服务集成健康发展。推动快递、零担、城市配送企业依托信息化提高社会化服务水平，增强对网络零售的支撑能力。适时启动物联网在物流领域的应用示范。加强支付服务创新，促进电子商务与电子支付集成发展，为用户提供方便快捷的服务。引导电子商务企业与物流企业、金融机构加强合作，探索供应链金融等服务创新。

认真贯彻《电子签名法》，进一步发展可靠的电子签名与认证服务体系，提高认证服务质量，创新服务模式，推动可靠电子签名、电子认证和电子合同在电子商务中的实际应用，在统一的证书策略体系框架下推进电子签名认证证书的互认互操作，发挥电子签名的保障作用，提高电子交易的安全性和效率。鼓励软硬件及系统集成企业通过云服务等模式，为电子商务用户提供硬件、软件、应用和安全服务。鼓励通信运营商加强宽带信息基础设施建设，提高新一代通信网络的覆盖范围和服务水平，为电子商务用户提供接入、服务托管及商务应用解决方案等服务。发挥国家科技计划的引领和支撑作用，加大对电子商务基础性研究、关键共性技术的支持力度，积极开展成果转化、咨询培训等工作。

面向电子商务创新发展重点方向和共性工程技术问题，支持建设国家重点实验室、国家工程技术研究中心和企业技术中心。加强电子商务基础理论研究，推动射频识别、智能终端、系统集成、网络与信息安全等核心技术与关键技术的自主研发和产业化。加强电子认证、电子单证、在线支付、信用管理等电子商务安全交易技术的自主创新。研究制定针对电子商务创新的知识产权保护办法，加强对电子商务创新的保护力度。研究探索电子商务创新和科研成果产业化的财政政策，落实支持电子商务创新和科研成果转化的税收政策。

本章小结

学习了本章，首先要熟悉电子商务的起源与内涵，包括电子商务的概念与特点，电子商务的经济属性、技术支撑，电子商务的基本架构，以及电子商务对经济结构的影响。然后要理解电子商务的发展过程，如电子商务的兴起、历程，电子商务发展现状及其发展趋势。最后要掌握电子商务发展目标，包括企业电子商务、行业电子商务，推动网络零售规模化发展，提高政府电子采购水平，促进跨境电子商务和移动商务的发展，促进电子商务支撑体系协调发展，提高电子商务的安全和技术支撑。

复习思考题

1. 试述电子商务的概念与特点。
2. 试分析电子商务的经济属性。
3. 试结合案例阐述电子商务发展现状。
4. 论述我国电子商务市场的发展趋势。
5. 为何要促进跨境电子商务发展？
6. 为何要持续推进移动电子商务发展？

案例分析

微信电商这一盘大局或将采取怎样的模式？

从最开始微信自己的设想来看，做大电子商务平台的模式也一直是其梦想之一，主要的原因是看到阿里电商通过大平台的业务模式开创了电商领域的一个神话，稳定的平台收入，不介入具体的商品经营和后台物流的配送，通过专业的平台服务来吸引商家入驻，并拉拢物流公司提供完善的服务。

也正是因为如此，借助微信现有庞大的基础客户群，月活跃用户在 4 亿～5 亿，可以为电商嫁接庞大的消费用户流量，在这个原始的利益冲动之下，腾讯和京东之间主演了国内电商界近期手笔最大的整合案，也就是将腾讯旗下的易迅网连同拍拍网，QQ 网购等一同并入京东，换取京东上市后 20%的股份，腾讯承诺为京东提供基于微信的线上流量入口，也就是用线上的微信用户和平台嫁接电子商务平台，看似是"周瑜妙计安天下"，一方面把 PC 端的电商业务甩给了京东，一方面集中精力做好微信电商的建设，进可以开发自己的微信电商生态，建立电子商务大平台；退可以依仗 20%的京东股份，享受持有的收益。

但是，微信电商的模式短期内很难产生较大的效果，主要有两个因素。

（1）虽然把握住了移动电商的趋势，但是在资源引入方面，腾讯和京东之间似乎并没有形成最铁的关系，也许仅仅依靠 20%的股份关系难以维系两家在业务上的合作。

①京东虽然获得了腾讯微信平台的流量导入的权利，但是这种权利不是排他性的，也就是说其他的电子商务平台也可以导入。

②从实践的效果来看，京东拿到的微信一级入口在 6·18 期间并没有想象中的效果。如果微信未来不想方设法促使用户形成微信内购物的习惯，有再多的流量其实也无济于事。况且微信前脚刚给京东开放了一级入口，后脚就紧跟着要做自己的微信电商模式，可谓是"朝秦暮楚"。

（2）微信一方面是考虑建立电商大平台，一方面又在考虑如何涉足 O2O 业务，从微信发布的 5.4 版本来看，从信息流方面推出搜索功能，要把微信打造为信息中间页，如果能嵌入更多的线下商家和消费资源，一种简单的 O2O 模式也就产生了。

更为重要的是，6 月份，腾讯出资 7.36 亿美元认购 58 同城 19.9%股份的消息正式公布，整个国内本地生活服务市场（分类信息）的热度再度被激活。这个入股的逻辑和对京东的入股有异曲同工之处，即放弃自己不专长的领域，转为为合作伙伴提供已有资源，获得其股份，然后提供微信的一级入口，如果获得京东 20%的股份说明腾讯有意做电商大平台的模式，那么获得 58 同城 19.9%的股份则是腾讯有意于做开放的 O2O 模式。

更何况，腾讯在 O2O 布局上一路狂奔。15 亿港元入股华南城、数亿美元投资大众点评、1.8 亿美元入股乐居、5 亿元投资同程网、11.7 亿元入股四维图新，再加上该次拉拢了 58 同城，腾讯半年内在 O2O 领域的投资交易总额已达 100 亿元。在 O2O 领域的投资如此之大，不得不让人怀疑其能在引入资源的电子商务模式、自营平台的微信电子商务模式和布局如此之广的 O2O 模式之间做好利益的协调。

O2O模式和电子商务模式的客户群和商户的习惯存在一定的差异性，而腾讯目前的思路恐怕是要充分“透支”所有的微信用户流量，甭管你是O2O还是大平台电商模式，大微信平台都吃得下，不知道这是腾讯的一厢情愿，还是一种不切实际的理想。掌握了这么大流量的高黏性平台，微信在移动电商和消费时代是走在了前面，但是移动端的优势转化为具体的业务效果还需要一个过程，这也正是微信目前在O2O和电商模式之间徘徊，始终难以决策的一个隐含因素。不论是开放电商一级入口，还是自营微信电商，抑或是引入O2O线下资源，微信都显得小心谨慎，或许这才是方向不明的直接后果。恐怕微信是真的困惑了，做O2O好，还是做电子商务大平台好，抑或是两个都做？恐怕让它徘徊的时间也不多了。

问题讨论：结合该案例讨论微信电商未来的商务模式选择。

第 9 章　互联网金融的崛起与发展

学习目标

1. 掌握互联网金融的内涵，掌握互联网金融的特点。
2. 了解互联网金融产生的历程。
3. 熟悉我国互联网金融发展现状，熟悉国外互联网金融发展经验。
4. 了解我国互联网金融的未来发展方向。

互联网金融的兴起，是金融业务和互联网技术长期融合，发展到特定阶段的产物，同时也显示出传统金融机构应对新兴经济反应不够迅速，开展金融创新上的不足。电子化的时代需要电子化的经济模式，互联网金融在未来经济发展中的责任任重道远。

9.1　互联网金融的内涵

9.1.1　互联网金融的概念

互联网金融的产生既有技术方面的客观条件，也有内在的经济驱动因素。从目前世界各国互联网金融发展的情况看，互联网金融已呈现出多种商业形式。如，网络银行、网络借贷、众筹融资、第三方支付、网上证券、网上保险、供应链金融、金融搜索、网络金融超市、互联网理财，其余还有虚拟货币、虚拟信用卡等。互联网金融的监管是当前国内外遇到一个新的挑战，我国金融监管也面临着同样的问题。

互联网金融，是电子金融的范畴，是指借助于互联网、移动网络、云计算、大数据等技术手段在国际互联网实现的金融活动，包括互联网金融机构、互联网金融交易、互联网金融市场和互联网金融监管等方面。它不同于传统的以物理形态存在的金融活动，它是存在于电子空间中的金融活动，其存在形态是虚拟化的、运行方式是网络化的。互联网金融是信息技术特别是互联网技术飞速发展的产物，是适应电子商务发展需要而产生的网络时代的金融运行模式。这种新兴产业对传统银行的冲击是势在必行的。

互联网金融作为一种新型金融形式很好地补充了传统金融模式的不足，对服务实体经济有积极的促进意义。①满足了实体经济网络化、信息化发展趋势下的新需求。面对如此庞大的互联网使用群体，互联网金融满足了这部分新兴群体的新需求。②提升了金融服务效率，增加基础金融服务覆盖。互联网金融的生长点普遍集中在“小微”层面，往往具有“海量交易笔数、小微单笔金额”的特征，这恰恰是传统金融行业难以覆盖，或者其提供的金融产品和服务不够丰富的客户群体。③增强了金融业务竞争和创新活力，改善了金融服务质量。互联网金融以其强大的金融创新能力，作为新的金融服务提供者，将在很大程度上促进金融机构提高竞争和创新活力，显著改善金融服务质量。

9.1.2 互联网金融与传统金融业的关系

互联网金融与传统银行业之间存在相互促进、相互补充又相互竞争的关系，主要体现在以下几个方面。

（1）互联网金融的兴起打破了传统银行服务时间和空间限制的局限性。有报告显示，我国电子银行发展已进入成熟期，多数银行的电子银行替代率已在 80%左右，能熟练使用网银的人群已从年轻人扩展至中老年人。

（2）互联网金融大幅降低业务成本，改善传统银行内部运营效率。

（3）互联网技术有助于提升传统银行的风险管理和经营管理水平。大数据和云计算等信息集散处理，对提升银行业服务和风险管理水平至关重要。特别是互联网金融能统计出的客户全方位信息，通过集合这些海量非结构化数据，可以分析和挖掘客户的交易和消费习惯，并预测客户行为，有效进行客户细分，极大提高银行在业务营销和风险控制方面的针对性和有效性。

当然，互联网企业开展的互联网金融业务也对传统银行业务提出了挑战。

（1）互联网金融业务作为金融业务的一种新型提供渠道，对商业银行传统代销类中间业务产生冲击。自 2011 年 4 月底央行签发首批第三方支付牌照至 2019 年 8 月底，我国共有第三方支付牌照 238 张，移动支付交易笔数和交易规模持续保持大幅度的增速；再如在资管产品销售领域，随着“三马”卖保险、微信及基金网店等众多互联网金融平台的出现，银行作为基金公司、保险公司的分销商角色面临竞争。

（2）互联网金融的兴起成为金融脱媒的重要推手。①从资金来源看，余额宝、百度百发等资管类互联网金融业务对银行存款和理财类产品产生较大分流作用。目前，银行活期存款利率不超过 1%，而余额宝、陆金所等互联网金融资管产品的年化收益率基本在 2%～4%左右，流动性也比较好。早在 2013 年，余额宝余额已逾 1 000 亿元，2017 一季度更是突破万亿大关，达到 1.1 万亿。②从资金运用看，阿里小贷、百度小贷等利用自身的网络交易信息和大数据挖掘技术，直接介入信贷市场；一些纯 P2P 网贷平台作为资金供需双方的信息中介，降低了借贷双方的信息搜寻成本和信息不对称风险，分流了部分传统贷款业务。

9.1.3 互联网金融的意义

互联网金融对当代社会发展具有重要的意义，主要表现在以下几个方面。

1. 互联网金融服务更全面直接广泛，提高了工作效率

由于互联网金融的发展，客户对原有的传统金融分支机构的依赖性越来越小，取而代之的则是网络交易。而网络交易无须面对面进行交易，这样不仅提高了银行的服务质量，还提高了客户的金融交易需求。

2. 互联网金融极大地降低了交易成本

互联网金融机构无须构建庞大的办公场所，雇佣众多的营业员工，在各地开设分支机构，这些都大大降低了投资成本、营业费用和管理费用。

3. 互联网金融服务的全球化服务

在经济全球化的今天，高新技术如雨后春笋般出现，互联网金融服务突破了语言和地域方面的限制，使得网上银行的跨国服务更加容易，同时也会接触越来越多的客户，实现规模化经济。

唯有政府、行业和投资者齐心协力，共同打造健康发展环境，互联网金融才能在不断创新中承载更多使命。互联网已经将新闻媒体与出版行业彻底改造，对整个行业产生了革命性影响，下一个产生革命性影响的行业将是金融业。

经济的发展是以科技为基础的，在全球化日益加剧的今天，互联网金融产业的兴起也是迎合了世界经济发展的趋势，从现阶段的发展来看其发展现状仍然存在着许多问题，但是互联网金融产业仍会是未来一个高增长、高增加值的产业，由其发展所带来的经济效益不可估量。

9.1.4　互联网金融的模式创新

我国当前互联网金融模式创新逐渐显露多元化的趋势，在以大数据、云计算、社交网络、通信技术等为依托的背景下，这种多元化趋势势必增强。除了上述讨论的三种主要模式之外，互联网金融还出现了诸如互联网金融门户、大数据金融模式、信息化金融机构、众筹模式等金融创新模式。

1. 互联网金融门户

在国际互联网金融门户快速发展的影响下，国内互联网金融门户也借鉴其经验在近两年内迅速崛起。运用互联网平台进行金融产品的搜索、比价及推荐、交易、销售等服务的平台即为互联网金融门户。比如融 360 网站，是我国第一家互联网金融门户搜索引擎，主要为企业和个人提供融资贷款产品垂直搜索比价，在其开业不到两年的时间里，就为大量的小微企业和个人用户提供了融资贷款查询排名，以及将其推荐到银行业金融机构获得融资贷款。

2. 大数据金融模式

目前所有的以阿里巴巴、苏宁易购、京东集团为代表的金融服务模式都可以称之为大数据金融模式，这种形式下，主要通过大数据、云计算挖掘潜在有价值的客户，定位其需求并满足客户需求。可以说大数据是继土地、资本、人力之后的一种新型资源要素，我们可以期盼大数据交易所类似的市场出现，从而实现各类市场主体资源共享。大数据金融模式将会解决以下三个方面的问题：可提供充足的流动性从而解决企业资产与负债结构流动性不相匹配的问题；可解决在成本方面传统金融机构存在的运营交易成本过高的问题；可解决客户不足的问题，进而拓展为数几千万的小微企业市场，前景广阔。

3. 信息化金融机构

传统金融机构采用信息化技术，对传统运营流程进行改造或重构，实现经营、管理全面电子化、网络化，开展各种金融业务，将会节省物理网点和各种资源的投入成本，提高运行效率，创造更多价值，提高其核心竞争力。依托信息化金融机构，目前有线上银行、线上保险、线上证券和线上理财等多种创新模式。

4. 众筹模式

众筹模式是比较新的一种模式，在我国的发展不是很快，其中以点名时间网站等为代表，还不具有普遍性，这种模式是指个人把自己心中的创意或梦想，以视频、图片、文字等形式，在网站上发布，设定目标达成所需金额及时限，而对该项目感兴趣的人可以承诺捐献或投资一定数量的资金助其实现。虽然目前这种模式在我国受到有关法律法规的限制，但这种模式可以实现一些特定人群的创意或创业梦想，未来值得展望。

9.2 互联网金融的特点

9.2.1 互联网金融的普惠性

互联网金融通过互联网、移动互联网、大数据等技术，降低了交易成本和信息不对称程度，让那些无法享受传统金融体系服务的人群获取金融服务，从而提高了金融的普惠程度。

普惠金融是指能有效、全方位地为社会所有阶层和群体提供服务的金融体系。由于小微企业、部分个人客户等大众客户群体信用记录很少，缺乏有效的抵押品，加上交易金额小，难以实现规模经济，运营成本较高，传统金融机构无法有效满足这部分客户的金融需求，从而导致金融排斥。在互联网金融条件下，交易双方通过互联网搜集信息，降低了信息不对称和交易成本，拓展了金融服务边界。

普惠金融是小额信贷和微型金融发展到一定阶段并顺应时代背景的产物，目的是将先前各种零散的微型金融机构整合为一个有机的系统，并将这个系统融入金融业整体发展战略之中。普惠金融在继承和发扬小额信贷与微型金融扶贫优势的基础上，更致力于建立一个完整的金融体系，致使这些贫困人口不再被边缘化，并能让正规金融机构排除之外的低收入者也能获得金融服务。普惠金融具有以下特点：①家庭和企业可以获得金融服务，并且是在合理及可接受价格范围内，其中金融服务包括储蓄、信贷、租赁代理、保险、养老金、兑付等；②健全的金融机构应在接受市场监督尤其审慎监督前提下，遵循内部管理制度和行业业绩标准；③金融机构的可持续性发展能够为市场和客户提供长期的金融服务。④金融领域的竞争更能为客户提供有效率和广泛的金融服务选择。由此可见，普惠金融体系是为全社会尤其是为贫困和低收入者提供金融服务的一种新体系。

在普惠金融体系中，客户即需求方有权利用合理价格获得所需的金融服务，金融机构即供应方，有义务在遵守市场监督的原则下为客户创新、开发和提供更广泛的金融服务选择，而政府方则需要通过金融法律法规和金融监管机构等金融基础设施来建立一个可持续发展的金融体系。同时，普惠金融体系特别关注那些不能被商业性银行机构服务覆盖的低收入和贫困人群，并强调这个体系只有把这部分特定目标客户的金融服务解决了，才算得上是一个健全和完善的金融体系。从而普惠金融体系不仅要巩固目前已经运行良好的金融机构，还要将市场中各个零散的小型金融机构整合成一个有机的系统，让其融入国家金融发展整体战略中，在促进国民经济发展和社会进步中发挥更大的作用。

9.2.2 互联网金融的多样性

根据金融互联网子系统和互联网企业金融子系统不同的结构和功能，互联网金融形成了各具特色的业务模式。金融互联网子系统是互联网金融的基础子系统，具有实力雄厚、基础设施完善、风险控制机制健全等优势，业务模式包括以下几个方面：一是金融机构应用互联网技术，将传统金融产品放到网上销售，比如电子银行、电子保险、电子证券等；二是电商模式，银行、券商等金融机构自己搭建电子商务平台，进入电商领域，比如建设银行的“善融商务”、交通银行的“交博汇”、招商银行的“非常 e 购”等；三是和网络公司合作，在对方的平台上销售产品，比如方正证券在天猫商城开设旗舰店。

在中国互联网金融发展虽然时间不长，但已形成多种互联网金融的商业模式，如：①网络支付，包括第三方支付、移动支付、支付创新，如二维码等；②网络理财，如余额宝、理财通、百度钱包、工商银行天天益等；③网络借贷，如 P2P、拍拍贷、宜信、翼龙贷、中国平安陆金所“稳盈－安 e 贷”等，非 P2P 网络小额借贷，如“阿里小贷”、招商银行“小企业 e 家”等；④网络众筹，如点名时间、天使汇，VC、PE 新航标等；⑤网络银行，如工商银行、农业银行、建设银行、中国银行、交通银行、民生银行、中信银行、平安银行、华夏银行、招商银行、浦发银行、浙商银行的网上银行等；⑥网络证券，如上交所、深交所、国泰君安证券、银河证券、方正证券、国金证券等的程序化交易、算法交易等。⑦网络保险，如中保信、中国平安、中国人寿、中国人保财险、新华人寿、众安在线、电商保险等；⑧虚拟信用卡，如网络信用卡，中信银行牵手阿里、腾讯，合作构建大数据时代信用体系创新应用等；⑨网络金融信息社区服务，如东方财富、大智慧、融 360、雪球、中金在线、和讯网等；⑩网络货币的业务模式。另外，还有金融信息搜索、供应链金融、高频交易等互联网金融模式，新的商业模式层出不穷。

9.2.3　互联网金融的创新性

互联网金融是在大数据、云计算、搜索引擎等技术进步的背景下金融体系不断创新、不断突破的过程，是金融创新性活动。从发展历程看，信息技术进步促使互联网金融兴起，成为一种新的金融模式。最初是为了满足电子商务平台的支付需求，互联网企业提供了与各家银行支付结算系统的接口，起到信用担保和技术保障作用。随着电子商务的蓬勃发展，尤其随着海量用户数据的积累，加上云计算和搜索引擎的突破和应用，充满创新精神的互联网企业已经不满足只做第三方网络支付平台，而是凭借数据信息积累和挖掘的优势，直接向转账汇款、小额信贷、现金管理、资产管理、供应链金融、基金和保险代销等传统金融领域渗透和扩张。互联网企业依靠信息价值的挖掘，特别是大数据对于非结构化信息的处理，识别用户的行为和潜在需求，向“金融服务提供者”进入，从而驱动产生新的金融模式。

从支付清算功能来看，互联网金融的创新至少体现在两个方面。一是随着互联网技术的普及，支付终端从最初的银行柜台分散到每个网络用户的计算机和手机上，这一创新降低了支付成本，刺激了实体经济交易的增加。二是推动了身份认证的数字化进程。互联网技术使得企业和消费者的行为状态通过计算机或者手机被记录和储存在云端，并通过对行为的分析实现网络身份识别。

从资源配置角度看，互联网金融具有强大的信息处理能力，可以降低融资成本，提高资源配置效率。一是社交网络能够生成和传播信息。二是搜索引擎能够对信息排序、检索和管理，提高信息搜集效率。三是大数据、云计算等技术具备高速处理海量信息的能力。在这三个优势下，互联网金融能够快速获取供求双方的信息，降低交易成本，提高资源配置效率。

从风险管理的角度看，互联网时代的大数据积累和数据挖掘工具，可以通过互联网平台交易体系获取交易双方的信息，将交易主体的资金流动置于有效的监控之下，降低信息处理和加工成本，提高资产定价的对称性、风险及信用违约管理的可靠性。

互联网金融以客户为中心的性质决定了它的创新性特征。金融市场日新月异，变幻莫测，客户的需求千变万化，互联网金融唯有将客户的需求当成自己的业务发展的动力才能冲破传统银行设置的壁垒在金融市场上赢得应有的阵地。为了满足客户的需求，扩大金融市场份额，增强金融竞争实力，互联网金融必须进行业务创新。这种创新在金融的各个领域都在发生，比如在信贷业务领域，网络银行利用互联网的搜索引擎软件为客户提供适合其个人需要的消费信贷、房屋抵押信贷、信用卡信贷、汽车消费信贷服务；在支付业务领域，新出现的电子账单呈递支付业务（electronic bill presentment & payment，EBPP）通过整合信息系统来管理各式账单（保险单据、账单、抵押单据、信用卡单据等）。在资本市场上，电子通信网络（electronic communication networks，ECNS）为市场参与提供了一个可通过计算机网络直接交换信息和进行金融交易的平台，有了 ECNS，买方和卖方可以通过计算机通信来寻找交易对象，从而有效地消除了经纪人和交易商等传统的金融中介，大大降低了交易费用。通过互联网金融，股票、期货、黄金交易、中小企业融资、民间借贷和个人投资渠道等信息，能快速匹配各种交易的方式，随时随地地交易，极大地提高了资本市场资源配置的效率。互联网的开放性和虚拟性大大地降低了各种金融服务产品和整个金融产业的进入门槛，这就使得一些非银行金融机构可以凭借其在技术和资金上的优势从事传统银行业务。纵观全球，混业经营的经营模式是大势所趋。这种模式具有协同效应、风险分散和业务多元化的特点。

9.2.4 互联网金融的时空性

互联网金融突破了传统银行业务在时间上的限制，实行 7x24 小时全天候运营使金融业务更加贴近客户，更加方便顾客。从运营成本来看虚拟化的互联网金融在为客户提供更高效的服务的同时，由于无须承担固定的物理经营场所、分支机构或营业点，因而减少了设施维护、员工等费用开支，运营成本大大降低，具有显著的经济性。此外，随着云信息、大数据技术的应用，信息的收集、加工和传播日益迅速，金融市场的信息披露趋于充分和透明。金融供需信息几乎完全对称，并可以实现供需双方直接交流沟通。金融市场供求方之间的联系趋于紧密，可以绕过中介机构直接进行交易，非中介化的趋势明显。客户和银行之间及银行内部的沟通更加方便快捷。由此可以更容易地满足客户咨询、购买及交易多种金融产品的需求，有利于金融服务创新，向客户提供多种类、个性化的服务。这种金融机构与客户的网上交互式联络交流方式不仅缩短了市场信息的获取和反馈时间，而且有助于金融业实现以市场和客户为导向的发展战略，也有助于金融创新的不断深入发展。与传统金融相比，借助互联网或移动互联网金融的整个交易过程几乎全部在网上完成，金融交易的“虚拟化”使金融业务失去了时间和地域的限制，交易上对象变得难以明确，交易过程更加不透明。此外，随着移动互联网的发展、互联网应用逐步社交化和大数据的广泛应用，将为金融行业带来新的机遇并将使金融行业逐步“移动化”“金融社交化”，产生新的具有移动互联网特点的金融模式。这种移动金融模式将具有成本低廉、随身便捷的特点，能够使人们不受时间和地点的限制享受金融服务，可以在更大范围内实现规模经济。因此，网络技术的应用使得互联网金融信息和业务处理的方式更加先进，系统化和自动化程度大大提高，突破了时间和空间的限制，而且能为客户提供更丰富多样、自主灵活、方便快捷的金融服务，具有很高的效率。互联网金融的方便、快捷、超时空等特点极大地提高了金融运行的效率。通过互联网金融，用户可以享受到方便、快捷、高效、可靠的全方位服务。

9.3　我国互联网金融发展现状

9.3.1　我国互联网金融的发展趋势

我国自从 20 世纪 70 年代开始进行金融电子化的进程，为互联网金融的开展打下了良好的基础。通过几十年发展，已经初步形成互联网金融所需要的基本技术及运营框架。金融伴随着科技发展形式日新月异，从网银到第三方支付，从国际电汇到电子商务。手机支付、网购保险、网上小额贷款……互联网与金融服务的融合日益加深，互联网金融大概可以分为三个层次：替换、优化和创新。替换是指对传统金融业务流程中某环节的直接替换；优化是再造金融业流程本身，即简化、优化或重构；而创新则是创造新的金融业务流程。由此可以得出，移动化、电商化、自金融将成为我国互联网金融的主要发展方向。

“移动化”主要指移动支付的快速发展。据互联网研究机构艾瑞咨询统计，2018 年中国第三方移动支付交易规模达到 190.5 万亿元，同比增速为 58.4%。人们在日常生活中使用移动支付的习惯已经养成，第三方移动支付渗透率达到较高水平。在此阶段，移动金融领域的快速发展、线下支付在新场景的进一步渗透或将成为行业规模增长的主要驱动力。这使得银行服务逐渐从前台走向后台。

“电商化”是指电子商务企业基于交易信息和信用评估为小微企业提供信贷服务。其中最典型的就是阿里巴巴金融，为阿里巴巴、淘宝、天猫等电子商务平台的小微企业提供可持续性的小额贷款，金额从数千元到数十万元不等。

而“自金融”模式则是通过互联网的用户聚合和高速传播的特点，为用户提供直接的投融资服务，资金的需求方和供应方都是个人，取代了原有的机构渠道来进行融资和贷款。宜信、拍拍贷、人人贷等小额网络贷款平台是提供此类服务的代表性平台。

经济的发展是以科技为基础的，在全球化日益加剧的今天，互联网金融产业的兴起迎合了世界经济发展的趋势，虽然其发展现状仍然存在着许多问题，但是互联网金融产业仍会是未来一个高增长、高增加值的产业。由其发展所带来的经济效益不可估量。电子化的时代需要电子化的经济模式，互联网金融的在未来经济发展中的责任任重道远。

9.3.2　我国互联网金融发展的用户基础

CNNIC 调查报告显示，截至 2020 年 3 月，我国网民规模达 9.04 亿人，较 2018 年年底增长 7 508 万人，互联网普及率达 64.5%，较 2018 年年底提升 4.9 个百分点。如此庞大的网民群体为网络金融的发展奠定了基础，这些人是互联网金融的潜在客户且客户群体不断扩充。从未来发展的预期看，我国互联网渗透逐步加深的势头不可逆转，网络消费供需面持续积极向好，这些都将推动网络货币市场、在线银行、网络证券、网络保险的应用人群在未来较长时间实现较为稳健的增长。

我国互联网金融发展起步相对较晚，且我国的互联网金融产品和服务大多是将传统业务简单地“搬”上网，更多地把网络看成是一种销售方式或渠道，忽视了网络金融产品及服务的创新潜力。在技术方面，信息技术的发展如果难以适应金融业网络化需求的迅速膨胀，客户有时会因为技术方案和客户终端的不兼容而选择了不适应金融市场变化的技术方案而承担经济损失。此外，在互联网金融迅速发展的同时，立法监管的步伐滞后，目前只有《网上证券委托暂行管理办法》《证券公司网上委托业务核准程序》《非银行支付机构网络支付业务管理办法》等几部法规，并且涉及的仅是网上证券业务的一小部分，难以保证客户的合法权益。比如 2013 年 6 月，“余额宝”因有关业务未向监管部门备案被证监会予以核查。再比如 2018 年 4 月，杭州善林金融的倒闭引发了当年杭州地区 P2P 平台“暴雷潮”，大约 17 家 P2P 平台倒闭或者跑路。在融资类业务方面，P2P 机构都一肩挑着筹资、资金中介和担保职能，有些 P2P 平台还坚持不提供担保、不承担信用风险，但由于缺乏对其资金来源的监控，又没有对 P2P 机构放贷行为的资本约束，风险是不言而喻的。因此为了让互联网金融健康安全、有序发展，要找到适应其发展的对策。

随着全球互联网经济的迅速发展，互联网与金融行业的接触已经延续了很长时间。网络银行、网上支付等与互联网相关的金融服务已经发展得相当成熟，尤其是第三方支付模式，以阿里巴巴的支付宝和腾讯的财付通为代表，都非常成功。2013 年，阿里巴巴率先与天弘基金公司合作在其第三方支付平台支付宝上推出了余额宝业务，其实质就是货币基金。在余额宝推出后不久累计申购就超过了 1 300 亿元，一举成为中国最大公募基金和货币基金，互联网企业正在试图将触手伸向传统金融行业的各个领域。2018 年以后，尽管支付宝在交易金额上仍然具有相对微弱的优势，但财付通已经在交易笔数上远远领先于支付宝，2018 年财付通交易笔数为 4 600 亿笔，而支付宝仅为 1 975 亿笔，财付通继续保持对用户高黏性的优势。显然，移动支付小额、高频的交易特点，更易被腾讯系社交赋能所激活和形成高转化。

现阶段，国内的 P2P 信贷市场还处于发展初期，至少在概念上还需要消费者的进一步深度认知。而国内 P2P 信贷公司大部分属于营利性质，市场的各方参与主体都在快速地走向成熟。正因为如此，监管机构在制定相关规则时，必须以消费者和经营主体作为顾问，不仅要立足于化解金融风险与保障交易安全，更要兼顾与传统金融行业的适配性与关联性，做到在功能上更加细化，在结构上更加合理，在操作上更加灵活，这正是互联网精神应用在金融领域的必备要素。

互联网金融需要保护其生长的土壤，一方面是保护投资者的利益，一方面是扶植小微企业的成长。随着中国金融互联网交易规则的不断健全，市场仍会有相当可观的拓展空间，互联网金融正处在黄金发展时期。如果说保护消费者利益是国际 P2P 信贷市场的普世价值，那么，适应本土化发展则是其内在本质。产业的全球化，不代表消费理念的全球化，互联网的无边界格局，不代表商业模式的无边界格局。延伸互联网金融触角，创建市场主体的共赢局面，符合各方的共同利益。设计互联网金融规则，其目的在于建设互联网金融的统一战线，是促进产业融合与集约发展的历史命题，这一前所未有的机遇正把握在每个参与者手中。

9.3.3 我国互联网金融发展的技术基础

1. 发展互联网技术，构建网络安全防护体系

互联网、移动网络、云计算、大数据等技术手段是互联网金融发展的技术支持，这些技术必须适应不断创新的金融产品的要求。互联网金融行业必须不断完善技术支持和服务匹配，提高对新技术的敏感性，建立大型共享型互联网金融行业数据库，以适应包括互联网金融机构、互联网金融交易、互联网金融市场和互联网金融监管等方面的技术需求。同时针对互联网金融中的网络安全问题，除采取设置防火墙为客户提供数字认证、USBKey、动态口令技术、生物特征识别等服务外，还要向客户普及互联网金融安全知识，以免网络木马、钓鱼网站等现象的发生导致客户的经济损失。只有从硬件技术和安全意识两方面入手，才能确保互联网金融服务的安全性。

2. 加强立法，建立行业标准

互联网金融作为一种新的金融模式，其发展对金融监管、金融消费者保护和宏观调控提出了新的要求。由于互联网金融是个新兴的交叉性行业，因此行业监管涉及多个部门，需要多个部门共同监管。央行、银保监监会、证监会、工信部、公安部、法制办等部委组成的“互联网金融发展与监管研究小组”正在加快互联网金融的立法工作，希望建立法律条规监管行业标准，控制互联网金融风险。各互联网金融机构也应磋商建立互联网金融行业统一的技术标准，建立专门的互联网金融行业指导部门和管理机构，才能够促进互联网金融行业的有序健康发展。

3. 重视大数据的技术应用

（1）站在金融业发展和创新的高度看待大数据的影响。信息技术的进步在现代金融创新中发挥了极为重要的作用。无论是全球资金结算和交易市场的形成、现代金融工具和金融产品的涌现，还是各种现代风险管理技术的发展，都离不开信息技术的支撑。历史的经验告诉我们，大数据对金融业的影响将是全面和深刻的，金融业的经营理念、风险定价、产品设计、营销策略、客户服务、风险管控、组织架构乃至于金融监管，都必须适应大数据时代的要求。现在金融业处在一个全球竞争的时代，发达国家金融业在规则制定、金融文化、技术能力、人才队伍等方面占据着全面的优势，大数据给我国金融业带来一个弯道超车的机会。我们应该珍惜并利用好这个机会。

（2）站在更好地满足消费者金融需求的高度看待大数据的影响。在传统金融运作模式下，金融机构评估消费者的信用状况、消费能力、消费意愿的能力不强，导致部分领域金融产品服务定价过高，部分领域成为剩余市场，这与十八届三中全会“发展普惠金融”的要求存在一定的差距。在大数据时代，金融机构有能力对消费者的条件进行全方位评估，进行精准定价和精准营销，使更多的群众享受到合理的金融服务。从这个角度来说，抓住大数据的机遇推进金融创新，更好地满足广大消费者的金融需求，是我国金融业的使命所在。

4. 开发互联网金融产品和服务，满足各类投资者的金融需求

由于互联网金融服务商的增多，为客户提供具有个性化的服务也必将是大势所趋。互联网金融服务商必需根据不同客户的交易偏好等因素，不断研发和推出更贴合用户需求、操作界面更友好、处理流程更高效的金融产品和服务模式，并为客户制订个性化的服务产品，从而不断满足不同客户主体的需要，加深网络金融服务的根植性。为了使客户有多样化的产品

选择，满足各类投资者的不同金融需求，金融机构必将加快重组、兼并的步伐，充分吸收和融合相关资源，不断丰富网络金融产品，打造一体化的服务平台。即只需有一个界面，就可以满足网络金融客户的绝大部分需求。互联网金融机构在金融产品和服务不断创新的同时，以客户为中心推进与战略伙伴的深度合作，增强客户黏性，建立合作共赢、互补发展的关系，整合上下游资源，搭建一站式的金融服务平台，为客户提供金融解决方案。

9.4 国外互联网金融发展趋势

自 2005 年以来，以 Prosper、Lending Club、Zopa 为代表的 P2P 网络借贷平台开始在欧美兴起，在金融市场开拓了普惠金融和金融民主化的浪潮。

互联网金融的热潮以远远高于我们预期的速度掀起，使得行业内各个谨慎的从业人员如履薄冰。互联网思想中最核心的公平、透明、客观、效率运用到多年变化迟缓的金融领域中去，如同当初微博对于传统媒体的革命、微信对于传统通信运营商的当头棒喝，注定会是一个倒逼的变革。也许，金融业的坚冰本已开始融化，但互联网的网状渗透不只会让坚冰裂开一条缝，更会使其以更快的速度粉碎。即便在美国这个金融高度发达的国度，互联网金融小公司 LendingClub 的一点点创新就惊动了谷歌入股，吸引美国前财政部长及哈佛校长担任董事，引来了奥巴马接见并引致全球网贷峰会的召开。

9.4.1 国外互联网金融发展的历程

互联网与金融的结合早已开始，早在 1996 年，美国电子股票信息公司开始利用互联网为客户提供股票交易服务，越来越多的银行开通了网上银行业务，互联网金融业开始走入百姓家庭。最近随着物联网、大数据、移动互联网等信息技术创新发展，互联网正在改变着传统金融存贷、支付等核心业务，开创了互联网与金融融合发展的新格局，互联网金融产业链正在形成。

1. 网络借贷

P2P（peer-to-peer lending）网络借贷，也称点对点信贷，或个人对个人的信贷，来源于 P2P 小额借贷。P2P 小额借贷由 2006 年“诺贝尔和平奖”得主尤努斯教授首创，是一种将非常小额度的资金聚集起来借贷给有资金需求人群的一种商业模型，其作用主要体现在满足个人资金需求、发展个人信用体系和提高社会闲散资金利用率三个方面。随着互联网技术的快速发展和普及，P2P 小额借贷逐渐由单一的线下模式转变为线下线上并行，随之产生了 P2P 网络借贷平台，该平台主要是出借人通过第三方平台在收取一定利息的前提下，向借款人提供小额借贷的金融模式。

Prosper 是美国第一家 P2P 信贷公司，Prosper 于 2006 年在加州旧金山市成立。该公司规定，凡具有美国合法公民身份、社会保障号、个人税号、银行账号、个人信用评分超过 520 分的注册客户，均可以从事 Prosper 平台内的借贷交易。Prosper 开创的商业模式被其他 P2P 公司效仿，即在网上公布借款人的借款需求和信息，在网上获取贷款信息并构建贷款组合，建立贷款的二级交易平台等。目前 Prosper 会员超过 200 万人，累计贷款金额约 6.9 亿美元，借款需求在 2 000 美元至 3.5 万美元之间。

LendingClub 于 2007 年成立于美国，目前已促成贷款累计 29.8 亿美元，累计支付利息 2.67 亿美元。Lending Club 公司对符合要求的贷款申请，根据贷款者的 FICO 信用评分、贷款金额、过去 6 个月借款次数、信用记录长度、账户数量、循环信用证使用率和贷款期限等因素进行内部信用评级，评级分为 A 到 G 共 7 个等级，每个等级又分为 5 档，不同信用等级对应不同的贷款利率，范围为 6%～25%。

LendingClub 把每份贷款称为一个票据，在网上公布贷款金额、待认购金额、期限、评级、利率、用途及借款者就业、收入、信用历史等信息，供贷款人选择。对于单个票据，投资者的最小认购金额是 25 美元，因而一名有 2 万美元的贷款人最多可投资 800 个票据，从而实现风险的充分分散。LendingClub 为贷款人（投资者）提供了构建贷款组合的工具，当投资者说明自己的收益目标、投资金额和拟认购贷款金额后，LendingClub 会据此为投资者推荐一个贷款组合。LendingClub 还为投资者提供了贷款交易的平台，在贷款存续期间，LendingClub 负责向借款人收取贷款本息，转交给贷款人，并处理可能的延付或违约情况。LendingClub 借款者整体上属于中上收入阶层。

2. 众筹融资

全球第一家众筹平台——Kickstarter，成立于 2009 年 4 月，致力于支持和激励创新性和创意性的活动。通过网络平台面对公众募集小额资金，让有创造力的人有可能获得他们所需要的资金。到 2012 年 9 月，Kickstarter 总共成功推出 73 065 个项目，他们抽取成功项目总集资额的 5%作为佣金，共融得 3.77 亿美元的投资。2012 年 4 月 5 日，美国总统奥巴马签署了 JOBS 法案，即《创业企业融资法案》（*Jumpstart Our Business Startups Act*），旨在通过放宽金融监管来鼓励美国小微企业融资，扶植企业成长并创造就业机会。国外围绕 JOBS 法案对众筹融资的法律问题进行了深入研究。创业企业融资法案 JOBS 法案，旨在使小型企业在满足美国证券法规要求的同时，更容易地吸引投资者并获得投资，解决美国面临的失业问题。法案放开了众筹股权融资，而且在保护投资者利益方面做出了详细的规定。

一是适当放开众筹股权融资。法案明确了满足以下条件的众筹融资平台不必到 SEC 注册就可以进行股权融资，由 SEC 注册的经纪人充当中介。筹资者每年通过网络平台募集不超过 100 万美元的资金；前 12 个月内收入不足 10 万美元的投资人所投金额不得超过 2 000 美元或其年收入的 5%。前 12 个月内收入超过 10 万美元的投资人可以将其收入的 10%用于此类投资，但上限为 10 万美元。

二是保护投资者利益。法案对筹资者和提供服务的融资平台提出了相应要求，以保护投资者利益。对于筹资者，法案明确了四点要求，即要求其在 SEC 完成备案，并向投资人及中介机构披露规定的信息；不允许通过广告来促进发行；对筹资者如何补偿促销者做出限制；筹资者必须向 SEC 和投资者提交关于企业运行和财务情况的年度报告。同时法案从业务准入、行业自律、资金转移、风险揭示、预防诈骗、消费者保护等方面对融资平台进行约束。

3. 第三方支付

美国将第三方支付业务纳入货币转移业务监管。美国对第三方支付实行的是功能性监管，监管侧重于交易的过程而不是从事第三方网络支付的机构。

（1）立法层面。美国没有专门针对第三方网络支付业务的法律法规，仅使用现有法规或增补法律条文予以约束。第三方支付被视为一种货币转移业务，其本质仍是传统支付服务的延伸，无须获得银行业务许可证。

（2）监管机制层面。美国采用州和联邦分管的监管体制，联邦存款保险公司（FDIC）负责监管第三方支付机构，但其明确规定各州相关监管部门可以在不违背本州上位法的基础之上，对第三方网络支付平台的相关事项做出切合本州实际的规定。

（3）沉淀资金管理层面。美国法律明确将第三方支付平台上的沉淀资金定义为负债。FDIC 规定第三方支付平台必须将沉淀资金存放于 FDIC 在商业银行开立的无息账户中，沉淀资金产生的利息用于支付保险费。FDIC 通过提供存款延伸保险实现对沉淀资金的监管。

美国对第三方支付实行功能监管，将第三方支付视为货币转移业务，把从事第三方支付的机构界定为非银行金融机构，监管机构涉及财政部通货监理署、美联储、联邦存款保险公司等多个部门，其监管的重点是交易过程而非从事第三方支付的机构。欧盟对第三方支付实行机构监管，倾向于对第三方支付机构做出明确界定，并主要通过对电子货币的监管来实现，第三方支付机构只有获得银行或电子货币机构营业执照的情况下才能从事相关业务。

近年来，欧美等发达国家对第三方支付的监管指导思想逐步从“自律的放任自由”向“强制的监督管理”转变，先后制定了一系列有关电子支付、非银行金融机构和金融服务的法律法规，形成了与本国第三方支付发展相适应的监管模式。欧盟将第三方支付机构纳入金融类企业监管，欧盟对第三方支付的监管为机构监管，对第三方支付机构给出明确的界定。

欧盟与美国模式在监管目标和手段上均具有较高的一致性。首先在监管目标上，强调促进和维护第三方支付手段和支付体系的高效和安全，保护消费者利益及防范反洗钱风险。其次在监管手段上，对第三方支付机构设定了业务许可制度。在初始审批的基础上，实施过程监管和动态监管，确保第三方支付机构维持良好的经营和财务状况。

9.4.2 国外互联网金融发展的特征

在金融全球化的新时代，世界金融行业已经全面进入一个全新的互联网时代，互联网金融应运而生。由于互联网金融与生俱来的高效、便捷、精确等特点，极大地提高了金融体系的效率，逐渐成为人们生活中必不可少的一种支付和投资手段。这无疑给传统商业银行的生存和发展带来了极大的冲击和前所未有的挑战，一个全新的金融时代到来了。

相对于传统金融，互联网金融具有很大的变化，它不仅在技术上有了很大的改进，而且在金融行业的管理方式和管理观念上都有很大的改变。它具有以下几个特点。

1. 信息化和虚拟化

在互联网金融中进行生产和流通的是信息（包括货币、价格、中介服务等），这种现象它就决定了市场的信息化和虚拟化。

2. 高效性与经济性

相对于传统金融，互联网金融的网络技术更加先进，处理相关的金融业务也更加快捷，它具有更好的灵活性，并且没有时间和空间的束缚，能够为客户提供更丰富、更方便的服务，大大提高了服务效率。

3. 一体化

互联网金融的出现极大地推动了金融混业经营的发展，主要原因在于金融网络化的过程当中，客观上存在着系统管理客户所有财务金融信息的需求。

9.4.3　国外互联网金融的发展趋势

尽管曾有互联网金融将取代传统金融的观点，但从世界范围看，互联网金融的机构数量、资金规模及业务交易量等在全球金融体系中的比重非常小，并不足以撼动传统金融机构的主导地位。但它的快速发展确已产生了多方面的影响和应用趋势。

1. 互联网金融推动传统金融机构进行业务变革

互联网金融的出现使网上交易、网上支付、移动支付等成为消费者普遍接受的方式，金融服务的可获性、及时性和便利性成为消费者的主要选择，这在某种程度上改变了传统的柜台消费、经理接洽的消费模式。据统计，2009 年美国各主要金融机构中 18 岁及以上的消费者最喜欢使用的银行服务方式中，网上银行的比重高达 25%。2008 年，韩国各金融机构注册的网上银行客户达到 4 800 万户，与韩国总人口相当。为应对新的变化，传统金融机构不仅将传统金融业务迁移到网上进行，而且通过对不同渠道、产品和服务之间的组合匹配，创造了许多新的金融产品和业务形态。以美国第五大银行富国银行为例，该行通过互联网向客户提供资产业务、外币兑换、股票经纪、信托业务、电子采购等服务，业务领域不仅包括银行，还涉及证券、信托，把自身打造成为客户全方位服务的网上金融超市。

2. 互联网金融改变了金融业的竞争模式

金融业是一个资金密集型和技术密集型的行业，准入门槛高，且发展面临的资金成本约束较多，容易出现大型机构自然垄断的情况。互联网金融的投入相对固定，业务量的扩大不会引起交易总成本的明显上升。据统计，传统金融机构的经营成本占经营收入的 60%左右，而通过电子渠道进行网上经营，成本仅占经营收入的 15%～20%。在商业银行运营中这种成本优势更加明显，以国内某商业银行为例，据其内部测算，某年上半年由互联网进行的金融交易量相当于 4.5 万名柜员的工作量，即可节约 4.5 万名的人力成本。互联网金融在运营成本方面的优势，使得金融业的准入门槛得以显著降低，并为中小机构的发展提供了新的路径，同时也为金融业注入了新的活力。

3. 互联网金融弥补了传统金融业服务的不足

长期以来，由于金融机构天然具有的资本逐利性，导致金融服务资源主要向大企业、大客户集中，中小企业、弱势群体难以从中获得有效支持。互联网金融的出现，大幅降低了中小企业融资、民间金融所面临的信息不对称程度和交易成本，在一定程度上弥补了传统金融业在此方面的不足。以美国知名网络信贷平台 Kiva 为例，它主要通过与多个国家的小额贷款机构合作，向个人发放小额贷款。截至 2012 年中，Kiva 共促成了 46 万笔贷款，总金额达 3.4 亿美元，平均每笔贷款金额 397 美元，惠及 80 万放贷人和 83 万借款人。这种涉及大量个体的小额直接金融交易过去在传统金融体系中是很难实现的，因此互联网金融的出现进一步丰富和完善了金融服务体系。

9.4.4　国外互联网金融的监管

从世界范围看，由于互联网金融正处在发展过程中，各国对互联网金融的监管尚处于起步阶段，还没有形成较为系统的、专门的互联网金融监管制度体系。但着眼于互联网金融快速发展的趋势及其业务风险特征，欧美日等主要发达国家已开始加强和完善对互联网金融的监管，当前以欧美为代表的主要发达国家对互联网金融的监管已呈现出由宽松自由到加强规范的趋势，在具体实践上具有以下特点。

（1）强化监管与支持创新并重，尽管各国已开始健全相关监管框架和措施，但与传统金融机构相比，对互联网金融的监管仍然宽松，以鼓励创新为主，没有对其发展做出过多的限制。

（2）立足现有法律法规，对相关制度办法进行补充和完善，以适应互联网金融规范发展的需要。这既为互联网金融向深层次发展、跨领域经营预留了空间，也为互联网金融稳健经营提供了有利的法制环境。

（3）对互联网金融实施市场准入管理，力求把好入门关，避免出现“百花齐放、鱼龙混杂”的情况。

（4）高度重视互联网金融的网络、技术及交易的安全，对互联网金融的电子技术、内部管理、自有资本、客户资金管理等提出了有针对性的要求。

（5）以保护金融消费者权益、维护公平交易作为监管的核心目标，侧重于对互联网金融实施行为监管和功能监管，不拘泥于现有的金融监管体制分工。

考虑到目前网络银行大多是传统银行开展网上业务为主，纯粹型网络银行的数量少、规模小，各国仍以原有的银行监管机构和监管范围为基础，但加大了监管机构之间、监管机构与其他政府部门之间的协调，以应对网络银行跨区域、跨国界发展业务和客户延伸所引发的监管规则冲突。在监管层次和内容上，将对网络银行的监管划分为企业级的监管（即针对商业银行提供的网上银行服务的监管）和行业级的监管（即针对网络银行对国家金融安全和其他领域形成的影响进行监管）两个层次，并以实施市场准入，对业务扩展进行管制及开展现场检查作为主要监管方式。在监管模式上，形成了以美国和欧盟为代表的两种模式。

9.5 我国互联网金融的发展策略

9.5.1 构建互联网金融的政策框架并完善相应法律制度

政策框架方面分析，一是在严格的金融监管和充分的市场创新之间寻找平衡点，减少政策歧视和监管偏见，允许不同的金融创新在合法合规的情况下自由生存。加强市场准入管理。将是否具有相当规模的互联网设备、是否掌握关键技术、是否制定了严密的内控制度、是否制定了各类交易的操作规程等内容作为互联网金融市场的准入条件，对互联网金融各种业务的开展加以限制和许可；根据开办互联网金融业务的主体及其申报经营的业务，实施灵活的市场准入监管，在防范金融风险过度集聚的同时，加大对互联网金融创新的扶持力度。二是完善监管体制。互联网金融市场的发展突破了银行业、证券业、保险业分业经营的界限，对分业监管模式提出了很大挑战。我国应协调分业经营与混业经营两种监管模式，对互联网金融风险实行综合监管；互联网金融的发展打破了地域限制，对单独的国内监管提出了挑战，我国需与有较高互联网金融风险防范能力的国家和机构合作，学习对方的先进技术，对于可能出现的国际司法管辖权冲突进行及时有效的协调。协调分业监管与混业两种监管模式，对互联网金融实行综合监管，建议由央行负责对互联网金融的监管协调，银保监会、证监会、工信部等部门共同参与、相互配合、各司其职，从市场准入到业务运作、风险控制等各个方面进行全面的监管。

从法律方面上分析，欧美互联网金融公司都有明确的准入监管，而我国缺乏明确的市场准入、业务范围等法律规定，这对互联网金融的健康发展埋下了一些风险隐患。一是互联网金融公司违反相关法律法规，或者没有遵守有关的权利义务的规定，比如中国的一些网贷公司在发展过程中出现了异化，出现线下调查、本金垫付，个别公司违规经营，大搞线下业务，违规发行理财产品，甚至触碰"非法吸收公众存款""非法集资"的底线。

互联网金融的法律风险主要包括两个方面：一是互联网金融业务违反相关法律法规，或者交易主体在互联网交易中没有遵守有关权利义务的规定，这类风险与传统金融业务并无本质差别；二是互联网金融立法相对落后和模糊，现有的银行法、证券法、保险法等法律法规都是基于传统金融业务制定的，不适应互联网金融的发展。

我国的互联网金融还处于起步阶段，相应的法律法规还相当缺乏。近年来，我国相继出台了《电子签名法》《网上银行业务管理暂行办法》《网上证券委托管理暂行办法》《证券账户非现场开户实施暂行办法》等法律法规，但这些法律法规也只是基于传统金融业务的网上服务制定的，并不能满足互联网金融发展的需求，而互联网金融市场的准入、资金监管、交易者的身份认证、个人信息保护、电子合同有效性的确认等方面都还没有明确的法律规定。因此，在利用互联网提供或接受金融服务时，配套法规的缺乏容易导致交易主体间的权利、义务不明确，增加相关交易行为及其结果的不确定性，导致交易费用上升，不利于互联网金融的健康发展。

依目前我国法律规定，一切企业间相互拆借资金的行为，无论直接间接，均以无效论处。借款合同一旦被认定无效，效力自然溯及至合同订立伊始，借贷人在合同被认定无效后得依合同无效之判决另向法院提起请求之诉，请求合同相对方返还财产，约定利息则作为违法所得依法予以罚没。就此类情形，出借方不但损失了原应享有的利息收益，更失去了将借贷资金投资于其他领域获取收益的机会，且此时借款方可能通过隐匿财产恶意逃避债务，资金出借方最终能否通过司法渠道取回借贷本金仍然存疑。民间金融机构于其中承担着偌大的风险。

加强防范互联网金融风险的法制体系建设：一是加大互联网金融的立法力度。及时制定和颁发相关法律法规，在电子交易的合法性、电子商务的安全性及禁止利用计算机犯罪等方面加紧立法，明确数字签名、电子凭证的有效性，明晰互联网金融业务各交易主体的权利和义务。二是修改完善现行法律法规。修订现有法律法规中不适合互联网金融发展的部分，对利用互联网实施犯罪的行为加大量刑力度，明确造成互联网金融风险应承担的民事责任。三是制定网络公平交易规则。在识别数字签名、保存电子交易凭证、保护消费者个人信息、明确交易主体的责任等方面做出详细规定，以保证互联网金融业务的有序开展。同时，对互联网金融的业务种类、经营范围、准入门槛等做出明确规定，建立市场准入和退出机制，引入集体诉讼制度，强化和完善金融消费者的司法维权途径，全方位保护金融消费者的权益。

9.5.2　建立互联网金融社会信用体系和网络安全机制

加快社会信用体系建设，完善社会信用体系，降低信用风险。建议以人民银行征信系统为基础，搜集吸收网络借贷平台等非银行信用信息，最大限度地解决信息不对称问题，减少逆向选择和道德风险。特别对于从事互联网金融的企业，也要建立信用评价体系，避免消费者由于不了解互联网金融业务的服务质量和风险而做出逆向选择。完善的社会信用体系是减少信息不对称、降低市场选择风险的基础。以人民银行的企业、个人征信系统为基础，全面收集非银行信用信息，建立客观全面的企业、个人信用评估体系和电子商务身份认证体系，避免互联网金融业务提供者因信息不对称做出不利选择；针对从事互联网金融业务的机构建立信用评价体系，降低互联网金融业务的不确定性，避免客户因不了解金融机构的互联网金融业务的服务质量而做出逆向选择。

随着我国互联网金融蓬勃发展，网络安全出现了不少新情况、新问题，尤其在云计算、大数据、物联网和人工智能等新技术应用后，数据和用户信息泄露等网络安全问题日益突出，木马僵尸网络、钓鱼网站等非传统网络安全威胁有增无减，高级持续威胁（APT 攻击）等新型网络攻击更是愈演愈烈。在我国互联网金融监管逐步加强的背景下，更加重视新技术新应用的安全问题，规范互联网金融平台运行以促进移动互联网应用生态环境优化，通过智能终端生产厂商、网络运营商、互联网金融平台、CA 认证机构等各方共同努力，加速构建“协同预警、有效应急、强化灾备”全网动态感知保障体系，不断加强互联网金融网络安全，依法管理、科学管理，逐步实现网络安全防护从基于现实威胁的静态保护向基于未来风险的动态预防转变。

互联网企业具有数据挖掘优势，未来应继续运用云计算、大数据、物联网、定位服务等前沿信息技术进行金融服务创新，通过和金融机构合作，或者直接申请网络银行，促进自身服务能力的提升和服务效率的改进；不断强化风险控制，提高电子支付安全性，保护金融消费者的权益。互联网金融产业的兴起也是迎合了世界经济发展的趋势，互联网金融产业仍会是未来一个高增长、高增加值的产业，由其发展所带来的经济效益不可估量。电子化的时代需要电子化的经济模式，互联网金融的在未来经济发展中的责任任重道远。

9.5.3 规避互联网金融风险并加强互联网金融行业自律

互联网金融发展给互联网金融产业链中的企业与投资者带来了极大风险。如何规避风险，促进互联网金融健康快速发展，需要政府、行业和投资者三方共同努力。

对政府而言，需要尽快改变传统的金融监管模式，建立金融监管部门与互联网监管部门联合的跨部门监管机制。将互联网金融企业由审批制逐渐过渡到备案制，列出负面清单。尽快建立存款保险制度，探索保护投资者利益的机制。加快利率市场化和民间资本进入金融业的进程，倒逼传统金融机构改革。加强个人信息保护，严厉打击非法买卖个人信息行为。

对行业而言，加强行业自律，对损害投资和利益、导致行业恶性竞争的市场主体形成行业惩罚机制。充分发挥金融行业协会、互联网行业协会的作用，倡议互联网金融行业维护行业竞争秩序，自觉接受社会监督，自觉防范管控风险和维护公共利益，共同维护行业利益。同时，要倡导建立互联网金融行业协会，探索互联网金融行业发展规范。

对投资者而言，投资者需要增强风险意识和投资管理水平，认清互联网金融的本质，不要轻信企业所承诺的固定收益率和“零风险”的过度宣传。形成良好的网络使用习惯，提高个人信息保护意识和技能。

唯有政府、行业和投资者齐心协力，共同打造互联网金融健康发展环境，互联网金融才能在不断创新中承载更多使命，倒逼金融机构改革，推动金融行业市场化进程和给普通投资者更多投资理财渠道选择，金融行业也将成为一个充满竞争的行业。

互联网金融行业的持续健康发展，需要注意以下四点：①互联网金融企业应自律，业务发展不能钻法律空子和监管漏洞，应以支持实体经济为出发点。②互联网金融企业应积极创新，不断嫁接金融服务与信息科技功能，探索新业务领域，与传统金融业务模式形成互补。③互联网金融企业要利用自身资源，打破地域界限，吸引更多客户，操作尽可能“简单化”。④互联网金融企业应加强系统安全建设，保障交易者的资金、信息安全。从社会环境看，人们应给予互联网金融企业更加开放、宽容的态度。保证金融稳定和安全的前提下，相关部门可以考虑突破地域、行业限制，鼓励金融业竞争，维护好社会金融生态环境。当然以上最重要的是建立健全网络借贷平台、互联网金融协会等行业自律组织，制定行业规则。一是信息公开透明，按照统一的风险指标定义方式定期进行统计，通过独立审计，形成完善的业务报告和信息披露体系；二是清结算分离，P2P 服务机构的运营资金与所服务的出资人、借款人的资金必须完全分离，防止平台机构挪用出资人的资金。

9.5.4　重视互联网金融基础设施建设

1. 改进互联网金融的运行环境

在硬件方面加大对计算机物理安全措施的投入，增强计算机系统的防攻击、防病毒能力，保证互联网金融正常运行所依赖的硬件环境能够安全正常地运转；在网络运行方面实现互联网金融门户网站的安全访问，应用身份验证和分级授权等登录方式，限制非法用户登录互联网金融门户网站。

2. 加强数据管理

将互联网金融纳入现代金融体系的发展规划，制订统一的技术标准规范，增强互联网金融系统内的协调性，提高互联网金融风险的监测水平；利用数字证书为互联网金融业务的交易主体提供安全的基础保障，防范交易过程中的不法行为。

3. 开发具有自主知识产权的信息技术

重视信息技术的发展，大力开发互联网加密技术、密钥管理技术及数字签名技术，提高计算机系统的关键技术水平和关键设备的安全防御能力，降低我国互联网金融发展面临的技术选择风险，保护国家金融安全。

4. 加强金融机构互联网金融业务的内部控制

互联网金融业务的本质仍然是金融风险，从事互联网金融业务的机构应从内部组织机构和规章制度建设方面着手，制定完善的计算机安全管理办法和互联网金融风险防范制度，完善业务操作规程；充实内部科技力量，建立专门从事防范互联网金融风险的技术队伍。

9.5.5　创造普惠金融服务实体经济

互联网金融有利于解决信息不对称，降低了交易成本，使金融服务更加便利和快捷，是普惠金融的重要体现。未来互联网金融的发展，要继续创造普惠金融的实现形式，提高金融覆盖面，更好地服务实体经济。金融机构方面，在利率市场化和金融脱媒的大环境下，未来应借鉴互联网金融的技术路线和组织模式，为更多的人群提供普惠金融服务。

互联网技术的应用使得互联网业与金融业日渐融合，产生了互联网金融，并逐渐演变成一个新的金融行业，对传统的金融组织体系和金融市场体系产生了巨大影响。将互联网技术拓展到金融行业，极大地降低了金融交易的时间和成本，扩大了金融服务的边界和市场。但是，互联网金融的虚拟化、高科技化、跨国经营的特点及监管法律法规缺位等问题，也导致其风险管理比传统金融更加复杂，对维护我国金融稳定提出了更大的挑战。

本章小结

通过本章学习应熟悉互联网金融的内涵，如互联网金融的概念、互联网金融与传统金融业的关系、互联网金融的意义及互联网金融的模式创新。要理解互联网金融的特点，包括互联网金融的普惠性、多样性、创新性和互联网金融的时空性。了解我国互联网金融发展现状，如我国互联网金融的发展趋势、用户基础和技术基础。熟悉国外互联网金融发展趋势，国外互联网金融发展的历程、特征和监管问题。掌握我国互联网金融的发展策略，熟知构建互联网金融的政策框架、法律制度、信用体系、风险规避、行业自律、基础设施、普惠服务和安全防护体系。

复习思考题

1. 简述互联网金融的概念与模式。
2. 试分析互联网金融的特点。
3. 试述我国互联网金融趋势发展现状。
4. 如何借鉴国外互联网金融发展经验。
5. 试评价我国互联网金融的发展策略。

案例分析

第三方支付推动产业链企业数字化转型

（资料来源：证券日报，2020—8—13）

一场疫情，餐饮、超市、商场、租赁、批发零售领域线下门店，尤其是中小微商户，遭遇重大冲击，客流量大幅缩减，营业收入严重下滑。线下门店纷纷发力线上渠道，加快线上线下融合发展，入驻电子商务平台、直播带货、社区团购，提供无接触服务等消费新模式快速发展，以开拓多元消费场景。

疫情以来，支付行业作用凸显。移动支付迎来多元发展期，成为消费者的首要选择。链接众多团购企业、中小微商户及线下门店的第三方支付企业也助力企业数字化转型，通过多种分账模式降低企业成本。与此同时，中小企业的数字化转型也带来了第三方支付公司业态的新变化。

支付产业的新风口在哪里？市场格局渐变，在多强格局之下，企业又如何破局？

疫情之下，各种公私经济往来、购物等都可以通过移动支付得以解决，强大的移动支付成为“空中补给”。疫情一方面提高了移动支付使用的频率，另一方面也带动了移动支付用户数的增加。同时，第三方支付纷纷出台措施，在疫情中加速推动产业链企业数字化转型。

近期，易观发布的《中国第三方支付市场数字化发展专题分析 2020》报告显示，疫情加速商品和服务消费线上化，数字化程度提升；疫情凸显支付行业的责任和作用，支付行业风险与机遇并存。

随着多年的发展，当下移动支付不仅改造了传统消费形态，而且催生了新的商业模式和产业链条，成为推动经济社会发展的重要力量。加之此次疫情对行业带来的影响，2020 年移动支付行业将迎来更高质量发展期。

据上述报告中数据显示，2019 年我国移动支付市场的交易规模突破 200 万亿元人民币。以微信、支付宝为代表的支付巨头和以拉卡拉、汇付天下等为代表的独立第三方支付服务商的行业定位开始逐渐分层。从细分市场的角度看，国内第三方支付监管政策的逐渐趋严使得越来越多的第三方支付机构开始将注意力向产业互联网和跨境支付领域转移。

汇聚支付 CEO 王启峰接受《证券日报》记者采访时表示：“目前，国内中小企业数字化升级正在进入加速阶段，同时这也带来了第三方支付公司业态的新变化。第三方支付通过为中小企业优化支付环节，可为信息流、资金流和物流增效提速。在此过程中，支付公司业态的变化主要表现为服务模式的变化，‘支付即服务’成为第三方支付公司的主要服务模式。随着中小企业加速数字化转型以及互联网产品和场景服务的日趋多元化，支付已成为商业交易和增值服务的开始。”

当下，第三方支付产业市场格局也在悄然发生改变。几年前第三方支付经过快速发展，以支付宝和腾讯旗下的财付通等为代表的寡头格局形成，其占据市场九成的份额。近年来，移动支付产品覆盖越来越多样化，第三方支付的羽翼也越来越大。微信支付、支付宝等第三方支付巨头迅速扩大市场份额，京东支付、美团支付和云闪付后来居上，市场形成多强格局。此外，一些中小第三方支付积极深耕 ToB 市场，多赛道竞争。

行业的洗牌还在持续，部分无照经营和持牌的中小支付机构将被淘汰出局。

尽管目前国内第三方支付市场巨头鼎力的格局已成型，但行业本身的市场发展依旧有巨大空间有待挖掘。随着支付监管日趋严格，行业整体利润大幅下降，支付企业要想破局，就必须跳出支付圈，向多元化服务发展。

“第三方支付行业从增量市场转为存量市场，想要维持增速，在场景为王的当下，企业应全面走向数字化经营的新模式。支付宝、微信支付双寡头既定，大多数的支付机构都在深挖 B 端市场，多元破局。汇聚支付通过将自身业务与云计算、智能风控等前沿科技相融合，开始涉足包括场景式聚合服务、账户管理、云计算、风控能力输出等技术解决方案，业务向多元化扩张，逐步转型为科技数字化服务商。”王启峰告诉记者。

易观分析师王蓬博认为，支付机构在未来将进一步加大科技投入，推动产业支付市场发展。同时，监管科技与合规科技的发展也将促使支付机构的合规化程度进一步提高。

蓝时代科技创始人、互联网分析人士葛甲接受《证券日报》记者采访时表示：“接下来第三方支付的业务量将会有所增长，各种创新应用会持续出现。针对各行各业的数字化支付解决方案将有一段繁荣发展时期。第三方支付的市场格局仍然以两超多强为主。除了支付宝和微信支付之外的其他第三方支付，也可以把产业支付作为突破口和努力方向。有两件事值得注意：一个是央行数字货币的推进速度，另一个是不断加强的监管措施。”

行业快速发展的同时，行业监管也在趋严，但行业依旧面临中国第三方支付行业商业模式和监管错配、业务实施的标准需进一步统一等多个问题。

葛甲认为："加强监管和标准统一建设，将让支付行业宽松发展的同时得到审慎监管。涉及金融安全问题，监管从来不曾手软。"

"微信支付、支付宝、汇聚支付等变成了基础设施，支付产业趋势不可阻挡，未来会更深入到各个领域，包括社保缴纳等众多场景。目前第三方支付正在迅速全球化，疫情下的在线化加速是行业的风口，而与此同时信用支付和套现的滥用成为行业危险。目前，移动支付已经非常成熟，未来更多可能的变量是费率问题。"科技先生创始人柳华芳对《证券日报》记者表示。

据了解，手机支付对应的移动支付管理办法一直没有出台，行业标准大多是各自为政，业态急需进入结构调整期。目前，微信支付、支付宝、银联等的标准都不一样，中国还未建立统一的二维码支付标准，实现底层技术设施的标准化、规范化，建立和普及中国自主知识产权码制，有助于移动支付产业国际化。

网经社电子商务研究中心特约研究员、上海亿达律师事务所律师董毅智接受《证券日报》记者采访时表示："第三方支付依旧存在商业模式和监管错配问题，近年来行业监管力度在持续加大，但在立法上还是有很多问题没有实现。目前，第三方支付行业已经形成了多巨头并存格局，监管介入后一个相对公平的竞争的环境，对企业破局也是非常重要的。"

案例讨论：结合案例思考我国移动支付产业价值链的构成和特点。

第 10 章　网络经济与风险资本市场

学习目标

1. 熟悉风险资本市场的形成背景。
2. 掌握网络企业资本需求的新特征。
3. 掌握风险投资的运作过程与退出渠道。

20 世纪 70 年代以来，世界经济的发展经历了许多深刻的变化，其中最显著的一点是，随着技术创新和金融创新活动日趋活跃，新的产业和企业不断涌现，产品的升级换代加速，经济生活中的竞争因素和风险因素日益扩大。与此相对应，作为经济社会重要组成部分的资本市场也处于快速发展变化之中。科学技术成果的商业化和市场化带来了对资本市场创新的需求，而资本市场的创新又为科学技术成果的商业化和市场化创造了条件，刺激了创新活动。这种相互作用的结果，逐步在世界范围内形成一种新的资本市场形态。在总结国外研究成果的基础上，我们将这种新的资本市场形态定名为风险资本市场。

在这一章中，首先分析网络经济中基础产业和新的产业模式成长和发展所需的资金需求的特点，分析究竟什么样的资本市场和投融资机制才能适应网络经济的发展。然后进一步分析在中国目前的条件下，是否具备建立这样一种资本市场体系和投融资机制的条件，以及如何能促进这些条件早些成熟。

10.1　风险资本市场形成的背景

风险资本市场在美国的发育，可以追溯到 20 世纪初。当时，富裕的家庭为了获取高额利润，雇佣专业经理人寻找有创新性质的企业进行投资，形成了规模较小的私人风险投资市场。直到 20 世纪 70 年代末期，现代意义上的风险资本市场才开始在美国形成和发展，而欧洲、日本和其他国家的风险资本市场形成的时间更晚。风险资本市场的形成是资本市场的创新，是技术创新和金融创新融合的结果，它的产生和发展具有深刻的社会经济背景。

10.1.1　技术创新与经济结构的变化

技术不断创新带来了经济结构的巨大变化，这种变化表现在两个相互关联的方面，一是高新技术产业所占的比重日益扩大，逐渐成为决定一国社会经济发展的最重要因素；二是新生小企业的快速形成和发展，成为社会经济发展的主要动力之一。近 20 年来，以计算机、通信、信息和现代生物技术为主要内容的高新技术产业在各国国民经济中所占的比重日益扩大，地位日益显著。一种新的经济形态——知识经济正冲击着传统的经济增长方式、世界贸易格局、人口就业结构和社会收入分配等社会经济生活的基本方面。高新技术产业的发展向传统的经济增长模式提出了挑战。在传统经济增长理论中把技术创新作为“剩余”来计算的方法显然已经过时。发达国家的经济增长越来越依靠高新技术产业，高新技术产业已成为经济增长的引擎。在20世纪80年代各主要发达国家经济普遍不景气的情况下，以计算机和现代通信技术为主要内容的高新技术产业依然取得了10%以上的年增长率。高新技术产业在发达国家的出口工业和增值工业中所占的比重几乎翻了一番，达到25%。通信、信息和教育等高科技服务行业的出口增长幅度则更高。美国经济中有2/3左右的国民生产总值与电子技术有关。

1975—1995年的20年间，美国最成功的生物和信息技术公司的营业额增长了100倍，达到2 500亿美元。据估计，在经济合作与开发组织国家中，知识型产业（科技产业）创造了超过50%的国内生产总值。与创新产业的不断发展相对应的另一个趋势是新生小企业的形成不断加速。以美国为例，1970—1975年，平均每年有307 000个新公司成立，1976—1979年平均每年有454 000个新公司成立，1980—1982年平均每年有501 000个公司成立，1983年到20世纪80年代末，平均每年有642 000个公司成立，而在1989年一年新成立的公司达130万个。新生小企业的不断形成和壮大已成为美国社会经济发展的主要动力之一。1980年以前，美国经济中大公司创造了绝大多数就业机会，而20世纪80年代的情况则开始逆转，《财富》杂志500家企业损失了400万个工作职位。与此相反，雇员少于100人的企业则创造了1 600万个新就业机会。在就业方面出现的这种从大企业向小企业的结构性转变于20世纪第一次出现，它标志着美国经济增长的基础已经发生了结构性的变化。结构变化的第二个趋势是与第一个趋势相对应的，Scherer的研究表明，在整个20世纪80年代，小企业比大企业具有更强的创新性。他发现，雇员少于两人的企业平均每百万人有322项创新，而大企业平均每百万人只有225项创新。经济结构的快速变化为风险资本市场的形成和发展创造了巨大的市场需求。新生创新型小企业的不断出现要求适应其特点的资本形式与之配合。一方面，由于创新型企业的发展周期比一般企业长，因而增加了对资本的需求，降低了投资的流动性；另一方面，由于创新型新生企业信息不对称和激励机制的问题比一般企业更加突出，因而需要专业人士对市场潜力进行评估，对投资进行积极的监管。风险资本这种创新的资本形式适应了上述要求。

10.1.2 经济制度的变革

20世纪80年代以来，世界经济的发展出现了市场化与私营化的大趋势。这种变化对科学技术成果的转化和创新过程产生了深远的影响。用于研究开发的资源从由政府大量提供转变为追求利润最大化的商业性投资，受到资源最优化的市场原则的约束。同时，新的金融环境造就了一批专业从事创新项目筛选和管理的中介机构；这个队伍在各个国家中均处在不断发展壮大的阶段。近15年以来，西方国家的研究开发出现了一种新趋势，即政府对研究开发的直接投资占GNP的比重逐步减小，而私营部门对研究开发的投资占GNP的比重不断增加。以经济合作与开发组织国家为例，1990—1993年，政府的研究开发投资占GNP的比例从2.4%降到2.2%；而在另一方面，到1993年，有60%的研究开发由私营部门资助，67%的研究开发由私营部门完成。这种趋势反映两个方面的变化：一方面是经济增长放缓、冷战结束和政府开支缩减直接导致政府研究开发投入的减少；另一方面是大量的科技成果走向市场，刺激了风险资本市场的发展，增加了对研究开发的投资力度。

在私营部门逐步成为投资研究开发项目的主力军的背后，私营部门内部也显现出投资方式、手段多样化和资源重新配置的趋势。研究开发的管理不再是企业内部关起门来解决的事情，它已经成为社会资本计划与预算过程的一部分。研究开发和创新项目的选择与管理不再是政府计划的结果，而是以追求股东价值最大化为目的的市场行为。这是现代经济中微观经济水平上资源配置方式最重要的变化之一。

随着创新产业日益扩大，私营部门对创新项目的管理技术和程序也在不断创新，主要体现在两个方面。①与研究开发投资的“不可分割性和不可逆转性”特点相对应，灵活性成为研究开发管理最重要的原则。随着创新项目的投资需求不断扩大、风险利差不断提高，科技风险投资中出现了越来越明显的专业化和阶段性，将一个整体的投资分为较小的单位来进行。这就意味着投资者与科技企业家之间的隐性和显性合同需要做出重大调整。调整的结果是逐步形成一种新的合同连接方式。②运用于寻找、筛选和管理研究开发及创新项目的专业技能越来越复杂精细，需要耗费的时间和其他资源越来越大，产生了对风险投资公司这样的专业中介机构的市场需求。

总之，经济制度的变革使科技风险投资由政府为主逐步转向私营部门为主，而私营部门对利润最大化或股东的价值最大化的追求创造了越来越精细的投资技术和机制，风险资本市场在这个变化过程中逐步形成并得到发展。

10.1.3　促进金融体系发展的政策支持

从 20 世纪 70 年代中后期到 20 世纪 90 年代初，各主要发达国家的金融体系经历了一个由制度变革和技术创新所带来的结构性变化过程。变化的结果是资本市场更加国际化、证券化和市场化，为风险资本市场的形成和发展创造了有利的环境。在 20 世纪 70 年代早期，各国金融体系的主要特征是通过各种直接控制措施对市场力量进行严格约束。约束的内容大致分为两类：其一是对金融业务中所涉及的市场价格和数量进行约束，例如利率和信贷控制、投资和信用控制、资本账户控制等；其二是对金融机构的业务边界和市场准入进行限制，例如业务分类、所有制限制、地域限制等。当时，金融体系中流行的限制性措施普遍被用作宏观经济管理的工具，期望通过这些措施来实现政府的宏观经济目标。

然而，随着经济活动日益国际化、金融创新和技术创新日趋活跃，传统的直接控制措施所能产生的效果越来越小。在这些直接控制措施下运作的传统金融机构不能适应已改变的市场环境，在与创新型金融机构的竞争中处于劣势，亏损严重。在这样的背景下，各国纷纷对原有的金融管理制度进行了改革，改革的核心是采取更为灵活的市场手段对金融体系进行间接管理，使之适应日益市场化和国际化的大趋势，适应日趋活跃的金融创新和技术创新的要求。

最早一波改革发生在 1975 年，美国政府取消了对证券中介的有关非竞争性限制条例。英国于 1986 年对传统的规章制度进行了根本性变革，取消了限制价格竞争的固定佣金制，取消了批发商和经纪人的单一职能制，允许大公司直接进入交易所交易，允许包括外国公司在内的非会员收购会员股份等。与此同时，加拿大、澳大利亚、新西兰、爱尔兰、瑞士、芬兰等国家也相继出台了改革力度较大的措施。稍后，德国、比利时、日本等国也相继放松了对证券市场的直接控制。

上述金融体系的变革及其所产生的结果为风险资本市场的形成和发展创造了条件，最直接地体现在以下四个方面：①放松对包括退休基金、保险基金等金融机构的投资限制，极大地增加了风险资本的供给；②金融体系市场化使更多的资源能够按照市场经济规律配置，为追求高额利润而投向风险较高的风险资本市场；③资本市场的国际化扩大了风险资本市场的供求范围，20 世纪 80 年代中后期来自日本的资本对美国风险资本市场的发展起到了积极作用；④股票市场的发展，尤其是以纳斯达克为代表的小盘股市场的迅速发展，进一步完善和壮大了风险资本市场。

风险资本市场的产生和发展在相当程度上要归功于政府的积极参与和强力扶持。从美国新经济的成功中，各国政府逐步认识到风险资本市场在技术创新、产业升级，以及增加就业机会中的重要作用，从 20 世纪 80 年代中后期以来，美国政府相继出台了一批培育风险资本市场的政策措施。这些政策措施可以分为四类。

1. 直接提供风险资本

最常采用的办法有两类：其一是政府直接对风险资本管理公司或中小新生高新技术企业进行股份投资，如比利时的佛兰德投资公司；其二是政府向风险资本管理公司或中小高新技术企业提供长期低息贷款，如丹麦的商业发展贷款项目。

2. 经济手段激励

最常用的方式有三类:其一是税收激励，即对用于中小高新技术企业或风险基金的投资减免税收，如英国的企业投资计划和风险资本信托基金；其二是贷款担保，如法国的中小企业融资担保公司；其三是股份担保，即担保一定比例的风险资本的投资损失，如芬兰的担保委员会。

3. 调整有关法规

这类措施涉及的范围较广，主要包括:放松养老金、保险金等的投资限制以扩大风险资本的供给；创新公司制度，允许设立有限合作制公司；放松对证券市场限制，鼓励发展小企业股票市场等。

4. 提供信息咨询服务

例如，建立官办风险投资者网络，设立高新技术企业风险评估机构，制定为企业进行技术定级的标准和办法等。

就风险资本市场而言，政府的参与和支持应该被看作是对“市场失灵”的一种矫正。即使在美国这样一个市场化程度最高的国家，政府也有培育风险资本市场的大量措施。事实上，世界上其他国家对风险资本市场的培育大都是从美国学来的。美国风险资本市场的发展历史最长、规模最大、功能最完善，这与美国政府采取各种措施长期不断地培育是分不开的。

10.2 网络经济的融资要求和风险资本市场

10.2.1 风险资本市场的概念

风险资本市场是资本市场培育高新技术产业的一种创新的制度安排，它是为了适应高新技术产业发展特点，在技术创新和金融创新相互作用过程中重复形成的一种创新资本市场形态。风险资本市场的组成和范围明确，其运行遵循其本身的特殊规律，在运作机制和治理结构上的独创性使其成为适应网络经济甚至知识经济的现代金融体系的极为重要的组成部分。资本市场体系结构如图 10–1 所示。

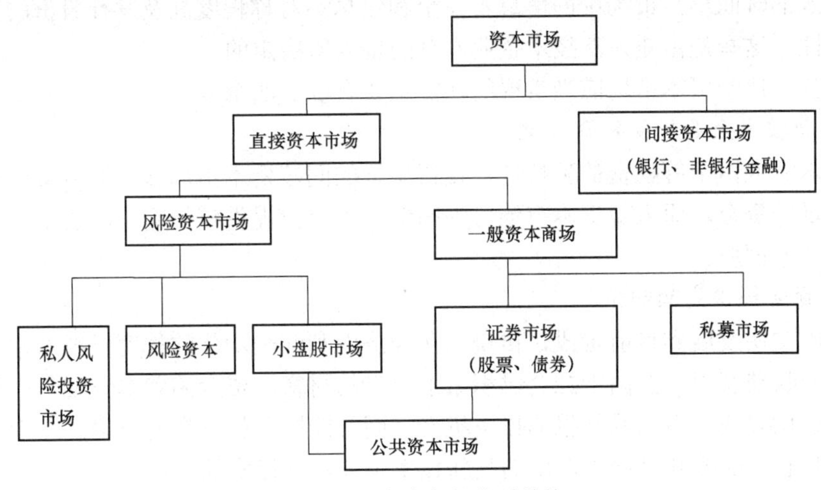

图 10–1　资本市场体系结构

一般来讲，资本市场分为间接资本市场和直接资本市场，间接资本市场主要指银行的借贷市场；直接资本市场又分为风险资本市场和一般资本市场。一般资本市场是成熟的大中型企业筹集长期资本的市场，它包括通常意义上的证券市场。银行和证券市场是传统工业经济最重要的融资场所。风险资本市场则是处于发育成长期的新兴高新技术企业进行直接融资的场所。从市场的开放程度和所参与企业的发展阶段来划分，风险资本市场又包含三个子市场：非正式的私人风险投资市场，风险资本和专门为中小高成长性企业设立的证券市场（又称二板市场、小盘股市场、创业板等）。因此，风险资本市场是一个与一般资本市场相对应的概念，是资本市场中一个具有较大风险的子市场。非正式的私人风险投资市场是一个没有中介的私人股份融资场所，它是富裕的家庭和个人直接向企业进行股份投资的场所，投资者自行负责投资项目的选择、投资过程的管理、投资后的监控直到获取投资收益。

私人风险投资是高新技术企业创业初期的主要融资方式。风险资本是风险资本市场体系中最重要的一环。它在私人风险投资市场和二板市场之间起着承上启下的作用，是高新技术企业成长壮大过程中最重要的资本支持。也就是常说的风险投资。美国全美风险投资协会对风险资本的定义是：风险投资是由专业金融投资者投入到新兴、发展迅速、有潜在竞争力企业的一种股权资本。风险资本是一种有组织、有中介的资本形式，风险资本家是投资者和高新技术企业之间的中介。它从投资者手中获取资本，再以股份投资的方式投到具有高成长性的新兴中小企业中；风险资本家不仅负责项目的筛选、合同的签订和企业的监管，还直接确定投资退出的时间和方式。风险资本是高新技术企业成长壮大过程中最重要的长期资本，一般会陪伴着新兴的高新技术企业上市或被购并，即获取超额的投资回报后退出，这也是风险投资的根本目的。

专门为中小高成长性企业设立的证券市场——二板市场使高新技术企业走向公共资本市

场，成为公众公司，为企业的进一步扩张提供了更为广阔的融资渠道，也为私人风险投资和风险资本增加一条收益良好的退出渠道，是风险资本市场的重要组成部分。风险资本市场有别于一般资本市场最大的特点在于这一市场中存在比一般资本市场更高的风险。这种风险来源于资本介入的时间早，市场中的信息不完全和信息不对称程度高及发行股份的高新技术企业的不确定性，这些是由新兴高技术企业本身的特点所决定的。

总的来说，风险资本市场应当实现的功能主要有以下四个方面。

1. 为高新技术企业提供融资渠道

高新技术企业由于筹融资的独特性，使得现行的间接资本市场和一般直接资本市场不能为其提供充足的资金，而风险资本市场可为高新技术企业提供较为充分的资金，支持其持续不断地进行技术创新。

2. 为投资者提供高额回报

人类物质文明发展到目前阶段，传统工业经济中利润平均化的程度已经非常之高，投资于传统产业的收益有限。但由于社会已积累了一定的财富，资金闲置本身就是一种浪费，因此闲置资金迫切寻找具有高额回报的投资机会，而且能够承担一定的风险。从理论上讲，风险资本有向具有高回报和高增长潜质的高新技术企业进行投资的冲动。

3. 为技术创新者和投资者提供风险分散机制

网络经济中，高新技术企业创立、成长和成熟过程中技术创新不仅有技术风险，而且还伴有生产风险、管理风险、市场风险和退出风险等多种风险。若将这一系列风险都置于创业者身上，他个人无疑是无法承担的，这些风险对于企业的早期投资者来说也是比较大的。这种过高、过于集中的风险将会阻碍高新技术产业的形成和发展。如同股份制有效地分散了大型工业企业发展和壮大过程中的风险，风险资本市场也通过股份制为高新技术企业的萌生、成长和成熟过程分散了风险。尤其是风险资本市场中投资呈现明显的阶段性：私人风险投资、风险投资、二板市场，风险投资中又分为多个注资阶段，有效地将风险一步步分散到技术创新者、私人风险投资者、风险投资基金、机构投资者和公众中。当然随着风险的分散，投资的收益也在逐步下降。

4. 为高新技术企业提供企业管理、资本运作及市场开拓方面的经验和技能

由于高新技术企业成功与否，仅部分取决于技术开发本身的成功与否，而更多地取决于企业的组织管理、生产控制、市场开拓及资本的再筹集、运作及退出方面的成功与否。而这些都是高技术专业人才难以控制的。而风险资本市场除了为企业提供资金，还要为企业提供这些方面的帮助。一般风险资本家在为企业注资之前，要对其进行严格的筛选，考察其潜在价值和市场潜力。注资之后，风险资本家又会参与企业关键环节的管理，为高新技术企业带来管理资源、业务资源和社会资源，从而大大提高新技术企业创业的成功率。据统计，有风险投资支持的高新技术企业的失败率为20%～30%，而没有风险投资支持的高新技术企业的失败率为80%～90%，前者要低得多。

10.2.2 网络经济与风险资本市场的关系

1. 网络经济的融资特点

网络经济的支撑产业群是信息技术产业，网络经济与传统产业融合形成的许多新的商业模式也是以信息技术为依托的。因此，网络经济的融资带有鲜明的信息技术和信息技术产业

萌生、发展和成熟过程的特点。

（1）融资介入的时间早，在技术开发阶段需要大量资金支持。

在传统经济中，大量的资金需求一般是在新技术和新产品已研制出来，需要进行大规模生产阶段即产业化的阶段。而在网络经济中，由于技术创新贯穿企业诞生、成长和发展始终，而且技术创新需要的各种资源较多，所以，在技术开发成功以前或在企业成立之前，需要融资活动介入。

（2）信息技术产业的高风险、高收益和高成长性导致投资的高风险、高收益。

信息产业发展的高风险、高收益和高成长性来源于以下三个原因。

①技术创新速度迅猛，方向众多，技术创新是产业发展的灵魂。旧的工业经济是由规模经济驱动的，网络经济是由创新驱动的。网络经济发展的核心就是不断地进行快速技术创新。而且人类的科学进步和技术从创新活动呈现出越来越快的发展趋势，19 世纪以来人类科学技术的重大发明和创新甚至比以前所有时代的科学技术成果的数量都多，而且意义更重大深远。作为最先进的经济形态，网络经济基础的信息产业和信息技术发展速度更是登峰造极。第一台计算机是 20 世纪 40 年代才发明的，到了 20 世纪七八十年代计算机开始得到普遍使用。而第一代网络也不过是 20 世纪 60 年代才开始构想，到目前才不过 40 年，已给人类的社会生活和经济生活带来了翻天覆地的变化。IT 界的“光纤定律”说明计算机芯片的功能将每 9 个月翻一番，而价格以减半数下降，事实上，快速的性能提高和成本下降都来源于快速的技术创新。网络经济中，技术发展方向众多，难以确定。比如，从技术创新的目的来讲，就可分为提高产品质量、降低产品成本或者更加易学易用等多个方向，每个大方向又有众多具体的技术选择。每个厂家在众多技术中进行选择的正确与否不仅取决于对市场和用户偏好的了解、科学技术本身的发展规律等许多因素，甚至取决于战争、某项国家政策等偶然的因素。

②现代的技术创新不是单纯的科研活动，其成败也不单是由技术水平和科研能力决定的，技术创新已成为一个综合的动态过程，包含了从科技发明到产品开发和市场实现的全过程。从需求的角度，它涉及市场的认同及是否符合或引导了新的技术标准；从供给的角度，它需要高质量的人力资源、巨额的资金投入和匹配的制造业水平。更为重要的是，技术创新的成败还取决于技术创新的机制和制度环境。只有适当的机制和制度安排才能集中大量的资源、有效地配置这些资源，并最大限度地分散技术创新的风险。因此，技术创新能力的高低是由创新资源的多寡、研发制造能力、营销能力、控制技术标准的能力和创新机制等一系列因素构成的。这些因素缺一不可，其中一个环节薄弱，高投入和高收益就变成了高投入和高损失，这些还不包括单纯的技术风险。

③供应方规模经济和需求方规模经济的双重作用导致高风险、高收益和高成长性。人们常说高新技术产业具有高风险、高收益的特点，其原因在于供应方最适生产规模很大，可达到市场份额的很高比例，甚至高于市场份额，因此形成供应方的寡头垄断甚至垄断。信息产业中这种产业特点被放大了数倍，其原因在于该行业具有供应方规模经济和需求方规模经济的双重作用。高风险、高收益不仅来自传统的生产环节的规模效应，也来自消费环节的规模效应。

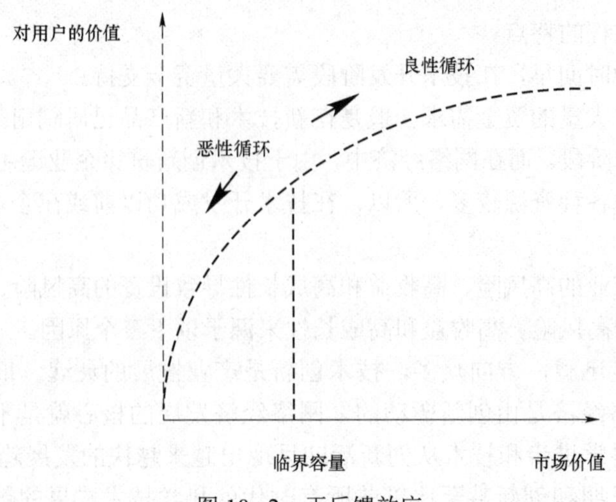

图 10-2　正反馈效应

如图 10-2 所示，撇开单纯的技术风险，假定某项技术创新已经获得了成功，如果它在一定时间内未能占据足够的市场份额，在供应方和需求方规模效应驱使下，其市场份额将会大面积萎缩，在极短时间内企业就会陷于困境，正反馈的效用放大了高新技术创新的市场风险。反之，如果它在一定时间内已经占据了足够的市场份额，在双重规模效应驱使下，其市场份额将会大幅拉升，在极短时间内就会占领大半个市场甚至全部市场，回报相当可观。这里正反馈效用放大的是成功技术创新的收益。所以，高风险和高收益实质上是同一种经济技术规律发生作用的正反两个侧面。由于信息技术产业中产品的最适生产规模能够覆盖全部市场，而且存在正反馈效应，使得 IT 产业中绝大部分的商家和产品都是竞争的输家，只有极少部分甚至是一个商家和一种产品能成为这场战争的赢家（就 IT 产业的一定领域而言）。国外多项实证研究都表明：高新技术行业的企业成活率要比其他行业低得多，风险巨大。但赢家最终可能会在市场上甚至全球市场上达到非常高的垄断程度，攫取巨额的垄断利润。试问世界上有哪些企业、哪种产品能像微软和它的 Windows 系统一样在全球市场上取得完全垄断地位，因此，在微软的股票投资中获得上百倍的收益并不令人惊奇。

与高风险和高收益相伴的是高成长性。对信息技术产品和服务的需求一旦越过图 10-2 中的临界位置后就会呈指数上升，成本又快速下降，高成长性当然不言自明。据统计，获得美国政府向高新企业创新研究项目资助的高科技企业，在 1985 年至 1995 年十年间的销售收入和雇员人数分别增长 151%和 83%，这两个数据远远高于非高科技行业。

（3）融资市场上存在高度的信息不完全和信息不对称。

信息技术产业作为高新技术产业，技术更新和淘汰的速度极快，专业性非常强，一般非专业人士很难了解和评估某一特定项目的风险和潜在收益，因此拥有新技术新产品的资金需求方在信息拥有方面占绝对优势，而资金供给者在获取信息、理解信息和利用信息方面的成本很高，信息极不充分，双方的信息极不对称，这导致融资前易发生逆向选择，融资后又容易引起道德风险。因此整个融资活动及相应的风险资本市场的组织和制度安排必须能有效地控制信息不完全和信息不对称所导致的逆向选择和道德风险问题，降低融资过程的交易成本。

（4）中小型企业比大型企业具有更强的技术创新能力。

据调查表明，雇员少于 500 人的企业平均每一百万人有 322 项创新，而大企业平均每百万人只有 225 项创新。信息产业是以技术创新的速度为灵魂的产业，在这个产业内小企业的形成不断加速，中小企业的比例不断增长是自然的趋势。新生创新型小企业的不断出现要求适应其特点的资本形式与之配套：一方面，由于创新型企业的投资回收周期比一般企业长，因而增加了对长期资本的需求，降低了投资的流动性；另一方面，由于创新型中小企业既无良好的财务状况和信誉，也无足够的固定资产作抵押，有的只是极为诱人的盈利前景和对等的风险，现有的融资形式很难与其吻合，需要发展新的筹融资形式。

2. 网络经济对风险资本市场的需求

首先，我们分析一下现行的金融体系为什么不能适应信息产业等高新技术产业的融资需求。对于银行来说，甚至进入成熟期的高新技术企业相对于传统产业的企业风险也更高，因为对技术创新的需求贯穿企业发展的始终，而且缺乏必要的有形的担保品（因为这类企业的核心资产是高新技术或者好的方案等无形资产），一旦投资失败，银行将承受巨额资本亏损。同时，即使创业企业获得巨大的成功，银行也只能收取固定的微薄的利息，风险和收益严重不对称。实际上，银行业稳健经营的根本原则与高新技术产业高风险高收益的特点是背道而驰的。而且对于高新技术企业来说，贷款的债务性和短期性会很快恶化企业的财务状况，阻碍其长期发展，故以银行为核心的间接融资方式难以满足高新技术企业的资金需求。

目前世界各地的证券市场发展已较为成熟，都有一整套完整的市场运行机制、法律法规和监管原则。这些是为了满足传统产业内规模较大、经营业绩良好的企业筹集资金的需要而建立的，并在 200 多年的实践中历经考验反复完善并固定下来的，既能有效地降低绩优企业的筹资成本，又能有力地保护投资者的利益。在目前传统产业仍居经济中主导地位的情况下，这套筹融资体制仍是行之有效的。但这套体制并不适合高新技术企业：按照传统证券市场的信用评估方法，这些新兴公司靠自己的信誉不能够独立在金融市场上筹集所需的大量资金，它们没有发行债券和股票的资格。若希望高新技术企业从传统证券市场筹措资金，势必要修改许多相关的法制和法规，这样将会扰乱传统产业资金筹措，加大了传统证券市场的波动，影响整个经济的稳定发展。

风险资本市场则是适应高新技术企业的筹融资特点而逐渐自发形成的对现行金融体系的有益补充。它无论从服务对象、资金的来源、资金的管理方式和整套制度设计方面都与传统的资本市场不同。风险资本市场主要服务于中小型的新兴高科技企业，通过投资者较高的素质和参与管理的深度来降低信息不完全和信息不对称的程度，并利用一整套合理严密的制度设计在将投资风险分散化、社会化的同时提高投资的成功率和收益率。

10.3　风险投资及其运作过程

10.3.1　风险投资简介

创业风险投资源于英文 venture capital（VC），也有学者将其译为创业风险资本，科学技术部曾定义，风险投资（又称创业投资）是指向主要属于科技型的高成长性创业企业提供股权资本，并为其提供经营管理和咨询服务，以期在被投资企业发展成熟后，通过股权转让获取中长期资本增值收益的投资行为。

风险投资是一个复杂的系统工程，在其运作过程中主要涉及三方参与主体：投资者（风险投资供给主体）、风险投资人（风险投资运作主体）与创业企业（风险投资需求主体）。风险投资系统由五个关键的子系统构成：风险投资供给系统、风险投资组织系统、风险投资决策系统、风险投资需求系统和风险投资退出系统。

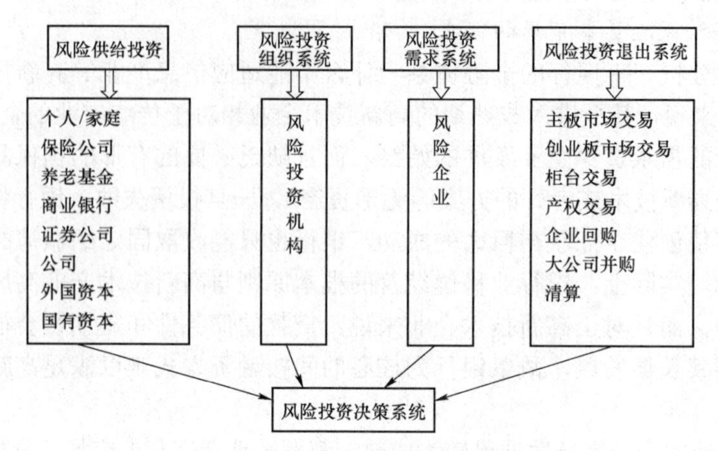

图 10-3　风险投资的系统构成图

风险投资的基本特征如下。

（1）权益投资。风险投资是一种权益资本，以便通过上市或出售达到蜕资并取得高额回报的目的。

（2）无担保、有高风险的投资。风险投资主要用于支持刚刚起步或尚未起步的高技术企业或高技术产品，一方面没有固定资产或资金作为贷款的抵押和担保，因此无法从传统融资渠道获取资金，只能开辟新的渠道；另一方面，技术、管理、市场、政策等风险都非常大。

（3）流动性较小的中长期投资。在风险企业初创时就投入资金，一般需经 3～8 年才能通过退资取得收益，并不断地对企业进行增资，流动性较小。

（4）高专业化和程序化的组合投资。要求创业资本管理者具有很高的专业水准，在项目选择上要求高度专业化和程序化，精心组织、安排和挑选，尽可能地锁定投资风险。

（5）投资人积极参与的投资。风险投资公司在向风险企业注入资金的同时，为降低投资风险，必然介入该企业的经营管理，提供咨询，参与重大问题的决策，帮助该企业取得成功。

（6）超额回报的财务性投资。以追求超额利润回报为主要目的，投资人把它作为一种实现超额回报的手段，因此风险投资具有较强的财务性投资属性。

（7）对剩余索取权进行配置的资本。风险资本人以权益的方式向创业企业投入资本，要求企业向自己让渡相应数量的所有权或剩余索取权，风险资本人能够享有增长带来的收益。

高新技术企业的生命周期一般可分为五个阶段：研发期、创业期、早期成长期、加速成长期和成熟期。各个阶段有不同的资金来源、企业特征和组织结构。表 10-1 描述了高新技术企业的生命周期及其管理者和资金来源。

表 10-1 高新技术企业的生命周期及其管理者和资金来源

	研发期	创业期	早期成长期	加速成长期	成熟期
主要资金来源	创业者及亲朋	私人风险资本	风险投资	风险投资和机构投资者	证券市场公众资金和机构投资者
管理者	创业者	创业者	创业者和专业管理机构	创业者和专业管理机构	专业管理机构

1. 研发期

企业在这一阶段主要是确定所开发产品和服务的市场潜力，并且进行研制和开发工作。这个时期一般为 1 年左右，企业还没有正式成立，发起人主要考察市场情况和从事科研工作，通常与一两个志同道合的伙伴利用业余时间在家里、车库等简易工作场所进行研发工作。这一阶段的投资需求较小，几万美元以内，资金来源一般是发起人、合伙者和亲朋好友等，有极少的私人风险资本注入。

2. 创业期

这一阶段主要任务是开发产品和服务的样本并向市场展示，同时要建立正式的企业。这一阶段要全力争取一笔私人风险资本和第一笔业务成交。由于要招收人员、生产产品和市场推销，企业对资本的需求显著增加。这一阶段一般为 1～3 年，创业阶段的主要资金来源是私人风险投资者，风险资本也开始进入企业。

3. 早期成长期

企业的产品已经开始定型，市场正在逐步扩大，企业在扩大厂房、增加设备和招收人员方面投资巨大，同时还要着手下一代产品的研制与开发，企业的盈利远远低于资金投入，对外部资金需求量很大。这一阶段的资金来源主要是私人风险投资、风险资本和商业银行贷款，风险投资逐渐成为其中的主要部分。

4. 加速成长期

企业的产品已广为市场接受，企业的收入和利润开始加速增长，企业的现金流可以满足企业的大部分需要。但由于产品需求已越过临界点，因此，市场呈指数扩张，新的商业机会和大额订单蜂拥而至，企业仍然需要大量外部资源以实现其高速成长。

这一阶段为 2～3 年，资金来源是风险投资、商业银行贷款和保险公司等长期机构投资者。

5. 成熟期

这个阶段也是风险资本退出的时期。成功的高新技术企业可以在风险资本市场体系的二板市场上市，成为公众公司，通过公共资本市场上的资本运作筹集资金扩大规模。企业也可能由于产品有特色、有市场而被规模更大、实力更强的公司出资收购和兼并，在控股公司的支持下，企业将得到资金、管理资源和技术人才方面更好的支持和发展。当然还有其他的一些风险资本退出方式，但无论如何，大部分风险资本都会在这个时期退出企业。

研发期和创业期统称为种子期。这个阶段的风险主要是技术开发风险。资金一般依靠自有资金、私人借贷和私人风险投资，当然私人风险投资是最主要的部分。这部分资金量虽小，但由于企业初创时股价低廉，因此获得的股份数量较多，投资变现退出时等量资金获得的收益也是最高的。当然这是由于它承担的风险最大。这一阶段企业的管理者一般是创业者自己也即企业家和技术创新者，风险投资者一般只监控企业的财务状况和资金运用状况，不干涉企业的运营。

早期成长期和加速成长期又通称企业的成长期。资本需求量大，而且渐次增加，资金来源主要是风险投资和长期机构投资。随着企业一步步发展壮大，盈利前景日益明朗，股份开始增值，等量资金换取的股份也越来越少。此时企业的管理者不仅是创始人也包括外聘的职业经理人或者专业管理机构，风险投资家也有权参与企业的许多重大事项的决策。

因此，一般将高新技术企业的生命周期分为种子期、成长期和成熟期，分别对应于风险资本市场体系的私人风险资本、风险投资和二板市场。

10.3.2 风险资本的运作过程

风险资本的投资活动一般分为五个连续的步骤。

第一步是交易发起，即风险资本家获知潜在的投资机会；第二步是投资机会筛选，即风险资本家在众多的潜在投资机会中初选出小部分进行进一步分析；第三步是评价，即对选定项目的潜在风险与收益进行评估。如果评价的结果可以接受，风险资本家与企业家一道进入第四步交易设计。交易设计包括确定投资的数量、形式和价格等。一旦交易完成，风险资本家要与企业家签订最后合同，并进入最后一步——投资后管理。最后一步的内容包括设立控制机制以保护投资、为企业提供管理咨询、募集追加资本、将企业带入资本市场运作以顺利实现必要的兼并收购和发行上市。

风险资本的投资模式是在高度的信息不对称和信息不完全的环境中形成的。它在理论上涉及多方面的问题，在实践中有多个变种。为简便起见，本书仅从实际应用的角度分析最基本的投资模式。

1. 交易发起

在交易发起阶段，风险资本家面对的是一个内容十分宽泛的投资机会选择范围，通常遇到的问题是潜在投资机会因规模太小而可见度低。在这种情况下，风险资本家与企业之间的中介扮演了十分重要的角色，它向风险资本家和需要投资的企业提供信息服务。

风险资本的投资机会获取方式主要有三种：第一种方式是企业家主动提出投资申请，并提供相应的商业计划，大约 1/4 的投资机会是通过这种方式获取的。第二种方式是推介，即通过其他风险资本家、银行或投资中介者（机构）推荐介绍。在风险资本家获取的投资机会中，有大约 50%是通过推介获取的。推介方式中，有一种被称为辛迪加的方式越来越普遍。在这种方式下，一位风险资本家作为某个企业的主要投资人，由他向其他风险资本家推介，让其他风险资本家参与进来，进行联合投资。辛迪加的优势是能够联合多个风险资本家进行投资，使个体风险资本家的投资组合更多样化，降低了投资风险。同时，由于投资管理的责任大部分由牵头的风险资本家承担，使其他风险资本家免去了大量烦琐的管理事务。投资机会获取的第三种方式是由风险资本家主动搜寻潜在的投资机会。风险资本家经常会主动寻找那些处于创业阶段或急需扩张资金的企业。他们主要通过非正式的业内网络，参加贸易洽谈会、展览会、科技专业学术会等方式掌握及时的科技、商业动态，并寻找潜在的投资机会。当风险资本家要选择自己投资的科技领域或为所投资的企业选择管理人员时，通常采用上述积极主动的搜寻方式。在这种情况下，风险资本家部分地充当了企业家的角色。

2. 机会筛选

一个独立的合伙制基金一般有 6～10 位专业人员，他们要从大量的投资机会中选择一部分进行深入研究，其中只有极小部分被认为最有投资价值的项目被选中进入下一步评价。由于可供筛选的项目太多，而基金的人力又有限，基金一般选择与自己熟悉的技术、产品和市场相关的项目。机会筛选过程中一般要考虑以下四个方面的问题。

（1）投资规模与投资政策。投资规模的选择是一个规模效益与风险分散的平衡问题。如果单项投资的规模过小，整个基金的管理成本就会上升，出现规模不经济的问题。但如果规模太大，单项投资的成败决定整个基金的收益，则基金的风险太高。风险资本家要从上述两方面的平衡中确定合适的投资规模。由于他们的风险偏好和基金规模不同，所确定的合理规模也有差异。另外，为了克服上述两方面的矛盾，越来越多的风险资本家采用辛迪加式的投资政策，多家风险资本联合对规模较大的项目进行投资。

（2）技术与市场。多数风险资本在进行机会筛选时会把技术与市场作为选择标准之一。从某种意义上说，风险资本投资的不是一个企业，而是一种技术或市场的未来。因此，它们必须对项目所涉及的技术和市场有深入的了解。由于它们不可能了解所有的技术，因而在项目筛选时只能考虑自己熟知的领域内的技术。风险资本家一般倾向于新兴技术而非成熟的技术。

（3）地理位置。对地理位置的考量主要是从方便管理出发。投资一旦发生，风险资本家就要和企业家保持经常的接触。从时间和费用两方面考虑，风险资本家希望选择离自己较近的项目，一般倾向于选择位于主要城市附近的项目。然而，随着通信技术的发展，地理位置方面的考虑正趋于淡化。

（4）投资阶段。风险企业对风险资本的需求发生在企业生命周期的不同阶段。对不同发育阶段的企业进行投资选择体现了风险资本家不同的风险偏好和对收益与风险的平衡。一般来说，企业早期投资的风险较大，但收益较高；反之，后期投资的风险较小，但收益也小。风险资本家必须依据个人的风险偏好在收益与风险中做出平衡。根据美国风险资本业1988年的统计，种子投资和创业投资占整个风险资本总投资的12.5%，而扩张性投资和后期投资占67.5%。这表明多数风险资本的投资发生在企业具有一定规模以后，但这并不能说明这两类投资在项目数量上的差异，因为种子投资和创业投资所需的资本额一般较小。

3. 机会评价

传统的公司财务理论认为，投资者寻求的回报应与该项投资的非分散性风险有关。根据资产定价模型，投资所获取的报酬应与无风险的长期利率成正相关，同时也随股票市场预期报酬率与长期利率之差同方向变化。因此，标准的投资评价方法是以现金流现值和分红现值作为基础的。但是，这种方法显然不适用于风险资本的投资评估。对一个处于发育早期、充满不确定性的企业进行未来现金流的预测是不现实的；同时，这种企业几乎没有现金分红，投资者的报酬体现在退出时的股份增值中。由于风险资本投资的是未来的增长机会，期权理论为风险投资项目的评价提供了一个极好的理论工具。风险投资的多阶段特征使投资者拥有现在投资或稍后投资的选择权利。当第一次投资发生后，投资者没有义务做后续投资，但有权利在获取进一步的信息后进行后续再投资。由于后续投资是一种权利而非义务，投资者在企业未来的价值增值中拥有一个有价期权。用期权定价方法评价风险资本的投资已有大量的理论研究和少量的实际应用。但是，绝大多数风险资本家是依据对企业商业计划的主观评估来做出投资决策的。主观评估的过程一般包括三个步骤：因素评价、收益风险评估和投资决策。

因素评价中有收益因素和风险因素的评价，收益因素主要是市场前景和产品新意，前者是最重要的。风险因素主要是管理能力和环境适应能力，其中管理能力是最重要的。通过对各个因素的分析，风险资本家获得该项投资的预期收益和预期风险，然后依据自己的风险偏好，在对比分析各个项目的这两项指标后做出投资决策。

4. 交易设计

风险资本家做出投资决策后，必须和企业家一道设计出一个双方都可以接受的投资合同。从风险资本家的角度看，设计投资合同有三个方面的用途：①合同设定了交易价格，即风险资本家的风险投资可以换取的股份数量；②合同设定了对风险投资的保护性契约，它可以限制资本消耗和管理人员工资，也可以规定在什么样的情况下风险资本家可以接管董事会，强制改变企业的管理，通过发行股票、收购兼并、股份回购等方法变现投资，保护性条款还可以限制企业从其他途径筹集资金，避免股份摊薄；③通过一种被称为赚出的机制设计，合同可以将企业家所取得的股份与企业目标的实现挂起钩来，激励企业家努力工作。

5. 投资后管理

交易设计完成并签订合同后，风险资本家的角色从投资者扩张到合作者，他们通过在董事会中的席位影响企业的决策，通过在产品市场、原料市场和资本市场上的优势帮助企业发展。风险资本家之间对企业正常管理活动的参与程度差别较大，总的说来，大多数风险资本家不倾向于过多涉及企业日常管理。但在出现财务危机或管理危机时，风险资本家会进行干涉，直至更换企业管理队伍。风险资本家参与企业管理的程度受多种因素的影响，其中最主要的因素包括企业高级主管的经验与技能、企业所处的发育阶段、企业所采用技术的创新程度，以及企业高级主管与风险资本家在企业发展目标上的一致性。美国的资料表明，风险资本家将大约一半的工作时间用于所投资企业的投资后管理中。平均每人负责 9 个企业，每个企业每年平均耗费 110 小时。风险资本家在投资后管理中做得最多的两项工作是帮助企业筹集资金和提高管理能力。前者是风险资本家运用自己在资本市场上的联系和技能为企业的进一步发展筹集资金；后者是通过在市场上寻找和吸收高素质的经理人员、及时更换不称职的企业主管来实现的。由于多数风险资本家都认为管理是决定投资成败的关键因素，因而提高企业的管理能力成为他们在投资后管理中最重要的工作。在美国的一项对风险资本家的调查中发现，平均每个风险资本家在其职业生涯中解雇过 3 个企业高级主管。

10.3.3 风险投资的退出渠道

从西方发达国家来看，私人股权市场最主要的退出方式包括 IPO 和第三方出售（被并购）两种方式，再资本化（如回购等）、直接清算、在二级市场减持（如对 PIPE 投资等）也经常成为退出的重要方式。2009 年开通的中国创业板和 2019 年开通的科创板，为中国的股权投资基金、风险投资基金和私募股权投资基金提供了重要的退出渠道。

（1）IPO。一些实证研究表明，IPO 是影响股权投资基金业发展最强的驱动因素。企业实现 IPO 后，包括股权投资基金在内的原始股东股权在符合一定的禁售期（锁定期）后即在二级市场流通，从而可以帮助早期进入企业的股权投资基金等投资者通过迅速出售变现实现退出，对私人股权的投资者产生了很强的激励。

（2）向第三方出售。相对 IPO 退出后，向第三方出售股权是一种操作简单、费用相对较低、且适合各类规模和发展阶段企业的退出方式。尤其是在股票市场低迷，IPO 退出通道受到限制时，股权转让是一种主要使用的退出方式。

（3）回购（赎回）。在企业发展到一定阶段，拥有相对充足的现金流时，有可能会采取向股东回购股份的方式帮助投资者退出。股份回购是指公司按一定的程序购回已经发行在外并流通的本公司股份的行为，通过大规模买回本公司发行在外的股份将改变企业的资本机构。

风险资本的退出渠道尽管有多种，其中最理想的退出渠道是企业股票发行上市。根据美国对 42 项风险投资的调查：30%的风险投资是通过企业股票发行上市退出，如通过兼并收购，6%通过企业股份回购，9%通过股份转卖，6%是污损清偿，26%因亏损而注销股份。在上述不同的退出方式中，风险投资的回报差别很大。其中，通过企业股票发行退出的投资回报达到 1.95 倍，兼并收购的投资回报达到 0.4 倍，企业回购股份的回报达到 0.37 倍，股份转卖的回报达到 0.4 倍，而亏损清偿的损失是 −0.34 倍，因亏损而注销股份的损失是 −0.37 倍。因此，股票发行上市被称为风险资本的黄金收获方式。在风险资本投资的上市企业中出现了许多超级明星，例如，苹果计算机的投资回报达到 25 倍、Lotus 达到 63 倍、Compaq 达到 38 倍。

在绝大多数风险资本家看来，退出策略是风险资本运作中最重要的部分。从投资到收获，风险资本陪伴着企业走过最具风险的 5 年左右时间后，风险资本家要全力以赴将培育出来的企业推向市场，这不仅是因为企业上市为其带来巨额回报，也是因为企业上市是风险资本家成功的标志，为风险资本拓展其融资渠道奠定良好基础。实证研究的结果表明：风险基金培育的上市企业越多，流入该风险基金的资金越多，风险基金的融资成本越小。

风险资本所培育的企业在上市之初一般具有经营历史短、资产规模小的特点，加之它们是在一些新的领域内发展，因而失败的风险较大。同时，风险资本家为了尽快建立自己的市场信誉，具有过早地把企业推向市场的倾向，这也使得证券市场所需承受的风险大增。基于上述原因，世界各主要国家和地区在近年都相继设立了专门为新兴企业上市筹资服务的小盘股市场，或称二板市场。这些市场一般是主板市场之外的专业市场，其主要特点是在上市条件方面对企业经营历史和经营规模的要求较低，注重企业的经营活跃性和发展潜力，因而也可以称之为新兴企业的成长板市场。它是在企业经过风险资本的培育后进入公共资本市场的第一步。风险资本家在此收获其投资，企业经过成长板市场的培育后，再进入成熟的主板市场。当今世界上很多高科技大公司，都经历了这样一条发展道路。

在世界各国的高新技术企业市场中，首推美国的纳斯达克市场最为成功。它培育了像微软、英特尔、戴尔、Sun、Genentech 等一大批高科技企业。在美国所有高科技上市公司中，96%的因特网公司、92%的计算机软件公司、82%的计算机制造公司和 81%的电子通信和生物技术公司在纳斯达克上市。在纽约证券交易所的大公司中，也有相当部分是经过纳斯达克市场培育出来的。

随着高新技术产业的不断发展，纳斯达克市场作为高新技术企业的成长摇篮在国际证券市场上的地位日益显著。在近 5 年上市的纳斯达克公司中，科技类公司占 37%、电子通信类公司占 14%、医疗类公司占 13%、生物制药类公司占 12%，而金融业和机械制造业公司则分别仅占 10%和 3%。在 1990—1997 年的 8 年时间内，纳斯达克市场为美国高科技产业筹集了近 750 亿美元，这个数字是美国私人风险资本业总资本的 2 倍多。纳斯达克市场之所以成为世界上最成功的高科技市场，除了美国高科技产业的迅速发展外，它在上市标准、上市费用、交易制度、市场服务等方面适应高新技术企业的特点，为高新技术企业营造良好的市场条件，是其成功的重要原因。纳斯达克培育了大批高新技术企业，这些企业反过来又促进了纳斯达克市场的繁荣和发展。在1975—1995年的20多年间，纳斯达克从一个交易量为纽约证券交易所的30%，交易额为后者17%的小市场奋起直追，成为交易额接近纽约证交所且交易量超过后者的主要市场。美国纳斯达克2018年所有上市公司总市值34万亿美元，美国纳斯达克在全球资本市场的地位之重可见一斑。在纳斯达克上市的高新技术企业的表现，为投资者带来了丰厚的利润，形成了一个十分有益的投资文化。

欧洲曾经普遍存在一种观点：由于没有一个像美国纳斯达克那样的股票市场，欧洲高成长性的小型企业很难通过股票发行上市获得发展所需的资金，只能通过借债，其结果是不健康的高负债率严重制约了高成长性小型企业的发展。欧洲议会和经济委员会非常支持上述观点。欧洲经济委员会在1995年的宣言中表示：传统的欧洲股票市场偏重于为大企业服务而忽略了小企业。由于缺乏为小企业服务的股票市场，越来越多的欧洲公司到美国股票市场，尤其是纳斯达克市场上市，这种状况不利于欧洲金融服务业的发展。更为严重的是，上市困难使风险资本不易退出，影响了风险资本行业的发展，阻碍了新生中小企业的发育和成长。鉴于新生中小企业在经济发展和社会就业中的重要地位，欧洲经济委员会鼓励采取一切必要措施建立和完善为中小企业服务的欧洲股票市场。在欧洲经济委员会的直接或间接支持下，从1995年开始，欧洲相继成立了多个服务于新生高成长性企业的股票市场，其中较具规模的有Nouveau Marche和Euro–NM市场、AIM市场和Easdaq市场，它们在保证欧洲高新技术产业发展、为风险资本提供退出渠道上起到了十分积极的作用。

亚洲各国和地区也设立了多个服务于新兴高成长性企业的小盘股市场。除了较早设立的日本Jasdaq市场外，还有新加坡证券交易及自动报价系统市场（SESDAQ）、马来西亚证券交易及自动报价场外证券市场（MESDAQ）、吉隆坡证券交易所二板市场（KLSE）等。我国的香港特别行政区也于1999年设立了创业板市场。

各国建立小盘股市场的初衷都是扶持新生中小企业，改善高新技术企业的融资环境。但是，风险资本市场是一个市场体系，它的繁荣及有效性是该体系内各组成部分相互协调长期发展的结果。

美国纳斯达克市场的成功，不仅是因为本身的机制适应高新技术企业的需求，更重要的是美国经济中存在着大量创新型的高成长性企业，而这些企业是美国政府、科技企业家、私人风险投资者和风险资本家等相互配合长期培育的。因此，作为风险资本市场体系组成部分的小盘股市场要获得成功，除了自身的机制外，还取决于风险资本市场中高新技术企业私人风险投资市场和风险资本的发育状况。世界各国（地区）的小盘股市场有很多成功的经验，但也有不少失败的教训。

10.4 我国风险资本市场简介

10.4.1 我国风险投资发展的现状

我国的风险投资始于20世纪80年代，在国家科委和银行的支持下，相继成立了中国新技术创新投资公司、中国招商技术有限公司等一批早期风险投资企业。1991年国务院在《高新技术产业开发区若干政策的暂行规定》中指出，可以在高新技术产业开发区设立风险投资基金或创办风险投资公司。北京、深圳、上海等地区更是抓住机遇，顺应潮流，建立自己的科技风险投资事业。在市场经济的大潮中，中国的风险投资事业已经有了较大的发展。截至 2007 年年底，全国从事风险投资的机构已超过 400 家。在中国的风险投资机构管理的风险资本总量超过 1 205.85 亿元人民币，在风险投资方面，2007 年风险投资总额达 398.04 亿元人民币以上，风险投资项目数也高达 741 个，平均每家风险投资机构管理的资本额达到 8.492 亿元人民币，2008 年，中国风险投资机构的投资趋向谨慎，全年风险投资金额为 339.54 亿元人民币，共投资了 506 个项目。在世界金融危机的影响下，本土风险资金追赶外资风险资金的速度大大加快，到 2009 年，本土风险资金已全面赶超外资。2009 年，由外资机构主导的投资总量为 133.50 亿元人民币，占总投资额的 42.16%；本土机构主导的投资总量为 183.14 亿元，占总投资额的 57.84%。

由于经济实力和科技基础的差异，风险投资在我国的发展也是极为不平衡的。资料显示，我国的风险投资偏重高新技术项目和经济发达地区，主要指向上海、深圳、江苏、浙江、北京、天津等地，其中上海的风险投资机构数目最多，但在资金总量上比深圳小，北京虽然风险投资机构数目较少，但管理的资金却较多。它们一方面纷纷制定了促进风险投资业发展的种种条例、法规，一方面加紧建设各种交易市场以加快风险投资业的市场环境建设。此外，风险投资出现很强的区域集中特点。京津冀地区的项目投资强度最高，长三角与珠三角的差别不大，而东三省及其他地区的风险投资规模则相对较小。

1997 年 9 月，深圳市政府正式宣布组建深圳市科技风险投资顾问公司，同时，深圳将科技风险投资体系分为三大系统（即项目系统、资金系统和股权交易系统）和八个子系统。上海和北京自然也不甘落后。针对深圳市风险投资的蓬勃发展之势，北京市政府推出了 6 项改革措施，用以推动首都高新技术产业化发展。而上海市则依托其雄厚的经济实力、立足国际化、高起点发展风险投资。建立了目前国内规模最大、影响力最强的上海技术产权交易所，极大地推动了上海市新技术成果产业化进程。统计数据表明截至 2002 年 1 月 12 日，上海市技术产权交易额已经突破 1 000 亿元大关，并呈进一步扩大之势。但进入 2008 年后，现在上海市每月的技术产权交易额就超过 10 亿元，一年的交易额超过截至 2002 年的累计交易额。近几年来。上海逐步建立起由产权交易、企业兼并、上市、资产重组等组成的股权转让机制。为风险投资资金多渠道进入和退出的良性循环创造了条件。而上海自 1998 年推出鼓励高新技术成果转化的一揽子政策以来，着眼于风险投资的培育与发展，不断强化对科技创新、风险投资的政策性支持，是有利于风险投资发展的政策环境形成气候。据清科公司统计数据显示，目前，上海已经有一批境外投资者和国内投资者设立的风险投资机构。上海现有的 50 多家风险投资管理公司中，中外合资的也已经超过 20%，至此。京、沪、深三地的风险投资公司几乎占据全国总量的 70%。

2009 年，中国风险投资的发展备受鼓舞。私募、投资规模不断上升，自从创业板开通以来，IPO 退出不断达到高峰。2012 年我国风险投资各类机构已经达到 1 183 家，比 2011 年增长了 7.9%，其中风险投资企业就有 942 家，风险投资管理企业 241 家，当年募集资金 136 家，资本总量已经达到 3 312 亿元。

自 2014 年至 2019 年 10 月以来，我国企业风险投资行业其市场投资金额及投资数量便呈现逐年上升趋势。据中国企业投资协会数据显示，2016 年我国投资案例数量达到历年来的峰值，达 4 032 件；投资金额则在 2018 年达到峰值，达 5 393 亿元。虽然国内 BAT 依然充当投资并购的主要力量，在电子信息、社交软件等领域孵化出一大批知名企业，如字节跳动、小米科技等。

10.4.2 我国风险资本市场的主要特征与发育障碍

风险资本市场体系是一个以非常复杂的市场机制为核心、以契约为基础、以利益为纽带连接在一起的有机整体。它的发展繁荣不仅与整个社会商业化的技术创新水平有关，也与其各个组成部分发育状况和相互协调紧密相关。事实上，中国风险资本市场的发育障碍几乎遍布体系中的每一个环节。

1. 整体技术创新水平落后，资金规模较小且主要投向传统行业

风险资本市场发展需要一定的高新技术产业化基础，只有存在大量创新型高成长性企业和具有潜在商业价值的技术创新成果的情况下，才有大量的风险投资机会，风险资本家有足够的选择空间，产生初步的投资回报，从而进一步吸引风险投资。高新技术产业化的基础一方面依赖于在高新技术领域内的研究与开发水平，另一方面也依赖于技术创新商品化、产业化的能力。我国目前在这两方面都比较薄弱。在半导体、计算机、通信和网络领域，我国的研究开发能力远远落后于美国、日本和欧洲等国，甚至也落后于亚洲的新加坡等地，这必然造成核心技术创新能力严重不足。同时，从整体上看，技术创新者即创业企业的企业家的市场感觉、心理素质和组织管理能力尚未成熟，公司治理结构也不尽科学合理，即使他们能够获得风险资本的支持，但创业成功的概率较低，长此以往，就会打击风险投资的积极性。

我国风险投资的平均规模与欧美国家资金管理规模及中国的经济总量相比，基数是比较低的。外国风险投资机构从资本量和管理资金规模上普遍大于本土风险投资机构，相比较而言在多元化投资、追加投资和投资后管理方面更加具有明显优势，同时在运作经验和管理水平上也更加具有竞争力。基于风险投资行业的特殊性，不同数据机构统计数据存在一定的出入，但是总体来说我国 2008 年风险投资比 2007 年有较大增长。根据道琼斯 VENTURE SOURCE 的报告，中国 2008 年上半年得到风险投资 21.5 亿美元，比 2007 年同期上涨 85%，其中以互联网最为突出。2008 年上半年我国信息技术领域投资共 42 笔，资金达到 11 亿美元，占同期投资的 50%以上。在国外，风险投资的资金来源主要是养老基金、保险基金、金融机构等。在中国，政府机构和国有企业是在风险投资中本土资金的主要提供者。在近几年中国风险投资的资本来源不断多元化的趋势下，不难看出中国的民间资本也不断参与了风险投资的发展。从有关数据来看，2006 年外资比例占到了 76.09%，超过本土的 3 倍。到 2008 年上半年，这种格局基本上没有发生变化，但是中方资本的比例有所上升。特别是 2008 年第二季度，随着《合伙企业法》的实施，人民币基金的加速设立，本土风险投资表现活跃。投资行业分布广泛，传统行业和扩张期企业更加受青睐，高新技术领域所获资本有所欠缺。风险投资的行业分布对整个国家技术发展有拉动作用，但是不难看出，我国风险投资行业分布与国外呈现相当大的差异。在国外，风险投资的比例主要是 60%IT 业，30%生命科学，10%商业、消费业和零售业。而我国主要是集中于并且更加集中于传统行业，这其中有金融危机的影响和资本市场萎靡的影响，风险投资家更加愿意投资于盈利模式较为稳固的成熟企业，这样不但有利于规避风险，也有利于资本的快进快出。但这样稳健的投资策略与风险投资本应更大规模地投资于高新技术领域的初衷相悖，不利于我国高新技术成果的孵化。

2. 缺少真正的风险企业和优秀的管理，缺乏适用的政策法规

我国风投领域专业人才极其匮乏，对资金和投资项目的管理落后于同行业水平。管理水平不高主要表现在：风险投资不规范，随意性大，在确定投资对象时缺乏系统、细致的挑选，所投资项目分布行业广、地域分散，不利于项目监控管理，形不成规模优势，反而加大了风险。而在确定了投资对象后，往往仅实行股权投资，还有的直接以发放贷款的形式进行投资，在参与经营管理方面十分欠缺，有的甚至不参与风险企业的经营管理，更谈不上自始至终地参与风险企业的科技开发、成果转让、人才引进及其企业管理，因此不能算是严格意义上的风险投资。

风险投资是跨越科技与金融两大领域的特殊金融活动，涉及评估、投资、管理、审计和高科技专业知识等多个学科，实践性综合性很强。风险投资家要有丰富的知识、经验和专业水平的管理能力，对技术、金融、资本市场有深刻的认识和较强的运作能力。高素质的风险投资家是风险投资的灵魂，而我国目前是高层次、国际化的风险投资专门人才奇缺，能够适合于风险投资业发展要求的高素质、复合型人才，尤其是风险投资家很少。我国现行的人才教育培养体制也不适合培养风险投资人才。

在我国现有经济法律法规中，有许多地方与风险投资运作规则相冲突。例如，一些国家的风险投资实践表明，有限合伙制是有效率的，可以保证风险投资资金的来源，但有限合伙制度在我国起步较晚，经验不够成熟，因此难免会出现相关法律法规存在缺漏的情况，不利于风险投资的发展。知识产权保护是风险投资的重要内容，一旦高新技术创业者的知识产权得不到有效的保护，风险投资者可能因为专有性知识产权受侵犯而损失惨重。因此，需要有严密的知识产权保护体系来有效保护风险投资的创新型发展，进一步完善相关法律法规。根据国际经验，保险公司的资金是重要的风险资金来源，我国《保险法》对保险公司的资金运用限于银行存款、买卖政府债券等形式，使保险公司的资金不能进入风险资金市场，对风险投资发展不利。虽然《证券投资基金法》已经在运行中不断进行修订，但《风险投资法》依然缺位。但从总体上讲，法律法规不健全和不成体系的滞后效应，仍是政府面临和应解决的现实问题。

3. 风险资本的退出渠道不完善

从发达国家的经验来看，风险投资的退出一般采取三种方式：IPO、股份转让和股票回购、清算或破产。第三种一般为风险投资失败时为避免进一步扩大损失所采用的，在此不做分析。在前两种风险资本退出的方式中，我国尚存在欠缺，主要表现在：①证券市场不健全，我国证券市场成立时间不长，配套机制不完善，主板市场存在许多不规范的地方，二板和三板市场门槛依然较高，注册制尚刚刚起步；②产权交易市场不完善，产权评估和产权交易市场不发达，企业尚未成为技术进步的主体，高新技术企业不能自由地转换产权，成为风险投资运行中的障碍。

退出是风险投资正常运转的关键环节，风险投资的成功与否最终取决于资本退回的成功与否，没有退出便没有风险投资。风险投资追求超常规的股权投资收益，这种主动承担风险的投资动机，在客观上要求有一个通畅的退出通道。我国在风险资本退出机制上的缺乏对未来的国内证券市场，乃至整个资本市场参与国际竞争形成了很大的压力。就主板市场而言，我国 A 股市场经过 20 年的发展，取得了较大的成就，但显然，A 股市场不是风险投资理想的退出之地。A 股主板市场过去的规定对上市公司的要求太高，不仅要求公司规模大、经营时间长、管理制度完善，还要求其具有较高的盈利水平，至少连续 3 年盈利，以及严格的信

息披露。而风险资本所投资的企业大部分属于新兴行业，具有较高的成长性。但目前的发展规模和运作模式还不成熟，无法满足A股市场上市的要求。2004年深圳证券交易所推出了中小企业板市场，使得我国资本市场结构得到一定的完善。但是，中小企业板并不能解决风险投资通过IPO方式退出的问题。中小企业板是为中小企业融资而设立的，有明显的过渡性质。其上市要求非常接近A股市场的上市要求，对于多数风险资本所投资的企业来说，中小企业板的上市要求仍然较高。虽然也有2006年7月IDG投资的远光软件成功借助中小企业板退出的案例，但从总体来看，仍然无法满足风险投资退出的需要。2009年10月23日，中国创业板正式启动。创业板才是真正的二板市场，是为中小高新技术企业或快速成长企业而设立的证券市场。但应当看到，目前我国创业板不是专为风险投资退出设立的，其上市要求仍然相对较高，在制度设计上存在缺陷。目前来看，创业板对我国风险投资基金退出方式所产生的积极作用还是比较有限的。

虽然我国资本市场存在种种不足，但却从未停止过优化和改革的脚步，2019年新增的科创板和2020年实施的新三板分层制度，都对上市条件进行了优化并重点服务于创新型企业，风险投资一定会越来越多地获得国内资本市场的支撑。

本章小结

风险资本在运作机制和治理结构上的独创性使其成为适应网络经济甚至知识经济的现代金融体系的极为重要的组成部分。本章内容指出网络企业对资本需求的特殊性，介绍了风险投资的具体操作流程和退出机制，并对我国风险资本市场面临的主要问题进行了详细分析。通过本章的学习，要求学生能够掌握风险投资的基础知识，并能结合企业运营和资本市场的实际情况分析企业的融资方式。

复习思考题

1. 简述风险资本市场的概念。
2. 简述网络企业的融资需求有何特点。
3. 简述风险投资的退出渠道有哪些。
4. 试结合我国资本市场的实际分析风险投资在我国发展所面临的主要问题。

案例分析

IDG投资深圳金蝶

（资料来源：根据网络资料整理）

在应用软件领域，人们常言“北有用友，南有金蝶”，可甚少有人知道这一市场格局很大程度上是形成于 1998 年 5 月 1 日的一次风险投资。这天，国内 IT 业诞生了继四通利方后数额最大的一笔风险投资。投资方是来自全球最大的信息服务提供商 IDG（国际数据集团）。该集团分两次向从事财务软件研发的深圳金蝶豪掷 2 000 万人民币，成为占其 25%股份的股东。从 IDG 募集而来的资金将被金蝶用于科学研究及拓展国际业务。这是中国财务软件行业获得的第一笔国际风险投资。

通过此笔国际风投的引入，深圳金蝶的资金实力大为增长，其各项指标出现了井喷式的增长：人员从 10 多年前初创时的 5 人发展到现有的 3 200 多人，营销网络遍及全世界，年均营业额高速增长……。今日的金蝶已经成为国内软件业的标杆，并与我国软件业的另一劲旅用友形成双分天下的态势。目前，金蝶公司的 ERP 软件在中小企业市场中名列第一。在中国财富百强企业中，有一半企业选择金蝶的信息化解决方案。作为中国本土财务、管理软件的领导厂商之一，金蝶对我国产业结构的调整和整个社会信息化的发展起到了不容低估的作用。接受风险投资两年后，2001 年 2 月，金蝶国际在香港创业板成功上市。此时，IDG 持有的深圳金蝶股份在 20%左右。此后三年间，IDG 通过数次套现资金，回收高达 2 亿港元，投资回报率达到 10 倍。在创业板上市四年后，2005 年 7 月，金蝶国际在香港联合交易所主板成功上市。

深圳金蝶能够成功吸引 IDG 的精髓在于“适时、团队、空间和协助”这八个字。在适时吸纳风险投资的情况下，金蝶的发展周期整整缩短了一年，风险投资俨然成了金蝶快速发展的发动机。

1. 适时

从现在来看，1998 年 IDG 对深圳金蝶的风险投资无疑是一场及时雨。当时，国内的软件行业是一个高收益、高投入、高风险的“三高”行业，在回报巨大的同时，也存在极大的经营风险。而自深圳金蝶成立以来，其营业收入和利润等主要经济指标每年都以 300%的速度增长。这时，仅仅靠深圳金蝶自身的积累已不能满足企业战略和可持续增长的需要。金蝶对大额资金的需求如饥似渴。在 1993 年至 1998 年期间，虽然深圳金蝶数次主动向银行申请贷款，也几次有银行上门找金蝶洽谈，但因为没有足够的资产作抵押，也缺乏担保，最终只获得了 80 万元贷款。事实证明，深圳金蝶向银行贷款这条路走不通。而此时，IDG 广州太平洋技术创业投资基金找上门来了。这一介入对深圳金蝶来说无疑具有里程碑式的意义。在寻找风险投资方的过程中，深圳金蝶没有经历国外公司诸如风险投资申请那样的复杂流程，既不存在中介服务机构的介入，也没有提交过项目建议书，投资方竟然是主动找上门的。双方经过短短 3 个月的闪电般接触，就达成了合作协议。

2. 团队

美国风险投资之父 General Doriot 曾说：“可以考虑对有二流想法的一流企业家投资，但不能考虑对有一流想法的二流企业家投资。”在 IDG 广州太平洋技术创业投资基金对深圳金蝶进行考察之时，对 IDG 董事长麦戈文做出投资决定起关键作用的是深圳金蝶以思想开放的徐少春为首的管理团队。这个团队的突出特点是具备超前的战略眼光和企业战略设计能力，始终保持着务实风格和创新精神。而 IDG 又十分注重对风险企业家和他的管理团队的评估，特别看重被投资人的能力、知识、经验、个人人品和团体协作能力。考察结束后，麦戈文对深圳金蝶董事长徐少春给予了高度评价，认为深圳金蝶是一个有远见、有潜力的高新技术企业，深圳金蝶的队伍是一支既年轻又优秀的人才队伍，值得投资。

3. 空间

IDG是以参股形式对深圳金蝶进行投资的，投资后成为深圳金蝶的股东之一，享有股东的权利。但IDG坚持不控股、不过问经营的投资原则，只是通过不断地做一些有益的辅助工作，如通过介绍和引进专家做报告、开研讨会、帮助企业做决策咨询、提供开发方向的建议等方式来施加影响。第一笔资金到位后，IDG委派王树担任金蝶的董事，对深圳金蝶进行监控，但王树不过问深圳金蝶的经营。在这看似宽松的合作之下，风险投资带给深圳金蝶的风险意识和发展压力却陡然增加。因为按照深圳金蝶与IDG的合作协议，深圳金蝶必须在获得第一笔1 000万元人民币投资后的一年间，达到双方规定的目标，即在1997年的基础上，1998年销售额取得200%的增长，才有资格获得IDG的第二笔1 000万元人民币的投资。正是这种压力，促使深圳金蝶迅速地调整自己。风险投资方IDG这种不直接参与对投资对象日常管理的做法，为金蝶赢得了宝贵的空间。然而金蝶却反过来要求IDG参加金蝶的市场活动，以扩大金蝶的影响力。比如，深圳金蝶过去对软件开发技术高度重视，而不太重视产品的市场占有率。IDG提出的收入和利润增长指标，都需要依靠市场来实现，于是市场占有率便成了深圳金蝶的营销重点和宣传重点。这就如同催化剂一般，加速了整个公司的成长，金蝶的分支机构由21家猛增到52家，代理商达到360家，员工从300人增加到800人，销售额增长了200%，1998年销售额约为1.5亿元，可见风险投资的影响是潜移默化的。1998年深圳金蝶有着出色的市场作为，根据国家信息产业部信息中心的统计数据，深圳金蝶在财务软件市场上的份额由1997年的8%提升到1998年的23%，是财务软件行业成长性最好的企业。

4. 协助

IDG董事长麦戈文在1998年投资时曾说过："IDG全球12 000名员工，将会帮助你们成为中国ERP市场的领导者。"的确，IDG给金蝶带来的不仅仅是2 000万元人民币投资，而且还通过帮助金蝶与国际大公司进行交流，增加金蝶的商业资源，从而进一步拓展金蝶产品在国际市场的销售渠道，使深圳金蝶在成长为国际性的财务软件公司的过程中更上一层楼。在金蝶历史上具有战略意义的Windows版财务软件也是在美籍华人赵女士的启发之下开发出来的。此外，金蝶在与国际投资方的接触当中，还打造出富有创造激情的国际化商业文化。IDG还在鼓励企业顺利在香港上市上起到重要作用。

当然，金蝶董事长徐少春认为，外国风险投资机构的意见也必须要进行中国特色的加工。比如外国股东曾提出让金蝶去纳斯达克上市，但金蝶选择在港股上市。金蝶认为自己虽然是一家外资企业，但是它的主要实体在国内，香港恰恰是一个华人世界，与内地交流没有问题，这有利于股票市场与公司经营业绩挂钩。同时香港作为自由港也属于全球开放市场的一部分，未来金蝶成熟了，要从这里去更大的市场上也不难。

案例讨论：结合该案例分析风险投资的必经环节及我国发展风险投资的制约因素。

第 11 章　网络企业并购

学习目标

1. 掌握网络企业并购的内涵与分类。
2. 理解网络企业并购的目的与意义。
3. 熟悉网络企业并购的风险。

企业并购作为优化资源配置手段，在西方国家由来已久。世纪之交，在全球范围内掀起了一场规模宏大、影响深远的企业收购与兼并浪潮。在互联网高速发展的今天，发生在互联网产业的兼并活动成为广泛关注的焦点。本章对网络企业并购的分类与动因进行了详细的介绍，并结合具体案例对网络企业并购的效应与风险进行了深入探讨。

11.1　网络企业并购的内涵与分类

11.1.1　企业并购的几次浪潮回顾

19 世纪下半叶，科学技术巨大进步，显著地推动了社会生产力的发展，并掀起了以铁路、冶金、石化、机械等为代表的行业大规模并购浪潮，各行业的许多企业通过资本集中组成了规模巨大的垄断公司。在美国并购高峰时期的 1899 年，公司并购达到 1 208 起，是 1896 年的 46 倍，并购资产额达到 22.6 亿美元。1895 年到 1904 年的并购高潮中，美国有 75%的公司因并购而消失。作为工业革命发源地，英国在此期间的并购活动也大幅增长，有 665 家中小型企业在 1880—1981 年间通过兼并组成了 74 家大型企业，垄断着主要工业部门。在这股并购浪潮中，大企业在各行业的市场份额迅速提高，形成大规模的垄断企业。

20 世纪 20 年代发生的第二次并购浪潮使得那些在第一次并购浪潮中形成的大型企业继续开展并购活动，并进一步增强其经济实力，扩展和巩固其对市场的垄断地位。这一时期的并购浪潮中，纵向并购所占比例达到 85%，各行业部门将其各个生产环节统一在一个企业联合体内，形成纵向托拉斯行业结构，使得各主要工业国家普遍形成了主要经济部门的市场被一家或几家企业垄断的局面。

西方国家在 20 世纪四五十年代迎来了波及范围较广的经济危机，各主要工业国的经济经这次经济危机的洗礼后逐步恢复，在 20 世纪 60 年代迎来了经济发展的黄金时期，同时催生了大规模的投资建设活动。随着第三次科技革命兴起，一系列高新科技成就得到广泛应用，社会生产力实现迅猛发展，并造就以混合并购为主要特征的第三次并购浪潮，其规模和速度都超过前两次的并购浪潮。

第四次并购浪潮于20世纪80年代兴起，以融资并购为主要特征。据统计，1980—1988年间企业并购总数达到20 000起，其中1985年达到顶峰。多元化的相关产品间“战略驱动”并购取代了“混合并购”，金融界为并购提供了强有力的融资支持，并购企业范围扩展到国外企业，并出现小企业并购大企业的现象。

20世纪90年代以来，世界经济的全球化、一体化和自由化进程加快，无国界经济发展迅速，其中典型的特征就是各国市场的相互开放程度同过去相比有了大幅度的提高，一个统一的国际市场正在逐渐形成之中。因此，跨国并购成为这次并购浪潮的核心，从1987年全球企业跨国并购额不到1 000亿美元，到1995年的2 077亿美元，1996年的2 700亿美元，2000年全球外国直接投资规模达到1.3万亿美元，所占并购总份额从1987年的52%上升到2 000年的80%以上。同时，20世纪90年代以来，一场在全球范围内兴起的新科技革命浪潮成为这一时期世界经济发展的一个重要的特征。以互联网技术、IT技术和生物技术为核心的新经济，不仅推动了美国长达十年的经济繁荣，而且也使得整个世界的产业结构面临重大的调整和升级。第五次并购浪潮在20世纪90年代初紧随第四次浪潮的衰落而飞速掀起。本次并购浪潮在总规模上创造了历史纪录，且呈现连续8年递增态势。这次浪潮有以下新的特点：①大多数企业放弃了杠杆收购式的风险投机行为，改以投资银行为主操作；②相当一部分并购发生在巨型的跨国公司之间，出现了明显的强强联合趋向；③金融业的并购明显加剧。

11.1.2 网络企业并购的含义

在20世纪末的兼并狂潮中，各大行业围绕着国际互联网开展了令人眼花缭乱的并购活动。这些兼并大多发生在以信息产业为主的赛博空间，并且兼并的方式和特点和过去有所不同。“赛博空间”这个词是加拿大科幻小说家威廉·吉布森于20世纪80年代中期首先使用的。他在一本科幻小说中描写了计算机网络化把全球的人、机器、信息源都联结起来的新时代，昭示了一种社会生活和交往的新型空间。现在，人们把计算机数字化信息储存和处理能力通过现代通信网络技术联结起来所造就的一个崭新的社会生活和交流的空间（与IT产业相关）称为“赛博空间”。

网络企业并购的内涵有广义和狭义之分。从广义角度讲，网络企业并购就是互联网产业的一体化过程。具体讲，就是信息产业内依托语音信号传输技术的电信业，依托语音和视频信号传输技术的电台、电视、在线电子报纸等信息传媒和娱乐业及计算机数据传输业原本相互分离的产业，打破传统的部门分割、地区分割和行业阻隔，通过联合、兼并、收购，以实现互联网产业一体化的新型企业资本运作模式和发展战略。从狭义角度讲，即并购这一资本运作方式在新兴的网络企业中的运用和体现。网络企业的并购往往具有以下特征。

1. 以网络经济为平台

美国经济之所以能够保持较长时间的持续发展，关键在于其有一个兴旺发达的网络经济。所谓网络经济是指从事互联网设施、技术、服务或与互联网相关的产品、服务所产生的收入。网络经济的主体是网络基础设施提供商。1998年，美国网络业占全球份额的75%。1995—1998年，美国网络业年均增长174%。与此同时，发生在美国因特网领域的并购案由1995年的65件猛升至1998年的456件，年均增长175%，因特网并购案的发生与网络业的发展具有明显的同步性。可以说，没有网络业的发展，因特网并购就是无源之水，无本之木；而因特网并购又使网络业的发展如虎添翼。网络兼并活动主要围绕因特网的四个主要领域进行，即网络基础设施领域，包括各类电信公司、ISP、骨干网络提供商、网络终端设备生产商等，网络应用服务领域包括方便网上交易的软件产品和服务，设计、建立、保持各种网站的咨询和服务公司，网络媒介领域，包括纯粹的网上内容提供者；网络商业领域，包括以 web 为基础的网上商务。

2. 并购规模巨型化，并购频率递增

美国既是企业并购的发祥地，又是世界因特网并购的“领头羊”。早在 1992 年，美国就发生因特网并购案件 7 起，涉及交易金额 19.2 亿美元，并一发不可收拾。会计与咨询机构普华永道发布的数据报告显示，2015 年全球科技行业宣布并购的交易总额达到 3 130 美元，创历史新高，和 2014 年 1 716 亿美元的并购交易额相比增长了 82%。普华永道的报告还显示，云服务、物联网、电子商务、数据安全等业务领域依然是投资的热门领域。2015 年，半导体行业的并购交易额超过 380 多亿美元，其中的代表是英特尔以 167 亿美元收购竞争对手 Altera。

3. 网络企业并购体现出与实体经济的不可分割性

电信、计算机等领域与传统产业内企业的重组和整合，是近年来世界产业结构调整过程中最突出的特征，几乎近年来所有规模巨大的并购活动都与这些领域有关。网络企业所富有的是以知识资本为主导的无形资产，是典型的虚拟型企业，其发展前景广阔；传统企业拥有大量闲置的物质资产，发展正面临挑战。

11.1.3　网络企业并购的分类

1. 按行业划分为横向并购、纵向并购与混合并购

横向并购是指处于同一行业，生产和销售同类产品或生产工艺相近的具有竞争关系的企业之间的并购行为。在网络企业中，网络服务提供商、网络基础设施供应商、网络设备提供商、专业性网站等处于不同技术层次的网络企业为在各自所处的技术层面获取规模经济，展开了同类企业之间的并购，即网络横向并购。典型案例如表 11–1 所示，此类并购偏重于地理位置（市场份额）的扩张而进行，使网络企业快速地增强市场渗透力和扩大市场影响力。

表 11–1　网络企业横向并购典型案例

日期	收购方	目标方	目标方所处行业
2003 年 9 月	法国电信	Orange SA（电信公司）	网络基础设施供应商
2004 年 8 月	亚马逊	卓越	网络中介商
2005 年 1 月	甲骨文	仁科	网络服务提供商
2005 年 1 月	博客中国	博客动力	专业网站
2007 年 8 月	宏碁	Gateway（PC 生产商）	网络中断设备生产商
2007 年 9 月	华为	3COM（因特网设备提供商）	网络设备提供商

纵向并购是指主业处于不同行业，但生产过程或经营环节相互联系的企业之间或者具有纵向协作关系的专业化企业之间发生的并购行为。典型案例如表 11–2 所示，在网络企业中，

网络基础设施供应商、网络设备提供商、网络软件提供商、网络服务提供商在生产技术上存在彼此连续的关系，这些部门分别构成了网络产业结构中的一个链条。因此，把以上企业之间的并购称为网络纵向并购。

表 11-2 网络企业纵向并购典型案例

日期	收购方	目标方	目标方所处行业
2003 年 11 月	YAHOO	中国 3721	网络服务提供商
2004 年 2 月	新浪	深圳网兴科技公司	网络服务提供
2005 年 10 月	Ebay	Skype	网络服务提供
2006 年 12 月	GOOGLE	Youtube	专业网站
2007 年 3 月	思科	美国网讯公司	网络服务提供
2009 年 9 月	Dell	Perot Systems	网络服务提供

混合并购是指在彼此没有相关市场或生产过程的公司之间进行的并购行为。在网络企业中，把网络企业与传统企业之间的并购称为网络混合并购。典型案例如表 11-3 所示，有些网络企业并购与自己产业不相关的传统企业，并购双方完全没有任何生产技术上的关联；还有些网络企业并购与自己产业相关的传统企业。如美国在线兼并时代华纳、新浪并购阳光等重量级网络并购案例，一方是老牌的传统企业，一方是新兴的网络企业，但并购双方在产业链上有一定的上下游关系，其实也可以将它们归入纵向兼并一类。在这里为了简化问题，便于后面的分析，暂且将这个问题忽略，简单地将所有传统企业与网络企业的并购都归为网络混合并购。

表 11-3 网络企业混合并购典型案例

日期	收购方	收购方所处行业	目标方	目标方所处行业
2000 年 9 月	广东证券	传统证券公司	Stock2000	专业网站
2000 年 10 月	携程网	旅游电子商务网站	远通商务旅游服务有限公司	传统旅游服务业
2001 年 9 月	新浪	门户网站	阳光文化网络电视有限公司	传统传媒业
2005 年 2 月	纽约时报	传统报业集团	About.com	信息门户网站
2005 年 12 月	西门子	电气工程、电子公司	北京港湾网络有限公司	数据通信设备厂商
2008 年 12 月	新浪	门户网站	分众传媒户外数字媒体	广告媒体

2. 按支付方式分为现金支付型、换股并购型和杠杆支付型等

现金支付是指收购方通过支付一定数量的现金来购买目标公司的资产或股权，从而实现并购交易的支付方式。它是并购活动中最为直接、简单、迅速的一种支付方式，许多中小型企业并购最常采用此类。现金支付的优点主要表现在：①对并购方而言，支付方式简单明了，可减少并购公司的决策时间，避免错过最佳并购时机。而且并购方用现金收购目标公司，现有股东权益的结构不会因此而变化，也不会导致股权稀释和控制权转移等问题。②对目标公司的股东来讲，不必承担任何证券风险，可即时得利（在公司价值没有被低估的情况下）。

③对并购方未来的发展而言，现金支付可以向市场传递一个信号，表明其现有资产可以产生较大的现金流量，使得企业有足够的能力抓住投资机会。

换股并购就是收购公司将目标公司的股票按一定比例换成本公司或合并而形成的新公司的股票，同时原来的目标公司或终止运营，或成为收购公司的子公司，或成为新公司的一部分。换股并购的优点如下。①对并购公司而言，换股并购使其免于即付现金的压力，不会挤占营运资金，减少了支付成本。同时，股权支付可不受并购方获现能力制约，可使并购交易的规模相对较大。②对于目标公司股东而言，既可以推迟收益时间，达到延迟纳税的目的，又可以分享联合公司价值增值的好处。③换股并购具有规避估价风险的效用。由于信息不对称，在并购交易中，并购公司很难准确地对目标公司进行估价，如果用现金支付，全部财务风险都将由并购公司股东承担。但若采用股票支付，这些风险则同样转嫁给原目标公司股东，使双方共同承担。

杠杆支付是指并购方以目标公司的资产或将来的现金收入作为抵押，向金融机构贷款，再用贷款收购目标公司的支付方式。杠杆支付在本质上属于一种现金支付方式，因为它以债务融资取得的现金来支付并购所需的大部分价款。所不同的是，杠杆支付的债务融资是以目标公司的资产和未来现金收入为担保来获取贷款，或是通过目标公司发行的垃圾债券来筹集资金。在这一过程中，并购方自己所需支付的现金很少。并且，债务主要由目标公司的资产或现金流量来偿还，所以它是一种典型的金融支持型支付方式。运用杠杆支付的主要优点是：并购方只需较少的自有资金就可完成并购，具有杠杆效应。并购过程中的负债利息还可起到合理避税的作用。

综合证券支付方式是将多种支付工具组合在一起使用，以发挥不同工具的优点，克服缺陷。为了避免单项支付方式可能给主并购公司带来的种种不利，并购方的出资不仅有现金、股票可转换证券、公司债，还有认股权证券等多种混合方式。此种方式如能根据实际情况搭配得当，不仅可避免支出更多的现金而造成财务结构恶化，而且可有效防止并购方原股东股权稀释而造成的控制权转移等问题。

11.2　网络企业并购的动因

11.2.1　宏观动因

1. 科技革命

信息网络技术的广泛应用突破性地解决了网络企业在信息传输、处理方面的主要障碍，扩张了管理幅度，减少了管理层次，提高了管理效率，降低了管理成本。从而使网络企业组织成本低于交易成本，原有的规模均衡被打破，企业要在更大规模下达到新均衡，网络企业通过并购进行边界扩张成为可能。此外，信息技术的普及应用还可能导致边际收益长时间递增，传统的企业规模经济与规模不经济的转折点将后延，规模经济限度的后延导致企业规模扩大，为大型企业的产生创造了条件。网络并购相对于以往的传统企业之间的并购更具备了大规模扩张的动机。科技革命成果的应用催生了大批网络公司，科学技术这种“知识”要素俨然已经成为网络企业最具价值的资本，谁拥有了领先的科技优势谁就具备了未来发展的坚实基础。网络企业提供的产品和服务的价值主要不是由其本身所包含的物质要素决定的，而是取决于其中的知识含量。“微软”“甲骨文”的产品其实就是一张张价值低廉的光盘，但存储了公司开发的软件程序后，该光盘就成了价值不菲的产品。高新技术虽然能给企业带来竞争优势和丰厚的利润，但高科技的研发过程费用高、风险大、周期长，就算是实力大的公司也无法在所有的领域取得技术优势。网络企业或是为了扩大自身技术优势，或是为了获得新兴业务的技术优势，或是为了取得自身发展急需的先进技术，转而通过兼并获得其他优势企业拥有的技术。科技革命直接推动了世界商业史上第五次兼并浪潮的到来。

2. 政府政策支持

企业并购尤其是横向并购容易形成垄断，西方国家对此一向比较慎重。但随着网络经济的迅速发展，近年来，从美国到欧洲、从西方的商界到政界都开始对企业并购变得容忍，甚至支持。著名经济学家保罗·克鲁格曼认为：“垄断本身在科技领域是无罪的。相反，至少得存在主导未来市场的希望，整个企业才具有了发展的推动力。”甚至自由主义经济学旗手弗里德曼对反垄断的认识也发生了重大变化：“反垄断法的害处远远大于好处，所以最好干脆废除它。”美国的反托拉斯法一直以来都得到了严格的执行，政府当局对于可能造成垄断的企业合并始终严厉禁止，必要时甚至要对垄断企业实行拆分。然而，在新经济时代，激烈竞争尤其是恶性竞争在传统产业中的表现尤为突出。许多传统产业在经济全球化的大趋势下，为了使企业取得技术竞争优势与获得规模经济，加强企业国际竞争力，美国政府反托拉斯法的执行大大松动。以美国商务部诉“微软”垄断案为转折点，政府对以技术研发为目标的高科技企业的兼并，转而以各种方式给予鼓励和支持。

3. 竞争激烈

社会拥有大量闲置的物质资产，产品供大于求，为抢占市场，竞相降价，形成恶性竞争，导致企业亏损剧增，行业效益下降，扰乱了正常的市场竞争秩序。纵观多年的家电行业、钢铁行业、工程机械行业、汽车制造业的发展不难看出，传统行业面临巨大的竞争压力。而网络企业正是高速发展，潜力巨大，只是缺少稳定而丰富的现金流。越来越多的传统企业把闲置资本投向快速发展的网络企业，以降低经营风险，提高资金利用率和投资回报率，实现优势互补，增强企业国际竞争力。网络企业的独特成长方式决定速度已经逐渐超过成本和质量，成为企业发展的首要目标，只要速度领先，网络企业就可以以小胜大、以弱胜强。面对激烈的竞争，企业已经无暇步步为营地去开发新技术和占领新市场，而急于迅速融合其他公司已经拥有的某一项优势技术或某一个优势产品，乃至某一个新的业务范围。因此，越来越多的网络企业选择了并购、扩张的道路。网络经济将国际竞争推向极致，在并购浪潮风起云涌之时，企业分解和业务分割的做法也大行其道。为数不少的网络企业在分拆，集中发展强项。它们把非核心业务或不赚钱的部分卖掉或者让有发展前途的部分独立上市，以突出主体业务。这就为很多企业创造了并购的机会，从其他企业剥离的项目中寻找并购目标就成了普遍的现象。比如，联想收购 IBM 全球 PC 业务。

4. 金融市场的发展

（1）证券市场在培育网络产业上具有不可替代的重要作用。全球网络大并购产生与发展的基础是行业实力企业的产生，而包括 Microsoft、AT&T、IBM、Cabletron、Ascend、Cisco、HP、DEC、Intel、Compaq、Dell、SUN、3COM 等在内的世界高新技术大企业在发展中都离不开证券市场筹集资金、资源配置、买壳借壳、第二板市场扶植等方面的大力支持。

因为，高科技网络企业的高成长性决定了对投资的大量需求，企业利用证券市场实现上市，发行上市股票筹集资金，为企业发展提供资金条件。特别是经济状况良好时，在股市可取得资金的数量庞大，企业也有意扩大经营规模，非常有利于并购活动。同时，高科技产品面对激烈的技术和市场竞争，企业处于不断创新中，要求连续的资金投入，证券市场的多次筹资功能能改善企业的资金供给条件。因此，只有具备了发达的证券市场，网络产业才能良性发展，才能打造实力强大的企业，组成并购的生力军。

（2）金融市场发展促使企业并购支付方式创新。前四次并购浪潮的支付方式具体表现形式虽有不同，实际上都是现金支付型，换股并购推动了网络并购。对于主并方而言，换股可使其免于即时支付的压力，把由此产生的现金流量投入到合并后企业的生产和经营；对于被并方来说，换股可以使其股东自动成为新设公司或后续公司的股东，分享合并后企业的盈利增长。此外，由于推迟了收益确认时间，可延迟交纳资本利得税。利用现金收购时，兼并方需支付巨额资金，造成现金外流，这注定了收购方只能是那些财大气粗的大企业。网络企业具有高成长潜力，但资金流不足，想通过全额现金支付方式进行并购困难重重。在换股并购方式下，由于人们对互联网、通信、IT 等新经济企业的成长性抱有很高的预期，反映在股市上就是这些企业的股价很高。虽然这些网络企业自身资产很少，规模较小，但却拥有很高的市值。正是因为价格不菲，新经济企业就能够通过换股的方式去兼并那些规模大但是股价较低的传统企业，形成“以小吃大”的独特现象。而且换股并购保留了目标公司的股份，这也是目标公司管理层易于接受的，从而减少了网络混合并购过程中可能遇到的阻力。AOL 并购时代华纳案中，在并购前，AOL 营业额仅为 48 亿美元，远远落后于时代华纳的 268 亿美元，但利润却达到 7.6 亿美元，反而远远超过时代华纳的 1.8 亿美元，AOL 的市值也高于时代华纳。在资产、人员规模、产品种类、企业声誉各方面都较小的 AOL 兼并了传媒大公司时代华纳。

11.2.2　微观动因

1. 企业经营的优势富集效应

网络环境下存在着“注意力稀缺”现象。计算机技术、网络技术迅猛发展，一日千里，日新月异。网络承载的是内容丰富、容量极大的数字化信息，所能提供的资源是无限的，而人们的注意力是有限的，这就造成了注意力的有限性与信息资源的无限性的矛盾，即注意力稀缺。因此，人们的“眼球”只会集中在少数几个有特点、有影响的大规模企业之上，大部分企业及其产品无人问津甚至无人知晓。

优势富集效应是一种起点发展理论，它是指起点的微小优势经过关键过程的级数放大会产生更大级别的优势积累。网络企业通过并购形成大规模企业，将规模这一有利分子扩大，是至关重要的。这样企业就可以在起点上超出一步，后面就会有更大的效应、更强的竞争力体现出来，一步步雪崩一样的效应就产生了，这就是优势富集效应。在网络热潮中，每个月乃至每天都有数不胜数的新网站诞生，但大部分网站的消失和它们出现时一样悄无声息，自始至终只有几家网站为大家所熟知，如：新浪、搜狐等。这些网站市场规模大，用户数量越多，网络价值就越大，顾客越是向其集中，市场规模可以进一步扩大，因而形成良性循环。反之，小网站（或新网站）用户数量越少，网络价值越小，顾客越容易流失，竞争力越弱。由于存在网络外部性，人们关注的企业就会出现强者越强的趋势，不关注的企业会出现弱者越弱的趋势。因此，在市场中具有优势的网络企业会倾向采用并购的方式，以最快的速度从劣势企业中夺取市场份额，直至占有绝对的市场，获得优势富集效应。

2. 消除路径依赖的需要

在新制度经济学中，“路径依赖”是一个使用频率极高的概念，说的是人们一旦选择了某个制度，就好比走上了一条不归之路，惯性的力量会使这一制度不断“自我强化”，让你轻易走不出去，甚至“一条道走到黑”。在网络经济中，由于信息是在一个由多种硬件和软件组成的系统中存储、控制和流通，而使用某种系统需要经过专门的培训学习，用户要进行各方面的前期投入。如果用户放弃使用该产品将面临昂贵的“转移成本”，包括学习成本、经验成本、交流成本等，这些前期投入使得网络用户不能像更换其他物质产品那样轻易地更换网络产品，即使别的产品在品质上更为优秀。当用户的转移成本很高时，很容易被“锁定”在最初选择的系统之中，由锁定效应引发了路径依赖。消费者原来的选择决定了以后的选择，并会自动强化，一直走下去。兼并却是一种快速打破路径依赖的好办法。新进入者和劣势厂商可以采取兼并的策略来获得一定的用户基础，从而使自己具备一定的实力与优势企业抗衡。

在网络并购中，横向兼并有利于消除网络间的不兼容，迅速进入主流市场。然而，厂商通过纵向兼并生产互补产品的上下游厂商，也可以消除路径依赖。比如，某生产操作系统的厂商其技术在市场上非主流，它可以通过兼并计算机生产商或软件制造商，然后在市场上出售采用非主流技术的互补品（计算机或软件）来扩大用户规模，消除用户对市场主流产品的路径依赖。

3. 风险资本退出，产业资本进入的要求

风险投资对网络公司的发展功不可没。网络企业作为新兴企业，其发展具有很大的不确定性，从传统的金融渠道融资很困难。风险投资看到网络企业具有极大发展潜力和良好的市场前景，加紧投向网络企业。在风险资本眼中，所有的投资项目，都是一件商品。如果能够迅速带来潜在的巨大收益，风险资本会积极投入对其进行包装，以求卖得一个好价钱；如果不能在短期内带来收益，风险投资不会再投入更多的精力和资金，当然更多时候也不具备继续经营的能力。这时，尽快出手“手中”的商品，避免、减少资金占用所带来的风险就成为首选。风险资本规避风险的态度成为“被兼并方”背后的重要推动力量。对于风险投资来讲其主要退出机制是并购。但长期以来，上市作为一个企业成功的标志，以及这种方式可能带来的资本高度膨胀，受到投资者的青睐。况且，被收购似乎包含着失败的意思，所以大家都讳谈并购，一时之间言必称上市。但事实残酷地告诉我们，在证券市场容量有限的情况下，并非每个网络企业都能上市。随着2000年纳斯达克网络概念股的全面下滑，风险投资能够成功上市退出的越来越少，加之上市流通需要满足很多条件，且需经过繁杂的申请和长时间等待审批的过程，因此并购成为风险投资退出机制的最佳选择。产业资本对网络公司情有独钟，借着风投的退出，加快了与新经济融合的步伐。传统行业借助互联网，老树开新枝，焕发新的活力。通过兼并网络企业，一方面可以应对潜在的竞争与拓展自身的生存空间；另一方面它们看重网络企业的营销价值。传统企业既可以利用网络企业的网络广告服务，又可以进入电子商务领域整合物流体系。例如，上实联合、联华超市、大众交通、海虹控股等兼并网络企业，就是为了实施电子商务，降低成本，利用先进的营销模式。

4. 网络产业介入传统产业的要求

从某种意义上说，互联网与传统产业融合比起互联网产业自身的整合显得更加迫切和必要，因为传统产业是社会的经济支柱，互联网与传统产业的融合，完成“鼠标+水泥”的工作，网络行业才能更好地生存下去。对于网络拍卖公司 E-Bay 并购 Butterfly 拍卖公司和传统国际汽车拍卖行 Kruse，最大网上书店亚马逊投资图书仓库以满足其分销需要等都是有力的证明。中国国内也有携程网这样的例子。基于我国旅游业现存的巨大商机，携程网开辟网上订房服务，在并购现代运通商务旅游服务有限公司后，将网上和网下的服务有机结合起来，获得了成功。

在网络环境下，科学技术已经成为企业最具价值的资本，企业要发展核心竞争能力就必须在核心技术上取得优势地位。企业在技术方面的独立开发、与其他企业实行战略联盟、建立合资企业或并购都可以达到构建核心能力的目的。高科技的研发过程不仅风险大、周期长，而且投入的研发费用高。任何一家企业都无法在所有的领域实现技术领先，而只能在某些技术领域拥有优势。并购常常是企业获取知识和资源、构建核心能力的一种低成本方式。与独立开发、战略联盟和合资企业三种策略相比，为了取得创新与技术优势，并购是一种快速而有效的途径。2005 年 12 月西门子并购北京港湾网络有限公司，直接动机就是获取港湾自主技术产权和研发能力。港湾拥有属于自己核心技术的路由器，在此技术上接近国际先进水平。西门子通过收购港湾的核心资产，为网络设备的生产铺平了道路，具备了与华为的网络设备相抗衡的能力。

11.3　网络企业并购的效应

11.3.1　扩大市场，获得规模经济效应

在网络经济中，既存在供应方规模经济效应又存在需求方规模经济效应，网络外部性的反馈作用更为强大。需求方的增长既减少了供应方的成本，又使产品对其他用户更具吸引力，进一步加速了需求的增长。结果是极强的正反馈效应，使网络企业的成长和失败都远远快于其他产业。

1. 供应方规模经济

网络企业扩大市场规模可以取得规模经济效应。传统的规模经济理论所分析的企业生产中的规模经济，也可称为来自供应方的规模经济。即随着产量的增加，单位产品的成本会下降。网络产业拥有威力更大的供应方规模效应，因为网络产业有一个明显区别于传统产业的特征，那就是边际成本趋于零和边际报酬递增。传统经济以物质资源为基础，生产过程中依赖较多的物质原料和少量的技术投入，限于资源的稀缺性，当生产量一旦超过了固定资产所能容纳的限度之后，生产效率就会下降，即使追加固定资本也不能立即提高生产效率。因此，边际成本递增，而产品的价格却不能随之增加，边际收益呈递减态势。基于知识资本的网络经济，其高科技产品依靠较少的物质投入，只是在新产品研发阶段耗资不菲，一旦新产品投入市场并被消费者接受，再生产成本可以忽略不计。也就是说生产过程中的边际成本与初始成本相比是微不足道的。微软公司开发 Windows 95 操作系统时，投入 2 亿多美元，当批量生产 Windows 光盘时每张成本仅为 50 美分，随着产量的扩大初始成本被分摊，平均成本不断下降，只要微软的产量足够大，边际成本和平均成本将趋于零，从而获得递增的规模收益。因此，在网络经济中其他投入不变的情况下，产量越大收益越大，特别当产量达到某点以后，

继续增加变动要素的投入量会引起该要素边际报酬的急剧增加。边际报酬递增成为网络企业追求规模扩大的经济动因。行业巨头通过规模经济可以获取更多的收益。

2. 需求方规模经济

网络环境下的规模经济还包括需求方所产生的规模经济。所谓需求方的规模经济，是指随着某种商品的市场规模的扩大，用户数量的增加，即使该商品的品质没有发生任何变化，顾客对该商品效用的评价也会提高，进而导致对该商品的需求上升和厂商收益增加。这是由网络经济的外部性决定的。

网络用户所能得到的价值分为两个部分，一部分称为“自有价值”，即产品本身的价值，无论有多少使用者，这部分价值是不变的；另一部分称为网络的“协同价值”，是当新用户加入网络时，老用户所获得的那部分额外价值（因为网络所能达到的节点数增多了），新用户增加得越多，频率越快，这部分协同价值就越大。协同价值就是网络效应的经济本质。根据梅特卡夫定律，网络价值等于网络中节点数的平方，这意味着网络的外部性随着网络用户的增加而呈指数增长。所以，网络规模越大，外部性就越明显，并且在网络规模超过一定数值时，外部性就会急速增大。需求方规模经济可以是直接的，也可以是间接的。直接的表现为通过横向并购，企业拥有更大的用户基础，消除不兼容性，增加了消费者对企业未来销售规模的预期，提高了原有商品的效用。在互补品市场上，由于基础产品的竞争优势取决于相应的互补产品的价格、种类，基础厂商可以通过垂直兼并控制互补产品市场供给，从而扩大基础产品的用户规模，增加厂商的收益，从而形成间接的需求方规模经济。两种规模经济结合在一起，使得网络企业并购所体现的规模经济效应更加明显。

11.3.2 获得协同效应

网络公司所拥有的资源主要包括资本、信息、技术、管理和人才，互联网公司之间的并购有很大一部分是由于缺乏某种资源而对某类网络企业进行的并购活动。网络企业在成长不同的阶段有时对现金、技术、人才的需求是很迫切的，只有通过并购手段，才能在短期内突破瓶颈，获得经营、管理或财务上的协同效应。

1. 经营协同效应

由于经济的互补性及规模经济，两个或两个以上的公司合并后可提高其生产经营活动的效率，并购后企业的总体效益大于两个独立企业效益的算术之和，这就是所谓的经营协同效应。

（1）在网络横向并购中，处于同一业务领域的两家网络公司发生并购行为，协同效应主要来源于规模经济，降低成本或来源于市场势力的增大，边际利润和销售量增加。

（2）在网络纵向并购中，这里的协同效应主要来源于网络公司对整个产业链的更完整的控制。而在采用外部得力供应商的情况下，供应商在专业化生产和供应方面会有较高的效率。

（3）在网络混合并购中，一家公司可能在某一功能领域有优势，当其与在其他领域领先的公司合并时，就会产生潜在的更好利用这一领域优势的协同利益。比如，广东证券收购Stock 2000一案中，两家公司各取所需，扬长避短，双方都从中获益。盛润选择出售Stock 2000，卸掉了一个包袱，可以集中精力专注于盛润的另一块业务——证券电子商务解决方案；对于广东证券来说，则得到了一只“下金蛋的母鸡”。在《网上证券委托暂行管理办法》出台后，传统的证券商开展电子商务是一种必然的趋势，广东证券虽已有11家营业部开展网上交易业务，但还没有建立自己的网站，如能收购一个已经具有一定知名度的网站，既可以节省不少时间和精力，又容易创出品牌优势。正是由于这样的原因，盛润和广东证券达成了协议。

2. 管理协同效应

所谓管理协同效应就是指当两个管理能力具有差别的企业发生兼并之后，合并企业将受到具有强管理能力企业的影响，表现出大于两个单独企业管理能力总和的现象，其本质是一种合理配置管理资源的效应。组织资本与组织经验结合以后就形成了企业管理能力，企业兼并以后，具有高密度管理能力的企业会有向外输出过剩能力的愿望，而具有低密度管理能力的企业则会有引进管理能力的需求。对于传统企业来说，并购后，受企业规模扩大、管理层次增加、管理跨度变大等方面的影响，管理效率可能会受到内部协调和管理人员精力的限制而难以提高。网络横向并购中，信息技术的应用使得网络企业管理能力提高，扩张了管理幅度，降低了管理成本，对于并购方而言转移的是过剩的管理能力，不会降低其资产的管理效益和企业管理水平，因此合并后的企业整体管理水平较之传统并购更容易提高。

3. 财务协同效应

财务协同效应主要是指并购活动给企业带来的财务方面的收益。财务协同效应主要来源于以下两个方面。

（1）兼并后的企业资金使用效益提高。通过将收购企业的低资金成本的内部资金，投资于被收购企业的高效益项目上，提高资金使用的效益，那些发展时间较长，已进入成熟期或衰退期的传统企业，往往有相对富裕的现金流入，但是苦于没有合适的投资机会，而将资金用于股利的发放，长此以往，企业发展前景会更加暗淡，逐渐走向衰落；与此同时，新兴网络企业增长速度较快，具有良好的投资机会，但是其内部资金缺乏，外部融资的资金成本较高，加之企业偿债能力差，获取资金的途径非常有限，特别需要资金。两种企业通过兼并形式形成一个小型的资本市场，传统企业可以提高资金使用的效益，网络企业得到充裕的低成本资金。兼并后企业能够更科学、合理地使用资金。

（2）收购公司的并购方案设计同税法中有关并购方面的优惠规定结合起来。如并购方案设计中支付方式不是现金支付，而是通过换股进行支付，由于交易双方交易过程未转移现金，也未实现资本收益，根据税法可以免税，就可以产生避税效应。

11.3.3　降低交易费用

交易费用理论认为：企业通过并购可以导致企业组织结构和规模结构的变化，使原有企业市场交易"内部化"。将兼并前供、产、销不稳定的市场关系变为相对稳定的内部分配关系，将不确定性变为确定性，将未知的变为已知的，从而降低因市场交易的不确定性而形成的风险费用。网络企业通过横向并购，可以"内化"许多本来属于市场范畴的交易，行政命令的等级结构替代以价格为杠杆的市场机制，节省了交易费用。网络企业通过纵向并购，可以增强关联企业生产经营的稳定性，增强整个生产技术体系的协调性和均衡性，网络产业上下游之间节约市场交易费用。网络企业通过混合并购可以分散经营风险，而混合企业作为一种微型的资本市场，能够克服传统资本市场的局限，从而更好地发挥其资源配置功能。资本市场由管理协调取代市场协调而得以内部化，可以大大地提高资源的利用效率并且降低市场交易费用。2004 年 2 月 27 日，在线媒体及增值资讯服务提供商新浪公司宣布收购移动增值服务提供商深圳网兴科技公司。网兴科技公司成立于 2001 年，现位于深圳市福田区，是一个提供专业移动增值服务的民营企业，是中国移动和中国联通的全网合作伙伴。网兴科技公司的主要业务是联手全国 32 个省级人才服务机构，通过短信为广大求职者提供招聘信息服务。根据网兴科技公司的报告显示，公司 2003 年的营收达到 1 050 万美元，净利润为 440 万美元。此番新浪收购网兴科技公司，等于直接将后者的 200 万付费用户转入自己门下，这进一步巩固了新浪的客户基础，使新浪得以通过领先的市场销售渠道更好地营销现有的产品和服务；而网兴科技公司也受益于新浪在国内乃至世界范围内的影响增加自身的收益和利润。并购双方均实现了交叉销售交易费用的降低。

11.4 网络企业并购的风险

尽管并购风潮中影响力较大的并购案——惠普收购康柏以失败告终，美国在线收购时代华纳也成为令人悔之已晚的巨额并购案之一。现在的互联网并购是一种机会，也同样意味着风险。风险和机会是对等的，对于今后的收购来说仍是这样。

11.4.1 并购后多方面整合失败的风险

通过一系列程序获得对目标企业的控制权，只是完成了并购目标的一半。因为，收购方与目标方作为两个不同的企业，在管理模式、业务内容、企业文化等诸方面都会有显著的不同，现在被合并成一家企业，还得对这些相异点进行整合。首先考虑双方都是网络企业的情况，此时可能出现业务整合失败的风险、组织制度整合不利的风险和技术整合不成功的风险。而对于网络混合并购来说，由于网络企业有着与传统企业截然不同的文化，并购后企业主要面对的是管理文化融合的风险。

1. 业务整合失败的风险

网络横向并购的动因主要是为了获得规模经济效应，纵向并购的动因主要是降低交易成本。收购公司对目标公司的业务整合直接关系到并购动因是否实现，如果只是两个公司业务的简单相加，规模经济、协同效应、降低交易成本的效果就很难实现。比如，联想和 IBM 都生产 PC，收购之后，要处置好 Lenovo 和 IBM 两个品牌的关系，实现两个品牌的增值。换句话说，就是需要树立国际化的 Lenovo 品牌，以便维护好与现有 IBM 客户的关系，让他们信任新的联想。只有这样，联想公司才能很好地吸收 IBM 的无形资产，实现联想和 IBM 的强势互补。

2. 组织制度整合不利的风险

在并购后，选择谁作为未来的管理核心，这是一个关键性问题，对于网络企业最宝贵的财富是人，管理队伍的选择直接关系到员工的工作积极性。现在常见的是谁的股份高就由谁负责管理，就采取谁的管理模式，这种方式存在很大的隐患。一方面，股份高的管理经验未必丰富，管理模式未必先进，另一方面实力相当的高层管理人员可能因为领导核心问题产生意见分歧，如果并购后没有很好的人际沟通，往往会造成被并购企业员工士气低下，人才流失严重。当“新的管理模式”并不像人们当初预计的那样给“旧公司”带来新的生机时，两种组织制度的冲突更加明显，将影响公司的整体运作。

3. 技术整合不成功的风险

企业并购后的技术整合问题也越来越引起人们的重视，对于目标企业是高科技企业时更是如此。如果被并购企业的技术不能和并购方的技术协调发挥作用，导致技术冲突，就不能达到预想目标。某些企业并购高科技网络企业仅仅关注其技术的先进性，忽略了可行性和可接受性。其实技术越先进，产品维持竞争优势时间会越久，但同时必然会加大企业现有技术与先进技术的技术梯度，技术可接受性就会变差，对企业现有技术整合能力的挑战也会增强。此外，即使并购方考虑到技术本身的可行性，但没有考虑到其与企业的市场战略的适应性，包括并购企业的产业定位、市场定位和具体技术定位等，就不能产生协同效应。

4. 管理文化融合困难的风险

这种风险主要出现在一方是网络企业、另一方是传统企业的情况下。当传统企业并购网络企业时，并购企业与目标企业之间的文化差异很大，文化冲突的现象会表现得更加突出。网络企业管理文化是突出个性、讲究效率与不受约束。在工作中提倡雇员遇事自行决定，提倡个人才干与精诚合作相结合，注重信义与相互尊重。当网络企业处于初创阶段或规模较小时，以上网络企业特有的管理文化不仅适应企业的管理特征，而且有利于企业的发展。传统企业的管理文化是稳健、严谨和讲究规则。在传统企业里，等级制度森严，强调规章制度、组织结构和契约，对员工的评价也注重忠诚、资历等方面。这些特征也是适应传统企业的市场竞争环境的。新旧经济融合时，特别是当一个网络企业兼并一个规模大于自己的传统企业时，在文化管理上很容易出现“新文化”不能领导“旧文化”的局面，不仅如此，“新文化”和“旧文化”会产生比较激烈的冲突与内部消耗。AOL 兼并时代华纳后，公司的高级管理层进行了改组，来自 AOL 的高级管理人员把原先的管理文化引入了新公司，与时代华纳原有的管理文化并没有达到磨合、协同的效果，两个公司的管理文化产生了明显的不一致。因此，进行网络混合并购时，若没有注意新旧企业文化差异，或者不同的管理文化没有磨合好，会阻碍企业并购的效果。

11.4.2　目标企业价值评估困难

雅虎以 1.2 亿美元收购 3 721 香港公司，企业数据库软件巨头甲骨文公司以 103 亿美元的代价收购其竞争对手仁科公司；杀毒软件公司赛门铁克以 135 亿美收购了另一家安全软件企业韦里塔斯。如何理解网络时代新兴公司的价值，如何把握公司的未来方向，成为投资家和企业家的最大困惑。网络企业的价值评估对于我国乃至全世界来说都是一个全新的领域。

1. 传统的目标企业价值评估方法对网络企业不适用

传统的目标企业价值评估方法主要有两种，即现金流量贴现模型和市场模式，应用这两种方法准确评价网络企业的价值比较困难。现金流量贴现模型是资本预算的基本方法，其基本原则是企业的价值应该和将来得到回报的目前价值相等。它要求在投资运营资本以后，预测经营中的现金流量并折现，再减去资本支出，从而得到当前的估计价值。在这种评估方法中，虽然网络企业具有极大的发展潜力，但大多数网络企业在研发阶段都是处于负的现金流量的状态。从远期收益来看，由于企业承受着极大的经营风险，未来的现金流量难以预测，有很大的不确定因素，如何合理预测企业未来的现金流是一大难题。同样，由于网络企业高收益和高风险并存，也使得确定合理的贴现率成为又一个难题。

市场模式是通过市场寻找适当的参照物，比较被评估资产与参照物的异同，并据此对参照物的市场价格进行调整，从而确定并评估资产价值的方法。运用这一方法必须具备以下前提条件：①存在一个充分发育和活跃的资产交易市场；②存在 3 个或 3 个以上具有可比性的参照物，并且参照物与被评估资产可比较的数据、资料可搜集到；③影响价格的因素明确，且可量化。在评估网络企业价值时，由于网络企业成立时间普遍较短，企业经营信息很少，缺乏历史数据和可比性的公司。而且新经济下的网络企业个体之间差异很大，它们之间缺乏全面的可比性，几乎难以找到与被评估企业直接进行比较的类似企业，这对大量使用历史数据和会计数据的市场法来讲是巨大的障碍。由于网络企业存在这些特性，所以评估公司价值时既要分析公司的利润贡献，还要着眼于其未来成长性和发展潜力及投资大众对网络企业发展前景的预期。如何在评估网络企业价值时继承评估理论又突破创新，是很多中外学者正在积极探讨的问题。

2. 对网络高科技企业价值评估风险

网络高科技企业的价值中很大部分都是非实物性的，技术资产及人力资产在企业资产中占主要地位，实物资产退居次要位置。在网络并购中，很多企业并购高科技企业的主要目的就是为了取得创新与技术优势，发展企业的核心竞争力。而技术资产完全是基于企业成员的智慧创造，人力资源作为知识的载体，应确认为高科技企业的一项重要资产。人力资源（管理团队、技术骨干团队）价值的度量构成网络企业价值计量的重要部分。但人力资源具有的一些特点给人力资源资产的评估带来困难，如人力资源难以做出准确测度；以个人为载体，容易消散；是一个流量和动态的概念；作用大小受人的主观意志影响等。如果并购企业高估人力资产的价值，花了很大成本但却未能带来相应的收益，就会给企业日后的经营带来风险。

11.4.3 经营风险

1. 由行业周期波动引起的经营风险

并购活动往往和经济、行业波动周期有关，对于并购者而言，在行业周期的谷底并购是最有利的。俗话说，牛市融资，熊市并购。在经济低谷时，往往是并购重组大行其道的时候，因为这时候贷款利率低，且资产和资源价格一般也处于历史低位，并购重组成本最低。更让投资者憧憬的是，按照历史经验，大型并购浪潮之后，往往就是经济复苏时期的到来。因此，重组并购后的盈利预期将给市场无限的想象空间。但事实上有很多网络并购活动都是在行业发展即将达到顶峰时完成的，从两次并购高潮到来的时间可见一斑。第一次网络并购高潮是在 20 世纪 90 年代末期到 2000 年，第二次网络并购高潮从 2005 年开始，持续至今。在网络经济发展的顶峰，收购和竞购经常是先把被收购企业的价格炒高，最终的收购价格往往溢价许多倍，并且使企业负债率过高。特别当收购大部分是通过现金或杠杆支付来完成时，会给收购企业带来巨大的资金压力。收购完成后，还应警惕网络行业在经济惯性下行中可能会继续面临较大的冲击。如果网络经济出现衰退，经营条件恶化，需求持续下降，那么整个行业可能面临存贷周转减慢、经营性现金流短缺和净利润增长缓慢的风险。在网络企业兼并传统企业中，曾经高成长的网络企业就很难统领规模庞大的传统企业。如在网络泡沫经济的高峰期，美国在线（AOL）作为网络服务提供商，是典型的高科技企业，公司市值在此时也达到了最高点。由于时代华纳是老牌的传统企业，希望借助新经济的力量，摆脱传统行业低增长的束缚，完成了与美国在线之间的世纪大合并。显然时代华纳对网络经济的发展前景在认识上出现了偏差，随着网络泡沫的破灭，最终导致美国在线—时代华纳公司的发展到了举步维艰的地步。

2. 由信息不对称引起的经营风险

在市场经济活动中，各类人员对有关信息的了解是有差异的，掌握信息比较充分的人员，往往处于比较有利的地位；而信息贫乏的人员，则处于比较不利的地位。信息不对称理论是由三位美国经济学家——约瑟夫·斯蒂格利茨、乔治·阿克尔洛夫和迈克尔·斯彭斯提出的。该理论认为：市场中卖方比买方更了解有关商品的各种信息；掌握更多信息的一方可以通过向信息贫乏的一方传递可靠信息而在市场中获益；买卖双方中拥有信息较少的一方会努力从另一方获取信息。由于在信息不对称的市场，产品的卖方对产品的质量拥有比买方更多的信息，往往好的商品遭受淘汰，而劣等品会逐渐占领市场，从而取代好的商品，导致市场中都是劣等品。在极端情况下，市场会萎缩止步，由此产生柠檬市场效应。网络企业的存在和发展主要依赖于自身拥有创新技术产品研发能力和研究成果，参与网络并购的一方就是为了获得这些技术资源，增强自己的核心竞争能力的。而这些研发能力和研究成果具有专用性、独创性、保密性等特征，一般人难以充分掌握和了解其核心技术，即便了解该技术，对其实际价值也缺乏准确的判断能力。所以，并购双方所掌握的信息是不对称的，对于企业技术信息的完全享有者——高科技企业的管理层来说，他们掌握更多的信息，处于比较有利的地位。他们即使知道自己企业所提供的产品或服务并不能形成有效的技术优势或市场竞争力，也会利用并购者的“外行”特征，欺骗并购者，夸大一些看起来尖端但实际市场价值不大的技术，或者把好的技术隐藏起来，给予被并购方次要技术，导致柠檬市场效应。虽然其他类型的并购也不同程度地存在该种风险，但在网络并购中却尤为严重。

3. 对网络投资盲目乐观所引发的经营风险

以因特网为枢纽的网络彻底改变了人们的生活、工作方式，相当一部分传统产业将不可避免地要衰退，新的网络相关产业将迅速成为全球经济的支柱产业。在这样的背景下，投资大众看中的不仅仅是网络公司目前的利润贡献，而更关注企业成长前景和发展潜力。也正因为如此，它们才能容忍网络企业眼前的亏损和接受快速上升的股价，人们对网络企业成长前景的预期普遍乐观。网络经济过热导致网络并购行为盲目，进而引起多方面的风险。初创期或成长初期的网络企业，由于在产品研究、开发及市场推广过程中投入了大量的资金，销售收入保持较高的增长率。此时，其所有者往往会强调企业的成长速度，并将之视为最大筹码，无视企业当前的净现金流还是负数，仿佛企业永远会保持这种高速增长状态，在不远的将来即可实现正净现金流，为并购方带来价值的最大提升。所以，很多网络企业虽然经营状况不佳，亏损严重，收购价格依然很高。其实，在产品导入期竞争对手少、投资高的情况下，高增长率常常是一种必然结果，但这种高增长状态是很脆弱的，只要市场上有个风吹草动，随时都有可能夭折。对企业历史绩效和预期增长率的估计过高，不仅不会为企业降低交易成本，还可能给企业带来很大的财务风险。在这样一种理念支撑下的网络并购，注定只能是一时辉煌，而不能长期繁荣。特别是当网络经济不景气，互联网市场泡沫破灭时，不以增强企业盈利能力为目的的“炒作”手段会遭到毁灭性打击。

传统企业以追逐利润最大化为目标，企业的经营行为必须以尽快盈利、从而以盈利抵补流动资金为前提。在网络经济时代，经过了市场经济的多年积累，资本不再是制约企业和社会发展的最小瓶颈时，网络企业在经营上走了一条有特色的发展道路。企业创立时先以“新概念”圈地，再引入风险资金，最后上市。一时间网络圈内，以谈盈利为可笑，代之以“注意力经济”“打井经济”等新的名词和运作原则，相当部分网络公司追求用户点击率和访问率不断提高，只关注注册用户的数量。很多网络企业的创立者不在乎现金流出的速度是否大于现金流入的速度，企业日常经营所必需的流动资金有没有得到有效保障，它们认为只要拥有大量用户，就有了注意力，就能吸引风险投资，产生利润成了理所当然的事情。由于盲目依赖“注意力经济”的作用，一些网络企业在面临经营困境时，常常匆忙地寻求并购，并没有将原先的技术、信息、市场渠道等企业资源在网络环境中加以很好地整合。并购的理念和目标过多地聚焦在概念的策划和“包装”上，关注的是资本市场和媒体的反应。或是以并购为概念，使企业在资产交易方面获得特别收益。在这样一种理念支撑下的网络并购，注定只能是一时辉煌，而不能长期繁荣。特别是当网络经济不景气，互联网市场泡沫破灭时，不以增强企业盈利能力为目的的“炒作”手段会遭到毁灭性打击。

本章小结

伴随着网络经济的成长，在每一次经济浪潮中起着重要角色的就是网络企业的并购。本章从并购理论的基础知识出发，分析了网络企业并购的定义与分类，进而详细阐述了网络企业并购的动因、效应和风险。通过本章的学习，要求学生能够从产业链整合的角度理解互联网企业的并购效应，学会分析现实中的互联网并购案例。

复习思考题

1. 简述网络企业并购的含义与分类。
2. 简述网络企业并购的动因。
3. 简述什么是规模经济和协同效应。
4. 简述网络企业并购的风险。

案例分析

美团收购摩拜是对是错?

（资料来源：聚富财经，2019—1—2）

不知不觉间，共享单车已经融入我们的日常生活中，成为人们出行的重要方式之一。可是，2018 年对于共享单车来说，好像进入了一个困境。深受大众喜爱的摩拜单车卖身给了美团，引发无数人感叹，觉得摩拜单车被贱卖了。可是，当 ofo 小黄车走下神坛时，人们觉得摩拜的胡玮炜，果断抽身，才是真正的赢家。那么，对于美团来说，收购摩拜是对是错?

2018 年 4 月，美团用 27 亿美元的价格，收购了摩拜单车，还承担了其 10 亿美元的债务。而摩拜的投资方和创始团队，已经套现出局。王兴说，摩拜是少有的中国原创，难得的有设计感的品牌，将会为美团创造新的辉煌。

在市场一片看好共享单车的前景下，有些经济学家表态，共享单车是一个共享经济伪命题，找不到盈利模式的，必然会以失败收场。现在来看，这番话还是有道理的，共享单车的迅速崛起，离不开资本的融资，经过“烧钱大战”后，摩拜单车面临资金紧张。在经过股东大会商议后，摩拜单车决定卖身给美团，还将 10 亿美元的债务，转移给了美团。

坚持融资道路的 ofo 小黄车，由于没钱，身陷多重困境，负面新闻频出。目前共享单车的前景还不明朗，免押金是大势所趋，经过小黄车的“退押难”，如今的消费者更加愿意使用免押金的单车，共享单车也不可能一味地依靠融资烧钱。所以，摩拜团队的“卖身”决定，显然是很明智的，可谓名利双收。

对于摩拜团队来说，“卖身”是赚到了，摆脱了困境。可是对于美团来说，其实摩拜一直在拖美团的“后腿”。美团收购摩拜，是想利用摩拜的“超级高频的流量入口”进行引流，填补美团生活服务平台的空白区。可是，结果好像并不明显。

截至 2017 年 12 月，美团每月的点评活跃用户数量在 2.89 亿人次左右，收购摩拜后，每月活跃用户数量为 2.9 亿人次，看着是增加了一点点，但是未必是由摩拜单车引流而来。再者，美团想要实现的高频引流，也不可能只是这么一个数据目标。所以，美团收购摩拜，没有达到想要的预期流量增加效果。

没有引流并不可怕，效益没有提高，反而拉低了美团的业绩，才是真正的“拖后腿”。根据 2018 年 11 月 22 日发布的财报数据，美团的净亏损达到了 24.64 亿元，对比 2017 年的同期亏损额度，已经翻了两倍。财报中还显示，美团收购的新业务是美团净利润亏损的重要原因，摩拜单车也包含在内。

美团的招股书上面，公布了摩拜单车收购成功后，总共 26 天的业绩，摩拜单车的收入是 1.47 亿元，但是折旧费用是 3.96 亿元，运营成本是 1.58 亿元，毛利率更是亏损 4.07 亿元。按照这个比例，摩拜单车每天的亏损额度高达 1 560 万元。这个数值换算成整年，摩拜单车一年要亏掉 57 亿元，这个亏损自然是由美团来承担。没有盈利，还要填补亏空，实在不是一笔划算的买卖。

有相关数据显示，2018 年美团的全年营收是 158.2 亿元，销售成本为 117.9 亿元。但是营收的增速远不及销售成本的增速，毛利率同比下降了 16%。分析表示，美团摩拜单车等新业务，拉高了销售成本的 17%，达到了 21.9%。毛利率降低，代表着美团的业绩被拉低了。这些数据证明，摩拜对于美团来说，无疑是一个增加财务负担的“负资产”。

有人评论，美团收购摩拜单车，是花钱买了一堆废铁。这个观点有点过于片面。一辆几百块的单车，每天可以骑行几次，可能几个月就能收回成本。但是，摩拜为了争夺用户量，进行“烧钱”，大规模的投放，这样平均到每辆车上的成本，自然会增加，可能需要几年的时间才能收回成本。

对于摩拜来说，不能确保长久的资金源，卖给美团，还可以让摩拜单车业务运营下去。而对于美团来说，纵然眼下摩拜单车没有拉动流量，而且还在拖业绩的后腿，但是，收益可能还在未来。

不过，小编认为美团最核心的竞争力，还是餐饮外卖等服务项目，流量平台虽然很重要，但是优质的服务和口碑，才是消费者消费的源动力。你觉得美团收购摩拜单车，是对还是错？

案例讨论：美团收购摩拜的意图是什么？你认为并购效应体现在什么地方？这个收购行为是对还是错？

第12章　网络经济下的政府政策

学习目标
1. 掌握普通服务原则。
2. 理解网络经济下反垄断的政策重点。
3. 了解互联网时代的金融监管政策。

以互联网和电子商务为代表的网络经济的迅速发展，不但对传统经济秩序造成了极大的冲击，而且也对政府公共管理产生了深远的影响。政府需要在网络经济形态下有效及时地纠正市场失灵、制定相应的公共政策，从而达到最大化社会利益的目标。本章从网络基础设施、反垄断、金融监管几个方面对网络经济下的政府政策进行详细的介绍，力求体现政府在网联网经济良性发展过程中的重要作用，为我国政府处理本国互联网领域争端提供科学参考依据。

12.1　因特网基础设施产业的公共政策

由于因特网基础设施所具有的正外部效应能够对社会整体经济的发展产生巨大推动作用，因此政府应该想方设法让更多的人接触、使用因特网基础设施，但受制于经济、地域等因素的限制，相当一部分人不能享受到运用因特网基础设施所带来的好处。在这种情况下，需要政府出面干预因特网基础设施提供商的经济行为，以实现普遍服务的最终诉求。

12.1.1　普通服务原则

1. 普遍服务原则的定义与内涵

所谓“普遍服务”，即指对任何人都要提供无地域、质量、资费歧视且能够负担得起的电信业务。“普遍服务”这一术语最早由美国AT&T总裁威尔先生在1907年年度报告中提出，其原话为“一种政策，一种体制，普遍服务”。1934年，美国首先将这一政策纳入法律条文，在《电信法》中明确规定：“电信经营者要以充足的设施和合理的资费，尽可能地为合众国的所有国民提供迅速而高效的有线和无线通信业务。”该原则具体指国家为了维护全体公民的基本权益，缩小贫富差距，通过制定法律和政策，使得全体公民无论收入高低，无论居住在本国的任何地方，包括农村地区、边远地区或其他高成本地区等，都能以普遍可以接受的价格，获得某种能够满足基本生活需求和发展的服务。普遍服务主要出现在与公众生活密切相关的公益性垄断性行业，如邮政、电信、电力、供水等。普遍服务主要包括服务的普遍性、接入的平等性及用户承受性三方面内容。由于受到各自客观环境条件的限制，不同的国家对普遍服务具体内容的理解不尽相同，但是基本上所有的普遍服务都具有一些共同特征。首先，普遍服务必须是针对所有的（或者绝大部分）用户；其次，普遍服务的价格是可以接受的；最后，普遍服务要有一定的质量保证。

另一个与普遍服务相近的名词是普遍接入。国际电信联盟认为，衡量获取信息通信技术标准的关键在于区别普遍服务和普遍接入。普遍接入是指信息通信技术的高可用性，它可以通过家庭、工作地点、学校和公共接入点来实现，该指标更适合中低或低收入的发展中国家。相应来说，普遍服务指信息通信技术在家庭层面的高水平普及，更适合高收入和中上收入国家。

一般来说，基础设施的提供商或是运营商在诸如边远地区或者农村地区等典型的高成本地区往往是入不敷出的。高成本地区的特点就是经济欠发达，这使得基础设施的利用率过低，从而导致服务提供商很难收回投资。由于回报率低，所以高成本地区的基础设施发展十分落后，基础设施的落后又反过来制约了经济发展，而经济越落后就越不能吸引基础设施方面的投资，这就形成了一种基础设施投资的恶性循环。考虑到经济的协调发展，政府有必要采取一定的措施来避免这种不利的后果。要求网络基础设施的提供商和运营商实行普遍服务就是一项切实可行的措施。提供普遍服务要求提供商和运营商不但不能拒绝为高成本地区的用户提供服务，而且还不能根据投入和运营成本而采用相应的高资费定价策略，并且要保证一定的服务质量。

实施普遍服务的驱动机制主要是通过网络正外部性，促进经济增长和实现收入再分配，从而促进社会公平。在网络经济下，具体地来说，普遍服务有以下三个功能。

（1）提供普遍服务有助于网络积极外部性的发挥。连接到互联网上的人越多，则互联网所产生的价值（无论是社会价值还是商业价值）就越大。可见，消费者个体是否入网及基础设施提供商是否愿意建网的决策会直接影响到网络中所有其他用户的福利。但无论是消费者还是提供商或运营商都不会从社会福利的角度看问题，它们只关心自身的收益如何。因此，政府需要采取措施来弥补可能会出现的市场失灵。由于这种网络外部性是正的，所以普遍服务政策可以使网络外部性在一定程度上内部化。就我国目前的情况来说，政府已经逐步意识到采取对互联网的接入服务提供补贴的政策，将有助于网络规模的迅速扩大。

（2）普遍服务还可以看成是一种特殊的再分配方式，即用定价而不是税收的形式影响再分配。把低收入阶层确定为再分配的对象，保证他们享受到一定的基本服务，避免当资费调整的时候对他们产生不利的影响。由于经济发展的不平衡性，利用收入再分配解决收入不平衡和地区发展不平衡是政府面临的一项重要工作。一般可以利用两种方法实现收入再分配：一种方法是利用交叉补贴机制实现普遍服务政策；另一种方法是利用一般的财政税收政策。在实际上，许多发展中国家的政府基于效率原因均实施电信行业上缴较高利税的政策。但普遍服务政策实现收入再分配的同时也在一定程度上损害了市场经济最根本的竞争机制，特别是在市场经济完善的国家，更有可能带来社会效益的降低。

（3）普遍服务有助于实现政府的地区发展规划。尤其在我国，地区间的发展极不平衡，因此很有必要借鉴普遍服务的公共政策来协调地区间的发展。这样既缓解了落后地区的基础设施瓶颈问题，又不需要政府耗费大量的财政资金。

2. 普遍服务原则的运作机制

从实施效果上看，提供普遍服务实质上类似于实行广泛的补贴政策。普遍服务原则实际上造成了大用户或工商用户对居民用户的补贴，或者低收入用户得到不同形式的补贴。这种补贴资金并不是直接来源于财政资金，而是来源于在某些服务上设立的专项收费。另外，普遍服务原则也显示出在财政资金不充足的情况下，国家仍然有办法解决局部地区基础设施投资不足的问题。

当然，这种所谓的补贴制度与财政资金是毫不相干的，因为国家并不因此收支任何资金，只是通过改变现有垄断企业提供的不同服务的相对价格来实现的。具体地说，由于垄断企业在高成本地区提供的服务项目上收入低于成本，因此需要在其他服务上得到相应的补偿。补偿的具体方式通常是预先规定好的，一般采取交叉补贴机制，也就是在没有补贴的服务上允许垄断企业制订较高的加价。因此，交叉补贴只是满足垄断企业自身预算平衡的一种机制，相对于财政补贴来说，交叉补贴完全是在企业内部实现的。这种交叉补贴并不是企业可以随意进行的，它属于垄断企业与政府管制机构之间所订立的协约的一部分。此外，还应该看到普遍服务的运作机制需要以企业垄断为保证，因为竞争会降低高资费服务项目的利润，而这就破坏了交叉补贴的生存基础。

就交叉补贴机制的实际运用情况来看，它目前已经在一些发达国家中逐渐地淡出了。价格上限的引入是导致这种变化的一个重要原因。实行价格上限的规定使得垄断企业在一定范围内有了调整相对价格的自由，这样企业就可以运用更加市场化的方式去平衡资费结构。为了在实行价格上限的同时，仍然使企业有提供交叉补贴的动机，政府管理部门需要对价格上限中的权重做大幅度的调整，只有这样才能保证企业一旦向规定的低资费用户收取较高的费用，就会相应地受到惩罚；或者不调整权重而实行统一定价。价格上限自应用以来也做了许多系统的调整，比如资费调整的速度要受到严格限制，运营商需要在服务区内实行统一定价等。

价格上限的引入确实使交叉补贴发生了很大的变化，不过因特网基础设施行业的自由化改革才真正地动摇了交叉补贴机制赖以存在的根基。为了实现交叉补贴，运营商必须在提供补贴资金来源的服务项目上得到足够的利润，然后才能为其他服务项目提供补贴。这种人为造成的价格扭曲使得市场新的进入者只会考虑进入高资费的服务领域。因此在存在交叉补贴的情况下，引入竞争会导致两个结果。一是无效率的市场准入，因为即使新进入者的效率很低，它仍然可以在高资费的服务市场中存活；二是原有的普遍服务的实现基础遭到破坏，在竞争的压力下，来自高资费服务项目上的补贴资金将会大幅度减少。

12.1.2 因特网基础设施产业的公共投资政策

1. 公共与市场的权衡

因特网基础设施的公益性与自然垄断特点，决定了其投资具有“非市场性”的特征，即它的活动不能是纯粹市场性活动，主要应放在市场失效领域进行考虑，按非市场目的（非市场营利性）运作，以非市场手段来展开。但收费性与竞争性又决定了这类设施的投资是“市场性”的，即它的活动应当处于市场领域内，按市场盈利目的、采用市场手段来进行。这样，就使得该领域的投资具有市场性和非市场性两重性质。显然，正确处理因特网基础设施投资多元化的问题，实质上就是正确处理该领域公私两种投资的配合问题，即依据各具体项目的不同公共性与私人性的混合状态，来安排政府与私人在该项目中的不同投资比重。

国家垄断拥有并经营基础设施的经营方式和管理体制，使得基础设施的提供者缺乏内在的激励机制和外在的竞争压力，由此引致投入产出缺乏科学核算，无人顾及使用者的满意程度，经营效率低下，服务质量不高。造成这种局面的直接原因在于，负责提供基础设施的企业没有被赋予其顺利运营所必需的生产经营和财务上的自主权。在组织上和管理体制上进行改革的方向是使生产和经营基础设施的企业真正成为独立的经济实体，使其经营方式多元化，运营原则商业化。采取国有、国营必须实行政企分开，以防止自然经济垄断导致行政垄断。改革的第一步是将政府的一个部门转变为国有企业，使其与政府明确脱钩，并给予经营自主权，这一步改革我国已进行并卓有成效。第二步是对这些企业进行公司化改造，使其具有独立的经济地位，成为市场的主体。公司化的直接益处是建立商业化的会计程序，明确运营成本和收益，使国有企业和政府的成本与收益更具透明度。国有企业进行公司化改造后，还必须引入激励机制，通过政府与这些企业签订经营协议，激励这些企业降低成本，提高收益。为提高基础设施投资的效率，也可以将国有的基础设施企业交给民营和私营。国有民营和私营可通过租赁和特许权的方式，即公共部门可以把基础设施的经营（连同商业风险）及新投资的责任委托给民营和私营，也可以采取 BOT 方式，即建设—经营—转让的方式，政府把由国有单位承担的某一重大项目的设计、建设、融资、经营和维护的责任转给民营和私营，使其在某一时期内（称为特许期），对此项目拥有所有权和经营权，并设法偿还所有债务，获得预期回报，等到特许期过后，再将所有权转还给国有企业。目前，多数国家在提供公共基础设施方面已实现了投资来源多元化，经营方式多样化，政府只是发挥管理和协调作用。需要指出的是，因特网基础设施领域投资能否市场化，不仅要看其公益性的强弱和可分割性的难易程度，还取决于政府财力、公众对服务质量的关心程度、价格管理体制、私人资本能否盈利等重要方面。

大多数因特网基础设施行业具有不同程度的自然垄断和规模经济的特点，这使它们缺少内在的竞争活力，而政策制定者也总面临规模经济和竞争活力的两难选择。政府在制定有效竞争政策时的基本思路应该是：①区分自然垄断业务和非自然垄断业务，分别制定不同的有效竞争策略。对于自然垄断业务，建立模拟竞争机制的管理体制，即通过经营许可证制度和恰当的定价策略，提高其竞争意识，规范其经营行为；对非自然垄断业务，可完全引入市场竞争机制。这将有助于因特网基础设施产业形成规模经济与竞争活力兼容的有效竞争状态。合理定价是基础设施产业顺利发展的关键性问题。价格一方面影响生产者，另一方面影响消费者，即价格对资源配置和收入分配都会产生影响，所以价格政策的运用应该谨慎。价格政策对自然垄断行业的运用主要是通过公共定价的方式限制垄断价格的产生。政府还可以利用价格政策降低具有外溢性的基础设施产业的产品价格，扩大均衡产量，调节收入分配。

对基础设施产业的价格管理，过去我国一直采取从低定价原则。多数产品的价格都低于其边际成本，违背效率原则。因此，改革基础设施产品价格的管理体制，建立以收费为主的成本补偿机制是提高投资效率的重要手段。价格改革的基本思路是以经济效率为准则，根据公众的承受能力及分配体制的改革，使其既反映价值又反映供求，既具有刺激企业努力降低成本提高效率的功能，又不损害公共利益从而维护社会分配效率。对于公益性较强、与公众生活关联度较高的公共基础设施，可适当向使用者收费或提高收费标准，压缩乃至取消政府补贴。这既有助于解决政府财力不足的问题，又限制了过度消费，避免了资源的浪费。为了均衡公共基础设施的投资格局，应使该领域的盈利性投资具备以下特点，即无显著的超额利润，现有供给者之间的定价及生产配置是有效率的。

2. 公共投资的配套政策

（1）法律政策。任何产业的发展都需要制定相关法律来进行规范，因特网基础设施产业投融资体制和运作方式也应该按照市场经济的发展规律有一个相对稳定的模式，即应该有一套符合其发展规律的“游戏规则”。随着因特网基础设施投资渠道的多元化，一方面投资主体的权益需要得到法律保护；另一方面，对于该产业中存在的自然垄断现象，政府还应该通过法律来规范其产品和服务的质量，维护消费者的权益。近年来，由于因特网基础设施产业在我国发展很快，但相应的法律法规建设跟不上，导致该产业稀有资源（如电信骨干网）绝对政府垄断和ISP恶性竞争并存的不正常现象，至于维护消费者的基本权益则更谈不上。因此，制定相关法律、法规以规范因特网基础设施产业的发展势在必行。

（2）产业政策。国民经济的发展关键在于各产业之间协调稳定的发展，即产业结构的合理性。政府应制定正确的产业政策，为各产业发展制定必要的发展规划。基础设施产业作为一项基础产业其发展规划制定合理与否，会影响整个国民经济持续协调的发展。如果基础设施产业发展滞后，会形成“基础瓶颈”，而重复建设又是一种资源浪费。同样，因特网基础设施产业的产业政策和产业规划应该既符合当前的发展状况，又适应将来的经济结构。

（3）税收与补贴政策。税收与补贴政策是政府调节产业结构，支持产业发展的主要财政政策。为了鼓励对基础设施产业的投资可以通过减轻税负，增加财政补贴以吸引社会资本、外资的投入，尤其是对具有外部社会效益的基础设施产业，较轻的税收负担和适当的财政补贴可以降低成本，从而使产量达到符合产品组合效率的均衡产量，减少效率损失和供给不足。

（4）筹资政策。基础设施产业投资规模大，建设周期长。发展基础设施产业的关键是资金的筹集问题，一方面政府应通过各种途径筹集财政资金增加对基础设施产业的直接投入；另一方面政府应间接支持基础设施产业的筹资，通过设立专用基金、利用BOT方式引进外资、允许企业利用证券市场融资、建立政策性银行和普通长期信用银行等。尤其是设立专用基金即产业投资基金、利用证券市场融资及BOT方式引进外资，应是我国重点发展的方式。除此以外，政府也可以使用财政贴息的方式支持基础设施与基础产业向商业银行贷款。

12.2 网络经济时代的反垄断政策

反垄断政策作为国家干预微观市场的主要手段，应当随着经济形势的发展、变化而不断调整，以适应经济发展的需要，从而推动整个社会经济和技术的发展进步。自反垄断法诞生之后的近百年来，各国反垄断法发展变化的历史已经证明了这一点。在进入网络时代之后，网络产业垄断的形成机理及垄断的方式和手段与传统经济有很大差别。这就要求垄断法律规范要根据网络垄断的新特点“有的放矢”，否则将很难达到预期的立法目的和实施效果，维护网络产业的公平竞争。

12.2.1 垄断认定方法由“结构主义”向“行为主义”转变

市场环境在由竞争走向垄断的过程中常常伴随着市场结构的变化，它能够清晰地反映出市场中竞争与垄断的力量对比，处在自由竞争阶段的市场往往会呈现一个复杂、多变的市场结构，而稳定的市场结构一般是由垄断力量作为支撑的，它主要包括企业所在行业的集中程度、产品差别和进入壁垒等；市场行为是企业依据其经营战略和市场环境所采取的盈利性行为，在反垄断领域主要包括价格卡特尔行为，滥用市场支配地位及企业之间的兼并、收购行为。“结构主义”与“行为主义”是两种完全不同的垄断认定标准，它们在立法宗旨、违法构成要件、法律制裁手段方面都有显著的区别。

结构主义理论强调，为了维护有效的市场竞争，不仅对占市场支配地位的企业的限制竞争行为进行规制，而且对不利于开展有效竞争的市场结构予以调整。而行为主义理论强调，单纯的市场集中以致垄断并不为法律所禁止，法律只规范这类企业的不当行为。

1. 结构主义衰落的原因

（1）网络效应改变市场结构，“结构主义”弊端凸显。在传统市场中，人们在反垄断认定过程中更加青睐甚至迷信于“一棍子打死”的“结构主义”标准，这使得任何企图提高市场集中度的行为都将受到严厉的制裁。这种盲目的迷信来自当时人们对于自由竞争理念的崇尚和对垄断的恐惧，不管是1776年的亚当·斯密还是20世纪前后的马歇尔，都对自由竞争给予了很高的评价，他们认为竞争是效率的代名词，竞争可以提高社会的整体福利水平。而对于垄断则齐声谴责，认为垄断会造成低效率，导致社会福利损失，甚至会冲击政治民主制度。因此，“结构主义”的反垄断法标准适应了当时的反垄断需要。但是，随着网络时代的到来，在正反馈效应等一系列网络规律的作用下，影响市场结构的传统因素正在悄悄改变，一个新的市场结构逐步浮出水面。

“结构主义”标准在认定垄断过程中遇到许多棘手的问题。①由于正反馈效应所引发的“冒尖现象”在网络经济中普遍存在，而且这与网络标准的不相容性定律是相吻合的，这往往使得市场结构呈现出一种一家独大的格局，如果仅仅依据产品或服务的市场占有率来判断是否构成垄断的话，这显然违背了网络经济时代的市场运行规律；②以技术竞争为典型特征的网络经济催生了竞争性垄断这样一种新的市场结构，网络经济时代所形成的市场垄断格局往往具有脆弱性、不确定性和暂时性，在这种创新主导一切的格局中，市场结构往往反映出市场内部各个创新力量的实力对比，因此，通过市场竞争存活下来的企业往往成为某一行业的垄断企业，也是这个行业中最健康、最优秀的企业。所以，再按照“结构主义”的办法去解决此类垄断问题无疑是对企业技术创新积极性的巨大伤害，也无益于整个网络市场的长远发展；同时，科研创新活动往往需要投入巨大的沉没成本，所以行业创新重任就落到了那些处于行业龙头地位的大型企业的身上，而这些企业往往又是某一领域内的垄断企业，它们的巨额研发投入只能从其后期获取的垄断利润中得到补偿。然而此时如果采用结构标准来认定垄断，无疑是切断了创新企业的资金来源，这对于那些在激烈的技术竞争中存活下来的企业来说是非常不公平的，也不利于网络经济的长远发展。在这种情况下，机械性的、不分就里地限制企业规模，不仅会削弱整体经济的规模效应，也势必削弱企业的国际竞争力，因而随着网络经济的发展，人们对“结构主义”标准的批判之声越来越强烈。

（2）“结构主义”不利于提升本国企业的国际竞争力。随着世界经济一体化进程的不断推进，国际竞争愈加激烈，国内市场成为各外国企业的竞技场，来自国外企业的竞争压力迫使国内企业提高管理水平，加快技术创新，这在很大程度上活跃了国内市场，促进了国内市场的竞争，减缓了市场集中的进程，反垄断执法者发现，外国竞争的威胁对于本国市场的公平竞争环境的促进作用远比实施反垄断法的效果明显得多。与此同时，在国际市场上，国家之间经济实力的竞争总是通过企业进行的，大企业在国际竞争中所具有的无可比拟的优势使得各国政府意识到了垄断在网络时代的国际竞争中发挥的重要作用。因此，基于对本国经济利益的考虑，各国政府普遍修改原有的反垄断认定标准，减少对“结构主义”标准的适用，放松对垄断组织、垄断行为的控制，并且对于大企业之间的“合作”、并购也采取了默认甚至支持的态度。因此，在网络时代，不能片面地将垄断与市场支配地位之间画等号，对垄断危害性的判断及政府干预的必要性的论证都应当结合企业具体的市场行为来进行认定。只有当拥有市场支配地位的企业滥用了该地位而导致市场效率降低时，才应当受到法律的制裁，因为并不是所有的集中和兼并都会产生低效率。相反，如果垄断能够提高资源配置效率，就没必要采取反垄断措施。

2. 行为主义的提升

网络市场的门槛其实是很低的，除行政垄断外，真正的进入壁垒在实际中几乎是不存在的，这也解释了为什么网络经济的市场结构是不稳定的。企业通过技术创新以自由竞争的方式进入某一行业的可能性还是非常高的，这是市场充满活力的根本原因。但是如果某些拥有市场支配地位的企业为了保住其垄断地位而采取不正当竞争手段，利用其掌握的网络技术标准为其他竞争者设置市场进入壁垒，这种行为将会损害市场活力，阻碍技术进步。在这种情况下，反垄断法在界定垄断的过程中既要考虑到经营者在相关市场中所占的市场份额，也就是市场结构，又要考虑到其是否有限制竞争、谋求垄断地位的行为，所以网络时代的反垄断的认定过程是一个综合性的评判过程。

（1）行为主义适应发展规模经济的需要。反对垄断并不等同于反对规模经济，反垄断法也并不处罚企业通过合法的技术竞争来获取行业垄断地位的行为。它只针对那些利用自身所拥有的市场优势地位人为地的设置障碍来限制和排除竞争的市场行为。正如某些学者所说的：“反垄断法反对的并非一般意义上的大企业，而是任何独占市场的企图；它所努力消除的并非简单的企业优势，而是借助该种优势对于竞争机制的扭曲与蹂躏；它限制的并非企业通过先进的技术、优秀的策略等正当商业行为而获得的市场支配地位及高额利润，而是出于减灭竞争压力、长期轻松获取利润的目的，以非正当的方式对于该地位的维持与滥用；它所保护的并非弱小企业的弱小，而是保护它们获得平等的发展机会。”

（2）行为主义提升的表现是制裁手段从“强制拆分”到“开放平台”。法律制裁即是法律有效实施的保障，也是法律具有威慑力的原因，制裁手段的种类、严厉程度及罪责刑的适应程度都关系到立法目的实现程度及法律的实施效果。反垄断法对于垄断行为的制裁手段大致可以分成两类，即结构制裁和行为制裁。结构制裁通常表现为对企业的拆分，即当市场上存在具有市场支配地位的企业，限制或可能限制市场竞争时，反垄断法执行机构为了恢复市场的正常竞争状态，要求该垄断企业拆分为两家以上的企业或出让一定的营业资产。因此，结构制裁是一种十分严厉的制裁方式，它通过“釜底抽薪”式的拆分和切割，彻底改变一家独大的市场结构，恢复原有的竞争秩序。而与结构制裁相比，行为制裁就显得温和许多，它在整体保留垄断企业的前提下，对垄断企业的行为进行一定程度的限制，并给予企业及相关责任人以惩处。在传统的反垄断司法实践活动中，结构惩罚被普遍应用于世界各地的反垄断诉讼中，其主要原因在于这种方式往往可以表明一国政府鲜明的反垄断态度，并且其节约司法成本、快捷、高效的特点更是得到了反垄断执法部门的青睐，因为他们只需像切蛋糕一样的把企业切成若干份就大功告成了，而不用考虑这种拆分对于市场环境的影响。但是，正如前文所说的那样，在进入网络时代之后，先进的网络技术标准已经成为企业的核心竞争力，各种技术与产品以网络为依托，相互之间不断发生渗透和交融，形成了同类产品差异化和异类产品一体化两大趋势，在这两大趋势的带动下，占据市场支配地位的企业所具有的垄断力量也往往来自对网络技术标准的控制，具体一般体现为对一些差异化、兼容性产品的生产控制权。正如牛顿所说的那样“我只是站在了巨人的肩膀上”，任何技术都是在已有技术的基础上通过创新型的研发来得到的，技术之间的交融性和互助性在网络时代表现得尤为突出，不存在任何独立存在的技术。因此，结构性的惩罚措施在惩罚网络垄断时往往显得捉襟见肘，因为技术型垄断并不像传统垄断那样有厂房、设备等具体的实物可供分割，技术具有抽象性，而且技术与技术之间还存在依赖性与兼容性。所以难以通过物理性的拆分来实现反垄断的目的，如果执法者对垄断企业所拥有的一系列网络技术标准进行强行拆分的话，很有可能破坏技术之间原有的兼容性和整体性，使得拆分后的企业在很大程度上丧失了核心竞争力，很有可能被排挤出市场，不但如此，拆分后的企业不得不花费大量的人力、物力进行重复性的技术研发，以保持其原有的技术优势，这不仅是对珍贵智力资源的大量浪费，也不利于技术创新的发展，更与反垄断法的目的背道而驰。而且，即使能够实现对于网络技术标准的合理分割，但在竞争性垄断结构下，对垄断企业的结构性拆分在短时间内可能会产生一定的效果，但在标准不兼容性规律的作用下，通过技术创新竞争取得新标准的企业又会形成新的市场垄断，因此，长远来看，结构性的制裁手段并不能解决实际问题。美国政府当年对于美国电话电报公司（AT&T）的拆分就是一个很好的例子。1984 年 AT&T 与美国司法部达成庭外和解，AT&T 将国内电话业务分拆为 8 家规模较小的贝尔公司，而这 8 家公司又进一步被拆分成了 20 家规模更小的地区性的电信公司。解体后的美国电话电报公司的营业额降至 300 多亿美元，雇员减少至 20 多万人，电信设备的市场占有率从 75% 降至 35%，营业规模缩小了三分之二以上，1986 年由于投资计算机经营不善，一度陷入困境，甚至被挤出全球 500 强企业的名单。在 AT&T 被拆分后的十几年中，群龙无首的美国电信市场开始进入一种无序竞争的状态，各州电话电报公司为了迅速抢占市场，竞相在各地拓展自己的业务，这不但增加了交易成本，阻碍技术发展及规模效应的形成，引发了电信业的投资过热即电信基础设施无休止地扩充建设，使大量电信公司亏损严重，最终导致严重的资源浪费。此类竞争的最终结果就是价格过于低廉的通信服务和低利润率对于美国电信产业的伤害。但是，这种混乱的状态并没有持续多长时间。美国电话电报公司逐渐从拆分的阴影中走了出来，并对公司主体进行改造，裁撤冗员，大力开发新产品并在计算机业务方面有了长足的发展。到 1989 年，美国电报电话公司以 363.45 亿美元的营业额位居美国 500 强企业第 8 位。在此后的几年中，AT&T 通过一系列的兼并和重组成为美国最大的无线通信服务的提供者，AT&T 仅仅用了 5 年的时间就将反垄断执法部门的制裁成果瓦解殆尽。以上案例说明，面对网络经济所出现的新特点，结构性的惩罚措施已经不能适应新时期的反垄断需要，简单的拆分只会引发更多的问题，因此反垄断法的制裁措施也要与时俱进，与网络时代垄断的特点相适应。简言之，就是采取“新行为主义法”来规制企业的垄断行为，即解除其垄断，要求其部分或向部分特定竞争者开放软件标准，公开其软件源代码等。

（3）“开放平台”优势凸显。开放软件标准和源代码保证了信息和软件的可移植性，也就是说基于开放性标准生产出来的软件可以在任意硬件平台上使用，不受平台种类和属性的制约，同时，它还保证了各种系统之间是可以实现相互操作的。然而，开放系统最大的好处在于，它消除了垄断企业在相关市场内设置的技术壁垒，使消费者与潜在竞争者之间可以实现充分的交流，有利于消费者选择权的行使，最大限度地实现消费者的利益，为所有的企业营造了一个公平的竞争环境。因此，在网络时代，开放系统标准和软件的源代码已经成为一种强制性的行为，它要求垄断企业必须向其竞争者开放平台，公开其系统标准。这一原则在后来被称为世纪诉讼的微软反垄断案中得到了充分体现，美国最高法院在吸取了拆分 AT&T 案的经验和教训之后，认为如果把微软强制拆分成两个分别生产操作系统和应用软件系统的公司的话，有可能会像拆分 AT&T 那样而引起行业内的无序竞争，不但如此，消费者还不得不花费大量的精力和金钱去解决不同系统之间的兼容问题，使得消费者的利益受损。因此，美国联邦最高法院的法官认为，从宏观角度讲，对微软公司实施强制许可或者要求公开知识产权到公有领域的方法不但可以有效地促进竞争，而且还可以避免微软的国际竞争力受到严重削弱；从微观角度讲，强制微软向其他软件开发商开放部分操作系统的源代码和可编程序接口，使其也能在 Windows 操作系统上编写应用程序的做法，既使得微软能够保留作为其核心竞争力的 Windows 操作系统的所有权，摆脱了被拆分的命运，又避免微软利用这一标准设置市场进入壁垒，实施垄断行为。这些似乎都预示着开放网络产品的系统标准，还原其作为公共产品的本来面貌已渐渐成为处理网络垄断案件的有效途径。

12.2.2 反垄断合作的加强

在网络时代，网络的全球性特征所引发的竞争的全球化已经成为一个不争的事实，在这种情形下，反垄断工作已经不再是一个国家的“家务事”，而成为一个国际性的问题。因此，垄断国际化所带来的反垄断的国际化已成为网络经济反垄断工作的一个重要特征，这就要求各国政府开展国际反垄断合作。然而，“全球化的经济并没有催生全球化的政府”，各国基于国家利益及国际竞争力的考虑，普遍对本国企业的国际垄断行为给予豁免而对他国企业的垄断行为予以制裁，这与国际反垄断的合作目标是背道而驰的。但是，国际反垄断合作的主观需要与各国反垄断立法、执法、司法的不统一的客观现实之间的冲突和矛盾，也是促使各国开展反垄断国际合作的重要动因。虽然目前国际反垄断合作还面临着许多棘手的问题，但是各国政府均已达成了一个共识，加强反垄断的国际合作，是提高经济效率，减少贸易摩擦，实现双赢的最佳途径，也为将来国际统一的竞争法典的制定奠定立法基础和政治基础。到目前为止，国际反垄断合作主要有以下几种形式。

1. 国内反垄断法的域外适用，即域外管辖权

坚持域外管辖权是国际合作的前提，如果某国没能处理其国内企业阻碍外国企业进入本国市场的反竞争行为，则该外国企业的母国就希望通过跨境适用其国内的反垄断法以打开进入该国的市场之门。换句话说，各国在传统国际经贸活动中依然倾向于通过实现本国反垄断法的域外适用来解决反垄断的国际化问题。这样做虽然可以在维护本国利益的基础上以一种“快刀斩乱麻”迅速解决国际反垄断过程中的种种难题，但由于各国的国家利益之间往往呈现一种“零和”关系，因此，跨境适用反垄断法可能会加剧国家之间的冲突，引发严重的贸易摩擦，适用不当甚至会影响到两国的政治关系。同时，法律的域外适用还可能导致对外国人

直接导致反垄断政策与贸易政策产生严重的摩擦，这也违背了国际法中的国家主权原则。因此，域外适用反垄断法应当建立在与他国政府充分沟通和协商的基础之上，以减少法律适用过程中的不和谐因素，并以此为基础开展与国外反垄断执法部门的双边和多边合作。

2. 双边和多边合作

正因为反垄断法的域外适用存在诸多弊端，因此协调与合作便成为解决各国反垄断执法冲突的有效途径。正因为这种合作是建立在互利共赢的基础上的，因此它可以化解国家之间在反垄断执法过程中产生的利益冲突，尤其是让各国垄断机关头疼的取证难的问题。不但如此，双边或多边合作可以避免企业被反垄断部门重复执法，将更多的精力投入到生产经营中去，而不是疲于应付一波又一波的反垄断调查，各执法部门也不会在同一问题上得出不同的结果。在反垄断法的双边或多边合作方面，发达国家的实践和经验值得借鉴。美国和欧共体于 1991 年 9 月订立的反垄断合作协定是迄今最引人注目的双边协定。它除了类似其他双边协议将相互通告和协商作为合作和避免冲突的重要措施外，还在以下几个方面超出了一般意义上的合作：①对双方均有权审查的案件，在必要的情况下，可双方联合审理；②一方可要求对方制裁损害了本国出口商利益，同时也违反对方竞争法和损害对国家消费者利益的限制竞争行为；③一方在适用法律时，采取的手段和措施须得考虑与此相关的另一方的利益。

3. 建立国际统一的反垄断法律规范

虽然制定一部国际统一的反垄断法典是一件十分困难的事，但是，国际社会并没有放弃建立国际反垄断法律制度的努力。1993 年 7 月，以德国和美国为首组成的国际反垄断法典起草工作小组向关贸总协定提交了一个《国际反垄断法典（草案）》，希望它能够成为世界贸易组织框架下的一个多边贸易协定。但它并没有被世界贸易组织所接受，甚至没有得到讨论的机会。这使国际统一反垄断法律的制定蒙上了一层阴影。但是，基于垄断或限制竞争行为对于国际竞争秩序的威胁日益凸显，将反垄断问题纳入下一轮 WTO 谈判议程的呼声也日益高涨。这一呼声在 1996 年 12 月新加坡首届部长级会议上得到了响应，会议决定成立一个竞争政策工作小组，对成员方提出的有关贸易和竞争政策（包括反竞争作法）之间的关系问题进行研究。因此，在不久的将来，建立国际性的反垄断法律制度的可能性还是很大的。总之，进入网络时代，各国政府和各国际组织都在为制定一部全球统一的反垄断法律规范而努力着，但到目前为止，世界范围内的反垄断法尚处于酝酿阶段。不过值得注意的是，在一些已生效的多边条约中所包含的反垄断规定，虽然不具有典型性和完整性，但可以把它看作是未来国际反垄断法的雏形，若想让它成长为一个成熟的国际反垄断法律体系的话，还需要各国反垄断专家和执法者继续做出长期不懈的努力。

12.3　网络经济时代的金融监管政策

金融监管方法的改变大都是对金融市场动态变化的内在反映。20 世纪 30 年代的大危机使各国纷纷出台金融监管法规，20 世纪七八十年代的金融业务创新又使得各国相继废除或放松信贷和利率控制，放宽市场准入和经营范围的限制，形成了广泛的金融监管的放松。作为迄今为止最为深刻的金融业革命，网络金融的兴起从根本上改变了金融市场运作方式，这必然会导致金融监管政策发生巨大变化。

12.3.1 网络经济时代金融监管的必要性

学者们对于为什么要进行金融监管及究竟应当怎样监管并没有达成共识。应进行金融监管的理论解释就有很多种，如社会利益论、金融风险论、保护债权论、社会选择论、安全原则论、自律效应论和代表假说等，这些理论都从不同的角度分析了金融监管的必要性。总的来说，政府应对金融机构实施广泛监管的直接原因是金融市场存在市场缺陷，这些缺陷主要是指信息不对称及其导致的道德风险和逆向选择问题。信息不对称会使银行客户形成非理性预期从而导致挤兑行为，产生监管的搭便车行为，降低市场监督效率，使金融市场因道德风险和逆向选择失灵。正是这些缺陷再加上金融业较强的外部效应和高杠杆率，使其具有天然的脆弱性。历史经验也表明，金融业的这些内在缺陷极易给消费者带来消极影响，动摇消费者对金融体系的信任，并通过多米诺骨牌效应，导致整个金融体系的动荡，严重时甚至会引发金融危机和经济危机。因此，政府有必要进行干预。

在网络经济时代，信息技术革命是否会解决信息不对称问题？从表面上看，网络信息的传播是以高速度、大容量、分布式进行的，似乎任何组织或个人都能通过互联网获得相对完备的信息，其信息来源和信息质量处在同一层次上，也就是说，信息不对称的问题已经得到相当的改善。网络也为经济当事人进行广泛的信息收集、追踪、分析提供了便利，降低了费用，使防范逆向选择和道德风险成为可能。如果能够保证信息的充分披露，网络金融机构似乎不再需要监管。然而事实上，网络金融活动中信息不对称问题并没有得到解决。

（1）虽然网络信息技术提升了人们处理和传送信息的能力，但是信息不对称问题仍然存在。信息经济学指出：信息不对称性问题是机会主义造成的，即信息不对称不仅仅是技术问题，更是一个经济问题。它起源于人们的机会主义倾向，所以只要有机会主义倾向，人们就会为了眼前的利益，隐藏“私有信息”，产生信息不对称问题。网络信息技术革命解决了信息不对称的技术问题，但无法解决其经济问题。例如，为隐藏自己的真实信息，一些企业会有意提供大量的信息，从而使人们处理信息的机会成本增大。而且，获得信息的技术、知识水平存在差异，也会使信息不对称问题依然存在。面对互联网上的海量信息，信息的寻找、甄别和判断仍依赖于个体的知识水平、分析技能和收益与成本之比。虽然网络的存在大大降低了个体在获得信息上的成本，各种智能软件有助于提升人们分析信息的能力，但是每个个体的注意力资源是有限的。即使不考虑个体与网络金融机构在知识水平和分析技能上的差距，个体在获得信息上也蕴涵着很大的机会成本。因此与个体相比，网络金融机构依赖其专业人才、经验及进行信息收集、整理和分析的规模经济，在信息上仍然具有优势。

（2）由于网络技术的支持，金融机构调整和控制其资产的能力不断提高。金融机构通过网络可以使资金的融通和转移在瞬间完成，这会刺激金融机构投资于高风险高收益的项目以期获得短期收益。而且，由于网络经济时代，发达的金融市场使公众持有的证券类资产增加，这使得存款占其总财富的比重下降，成千上万的银行小客户实施监督的激励会进一步下降，搭便车行为会加剧。网络银行与债权人之间的信息不对称和搭便车行为，使得道德风险非但没有解决反而加剧了。

（3）网络金融只是使金融机构的运行方式发生了变化，金融机构作为经营货币资金（包括债券、股票、保险单等金融商品）的企业这一性质并未发生变化。这也使金融机构天然的脆弱性和对社会经济的连带效应未发生改变，因此一旦某一金融机构出现问题引发公众对金融体系的不信任，就会由于信用的连锁性产生“多米诺骨牌效应”，影响整个金融秩序乃至社会经济的运行。而且网络间信息传递速度的加快，可能还会加大“多米诺骨牌效应”的破坏力。在网络经济时代金融业的市场缺陷仍然存在，金融业的高风险性非但没有减少反而增加，这就决定了国家必须对网络金融机构进行监管。不仅如此，网络金融机构除了具有传统金融机构在经营过程中存在的信用风险、流动性风险、市场风险和利率风险外，还由于其特殊性而存在信息技术导致的操作风险和基于虚拟金融服务品种形成的业务风险。网络金融运行风险的加大使得加强金融监管不但必要而且其重要性也大大提高了。网络金融的兴起，在提高金融业效率的同时，也使金融业变得更加脆弱，越来越容易受到攻击。网络信息技术使处理每笔金融业务的时间大大缩短，但与此同时，每天通过信息系统与网络进行的交易量却越来越庞大。银行客户只需通过接入互联网进入网络银行的网页，就可以在几秒钟之内将数以百万的资金在国际金融体系中转移。这不仅增加了客户的影响力，而且也增加了银行经营环境的不确定性。因为一旦市场出现更有利可图的金融商品，客户可能会迅速流失。而且信息网络技术在骤然间增强了银行及其他金融机构业务处理能力的同时，也带来了许多潜在的危机，增加了金融业的系统性风险。随着计算机网络广泛深入地应用于金融行业的各项业务，金融业务对金融计算机网络系统的依赖性越来越强，金融信息的安全与保密将直接影响整个社会经济活动的正常运行。如何防止网络犯罪及避免国际金融风险传播扩散的影响，就成为金融市场和整个经济健康发展的重要前提。而这一切都是依赖于金融监管来实现的。所以，在网络经济时代不仅需要金融监管，而且金融监管的意义会更大。

12.3.2　网络金融监管政策的内容

网络经济时代，金融监管部门不仅要继续对传统金融业务进行监管，而且还要制定和实施新的金融监管政策对网络金融业务进行监管。鉴于电子货币和网上银行在网络金融运行中的重要地位，国际社会纷纷出台了针对电子货币和网上银行的金融监管政策。其中，欧洲中央银行公布的电子货币系统监管政策最为详尽，目前网络银行监管的基本框架就是由巴塞尔委员会的《电子银行业务风险管理原则》提出的。由于传统金融监管政策已为大家所熟悉，在此仅评述国际上网络金融监管政策的相关内容。

1. 对电子货币的监管

有关电子货币的监管政策因各国金融监管和货币政策制度的差异在国际上并未达成共识，同时，电子货币作为一种新生事物本身还在不断发展变化。因此，各国或地区对电子货币的监管都还未形成较完整的制度体系。目前，各国对电子货币的监管主要体现在以下几个方面。

（1）电子货币发行主体的资格。目前正在研制开发的电子货币项目，其发行主体既有银行、非银行金融机构，也有非金融机构。非银行金融机构主要是指信用卡公司，非金融机构主要以高科技公司和电话公司为主。电子货币发行者资格的确定对于现有银行的监管法规是否可以扩大到电子货币及政府对电子货币的监管程度都有直接影响。

对电子货币发行主体资格的限制主要有两种不同模式，一种是以美国为代表的宽松模式，即除银行等存款性金融机构外，其他机构也可以发行电子货币；另一种是以欧洲中央银行为代表的较严格的模式，即只允许银行等存款性金融机构发行多用途的电子货币，已发行电子货币的非银行机构要受附加条款的制约，同时允许非金融机构通过与银行联合的方式研究开发电子货币产品。两种不同监管模式实际上体现了金融监管当局对金融效率与金融稳定的选择。如果只允许银行发行电子货币，那么现存的对银行监管的制度框架就可以适用于电子货币，但这有可能限制市场竞争和创新。如果允许非银行金融机构和非金融机构发行电子货币，虽然有利于促进电子货币产品的竞争和技术进步，但由于对这些机构的监管不同于对银行的监管，由此产生的风险就要大得多，而且也会产生许多监管技术问题。由于美国智能卡的发展落后于欧洲，为促进创新提高本国金融效率，美国政府采取了宽松的监管模式。欧洲中央银行对电子货币发行主体较严格的限制主要是基于对货币政策操作和金融稳定的考虑，要求电子货币发行主体应该是银行，其理由有如下几条：①发行多用途电子货币所形成的负债，在本质上与活期存款负债是相同的；②电子货币是发行机构所创造的负债，如果发行机构是银行，则会便利中央银行定期编制货币统计报告；③发行电子货币的铸币税收入可能会诱使发行部门超量发行，这一方面可能会引起通货膨胀，另一方面增加了整个金融体系的风险。正是鉴于电子货币可能对货币供求和金融稳定的影响，金融监管部门会倾向于将电子货币发行主体仅局限于银行。由于将电子货币发行主体限于银行，相应地，欧洲中央银行要求电子货币发行者也必须遵守银行业适用的一整套谨慎监管规定。其中最主要的体现在三个方面：遵守有关的资本要求等初始规则，保证电子货币发行人的财务健全；对电子货币业务中涉及的所有风险进行持续的有效管理；接受权威机构的持续监管。只有符合这些条件的银行，才能发行和从事电子货币业务。

（2）电子货币赎回责任。对电子货币赎回责任的规定是确保货币价值稳定及中央银行控制货币供给能力的重要措施。欧洲中央银行要求，电子货币发行者必须承担以等值中央银行通货赎回电子货币的法律义务。欧洲中央银行认为，如果电子货币发行人只承担赎回特约商户持有的电子货币的责任，而对消费者手中的电子货币不承担赎回责任，一旦该发行人出现财务和信用问题时，特约商户可能会以低于中央银行货币面值接受消费者手中的电子货币。这时，私人提供的交易媒介和货币的价值贮藏功能将不再与中央银行提供的货币价值尺度职能相一致。而且，脱离与中央银行货币的密切联系，电子货币的创造可能是无限的，这将会导致通货膨胀。因此，必须依法要求电子货币发行者承担以等值中央银行货币赎回电子货币的责任。

（3）电子货币的准备金要求。目前，大部分国家的中央银行为确保对中央银行储备的稳定需求及商业银行拥有应付日常业务所需的流动性，仍在实施法定存款准备金政策，即要求商业银行依据其吸收的存款按规定的比率上缴存款准备金。网络货币都是由消费者以现金或银行存款购买的，其最终也要由网络货币的发行机构用收到的现金或存款进行支付。从这一角度考虑，发行网络货币如同传统意义上的吸收存款，具有必须“兑现”的义务，发行网络货币的网络机构同样面临着保证支付的问题。如果某一网络货币发行机构由于技术失误或其他原因出现无力“兑现”，这一信息就会通过网络迅速传播，很可能会影响公众对网络货币的信任，而网络货币作为一种信用货币，它的流通完全依赖于它的信誉及公众的接受程度，一旦产生信任危机，最终可能导致金融秩序的混乱。因此，仍在实施法定存款准备金制度的国家通常都会对电子货币提出准备金要求。例如，欧洲中央银行就要求电子货币发行人要保持一定的准备金。这样，可以避免电子货币的无限制发行，从而确保物价稳定，而且，对已接受法定存款准备政策约束的其他类型货币发行机构来说，这也是公平的。

（4）电子货币的信息披露。欧洲中央银行要求电子货币必须有确定和透明的制度安排，即电子货币项目中所涉及的各方当事人（消费者、商家、发行者）的权利和义务必须在相关的司法文件中给予明确的界定和披露。法律文件尤其要说明一旦发行者失败，其损失在当事人间的分配情况。所公布的法律条款和条约应明确说明如下信息：电子货币是否受到有关的存款保险或类似制度的保障；争端解决机制，包括争端解决机构（法庭、仲裁庭或其他机构）和相关的程序规则（比如举证责任规则）。跨国电子货币的发行者必须确保其符合所涉及国家的法律，在所涉及的国家可能产生的法律后果和可执行力。同时，电子货币发行人要提交货币统计报告，保证中央银行能够及时、准确地获得发行人发行电子货币、发行人资产及其保管等信息。

（5）电子货币系统技术安全。电子货币的安全是影响电子货币发展的重要问题。欧洲中央银行的报告对电子货币系统的技术安全提出了具体要求，其强调电子货币系统应该提供充分的技术、组织和程序保证，以预防和发现危害电子货币系统安全的情况，尤其是伪造电子货币的情况。欧洲中央银行对十国集团中央银行在 1996 年报告中提出的电子产品结构、功能、风险及安全措施评估等技术安全措施给予肯定，并且非常赞同该报告的结论“电子货币，尤其是以卡类为基础的电子货币，同其他类似的小额支付工具相比，具有较为充分的安全性能。但是，对于某一个具体产品而言，没有一个安全措施或几个安全措施可以完全保证其安全性能，必须将所有的措施结合起来，并且严格地执行这些措施，才能够最有效地减少风险”。为控制操作风险，即使电子货币的管理是由第三方提供的，电子货币发行者也要确保建立和执行健全的管理、会计和内部控制制度。因此，如果电子货币的管理功能是由第三方承担的，发行者和第三方之间的制度安排要确保发行者拥有正常监督和控制第三方可能产生的操作风险的权利。而且，无论何时，只要需要，监督者都应能了解管理者的行为，以证实控制制度是否得到贯彻。控制操作风险应遵循的几个原则有：建立有效的控制程序、内部稽核和其他的预防性措施；人员的权利和责任相一致；开发和建立信息系统，保证提供及时、准确和安全的信息；建立应急计划，保证主要业务的连续性。针对伪造的电子货币可能给金融机构造成的风险，欧洲中央银行要求电子货币发行者要明确安全政策，切实贯彻实施并定期调整安全政策。尤其是，电子货币发行者应具有能较早发现伪造电子货币并迅速做出反应的有效的控制系统。这要求电子货币系统能对流通的电子货币数量和发行、赎回的电子货币数量进行检测，建立相应的记录和检查追踪系统。该系统分为两种，一种是全面的检查追踪系统，它会记录电子货币流动时每一个交易情况及相关当事人的识别资料。一种是影子余额，只记录某一些特殊设备中的交易情况。欧洲中央银行要求没有建立全面检查追踪系统或影子余额系统的电子货币系统必须采取充分的风险管理措施。例如，对电子钱包和电子钱包之间转移货币币值设立限额；存储最近若干次交易的记录，以便消费者进行核实；建立“了解你的客户”的操作程序，并分析消费者和商户使用电子货币的习惯，从而使电子货币发行人能及时发现不正常的要求赎回的电子货币。由于科技发展很快，电子货币发行人要及时根据最新的科技发展、市场实践及相关的国际标准不断更新技术安全措施。

（6）防止电子货币被犯罪者滥用。欧洲中央银行要求电子货币的发行人在设计电子货币时，就必须防止其被犯罪者滥用。例如，利用电子货币洗钱和逃税。为此电子货币发行人可通过设立检查追踪系统，限制交易的电子货币的数额，限制电子货币在消费者之间的可转移性，保留充分记录等方式防止电子货币被犯罪者滥用。同时，其他国家也纷纷采取电子货币储值限额的方式，防止电子货币被用于非法交易。如日本主要通过法律法规对单位储值卡的最高储值额进行限定，美国则主要依靠发行者自行对最高储值额进行限定。

（7）电子货币是否适用于存款保险制度。为了维护存款者利益和金融业的稳健经营与安全，世界上许多国家还建立了存款保险制度，规定本国金融机构按吸收存款的一定比率向专门保险机构交纳保险金，当金融机构出现信用危机时，由存款保险机构向金融机构提供财务支援，或直接向存款者支付部分或全部存款，以维护正常的金融秩序。电子货币产生后就自然产生了电子货币是否应纳入存款保险制度框架中的问题，对此，不同的国家采取了不同的解决方案。目前世界上一些国家（如美国、德国、意大利和英国）将存款保险制度适用于电子货币，这在一定程度上增强了金融安全，属于金融监管的新举措。但有的国家仍未采取措施，这就使电子货币的发行机构面临流动性风险与信誉风险。

2. 对网络银行的监管

国际上普遍认为，虽然网络银行改变了银行业务的媒介方式，但金融监管的基本原则仍然适用于网络银行业务活动，只是网络银行除了面临传统银行的风险如信用风险、流动性风险、市场风险、信誉风险和外汇风险之外，还面临着技术带来的新风险。这些新风险主要包括：操作风险，即由于银行内部控制和信息系统缺陷带来的不可预见的潜在损失；法律风险，即网络银行业务违反或不遵守有关的法律、法规、规则、行业做法和伦理标准等带来的风险；战略风险，即银行董事会和管理者在制订网络银行发展战略时可能出现的风险。正是这些新型风险使得网络银行在运用传统风险管理原则时必须做出相应调整。因此，国际社会对网络银行的监管主要体现在对这些新型风险的控制和管理上。

（1）市场准入监管。在市场准入方面，大多数国家沿用了银行业市场准入的政策。如德国《银行法》中规定网络银行的市场准入视同一般机构经营金融业务，必须取得经营金融业务许可证书。英国网络银行的市场准入虽然也视同一般商业银行准入，但金融服务局对中小银行从事网络银行业务控制较严，对凡认为风险较大的银行一般规劝不宜从事该业务。在美国，新成立的网络银行既可以按照标准注册程序申请注册，也可以按照银行持股公司规则注册。大多数现有金融机构开展网络银行业务时不需要事先申请，也不需要声明或备案，监管当局一般通过年度检查来收集网络银行业务数据，但储蓄机构要开展网络银行业务，必须按储蓄机构监管局的要求提前 30 天做声明。

（2）对网络银行业务的风险管理和监督。在 1998 年公布的《电子货币》报告中，欧洲中央银行对电子货币发行人的监管提出了最低要求，其中第一个要求就是对电子货币的发行人进行谨慎监管。与此同时，美国联邦存款保险公司也发布了《电子银行——安全和有效检查程序》，规定了网络银行监管的具体程序和要求。巴塞尔委员会继 1998 年 3 月颁布《电子银行和电子货币业务的风险管理》报告后，于 2001 年又提出了《电子银行业务风险管理原则》。除了一些称谓和具体的归纳方式不同之外，这几个报告中对网络银行的监管都是建立在风险管理基础上的。其中，巴塞尔委员会的《电子银行业务风险管理原则》成为各国在制定具体网络银行监管政策时要参考的指导性文件。巴塞尔委员会发布的《电子银行业务风险管理原则》分为 3 个部分，共计 14 条。

12.3.3 网络经济时代金融监管政策的变革

网络金融创新使得原有金融监管制度安排的适应性丧失，从而使金融监管制度的均衡状态被打破。金融监管制度非均衡表明现行金融监管制度不是效率最优和收益最大化的，不能保证金融高效稳健发展，如果改变现有金融监管制度的安排，则会获得额外收益。对潜在额外收益的认知及为实现金融高效稳健运行的目标会促使金融监管部门调整传统监管制度。因此，网络金融业务的创新必然会导致金融监管制度的变革与创新。正如美联储主席格林斯潘曾指出的："监督和管理机构应该重新审视自己的监督和管理政策，并对金融机构所出现的新情况和金融市场因电子金融所产生的变化做出适应性的正确调整。"

1. 金融监管政策越来越以有效的激励机制为基础

网络经济时代，金融监管当局再想通过详细的政策规则实现有效的金融监管已经不可能了，相反，金融监督政策要更多地采用信息经济学的激励机制引导网络金融机构加强自身监管。

（1）网络金融交易的特殊性提高了金融机构逃避监管的能力。网络金融交易主要通过大量无纸化操作进行交易，不仅无凭证可查，而且一般都设有密码，使监管当局无法收集到相关资料做进一步稽核审查；许多金融交易在网上进行，其电子记录可以不留任何痕迹地加以修改，使确认该交易的过程复杂化；监管当局对银行业务难以核查，造成监管数据不能准确反映银行实际经营情况，即一致性遭到破坏；在网络金融条件下，监管当局原有的对传统银行注册管理的标准也难以实施，网络银行的申请者可以注册一家银行，通过多个终端，他同样可以获得多家银行业务或多家银行分理网络的效果。

（2）信息网络技术的快速发展也使得金融监管当局很难制定出普遍适用的详细监管规则。一方面，详细监管规则可能会阻碍某种信息网络技术的发展潜力，另一方面，层出不穷的金融创新经常使金融监管部门措手不及，难以应对。而且，由于科技和网络人才集中于网络金融机构中，这就使得监管当局与被监管者相比在技术和人才方面不占优势。金融部门能迅速地采取措施规避政府部门的相关规定，使监督对象与监管当局"玩猫捉老鼠"的游戏。由于仅仅依靠详细的商业法律及司法制度很难有效地监督网络金融机构的业务活动，网络金融监管将打破固有的由监管当局确定规则的原则，而主要依赖于金融机构的自律监管。金融监管当局不再以了解网络金融机构做什么并据此制订详细规则为主，而是按照信息经济学激励机制的设计原理，制定相应政策，引导网络金融机构的业务活动。"要想使政策的监管依然有效，监管当局一定要确保私人部门采取有效的风险管理机制。随着金融体系越来越复杂，详细的监管规则和标准即使不产生副作用也会变得很烦琐并且失效"。

2. 从规范监管转向竞争力监管

在网络经济时代，竞争的规则已经从传统的"大鱼吃小鱼"转变成"快鱼吃慢鱼"，安全的观念也已经从传统的"回避或降低风险是安全的"转变成"有竞争力才是安全的"。网络金融活动中，客户选择一家网络银行的标准，不仅仅是该银行经营是否稳健，更重要的是网络银行所能提供的支付便利、增值服务是否具有竞争性，再加上网络金融客户转移速度的加快及网络金融服务的网络效应，这可能会使敢于冒险、不断更新技术的银行迅速取代资产管理优秀的经营稳健的银行。市场标准的变化相应地要求监管标准也应进行调整，从以资产管理为主要内容的规范管理转向以提高支付便利和投资管理竞争力为主的监管。

3. 金融监管政策的国际协调加强

网络金融活动的无国界特性要求金融监管的国际协调和合作，监管政策的协调统一有利于实现对网上金融活动有效的规范和管理。

（1）随着网络金融的发展，国际金融对各国经济的影响日益加剧。国际金融环境的变化日益成为与各国经济密切相关的因素，从汇率风险防范到难以预料的金融大动荡，从全球性金融系统的风险防范到金融证券市场的规范化、制度化等，都反映了国际金融监管协调是金融网络化发展的必然要求。

（2）网络金融服务的超越国界的特性，使得网络金融机构服务的客户来自不同的国家和地区。如果各国和地区制度规范不统一，这不仅会使网络金融机构面临较大的法律风险，而且还会增加网络金融机构的经营成本。面对不同的制度规范，网络金融机构提供相同的服务可能在不同的国家和地区有不同的解释，这种局面使其无法预料开展服务业务可能面临的各种法律后果，同时增加金融服务对各种不同制度规范的适应性，也提高了网络金融机构的经营成本。

（3）打击网络经济犯罪需要国际监管政策的统一与协调。网络金融交易的虚拟性和国际性，使它很容易被跨国性的网络经济犯罪活动利用，这在客观上要求加强网络金融监管的国际合作，统一各个国家和地区的金融制度和法规，从而为促进网络金融发展和维护金融秩序稳定提供可靠的保障。

（4）金融监管政策的不统一将增加监管的难度。互联网的国际性使得离岸金融市场的设立更加便捷，这会增加了网络金融机构规避管制的能力。例如，欧洲国家较强的网络金融监管可能导致网络金融向“软”规则地区如美国转移，而网络金融服务的超越时空的特性，使得处于美国的网络金融机构仍可以办理与欧洲国家客户的业务，从而必然对欧洲国家的各种经济变量如利率、汇率等产生影响。因此，各国越来越认识到建立全球通用的网络金融管理体系的重要性。目前，认证方式和标准的国际化趋势已很明显。

4. 实施金融监管政策时机选择的重要性提高

在网络经济时代，监管当局在进行监管的时候，把握尺度与选择恰当的时机成为影响网络金融发展及监管有效性的重要因素。对网络金融监管政策实施时机的选择实际上是创新、竞争力与监管之间的协调问题。若从一开始就对网络金融实施较为严格的监管，虽然可以降低网络金融乃至整个金融体系的风险，但这势必降低国内银行的竞争力，造成银行业的衰败。政府的干预“不仅不能使市场结构得到进一步完善，反而阻止了市场在新技术发展条件下对自身基本结构的调整和发展”；而且，由于网络金融的超国界性特征会使其向“软”规则的地区或国家迁移，造成社会资源和福利的损失；若介入过晚，一旦积聚的潜在风险突发，则进行管理的成本将是巨大的。因此，在网络经济时代，金融监管当局不仅要考虑金融监管政策的适用性和合理性，还要考虑实施该政策的恰当时机。

本章小结

随着互联网产业竞争的加剧和对传统产业的不断冲击，各种新问题不断出现，也为政府监管带来了诸多新挑战。本章内容介绍了互联网基础产业的普遍服务原则与公共投资政策，并从反垄断与金融监管两个方面分析了网络经济下的政府监管政策。通过本章的学习，要求学生能够客观地看待互联网企业由垄断引起的各种争端，并能对互联网金融的新兴产业的政府监管进行前瞻性的分析判断。

复习思考题

1. 简述普遍服务原则的内涵。
2. 试分析政府对待网络企业垄断争端时反垄断政策的重心。
3. 试结合比特币的案例分析互联网时代金融监管的难点。

案例分析

数字货币试点推进　将迎来“蓝海市场”

（资料来源：央视新闻，2020—8—15）

2020 年 8 月 14 日，商务部印发《全面深化服务贸易创新发展试点总体方案》，方案中提出：在京津冀、长三角、粤港澳大湾区及中西部具备条件的试点地区开展数字人民币试点。人民银行制定政策保障措施；先由深圳、成都、苏州、雄安新区等地及未来冬奥场景相关部门协助推进，后续视情扩大到其他地区。央行数字货币的一大特点是：它是由央行发行、与纸质人民币具备同等效力的法定货币。在实践过程中，央行数字货币是由央行先兑换给银行或其他运营机构，再由这些机构兑换给公众。

1. 用户端：个人支付习惯或将变革

央行数字货币是法定货币，而微信支付和支付宝只是一种支付方式，它们的效力不同。具体来说，机构或个人不接受支付宝或微信付款，在法律上没有问题。但拒绝用户使用现金或数字货币付款就是违法的。另外，法定货币的背后是国家信用，央行数字货币安全性更高，未来使用范围更广，而且不用绑定银行账户。

2020 年，随着新冠肺炎疫情爆发，人们很多生活习惯、工作模式出现变化，导致新的经济业态衍生。以支付宝、微信支付为代表的电子货币技术已经非常成熟。但是，第三方支付平台仅仅是作为中介机构，其交易过程仍需要网络作为载体，而数字货币在通过手机提前下载数据包后便能支持离线状态下支付，对于通信基础设施严重不足的场景具备很强吸引力。除此之外，数字货币在支付完毕后立刻结算，不像电子货币在支付后仍需要通过清算系统结算，个人消费者对此感触可能不深，但是对于从事大额交易的机构用户，则有效提高了支付效率。

除场景拓展与效率的提升外，数字货币的支付结算成本可以忽略不计，相比之下，由于第三方平台存在，电子货币则面临着较多类别的手续费，数字货币这一优势对交易双方无疑也具有一定的吸引力。

2. 银行端：机会与挑战并存

探讨央行数字货币应当关注其“货币”属性。作为即将面临市场检验的通货，央行数字货币需要得到多方的“共识”，才能确保其能成为匹敌实物货币和电子货币的货币种类。此外，只有通过市场的检验，才能获得海量数据的积累，明确数字货币在不同场景下的应用特点，进而通过技术迭代提升数字货币的安全性。对于银行来说，除了要抓住数字货币带来的机会外，一些业务也将面临新的挑战。数字货币安全性高、交易无成本、具备无限法偿性，客户、商户的使用积极性将会更高，对银行传统的转账汇款、银行卡消费、银行卡专用账户等产品将产生替代。而基于央行对于数字钱包的定位，央行数字货币极有可能与银行现在推行的移动互联网支付产品发生直接竞争。

3. 试点城市：充满挑战和期待的试金石

分析央行数字货币的试点地区，具备良好的基础设施和商业环境，丰富又高频的交易场景，各种可能出现的交易情况，无疑是验证数字货币落地性能的最佳试金石；另外，目前试点地区的电子货币支付体系也很完善，在线支付方式用户黏性较高，尽管人们对新鲜事物具备包容态度，数字货币在短期内应该不会对电子货币支付引发“冲击”。

4. 数字货币的展望：既是金融产品，也是治理工具

放眼长远的未来，数字货币的推行，无论在追踪异常交易，还是在发掘金融风险方面，都能够起到正面作用。数字货币所产生的交易数据将大概率纳入个人客户数据体系，金融机构可以利用大数据分析，精准勾勒客户画像，进一步挖掘客户价值。这些数据的沉淀也能为政府提供有效的决策依据，实现智慧政府，提高工作效率。

案例讨论：结合该案例探讨发展数字货币的意义是什么，政府监管应考虑哪些因素。

参考文献

[1] 刘扬林. 网络经济学基础 [M]. 北京：清华大学出版社，北京交通大学出版社，2008.
[2] 胡春. 网络经济学 [M]. 北京：清华大学出版社，2010.
[3] 盛晓白，韩耀，徐迪，等. 网络经济学 [M]. 北京：电子工业出版社，2009.
[4] 张铭洪. 网络经济学 [M]. 北京：高等教育出版社，2007.
[5] 张小蒂，倪云虎.网络经济概论 [M]. 重庆：重庆大学出版社，2005.
[6] 张永林. 网络、信息池与时间复制：网络复制经济模型 [J]. 经济研究，2014（2）：173-184.
[7] 张小强，卓光俊. 论网络经济中相关市场及市场支配地位的界定：评《中华人民共和国反垄断法》相关规定 [J]. 重庆大学学报（社会科学版），2009，15（5）：91-97.
[8] 杨文明. 网络经济中相关市场的界定 [J]. 西南政法大学学报，2012，14（4）：58-67.
[9] 乌家培. 网络经济及其对经济理论的影响 [J]. 学术研究，2000（1）：5-11.
[10] 张丽芳，张清辨. 网络经济与市场结构变迁：新经济条件下垄断与竞争关系的检验分析 [J]. 财经研究，2006（5）：109-119.
[11] 李怀. 基于规模经济和网络经济效益的自然垄断理论创新：辅以中国自然垄断产业的经验检验 [J]. 管理世界，2004（4）：61-81.
[12] 高孝平. 网络经济与传统经济比较研究 [J]. 重庆邮电学院学报（社会科学版），2005，17（1）：42-44.
[13] 胡鞍钢，周绍杰. 网络经济：21 世纪中国发展战略的重大选择 [J]. 中国工业经济，2000，000（6）：5-10.
[14] 马艳，郭白滢. 网络经济虚拟性的理论分析与实证检验 [J]. 经济学家，2010（2）：36-44.
[15] 江宇源. 政策轨迹、运营模式与网络经济走向 [J]. 改革，2015，000（1）：55-65.
[16] 杜仲霞. 网络经济下反垄断法滥用市场支配地位的界定 [J]. 安徽农业大学学报（社会科学版），2011，020（3）：77-81.
[17] 王达. 美国互联网金融的发展及中美互联网金融的比较：基于网络经济学视角的研究与思考 [J]. 国际金融研究，2014，000（12）：47-57.
[18] 王琴，王海权. 网络金融发展趋势研究 [J]. 商业时代，2013（8）：57-59.
[19] 朱乾龙，钱书法. 基于网络经济的技术创新与市场结构关系分析 [J]. 产业经济研究，2009，000（1）：54-61，76.
[20] 谢平，尹龙. 网络经济下的金融理论与金融治理 [J]. 经济研究，2001，000（4）：24-31.
[21] 王元月，纪建悦，杨恩斌. 网络金融的兴起及其在我国的发展 [J]. 金融理论与教学，2003，000（4）：42-44.
[22] 邱兆祥，毛可，安世友. 网络金融发展的必然性、隐藏的问题与应对之策 [J]. 理论探索，2014（5）：90-94.

[23] 吴晓光，陆杨，王振. 网络金融环境下提升商业银行竞争力探析 [J]. 金融发展研究，2010，000（10）：64-67.

[24] 智勇. 移动信息化的发展模式研究 [J]. 现代管理科学，2009，000（6）：78-80.

[25] BARNETT S A，ANIDO G J. A cost comparison of distributed and centralized approaches to video-on-demand [J]. IEEE J.sel.areas commun，1996，14（6）：1173-1183.

[26] TEO T S H.Understanding the digital economy：data，tools，and research [J]. Asia pacific journal of management，2001，18（4）：553-555.

[27] 秦成德，王汝林，石明卫，等. 移动电子商务 [M]. 北京：人民邮电出版社，2009.

[28] 张传福，刘丽丽，卢辉斌，等. 移动互联网技术及业务 [M]. 北京：电子工业出版社，2012.

[29] 张润彤，朱晓敏. 移动商务概论 [M]. 北京：北京大学出版社，2008.

[30] 匡文波. 手机媒体概论 [M]. 北京：中国人民大学出版社，2012.

[31] 吕廷杰. 移动电子商务 [M]. 北京：电子工业出版社，2011.

[32] 秦成德. 移动支付 [M]. 北京：经济管理出版社，2012.

[33] 秦成德，麻元元，赵青. 网络金融 [M]. 北京：电子工业出版社，2012.

[34] 王军选. 移动商务支付 [M]. 北京：对外经济贸易大学出版社，2012.

[35] 秦立崴，秦成德. 网络游戏中的法律问题研究 [C]. 信息经济学与电子商务：第十三届中国信息经济学会学术年会论文集，2008.

[36] 科马里. 信息时代的经济学 [M]. 姚坤，何卫红，译. 南京：江苏人民出版社，2000.